MatheNetz 10
Ausgabe N

Herausgegeben von

Jutta Cukrowicz, Hamburg
Prof. Dr. Bernd Zimmermann, Jena

Autoren:

Jutta Cukrowicz, Hamburg
Heiko Knechtel, Bückeburg
Dr. Wolfgang Löding, Hamburg
Jörg Meyer, Hameln
Dr. Hartmut Rehlich, Hamburg
Folkert Schlichting, Uslar
Dr. Horst Szambien, Hannover
Prof. Dr. Bernd Zimmermann, Jena

1. Auflage   Druck   5   4   3   2   1
Herstellungsjahr   2006   2005   2004   2003   2002
Alle Drucke dieser Auflage können im Unterricht parallel verwendet werden.

© Westermann Schulbuchverlag GmbH, Braunschweig 2002
www.westermann.de
Verlagslektorat: Nicole Sacha, Helga Wintersdorff
Typografie und Lay-out: Eilert Focken
Herstellung: Reinhard Hörner

Druck und Bindung: westermann druck GmbH, Braunschweig

ISBN 3-14-**12 3940**-1

Inhaltsverzeichnis

    Vorwort 5
    Mathematische Zeichen 6

0 Wiederholung 7
    0.1 Reelle Zahlen 7
    0.2 Gleichungen und Ungleichungen 9
    0.3 Funktionen 16
    0.4 Stochastik 18
    0.5 Abbildungen in der Geometrie 21
    0.6 Abstände und Ortslinien 23

1 Orientierung auf der (Erd-)Kugel 26
    1.1 Die Erde als Kugel 26
    1.2 Orientierung auf dem Kreis 30
    1.3 Geometrie der (Erd-)Kugel 36
    1.4 Vermischte Übungen 41
    1.5 Zusammenfassung 44
    1.6 Projekt: Satellitennavigation 45

2 Funktionen mit Potenzen 46
    2.1 Potenzen und Wurzeln 46
    2.2 Logarithmen 54
    2.3 Potenzfunktionen 60
    2.4 Exponential- und Logarithmusfunktionen 66
    2.5 Vermischte Übungen 75
    2.6 Zusammenfassung 79
    2.7 Projekt: Weltrekorde 81

3 Datenanalyse mit Bernoulli-Versuchen 82
    3.1 Abzählprobleme 82
    3.2 Bernoulli-Versuche 90
    3.3 Datenuntersuchungen mit Bernoulli-Ketten 95
    3.4 Vermischte Übungen 101
    3.5 Zusammenfassung 105
    3.6 Projekt: Geschmacksexperten werden getestet 107

4 Inhaltsmessung 108
    4.1 Kreise 108
    4.2 Pyramiden und Kegel 117
    4.3 Kugeln 125
    4.4 Vermischte Übungen 131
    4.5 Zusammenfassung 135
    4.6 Projekt: Container und Cluster 137

5 Trigonometrie 138
    5.1 Winkelfunktionen am rechtwinkligen Dreieck 138
    5.2 Winkelsätze am Dreieck 148
    5.3 Vermessungskunde 155
    5.4 Vermischte Übungen 161
    5.5 Zusammenfassung 164
    5.6 Projekt: Trigonometrie im Weltraum 165

Inhaltsverzeichnis

6 Wachstum und Rekursion 166
   6.1 Lineares, quadratisches und exponentielles Wachstum 166
   6.2 Beschränktes Wachstum 177
   6.3 Logistisches Wachstum 182
   6.4 Vermischte Übungen 189
   6.5 Zusammenfassung 192
   6.6 Projekt: Räuber-Beute-Modelle 193

7 Periodische Prozesse und Funktionen 194
   Projekt: Die internationale Raumstation 213

8 Lernkontrollen 214
   8.1 Orientierung auf der (Erd-)Kugel 214
   8.2 Funktionen mit Potenzen 215
   8.3 Datenanalyse mit Bernoulliversuchen 216
   8.4 Inhaltsmessung 217
   8.5 Trigonometrie 218
   8.6 Wachstum und Rekursion 219
   8.7 Periodische Prozesse und Funktionen 220
   8.8 Lösungen zu den Lernkontrollen 221

   Lösungen zu vermischten Übungen 225
   Bildquellenverzeichnis 230
   Register 231

Erklärung der Bildsymbole:

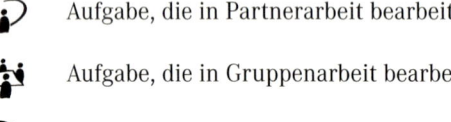

Aufgabe, die in Partnerarbeit bearbeitet werden soll

Aufgabe, die in Gruppenarbeit bearbeitet werden soll

etwas schwierigere Aufgabe

Aufgabe, die mithilfe des Taschenrechners bearbeitet werden soll

Aufgabe, die mithilfe des Computers bearbeitet werden soll

Rechercheaufgabe

Aufgabe zur Kopfgeometrie

Aufgabe mit historischen Bezügen

L1   Aufgabe, deren Lösung hinten im Buch angegeben ist

Wiederholungsaufgabe

Vorwort

Liebe Schülerin, lieber Schüler,

möglicherweise arbeitest du schon seit einigen Jahren mit MatheNetz. Dann kennst du den Aufbau des Buches und weißt: MatheNetz ist ein Buch zum TUN und MACHEN!

Im zehnten Schuljahr befindest du dich nun am Ende der Sekundarstufe I und damit an der Schwelle zur Oberstufe. Auf viele Schülerinnen und Schüler kommen Abschluss- oder auch Aufnahmetests zu. Durch die Arbeit mit MatheNetz solltest du auf solche Tests gut vorbereitet sein. Als zusätzliche Hilfe wurden als **Wiederholungsaufgaben** (unten auf manchen Seiten) für diesen Band vielfach solche gewählt, die Aufgaben aus derartigen Tests ähneln.

Für alle, die mit MatheNetz noch nicht vertraut sind, kommen hier nochmal grundsätzliche Hinweise:
Das MatheNetz im Bild zeigt acht wichtige Tätigkeiten, durch die Menschen in verschiedenen Völkern immer wieder zu neuen spannenden und wichtigen mathematischen Erfahrungen und Ergebnissen gekommen sind.
Sie haben geholfen Probleme zu lösen und Zusammenhänge zu erkennen.
Die Art der Darstellung soll an die Rolle der Geometrie bei diesem Prozess erinnern und zugleich verdeutlichen, dass es innerhalb der Mathematik und zwischen Mathematik und Umwelt immer wieder wichtige und interessante Querverbindungen gibt.

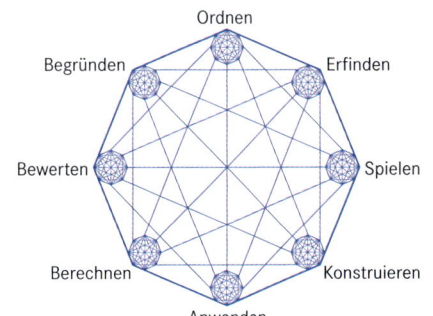

In MatheNetz findest du zu jedem Unterkapitel **Einstiege**, die dir Gelegenheit geben, durch eigenes Tun mit einem neuen Sachverhalt bekannt zu werden und zu verstehen, worum es dabei geht. In der Regel genügt es, *einen* der angebotenen Einstiege gründlich zu bearbeiten. Wenn dies einmal nicht der Fall ist, wird ausdrücklich darauf aufmerksam gemacht.
Oft kann bei den Einstiegen, aber auch bei anderen Aufgaben, *Partner-* oder *Gruppenarbeit* hilfreich und unterhaltsam sein, manchmal können auch *Taschenrechner* oder *Computer* zusätzliche Einsichten ermöglichen. Darauf und auf einige andere Besonderheiten wird jeweils durch kleine Bildsymbole in der linken Spalte hingewiesen.
Im **Grundwissen** jedes Unterkapitels werden die in der Mathematik üblichen Bezeichnungen erklärt, nützliche Verfahren dargestellt und wichtige Ergebnisse festgehalten. Oft erfährst du auch etwas über die Geschichte und über Anwendungsmöglichkeiten dieser Verfahren und Ergebnisse.
Auch in den **Übungen** geht es immer wieder um die zentralen mathematischen Tätigkeiten; und schließlich kannst du in den **Ausstiegen** noch einmal forschend tätig werden und erkunden, wohin die Inhalte des Unterkapitels führen können. Das Forschen steht auch bei den *Rechercheaufgaben* im Vordergrund – neben Büchern, Ämtern etc. kann dir hier auch die entsprechende Linkliste auf der Verlagshomepage (www.westermann.de) weiterhelfen.
In der **Zusammenfassung** nach den **Vermischten Übungen** ist jeweils der Inhalt eines ganzen Kapitels in knapper Form zusammengestellt. Ausgewählte Aspekte können in einem **Projekt** vertieft und ausgeweitet werden.
Im **Wiederholungskapitel** am Anfang des Bandes ist in Aufgabenform das Vorwissen zusammengefasst, das für die weitere Arbeit benötigt wird. Es hilft dir, dich zu erinnern und eventuelle Lücken selbstständig zu schließen. In den Vermischten Übungen gibt es jeweils mit L gekennzeichnete *Aufgaben mit Lösungen* hinten im Buch. Das Kapitel **Lernkontrollen** enthält zu jedem Kapitel zwei Serien von Testaufgaben und einige Seiten später die Lösungen, sodass du dich deines Könnens vergewissern kannst.

MatheNetz wünscht viel Erfolg!

Mengen

$\mathbb{N} = \{0, 1, 2, 3, ...\}$	Menge der natürlichen Zahlen
$\mathbb{B}$	Menge der Bruchzahlen
$\mathbb{Z}$	Menge der ganzen Zahlen
$\mathbb{Q}$	Menge der rationalen Zahlen
$\mathbb{R}$	Menge der reellen Zahlen
L	Lösungsmenge für eine Gleichung bzw. Ungleichung
{ } oder $\emptyset$	leere Menge
$B = \{x \in \mathbb{Q} \mid -3 \leq x \leq 5\}$	beschreibende Form; lies: „B ist die Menge aller $x \in \mathbb{Q}$ mit der Eigenschaft $-3 \leq x \leq 5$"
$a \in C$	a ist Element der Menge C
$A \subseteq B$	Menge A ist Teilmenge der Menge B
B\A	Menge B ohne (die Elemente von) Menge A
$[a; b] = \{x \in \mathbb{R} \mid a \leq x \leq b\}$	(abgeschlossenes) Intervall mit den Grenzen a und b

Zahlen

$a = b$	a gleich b	$a > b$	a größer als b
$a \neq b$	a ungleich b	$a \geq b$	a größer oder gleich b
$a \mid b$	a ist Teiler von b	$a < b$	a kleiner als b
$p(E)$	Wahrscheinlichkeit des Ereignisses E	$a \leq b$	a kleiner oder gleich b
$\mid x \mid$	Betrag von x	π	Kreiszahl, $\approx 3{,}14$
$\sqrt[n]{a}$	n-te Wurzel aus a	$\log_b a$	Logarithmus von a zur Basis b

Funktionen

$f: x \mapsto 3x + 2$	Zuordnungsvorschrift
$f(x)$	Funktionswert an der Stelle x
$y = 3x + 2$	Funktionsgleichung
$3x + 2$	Funktionsterm

Geometrie

A, B, C, ...	Punkte
$\overline{AB}$	Strecke mit den Endpunkten A und B
AB	Gerade durch die Punkte A und B
$\overrightarrow{AB}$	Strahl mit dem Anfangspunkt A durch den Punkt B
g, h, k, ...	Geraden
$g \parallel h$	g ist parallel zu h
$g \perp k$	g ist senkrecht zu k
$P(3 \mid 4)$	Punkt mit der ersten Koordinate 3 und der zweiten Koordinate 4
$\alpha, \beta, \gamma, \delta, \varepsilon$	Winkel
$\sphericalangle ASB$	Winkel mit dem Scheitelpunkt S und den Schenkeln $\overline{SA}$ und $\overline{SB}$
$\overparen{AB}$	Kreisbogen über $\overline{AB}$
s_a	Seitenhalbierende der Seite a
h_c	Höhe auf der Seite c
Figur 1 $\cong$ Figur 2	Figur 1 und Figur 2 sind kongruent
Figur 1 $\sim$ Figur 2	Figur 1 und Figur 2 sind ähnlich

Griechische Buchstaben

α alpha	β beta	γ gamma	δ delta	ε epsilon	ϱ rho

0 Wiederholung

0.1 Reelle Zahlen

1 a) **Rationale Zahlen** lassen sich als Quotienten von zwei ganzen Zahlen darstellen. Die Dezimalzahldarstellung einer rationalen Zahl ist stets eine **abbrechende** oder eine **periodische Dezimalzahl.**

$$\frac{10}{1} = 10 \qquad \frac{1}{10} = 0,1$$
$$\frac{-7}{2} = \frac{7}{-2} = -\frac{7}{2} = -3,5 \qquad \frac{1}{2} = 0,5$$
$$\frac{2}{7} = 0,\overline{285714} \qquad \frac{1}{3} = 0,\overline{3}$$

Die Zahl soll nach dem Komma eine 0 und eine 1, dann 00 und eine 1, dann 000 und eine 1 usw. jeweils eine Null mehr zwischen den Einsen haben.

Mithilfe von geeigneten Vorschriften kann man sich Dezimalzahlen „bauen", die weder abbrechend noch periodisch sind.
Schreibe eine solche Zahl auf. Finde drei weitere geeignete Vorschriften. Wie viele verschiedene Lösungen gibt es?

b) Schon in der Antike war bekannt: Die (positive) Zahl, deren Quadrat 2 ist, kann nicht durch einen Bruch beschrieben werden. Heute bezeichnet man diese Zahl als $\sqrt{2}$.
Bestätige durch Quadrieren: $1,4 < \sqrt{2} < 1,5$. Schreibe eine entsprechende Ungleichungskette für $\sqrt{2}$ mit Dezimalzahlen, die zwei (drei) Nachkommastellen haben, auf.

irrationale Zahlen
reelle Zahlen

c) Dezimalzahlen, die weder abbrechend noch periodisch sind, nennt man **irrationale Zahlen.** Alle rationalen und irrationalen Zahlen fasst man zur Menge $\mathbb{R}$ der **reellen Zahlen** zusammen.
$\mathbb{R}$ umfasst also alle denkbaren Dezimalzahlen – abbrechende, periodische und solche, die weder abbrechend noch periodisch sind. 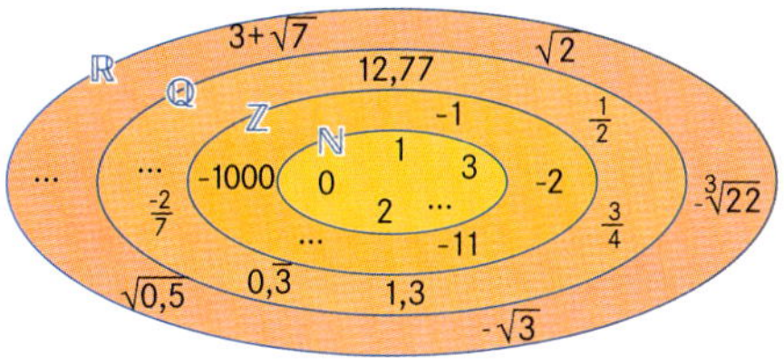
Zu jedem Punkt auf der Zahlengeraden gehört eine reelle Zahl und umgekehrt gehört zu jeder reellen Zahl ein Punkt auf der Zahlengeraden.

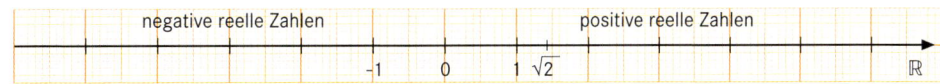

Zeichne einen Zahlenstrahl auf Millimeterpapier. Trage die irrationalen Zahlen aus dem Mengenbild möglichst genau ein.

2

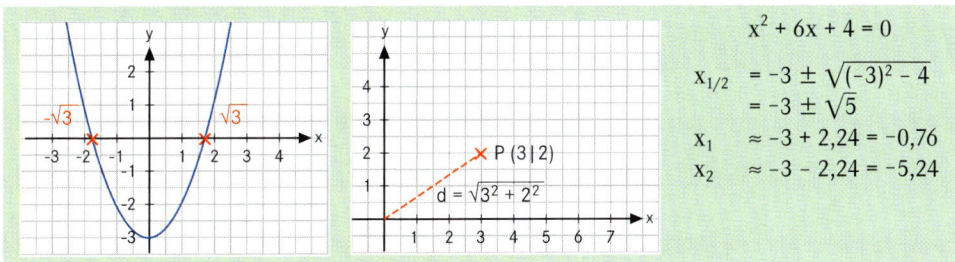

Wurzel

In den drei Beispielen treten **Wurzeln** (speziell **Quadratwurzeln**) auf.

> Für $a \in \mathbb{R}, a \geq 0$ gilt:
> $\sqrt{a}$ ist diejenige nicht negative reelle Zahl, deren Quadrat a ist: $(\sqrt{a})^2 = a$.

Um Verwechslungen zu vermeiden, schreibt man statt $\sqrt{a}$ auch $\sqrt[2]{a}$ (lies: zweite Wurzel aus a). Entsprechend definiert man **Kubikwurzeln** durch $(\sqrt[3]{a})^3 = a$ und **n-te Wurzeln** durch $(\sqrt[n]{a})^n = a$. Warum muss man bei Quadratwurzeln $a \geq 0$ fordern? Könnte man Kubikwurzeln auch aus negativen Zahlen ziehen? Warum kann man in der Gleichung $\sqrt{a^2} = |a|$ nicht einfach a statt $|a|$ schreiben?

3 a) Die Wurzel aus einer natürlichen Zahl n ist nur dann eine natürliche Zahl, wenn n eine Quadratzahl ist. In allen anderen Fällen ist $\sqrt{n}$ irrational. Die einzelnen Dezimalstellen einer solchen Wurzel kann man nacheinander durch gezieltes Probieren bestimmen.

Einschachtelung	Begründung durch Quadrieren
$1 \leq \sqrt{3} \leq 2$	$1 \leq 3 \leq 4$
$1{,}7 \leq \sqrt{3} \leq 1{,}8$	$2{,}89 \leq 3 \leq 3{,}24$
$1{,}73 \leq \sqrt{3} \leq 1{,}74$	$2{,}9929 \leq 3 \leq 3{,}0276$
$1{,}732 \leq \sqrt{3} \leq 1{,}733$	$2{,}9998\ldots \leq 3 \leq 3{,}0032\ldots$

Strecken auf der Zahlengeraden werden als **Intervalle** bezeichnet: $[a; b] = \{x \mid a \leq x \leq b\}$. Die Zahlen a und b heißen **Intervallgrenzen**, b−a die **Intervallbreite**. In der Tabelle wird $\sqrt{3}$ in Intervalle von immer kleinerer Breite eingeschachtelt, die alle ineinander liegen. Man spricht von einer **Intervallschachtelung**.

Intervallschachtelung

Erstelle eine Intervallschachtelung bis zu einem Intervall der Breite 0,001 für $\sqrt{7}$.

b) Man kann jede Wurzel mithilfe einer Intervallschachtelung so genau bestimmen, wie man will. Günstiger sind aber Verfahren, bei denen die wiederholte Anwendung derselben Formel automatisch zu immer genaueren Näherungen führt.

Heron-Verfahren **Iterationsverfahren**

Das **Heron-Verfahren** ist ein Beispiel für ein solches **Iterationsverfahren**:
Zu bestimmen ist $a = \sqrt{A}$. Man beginnt mit irgendeinem Startwert a_0. Wenn a_0 größer ist als a, dann ist $A : a_0$ sicher kleiner als a und der Mittelwert

$$a_1 = (a_0 + A : a_0) : 2$$

liegt näher an a und ist größer als a. Man wiederholt das Verfahren mit a_1 und erhält

$$a_2 = (a_1 + A : a_1) : 2 \text{ usw.}$$

Allgemein gilt:

$$a_{n+1} = (a_n + A : a_n) : 2.$$

Gesucht: $a = \sqrt{3}$; also ist A = 3
Startwert $a_0 = 2$; $2 > \sqrt{3}$
$3 : a_0 = 1{,}5$; $1{,}5 < \sqrt{3}$
$a_1 = (a_0 + 3 : a_0) : 2 = 1{,}75$
$a_2 = (a_1 + 3 : a_1) : 2 = 1{,}732142857$
$a_3 = (a_2 + 3 : a_2) : 2 = 1{,}732050810$
$a_4 = (a_3 + 3 : a_3) : 2 = 1{,}732050808$
Die ersten sieben Nachkommastellen ändern sich nicht mehr. Das Verfahren liefert sehr schnell eine gute Näherung.

Bestimme $\sqrt{7}$ mithilfe des Heron-Verfahrens auf drei (fünf) Nachkommastellen genau und vergleiche den Rechenaufwand mit dem aus a). Was passiert bei $a_0 = 1$?

c) Deute das Heron-Verfahren geometrisch als Suche nach einem Quadrat mit dem Flächeninhalt A.

4 a) Summe und Produkt von zwei rationalen Zahlen sind stets wieder rationale Zahlen. Wie steht es mit Summe und Produkt von zwei irrationalen Zahlen (einer rationalen und einer irrationalen Zahl)?

Rechengesetze

b) Die **Rechengesetze** gelten für reelle Zahlen ebenso wie für rationale Zahlen. Z. B. gilt:

$$a \cdot b + a \cdot c = a \cdot (b + c) \text{ für alle } a, b, c \in \mathbb{R} \qquad \text{Distributivgesetz in } \mathbb{R}$$

Mithilfe der Rechengesetze kann man **Termumformungen** durchführen, d.h. Terme in gleichwertige Terme umformen. Beispiele sind die **binomischen Formeln**, mit deren Hilfe man Summen in Produkte umformen kann und umgekehrt.

binomische Formeln

Erste binomische Formel: $a^2 + 2ab + b^2 = (a + b)^2$
Zweite binomische Formel: $a^2 - 2ab + b^2 = (a - b)^2$
Dritte binomische Formel: $a^2 - b^2 = (a + b) \cdot (a - b)$

Forme mithilfe der binomischen Formeln in ein Quadrat bzw. ein Produkt um:

$a^2 - 4a + 4$	$9a^2 + 36a + 36$	$4a^2 + 12ab + 9b^2$	$a^2 - 4$
$u^2 - 9$	$25u^2 - 100u + 100$	$x^2 + 10xy + 25y^2$	$r^2s^2 - 2ars + a^2$
$0{,}5x^2 - x + 0{,}5$	$10 - s^2$	$81 - z^4$	$25u^2 + 20uv + 4v^2$

0.2 Gleichungen und Ungleichungen

1 a) Maike ist ganz gut in Mathe, aber sie passt nicht immer hundertprozentig auf. So hat sie z. B. als Hausaufgabe notiert: „Zeichne ein Rechteck mit dem Umfang 12 cm." Sofort ist ihr klar, dass es da wohl ziemlich viele Möglichkeiten gibt. Wie viele gibt es? Zeichne einige (z. B. lange schlanke, kurze dicke, Seitenverhältnis im goldenen Schnitt o. ä.).

b) Maike überlegt, wie viele Rechtecke es gibt, wenn die Seitenlängen, in cm gemessen, ganzzahlig sein sollen. Versuche die Antwort auf mehreren verschiedenen Wegen zu finden (z. B. durch systematisches Probieren mithilfe einer Tabelle, durch Zeichnen o. ä.). Wie lang können die Seiten höchstens sein?

c) Gerade werden in Maikes Klasse im Unterricht quadratische Funktionen behandelt und dabei kommen immer mal wieder Aufgaben zum Flächeninhalt vor. Maike überlegt, welchen Flächeninhalt ihre Rechtecke wohl haben und welches den größten bzw. kleinsten Flächeninhalt hat. Dazu hat sie ganz ohne quadratische Funktionen sofort eine Vermutung, testet sie und kann ihr Ergebnis auch begründen. Welches könnten ihre Überlegungen gewesen sein?

d) Schließlich ruft Maike ihre Freundin an, um die genaue Aufgabenstellung zu erfahren, aber die hat offenbar ihr Handy ausgeschaltet. So beschließt sie, als Zeichen ihres guten Willens, alle Möglichkeiten in einer Gleichung und einem Graphen darzustellen. So geht sie vor:

Wenn die Seiten x und y heißen, ist
$u = 2x + 2y$. Wenn u gleich 12 sein soll,
ergibt sich die Gleichung $2x + 2y = 12$.

lineare Gleichung

Das ist eine **lineare Gleichung in zwei Variablen.** Der Graph ist eine Gerade.
Zeichne diese Gerade, indem du zwei Punkte bestimmst, die auf der Geraden liegen.

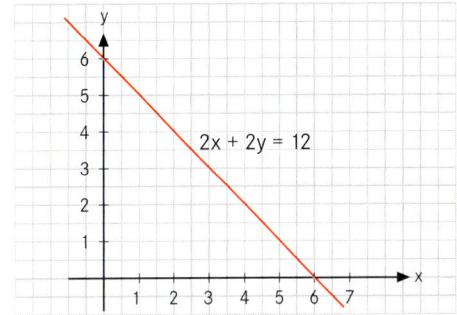

e) Man kann die Gerade aus d) auch zeichnen, indem man die Gleichung nach y auflöst. Dann erhält man $y = -x + 6$.

Geradengleichung

Das ist eine **Geradengleichung** in der üblichen Form **y = mx + b**. Darin ist m die **Steigung** der Geraden und b der **y-Achsenabschnitt.** Im Beispiel ist die Steigung -1 und der y-Achsenabschnitt ist 6. Beschreibe, wie man die Gerade mithilfe des Punktes $P(0|6)$ und eines **Steigungsdreiecks** zeichnen kann.
Zeichne die Geraden zu den Gleichungen.

$y = x;\quad y = 2x - 3;\quad y = -x + 4;\quad y = -0{,}2x + 7;\quad 5y = -x + 35;\quad 3x - 4y = 14.$

lineare Funktion

f) Die Gerade mit der Gleichung $y = mx + b$ ist Graph der Funktion $f: x \mapsto mx + b$. Weil die Graphen derartiger Funktionen Geraden sind, spricht man von **linearen Funktionen.** Wenn der Graph einer linearen Funktion eine **Ursprungsgerade** ist, handelt es sich bei der Funktion um eine **proportionale Zuordnung.** Die Steigung m entspricht dem Proportionalitätsfaktor k, der y-Achsenabschnitt ist null.
Zeichne Ursprungsgeraden für $m = -1$; $m = -2$; $m = \frac{1}{2}$; $m = \frac{4}{3}$; $m = -\frac{3}{4}$; $m = 10$; $m = 0{,}01$.

g) Durch eine lineare Gleichung der Form **ax + by = c** lassen sich *alle* Geraden beschreiben. Dies ist die **allgemeine Form einer linearen Gleichung in zwei Variablen.**
Die Tabelle zeigt Sonderfälle.

c = 0	Ursprungsgerade
a = 0	Parallele zur x-Achse
b = 0	Parallele zur y-Achse
a = 0 und c = 0	x-Achse
b = 0 und c = 0	y-Achse

Wie groß ist die Steigung bei einer Parallelen zur x-Achse? Warum kann man bei einer Parallelen zur y-Achse keine Steigung angeben?

h) Für die Seitenlängen aller Rechtecke mit dem Umfang 12 cm gilt $2x + 2y = 12$. Warum ergeben nicht alle Punkte auf der zugehörigen Geraden Lösungen für Rechteckseiten?

2 a) Wenn Maike in der Situation aus Aufgabe **1** die zweite Seite für ein Rechteck mit y = 3,4 ausrechnen will, erhält sie die Gleichung 2x + 6,8 = 12. Bestimme x im Kopf und grafisch mithilfe deiner Zeichnung aus **1d)**.

b) 2x + 6,8 = 12 ist ein Beispiel für eine **lineare Gleichung in einer Variablen**. Kompliziertere lineare Gleichungen lassen sich nicht mehr im Kopf lösen. Dann kann man die **Standardmethode** zum Lösen linearer Gleichungen anwenden:

1. Schritt: **Klammern auflösen**
2. Schritt: **Zusammenfassen**
3. Schritt: **Ordnen,** d. h. alles „mit x" auf eine Seite und alles „ohne x" auf die andere.
4. Schritt: x **isolieren**

Das Verfahren liefert die **Lösung** $\frac{11}{9}$.

$$3 \cdot (x - 2) + 4x = 4 \cdot (3 - \tfrac{1}{2}x) - 7$$
$$3 \cdot x - 6 + 4x = 12 - 2x - 7$$
$$7x - 6 = 5 - 2x \quad | +2x$$
$$9x - 6 = 5 \quad | +6$$
$$9x = 11 \quad | :9$$
$$x = \tfrac{11}{9}$$

Einsetzprobe:
Linke Seite: $3 \cdot \left(\tfrac{11}{9} - 2\right) + 4 \cdot \tfrac{11}{9} = \tfrac{23}{9}$
Rechte Seite: $4 \cdot \left(3 - \tfrac{1}{2} \cdot \tfrac{11}{9}\right) - 7 = \tfrac{23}{9}$

Die **Einsetzprobe** zeigt, dass kein Rechen- oder Umformungsfehler gemacht wurde. Wenn man eine Gleichung für x nach der Standardmethode löst, tut man so, als hätte man die Lösung schon, und rechnet mit x wie mit der Lösung, also wie mit einer Zahl.

Dabei gelten die folgenden **Umformungsregeln**.

**Umformungs-
regeln für
Gleichungen**

> Beim Lösen von Gleichungen darf man:
> (I) einen Term durch einen dazu gleichwertigen ersetzen,
> (II) auf beiden Seiten der Gleichung
> – dasselbe addieren oder subtrahieren,
> – mit derselben (von null verschiedenen) Zahl multiplizieren oder dividieren.

Löse die Gleichungen. Beachte: Wenn **Bruchterme** oder **Wurzelterme** vorkommen, kann sich die **Definitionsmenge** ändern. Unbedingt Probe in der Ausgangsgleichung machen!

$2 \cdot (4x - 3) = -2 \cdot (6x - 1) + 2x - 4$ $\qquad$ $10 \cdot (x - 3) - 5 \cdot (1 - 6x) = 5 \cdot (x - 7)$

$\frac{7x - 5}{3} - \frac{5x - 25}{6} = 8 - \frac{9x - 45}{4} + \frac{x - 1}{2}$ $\qquad$ $\frac{9}{x - 1} - \frac{1}{x - 3} = \frac{8}{x}$

$13x - \sqrt{3} = 5 \cdot (4x + \sqrt{13}) - 27x$ $\qquad$ $\sqrt{x^2 - 2x + 1} = x - 1$

3 a) Die Aufgabe, ein Rechteck mit Umfang 12 cm zu zeichnen, ist nicht eindeutig lösbar. Es wird nun zusätzlich gefordert, dass die Seitenlängen sich wie 1 : 2 verhalten sollen. Diese Aufgabe kann man im Kopf lösen, z. B. so: Zusammen müssen die Seiten 6 cm lang sein. Davon muss die eine ein Drittel und die andere zwei Drittel ausmachen. Also ist die eine 2 cm lang und die andere 4 cm.

Man kann die Aufgabe auch grafisch lösen:
Die Bedingung für den Umfang liefert die
Gleichung 2x + 2y = 12. Ihr Graph ist
die rote Gerade.
Die Bedingung für das Seitenverhältnis
liefert die Gleichung y = 2x (wenn y die
längere Seite sein soll). Ihr Graph ist die
grüne Gerade.
Wo sich die beiden Geraden schneiden,
sind beide Bedingungen erfüllt.
Die Lösung lautet also x = 2 und y = 4.

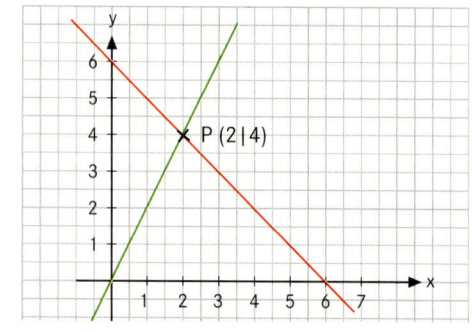

Löse die Aufgabe entsprechend, indem du die längere Seite x nennst.

lineares Gleichungssystem

b) Die beiden Gleichungen $2x + 2y = 12$ und $y = 2x$ sind zwei lineare Gleichungen in zwei Variablen. Zusammen bilden sie ein **lineares Gleichungssystem (LGS)**.
Oft schreibt man die Gleichungen eines LGS untereinander.

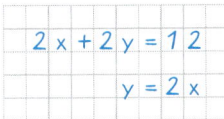   oder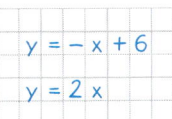

In der rechten Form des LGS sind beide Gleichungen nach derselben Variablen, in diesem Fall nach y, aufgelöst. Daher bietet sich zur Lösung das **Gleichsetzungsverfahren** an.
In der linken Form des LGS sind nicht beide Gleichungen nach derselben Variablen aufgelöst. Aber in der zweiten Gleichung steht y isoliert auf einer Seite. Daher ist das **Einsetzungsverfahren** günstig.
Überlege, welches Verfahren zur Lösung besonders geeignet ist, und löse dann. Mache auch die Probe, indem du die gefundenen Lösungen in die beiden Gleichungen des LGS einsetzt.

(I) $3x + 7y = 60$ (II) $3x + 2y = 1$ (III) $x = 20 - 3y$ (IV) $5x + y = 40$
     $x + 9y = 40$ $6x = 1 - 4y$ $x = 5y + 12$ $3x + y = 26$

Additionsverfahren

c) Im allgemeinen Fall hat ein LGS die Form: $ax + by = c$ und $dx + ey = f$.
Zur Lösung kann man das **Additionsverfahren** verwenden:
Um das LGS auf *eine* Gleichung in *einer* Variablen zurückzuführen, multipliziert man jede Gleichung mit einem solchen Faktor, dass bei der Addition (bzw. Subtraktion) der beiden Gleichungen eine der beiden Variablen wegfällt. Die allgemeine Lösung ist

$$x = \frac{ce - bf}{ae - bd} \quad \text{und} \quad y = \frac{af - cd}{ae - bd}$$

für $ae - bd \neq 0$.

(1)	$4x + 3y = 5$	$\vert \cdot 9$
(2)	$9x + 5y = 34$	$\vert \cdot 4$
(1')	$36x + 27y = 45$	
(2')	$36x + 20y = 136$	
(1')−(2')	$7y = -91$	$\vert : 7$
	$y = -13$	

Zur Bestimmung von x wird y in (1) eingesetzt. Es ergibt sich
$$x = 11$$
Lösung: $x = 11$ und $y = -13$

Probe: x und y in (2) eingesetzt:
$99 - 65 = 34$ stimmt

Löse mit dem Additionsverfahren.

(I) $5x + 7y = 27$ (II) $-3x + 2y = 2$ (III) $2x + 3y = 20$ (IV) $4x + 3y = 22$
     $4x - 7y = 9$ $3x + 7y = 36$ $6x + 2y = 46$ $7x - 4y = 57$

4 Man kann ein LGS grafisch lösen, indem man die zu den Gleichungen gehörenden Geraden in ein Koordinatensystem zeichnet. Gesucht ist nach Zahlenpaaren (x; y), die beide Gleichungen lösen, also nach Schnittpunkten. Dabei können drei Fälle auftreten.

1. Fall: Die beiden Geraden schneiden sich. Das LGS hat genau eine Lösung.

2. Fall: Die beiden Geraden sind parallel und nicht gleich. Das LGS hat keine Lösung.

3. Fall: Die beiden Geraden sind gleich. Das LGS hat unendlich viele Lösungen.

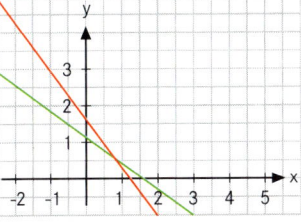 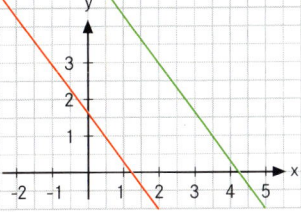 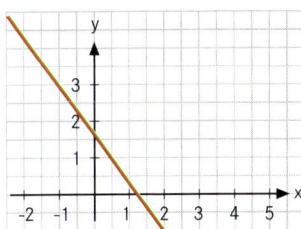

Welches LGS passt zu welchem Fall?

(I) $4x + 3y = 5$ (II) $4x + 3y = 5$ (III) $4x + 3y = 5$
     $8x + 6y = 10$ $5x + 7y = 8$ $8x + 6y = 34$

5 Für ein Konzert in der Aula verkaufen die Schülerinnen und Schüler Eintrittskarten an ihre Verwandten und Bekannten. Es gibt Karten der Preiskategorien A, B und C. Jo führt über die Verkaufsergebnisse ihrer Klasse an den einzelnen Tagen Buch.

Tag	Anzahl der Karten in Kategorie			Einnahmen (Euro)
	A	B	C	
1	2	4	18	62
2	6	13	3	88
3	4	6	10	64

Um die Preise der einzelnen Karten zu berechnen, kann man ein Gleichungssystem aufstellen. Man erhält ein LGS aus *drei* Gleichungen in *drei* Variablen!

(1) $2x + 4y + 18z = 62$
(2) $6x + 13y + 3z = 88$
(3) $4x + 6y + 10z = 64$

Eine Lösungsstrategie für ein solches System ist von den Gleichungssystemen aus zwei Gleichungen in zwei Variablen bekannt:
Mithilfe des Additionsverfahrens verringert man die Anzahl der Variablen in den Gleichungen.

Dreiecksform

Besonders übersichtlich und einfach zu lösen ist ein LGS, wenn es in **Dreiecksform** vorliegt. Hier kann man der Reihe nach aus der letzten Gleichung z ablesen, damit aus der vorletzten Gleichung y berechnen und schließlich aus der ersten x.

$2x + 4y + 18z = 62$
$y - 51z = -98$
$-128z = -256$

Um das LGS aus dem Kartenverkaufs-Beispiel in Dreiecksform zu bringen, kann man in zwei Schritten vorgehen:
Im *ersten Schritt* entfernt man x aus den Gleichungen (2) und (3), indem man passende Vielfache von (1) subtrahiert.
Im *zweiten Schritt* entfernt man y aus der Gleichung (3'), indem man ein passendes Vielfaches von (2') addiert.

(1)	$2x + 4y + 18z =$	62
(2)	$6x + 13y + 3z =$	88
(3)	$4x + 6y + 10z =$	64
(1)	$2x + 4y + 18z =$	62
(2') = (2) − 3 · (1)	$y - 61z =$	-98
(3') = (3) − 2 · (1)	$-2y - 26z =$	-60
(1)	$2x + 4y + 18z =$	62
(2')	$y - 61z =$	-98
(3'') = (3') + 2 · (2')	$-128z =$	-256

Führe die einzelnen Umformungsschritte durch, bestimme die Lösungen und mache die Probe.

6 In Aufgabe **1c)** sollte durch inhaltliche Überlegungen geklärt werden, welches Rechteck mit dem Umfang u = 12 den größten Flächeninhalt A besitzt. Jetzt übersetzen wir die Aufgabe in Gleichungen:

Für ein Rechteck mit den Seitenlängen x und y ist: $A = x \cdot y$.
Aus u = 12 erhält man $2x + 2y = 12$, also: $y = 6 - x$.
Durch Einsetzen ergibt sich: $A = x \cdot (6 - x) = -x^2 + 6x$.

Der Flächeninhalt hängt also quadratisch von der Länge der Seite x ab.
Für welches x ist A am größten?
Der Graph der zugehörigen Funktion ist eine Parabel. Da der Faktor von x^2 negativ ist, ist sie nach unten geöffnet und der Scheitelpunkt ist ihr höchster Punkt.
Zur Bestimmung des Scheitelpunktes nutzen wir aus, dass er in der Mitte zwischen den beiden Nullstellen liegt.
Die Nullstellen sind die Lösungen der Gleichung $0 = -x^2 + 6x$ bzw. $x \cdot (6 - x) = 0$.
Die Nullstellen sind also x = 0 oder x = 6 und der Scheitelpunkt liegt bei x = 3.
Berechne den Flächeninhalt A für x = 3. Welche Form hat das zugehörige Rechteck?

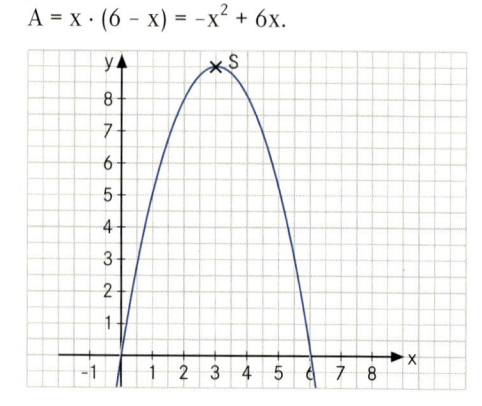

0.2 Gleichungen und Ungleichungen: Quadratische Gleichungen

quadratische Gleichung

7 Die Gleichung $x^2 - 6x = 0$ (bzw. $x \cdot (x - 6) = 0$) aus Aufgabe **6** ist ein Beispiel für eine **quadratische Gleichung.** Wenn bei einer Gleichung auf der einen Seite ein Produkt und auf der anderen null steht, kann man folgenden Sachverhalt bei der Lösung nutzen: Ein Produkt kann nur null sein, wenn einer der Faktoren null ist. Daraus ergibt sich:

> Die quadratische Gleichung $(x - a) \cdot (x - b) = 0$ hat die Lösungsmenge L = {a; b}.

a) Viele quadratische Gleichungen kann man leicht in Produktform bringen.

Gleichung	Umformung	Produktform	Lösungen
$x^2 + 2,5x = 0$	Ausklammern	$x \cdot (x + 2,5) = 0$	0 und −2,5
$x^2 + 6x + 9 = 0$	1. binom. Formel	$(x + 3)^2 = 0$	−3
$x^2 - 25 = 0$	3. binom. Formel	$(x - 5) \cdot (x + 5) = 0$	5 und −5

Löse durch geschicktes Umformen.
$x^2 - 121 = 0$; $y^2 - 5 = 0$; $x^2 - 2,7x = 0$; $y^2 - 0,43y = 0$;
$x^2 + 12x + 36 = 0$; $y^2 - 3y = -2,25$; $10z^2 + 2z + 0,1 = 0$; $x^2 - 6x + 9 = 0$.

Satz von Vieta

b) Für die meisten quadratischen Gleichungen findet man die zugehörige Produktform nicht so unmittelbar. Dann kann der **Satz von Vieta** helfen.
Man erhält ihn durch Ausmultiplizieren von $(x - a) \cdot (x - b) = 0$ und Vergleichen:
$x^2 \underbrace{- (a + b)}_{\text{negative Summe der Lösungen}} \cdot x + \underbrace{a \cdot b}_{\text{Produkt}} = 0.$

Der **Koeffizient** des **linearen Gliedes** x ist die negative Summe der Lösungen.
Der **absolute Koeffizient** (d. h. der Term ohne x) ist das Produkt der Lösungen.

Besonders bei quadratischen Gleichungen mit ganzzahligen Koeffizienten gelingt es oft, die Lösungen mithilfe des Satzes von Vieta zu bestimmen.

$x^2 + 7x + 12 = 0$
Nach dem Satz von Vieta muss das Produkt der Lösungen 12 sein und die Summe −7. Mit etwas Überlegen findet man −3 und −4 als Lösungen.

$a \cdot b = 12$		$a + b = -7$?
a	b	a + b
2	6	8
3	4	7
−3	−4	−7

Löse mithilfe des Satzes von Vieta. Mache die Probe durch Einsetzen.
$x^2 + 5x + 6 = 0$; $x^2 - 21x + 108 = 0$; $x^2 + 19x + 60 = 0$; $x^2 - 14x - 72 = 0.$

Lösen durch quadratische Ergänzung

c) Ein Lösungsweg für quadratische Gleichungen, der immer funktioniert, beruht auf der **quadratischen Ergänzung:**
Um ein vollständiges Quadrat zu erhalten, ergänzt man einen passenden Term, den man auch sofort wieder subtrahiert.
Dann kann man wie in a) verfahren.
Löse durch quadratische Ergänzung. Mache die Probe mithilfe des Satzes von Vieta.
$x^2 - 8x + 9 = 0$ $x^2 + 4x + 8 = 0$

$x^2 + 5x + 3 = 0$
$x^2 + 2 \cdot \frac{5}{2} \cdot x + \left(\frac{5}{2}\right)^2 - \left(\frac{5}{2}\right)^2 + 3 = 0$
$\left(x + \frac{5}{2}\right)^2 \qquad - \left(\frac{5}{2}\right)^2 + 3 = 0$
$\left(x + \frac{5}{2}\right)^2 \qquad - 3,25 = 0$
$x = -\frac{5}{2} + \sqrt{3,25}$ oder $x = -\frac{5}{2} - \sqrt{3,25}$

$x^2 + 3x - 11 = 0$ $x^2 + 12x - 45 = 0$

Lösungsformel

d) Als **Lösungsformel** zur Lösung einer quadratischen Gleichung $x^2 + px + q = 0$
ergibt sich: $x = -\frac{p}{2} + \sqrt{\left(\frac{p}{2}\right)^2 - q}$ oder $x = -\frac{p}{2} - \sqrt{\left(\frac{p}{2}\right)^2 - q}$

Löse $x^2 + px + q = 0$ durch quadratische Ergänzung und bestätige dabei die Lösungsformel. Welche Bedingung muss der Term unter dem Wurzelzeichen erfüllen, damit die Gleichung lösbar ist? Wann gibt es genau eine Lösung?

8 Die allgemeine Form einer quadratischen Gleichung ist $ax^2 + bx + c = 0$. Dabei muss $a \neq 0$ sein, weil die Gleichung sonst kein quadratisches Glied besitzt; b und c sind beliebig.

a) Zeige: Man kann jede quadratische Gleichung $ax^2 + bx + c = 0$ umformen in $x^2 + px + q = 0$.

b) Zwischen der Anzahl der Lösungen einer quadratischen Gleichung und der Lage der zugehörigen Parabel besteht ein Zusammenhang:

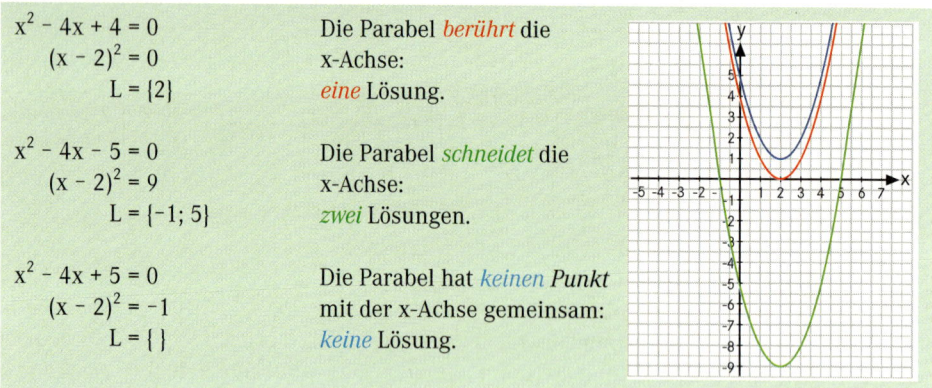

$x^2 - 4x + 4 = 0$	Die Parabel *berührt* die
$(x - 2)^2 = 0$	x-Achse:
$L = \{2\}$	*eine* Lösung.

$x^2 - 4x - 5 = 0$	Die Parabel *schneidet* die
$(x - 2)^2 = 9$	x-Achse:
$L = \{-1; 5\}$	*zwei* Lösungen.

$x^2 - 4x + 5 = 0$	Die Parabel hat *keinen* Punkt
$(x - 2)^2 = -1$	mit der x-Achse gemeinsam:
$L = \{\}$	*keine* Lösung.

Untersuche, ob die quadratische Gleichung eine, zwei oder keine Lösungen hat.
$x^2 + 6x + 11 = 0;$ $x^2 + 6x + 9 = 0;$ $x^2 + 6x + 5 = 0;$ $x^2 + 7x - 100 = 0.$

c) Welcher Zusammenhang besteht zwischen dem Term $\left(\frac{p}{2}\right)^2 - q$ (vgl. die Lösungsformel in Aufgabe **7**d)) und der Lage der Parabel?

d) Löse die quadratische Gleichung mit einem Verfahren deiner Wahl.
$x^2 + 7x = 0$ $x^2 - 81 = 0$ $x^2 + 20x + 100 = 0$ $-3x^2 + 12x + 18 = 0$
$x^2 + 22x + 121 = 0$ $1{,}24x - 1{,}2 - 0{,}2x^2 = 0$ $53x^2 - 4x - 1 = 0$ $-2x^2 + 18x + 42 = 0$

9 a) Bei der Lösung von **Bruchgleichungen** können sich quadratische Gleichungen ergeben.

$x + 3 + \frac{4 - 2x}{2 - x} = 0$ $\mid \cdot (2 - x)$	Die Lösungen der quadratischen Glei-
$2x - x^2 + 6 - 3x + 4 - 2x = 0$ $\mid \cdot (-1)$	chung sind 2 und −5.
$x^2 + 3x - 10 = 0$	2 ist aber keine Lösung der Bruchglei-
$x = 2$ oder $x = -5$	chung, weil 2 nicht zur Definitionsmenge
	des Bruchterms gehört.
Probe: $-5 + 3 + \frac{4 - 2 \cdot (-5)}{2 - (-5)} = -2 + \frac{14}{7} = 0$	Die Einsetzprobe zeigt, dass −5 Lösung
	der Bruchgleichung ist:
	$L = \{-5\}$.

Löse die Bruchgleichungen, beachte die Definitionsmengen und mache jeweils die Probe.

$\frac{5x}{3x + 7} + \frac{2}{x + 3} - 1 = 0$ $\frac{x - 10}{x} + \frac{3}{x - 2} = 0$ $\frac{x - 3}{3x + 2} + \frac{3 - x}{2x - 9} = 0$

b) Auch **Wurzelgleichungen** können auf quadratische Gleichungen führen.

$\sqrt{13 - 4x} + x = 2$ $\mid -x$	Die Lösungen der quadratischen Glei-
$\sqrt{13 - 4x} = 2 - x$ $\mid$ quadrieren	chung sind 3 und −3.
$13 - 4x = (2 - x)^2$	Beide Zahlen gehören zur Definitionsmen-
$x^2 - 9 = 0$	ge des Wurzelterms.
$x = 3$ oder $x = -3$	Aber die Einsetzprobe zeigt, dass nur −3
Probe: $\sqrt{13 - 4 \cdot 3} + 3 = 1 + 3 = 4 \neq 2$	Lösung der Wurzelgleichung ist:
$\sqrt{13 - 4 \cdot (-3)} + (-3) = 5 - 3 = 2$	$L = \{-3\}$.

Löse die Wurzelgleichungen, beachte die Definitionsmengen und mache jeweils die Probe.

$\sqrt{x + 6} + \sqrt{x - 2} - 4 = 0$ $\sqrt{x + 6} - \sqrt{x - 2} - 4 = 0$ $\sqrt{x + 5} + \sqrt{21 - x} = 6$

10 Für Gleichungen, in denen die Variable mit höheren Exponenten als 2 vorkommt, gibt es im Allgemeinen keine „Lösungsformel". Manche Spezialfälle kann man aber auf quadratische Gleichungen zurückführen.

biquadratische Gleichung

a) In der Gleichung $x^4 + 24x^2 - 25 = 0$ tritt x in der vierten und in der zweiten Potenz auf, nicht aber in der ersten und dritten. Eine solche Gleichung heißt **biquadratisch.** Zur Lösung kommt man durch das Verfahren der **Substitution**, das die Gleichung auf eine quadratische Gleichung zurückführt.
Löse: $x^4 - 11x^2 + 18 = 0$;
$x^4 - 13x^2 - 48 = 0$;
$28x^4 + 33x^2 - 28 = 0$.

> $x^4 + 24x^2 - 25 = 0$
> Ersetze (substituiere) x^2 durch z:
> $z^2 + 24z - 25 = 0$
> $z = 1$ oder $z = -25$
> $x^2 = 1$ oder $x^2 = -25$
> $x = -1$ oder $x = 1$ \ keine Lösung
> Die Probe bestätigt: Die Lösungsmenge der biquadratischen Gleichung ist $L = \{-1; 1\}$.

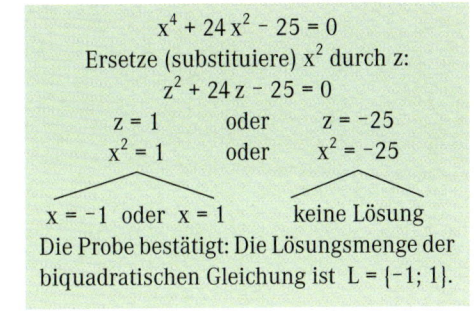

b) Gleichungen wie $x^3 - 10x^2 + 9x = 0$, in denen x in der dritten Potenz auftritt, aber kein Glied ohne x vorhanden ist, lassen sich durch Ausklammern auf quadratische Gleichungen zurückführen. Löse die Gleichung. Wie könnte man bei $x^5 - 10x^3 + 9x = 0$ vorgehen?

11 Zu jeder Gleichung kann man **Ungleichungen** erzeugen, indem man das Gleichheitszeichen durch < oder > bzw. durch ≤ oder ≥ ersetzt.

Umformungsregeln für Ungleichungen

a) Für das Lösen von Ungleichungen gelten ähnliche **Umformungsregeln** wie für das Lösen von Gleichungen (vgl. **2**b)). Es ist nur ein wichtiger Unterschied zu beachten:

> Wenn man bei einer Ungleichung beide Seiten mit einer negativen Zahl multipiziert (oder durch eine solche dividiert), dann kehrt sich das Ungleichheitszeichen um.
>
> $-0{,}5x < -6 \quad | \cdot (-2)$
> $x > 12$

Löse: $-x + 4 < 2{,}5x + 7{,}5$; $29 - (7 + 3x) > 31$; $24 \cdot (x - 2) \le 3 \cdot (x - 3) + 7 \cdot (3x + 1)$.

b) Statt Ungleichungen mithilfe der Umformungsregeln zu lösen, kann man auch die Lösungen der zugehörigen Gleichungen bestimmen. Sie legen Bereiche fest, die dann die Lösungsmengen entsprechender Ungleichungen bilden. Welche der Bereiche in Frage kommen, kann man leicht durch Einsetzen einer Zahl aus jedem der Bereiche feststellen.

> Ungleichung: $2x - 3 < 4x + 5$
> Gleichung: $2x - 3 = 4x + 5$, $L = \{-4\}$
> Die Ungleichung kann also den Bereich links oder rechts von −4 als Lösungsmenge haben. Wir setzen 0 als „Testzahl" aus dem Bereich rechts von −4 ein:
> $-3 < 5$ stimmt.
> Also ist die Lösungsmenge der Ungleichung $L = \{x \in \mathbb{R} \mid x > -4\}$.

Überzeuge dich von der Richtigkeit der Lösungsmenge für die **quadratische Ungleichung,** indem du
 (I) dir überlegst, wie die zugehörige Parabel aussieht und wo die Funktionswerte positiv bzw. negativ sind;
 (II) ausnutzt, dass ein Produkt aus zwei Faktoren genau dann negativ ist, wenn die Faktoren verschiedene Vorzeichen haben.

> Ungleichung: $(x-3) \cdot (x+4) < 0$
> Gleichung: $(x-3) \cdot (x+4) = 0$, $L = \{-4; 3\}$
> Die Lösungsmenge der Ungleichung kann entweder der Bereich zwischen −4 und 3 sein oder die beiden Bereiche links von −4 und rechts von 3. Wir setzen 0 als „Testzahl" aus dem Bereich zwischen −4 und 3 ein:
> $-3 \cdot 4 < 0$ stimmt.
> Also ist die Lösungsmenge der Ungleichung $L = \{x \in \mathbb{R} \mid -4 < x < 3\}$.

c) Welche Lösungsmenge hat $(x - 3) \cdot (x + 4) > 0$?

0.3 Funktionen

1 a) Ein sportlicher Fahrer beschleunigt seinen Wagen. Bei diesem zeitlichen Vorgang besteht eine **Abhängigkeit** oder ein **funktionaler Zusammenhang** zwischen der Zeit und der Tonhöhe des Motorengeräusches in den verschiedenen Gängen.

Nenne mindestens drei weitere Beispiele für funktionale Zusammenhänge im Alltag.

Funktion

b) In der Mathematik bezeichnet man **Funktionen** häufig mit f. Die **Zuordnungsvorschrift** schreibt man f: x ↦ f(x). Eine Zuordnungsvorschrift bestimmt nur dann eine Funktion, wenn jedem x aus der **Definitionsmenge** *genau ein* **Funktionswert** f(x) aus der **Wertemenge** zugeordnet wird.

Eine Funktion kann festgelegt sein durch einen realen Sachverhalt oder durch eine **Wertetabelle**.

Sie kann beschrieben werden durch einen **Funktionsterm** oder eine **Funktionsgleichung**.

Die Funktion f: x ↦ |x|, x ∈ ℝ, ordnet jeder reellen Zahl x ihren Betrag zu.
Der Funktionsterm ist |x|,
die Funktionsgleichung y = |x|.

Graph

Sie kann dargestellt werden durch ihren **Graphen** im Koordinatensystem.

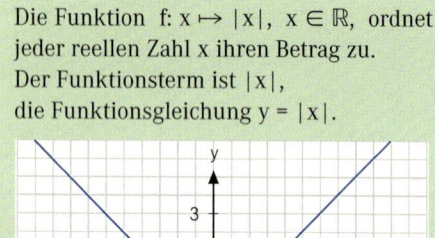

Beschreibe anhand eines Beispiels, welche Angaben du benötigst und wie du vorgehst, wenn du den Graphen einer Funktion von einem GTR zeichnen lassen willst.

Nullstelle

c) Stellen, an denen der Funktionswert null ist, heißen **Nullstellen** einer Funktion. An diesen Stellen schneidet (oder berührt) der Graph der Funktion die x-Achse. Begründe mithilfe deines Wissens über die zugehörigen Gleichungen und Graphen:
Jede lineare Funktion mit y = mx + b, m ≠ 0, hat genau eine Nullstelle.
Eine quadratische Funktion mit y = ax² + bx + c hat keine oder eine oder zwei Nullstellen.

d) Bestimme die Nullstellen für die Funktionen mit den folgenden Funktionstermen. Überlege, ob der Graph zwischen zwei benachbarten Nullstellen jeweils oberhalb oder unterhalb der x-Achse verläuft (vgl. Aufgabe **8b**) aus Unterkapitel **0.2**). Skizziere den Graphen.
x + 3;   (x + 3) · (x + 2);   (x + 3) · (x + 2) · (x − 2);   (x + 3) · (x + 2) · (x − 2) · (x − 3).

2 a) Zeichne die Gerade mit y = 2,5 x + 1,5. Verschiebe die Gerade um drei Einheiten nach rechts und bestimme die Gleichung der neuen Geraden. Man erhält die verschobene Gerade auch, indem man die Ausgangsgerade parallel zur y-Achse verschiebt. Um wie viele Einheiten nach oben bzw. nach unten muss man verschieben?

quadratische Funktion
Normalparabel

b) Eine Funktion f: x ↦ ax² + bx + c mit a ≠ 0 heißt **quadratische Funktion**, ihr Graph ist eine **Parabel**.
Die einfachste quadratische Funktion f: x ↦ x² hat als Graphen die **Normalparabel**.

Sie ist **symmetrisch zur y-Achse, nach oben geöffnet,** hat den **Scheitelpunkt** im Ursprung und geht durch P (1 | 1).

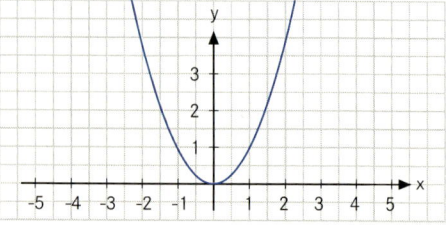

Die Normalparabel soll um zwei Einheiten nach unten verschoben werden. Bestimme ohne zu zeichnen die Gleichung der neuen Parabel und beschreibe ihre Eigenschaften.

c) Die Normalparabel wird mit dem Scheitelpunkt nach S(3|0) verschoben. Beschreibe die Eigenschaften der neuen Parabel. Begründe, dass sie die Gleichung $y = (x-3)^2$ hat.

d) Die an der x-Achse gespiegelte Normalparabel hat die Gleichung $y = -x^2$ und ist **nach unten geöffnet.**
Zeichne die gespiegelten und verschobenen Normalparabeln mit den folgenden Gleichungen. Beschreibe jeweils, durch welche Abbildung sie aus der Normalparabel hervorgehen.
$y = -x^2 + 2$; $y = -(x + 1{,}5)^2$; $y = -(x - 5)^2 - 2{,}5$; $y = (x - 6)^2 + 9$.

e) Die quadratische Funktion $f: x \mapsto ax^2$ hat als Graphen eine Parabel mit dem Scheitelpunkt im Ursprung. Sie entsteht aus der Normalparabel durch eine Streckung mit dem Faktor a parallel zur y-Achse. Der Wert von a entscheidet über die **Öffnung** der Parabel:

| a > 0 | nach oben geöffnet | |a| > 1 | enger als die Normalparabel |
| a < 0 | nach unten geöffnet | |a| < 1 | weiter als die Normalparabel |

Markiere auf der Normalparabel mindestens zehn Punkte. Halbiere die zugehörigen y-Werte (multipliziere die y-Werte mit -2) und zeichne die Parabel durch die neuen Punkte. Wie lautet ihre Gleichung?

f) Verschiebt man die Parabel mit $y = ax^2$ um d Einheiten in x-Richtung und um e Einheiten in y-Richtung, so liegt der Scheitelpunkt der verschobenen Parabel in S(d|e).

> Die Gleichung einer Parabel mit dem Scheitelpunkt S(d|e) lautet $y = a \cdot (x - d)^2 + e$.

Scheitelpunktsform

In dieser Gleichung kann man die Koordinaten des Scheitelpunktes sofort ablesen. Daher nennt man diese Form der Parabelgleichung **Scheitelpunktsform.**
Die Parabel mit $y = \frac{1}{2}x^2$ soll so verschoben werden, dass ihr Scheitelpunkt in S(0|−3) liegt. Gib die Parabelgleichung in Scheitelpunktsform an. Multipliziere den hierbei auftretenden Klammerausdruck aus und gib die Parabelgleichung in der Form $y = ax^2 + bx + c$ an.
Verfahre entsprechend, wenn der Scheitelpunkt S(1|0); S(−2|−2); S(4,5|5,4) sein soll.

g) Ist umgekehrt eine Parabelgleichung in der Form $y = ax^2 + bx + c$ gegeben, so kann man sie mithilfe der quadratischen Ergänzung in die Form $y = a \cdot (x - d)^2 + e$ bringen. Bestimme die Scheitelpunkte:
$y = x^2 - 6x$; $y = x^2 + 3x + 2$;
$y = x^2 - \frac{5}{4}x + \frac{3}{8}$; $y = 6x^2 + 18x + 31$.

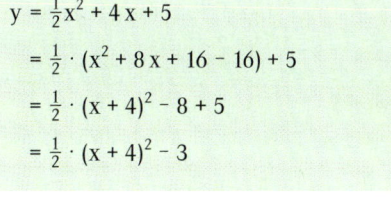

3 Spiegelt man die Normalparabel mit $y = x^2$ an der Winkelhalbierenden des ersten und dritten Quadranten, so erhält man eine Parabel, die die x-Achse als Symmetrieachse hat.
Durch die Spiegelung an der Winkelhalbierenden werden x und y miteinander vertauscht. Die Gleichung der gespiegelten Parabel ist also $x = y^2$.
Löst man diese Gleichung nach y auf, so ergibt sich $y = \sqrt{x}$ bzw. $y = -\sqrt{x}$.
Die obere Hälfte der gespiegelten Parabel wird durch $y = \sqrt{x}$, $x \geq 0$, beschrieben.

Wurzelfunktion   Sie ist Graph der **Wurzelfunktion.**

a) Zeichne den Graphen der Wurzelfunktion in dein Heft.
b) Warum ist die gespiegelte Parabel als Ganzes *nicht* Graph einer Funktion? (Vgl. **1**b)

0.4 Stochastik

Prognose

1 **Prognosen** (Vorhersagen) sollen helfen, sich möglichst gut auf Dinge vorzubereiten und einzustellen, über die man keine sicheren Informationen besitzt. Um Prognosen zu erstellen, schätzt man, in wie viel Prozent aller Fälle ein bestimmtes Ereignis voraussichtlich eintreten wird. Dazu sammelt man Daten aus der Vergangenheit, stellt Überlegungen zu Ursachen und Zusammenhängen an oder führt Versuchsreihen durch.

a) Der Wunsch nach Prognosen als **Entscheidungshilfe** spielt bei Glücksspielen und allgemein bei **Zufallsexperimenten** wie Würfeln, Münzwurf u. ä. eine große Rolle.

Zufallsexperiment

Das Würfeln mit einem Würfel ist ein **einstufiges** Zufallsexperiment mit der **Ergebnismenge** {1; 2; 3; 4; 5; 6}. Wenn der Würfel nicht gezinkt ist, sind die verschiedenen Ergebnisse **gleich wahrscheinlich**; es handelt sich damit um ein **Laplace-Experiment**. Die **Wahrscheinlichkeit** p eines **Ereignisses** E berechnet sich bei Laplace-Experimenten nach der Formel:

Wahrscheinlichkeit

$$p(E) = \frac{\text{Anzahl der günstigen Ergebnisse}}{\text{Anzahl der möglichen Ergebnisse}}$$

Anzahl der möglichen Ergebnisse = 10.
Anzahl der günstigen Ergebnisse für das
Ereignis „Die Kugel ist gelb" = 3.
Wahrscheinlichkeit des Ereignisses
„Die Kugel ist gelb" = $\frac{3}{10}$.

Bestimme entsprechend die Wahrscheinlichkeiten für die anderen Farben.

b) Wirft man nach dem Ziehen aus der Urne noch eine Münze, so handelt es sich um ein **mehrstufiges** Zufallsexperiment.

Ein nützliches Werkzeug zur Untersuchung mehrstufiger Zufallsexperimente ist das **Baumdiagramm**.

Baumdiagramm

Im nebenstehenden Baumdiagramm für das zweistufige Zufallsexperiment „Ziehen aus der Urne, danach Werfen einer Münze" gibt es insgesamt

Pfad

4 · 2 = 8 **Pfade**.

Notiert man die Wahrscheinlichkeiten der einzelnen Ereignisse an den jeweiligen Zweigen, so erhält man die gesuchte Wahrscheinlichkeit mithilfe der **Pfadregel** oder **Produktregel** und der **Summenregel**:

**Pfadregel
Produktregel
Summenregel**

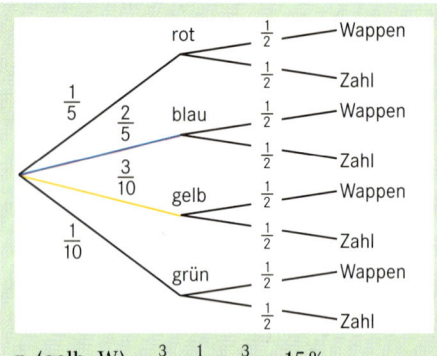

p (gelb; W) = $\frac{3}{10} \cdot \frac{1}{2} = \frac{3}{20}$ = 15 %.

p (das Ergebnis ist (gelb; W) oder (blau; W))
= $\frac{3}{20} + \frac{1}{5} = \frac{7}{20}$ = 35 %.

> Man berechnet die Wahrscheinlichkeit eines Pfades, indem man die Wahrscheinlichkeiten entlang des Pfades multipliziert.
> Gehören zu einem Ereignis eines mehrstufigen Zufallsexperiments mehrere Pfade des Baumdiagramms, so berechnet man die Wahrscheinlichkeit für das Ereignis, indem man die Wahrscheinlichkeiten der einzelnen Pfade addiert.

Berechne die Wahrscheinlichkeiten der Ereignisse.
(gelb; Zahl); (rot; Wappen); (blau; Zahl); (grün; Wappen); „*Entweder* ist die Kugel gelb oder blau und die Münze zeigt Wappen, *oder* die Kugel ist rot oder grün und die Münze zeigt Zahl."

0.4 Stochastik: Gewinnerwartung

2 „Grün gewinnt!" schallt es aus der Spielbude auf dem Jahrmarkt. Die Wahrscheinlichkeit des Ereignisses E „Das Feld ist grün" ist aber nur $\frac{1}{10}$, während die Wahrscheinlichkeit des **Gegenereignisses** $\bar{E}$ „Das Feld ist nicht grün" immerhin 90 % beträgt. Nun kommt es auf die Höhe von Einsatz und Auszahlung bei den verschiedenen Farben an, wenn man abschätzen möchte, ob sich das Spiel lohnt.

Gegenereignis

Die Tabelle kann helfen, den zu erwartenden Gewinn (oder Verlust!) zu berechnen.

Farbe	rot	blau	gelb	grün
p (Farbe)	$\frac{1}{5}$	$\frac{2}{5}$	$\frac{3}{10}$	$\frac{1}{10}$
Auszahlung in EUR	0	1	0	5
Gewinn G (Farbe) in EUR	−1	0	−1	4
G (Farbe) · p (Farbe)	$-\frac{1}{5}$	0	$-\frac{3}{10}$	$\frac{2}{5}$

Insgesamt kann man also theoretisch einen Gewinn in Höhe von $-\frac{1}{5} + \left(-\frac{3}{10}\right) + \frac{2}{5} = -\frac{1}{10}$ erwarten, d. h. man verliert im Mittel bei jedem Spiel 0,10 Euro. Allgemein gilt:

zu erwartender Gewinn

> Bei Glücksspielen kann man den theoretisch pro Spiel **zu erwartenden Gewinn** berechnen. Man erhält ihn, indem man die Gewinne bei den einzelnen möglichen Spielergebnissen mit den zugehörigen Wahrscheinlichkeiten multipliziert und die Produkte anschließend addiert.

Wenn der zu erwartende Gewinn null ist, bezeichnet man ein Spiel als **fair**.
a) Wie hoch müsste die Auszahlung bei „grün" sein, damit das obige Spiel fair wäre?

b) "Das darf doch nicht wahr sein!", sind sich Yvonne und Robert einig, als sie am Glücksrad wesentlich mehr verspielt haben als den theoretisch zu erwartenden Verlust. Robert findet zuhause noch ein paar besondere Spielwürfel und will damit das Glücksrad nachspielen. Yvonne meint, mit einer Urne ginge das leichter.

Im Beispiel könnte es für Yvonne und Robert ziemlich teuer werden, wenn sie mit dem Glücksrad lange Versuchsserien durchführen würden. In anderen Situationen verbieten sich bestimmte Versuchsserien aus ethischen Gründen, wären zu langwierig oder sind, wie z.B. beim Wetter, technisch unmöglich. In solchen Fällen versucht man die reale Situation in einem **Modell** nachzubilden und die erforderlichen Versuchsserien im Modell nachzuspielen. Ein solches Verfahren nennt man **Simulation**. Als Modell kann man z. B. ein bekanntes Zufallsexperiment wie das Würfeln oder den Münzwurf oder das Ziehen aus einer Urne verwenden.
Beschreibe, wie Robert das Glücksrad mit seinen Würfeln simulieren könnte.

Simulation

c) Leichter und flexibler einzusetzen als die Methoden aus b) ist die Simulation mithilfe von **Zufallszahlen** (Monte-Carlo-Methode).
Eine Random-Funktion, wie man sie auf jedem Rechner findet, liefert zwar nur Pseudo-Zufallszahlen, doch kann man sie für Simulationen verwenden.
Wie könnte man das Drehen des obigen Glücksrades mit Zufallszahlen simulieren?

3 Auf dem fernen Planeten Bayesanius im siebten Quadranten des Universums halten sich die intelligenten Bewohner Hauswesen, die bei Bedarf Schlemmerschoko abgeben. Es gibt bei den Hauswesen zwei Typen, die Jollis und die Sallis, die im Verhältnis 99 : 1 auftreten und äußerlich nicht zu unterscheiden sind.

Da die Schlescho der Jollis bei den Bayesaniern als absolute Delikatesse gilt, während die der Sallis häufig Übelkeit hervorruft, möchten die Bayesanier gerne im Voraus wissen, von welchem Typ ein zufällig gewähltes Wesen ist. Sie haben herausgefunden, dass die Sallis meistens positiv reagieren, wenn man sie zwischen den Lauschern krault, während die Jollis eher negativ reagieren.

Diese Zusammenhänge wurden in einer großangelegten Untersuchung erforscht und die Ergebnisse in eine **Vier-Felder-Tafel** eingetragen.

	Salli	Jolli	Summe
Positiv	80	99	179
Negativ	20	9801	9821
Summe	100	9900	10 000

Vier-Felder-Tafel

Nach dieser Untersuchung geht man davon aus, dass der Krautest bei den Sallis in 80 % der Fälle positiv ausfällt, aber immerhin auch bei 1 % der Jollis ein positives Ergebnis zeigt.

a) Die Wahrscheinlichkeit, bei zufälligem Herausgreifen einen Jolli bzw. einen Salli zu erwischen (ohne zusätzliche Information durch einen Krautest), nennt man die **a-priori-Wahrscheinlichkeit**. Bestimme sie.

b) Durch jeden Krautest gewinnt man zusätzliche Informationen, mit deren Hilfe man neue Wahrscheinlichkeiten berechnen kann. Diese Wahrscheinlichkeiten nennt man **a-posteriori**-Wahrscheinlichkeiten.

Ein Krautest fällt positiv aus. Wie groß ist die Wahrscheinlichkeit, dass es sich um einen Salli handelt?

In einem Baumdiagramm werden in die erste Stufe die a-priori-Wahrscheinlichkeiten eingetragen, in die zweite Stufe die Wahrscheinlichkeiten für die verschiedenen Testergebnisse, die in unserem Beispiel aus der Vier-Felder-Tafel entnommen werden können.

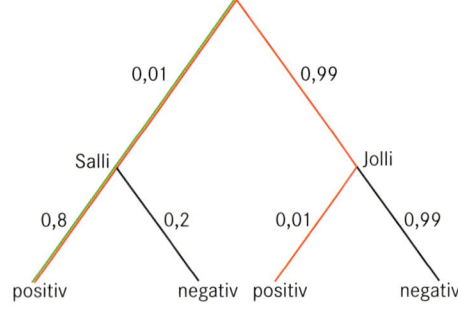

Die Fälle, in denen der Test positiv ausfällt, bezeichnet man auch als „mögliche Fälle", und die Fälle, in denen es sich bei positivem Test wirklich um Sallis handelt, bezeichnet man als „günstige Fälle". Man berechnet die Wahrscheinlichkeiten p (möglich) und p (günstig).

Die Wahrscheinlichkeit p, dass es sich bei positivem Test wirklich um einen Salli handelt, ergibt sich dann durch

$$p = \frac{p(\text{günstig})}{p(\text{möglich})}.$$

Methode von Bayes

Dieses Vorgehen wird als **Methode von Bayes** bezeichnet.

Berechne die Wahrscheinlichkeiten für die anderen drei Fälle.

p (möglich) = 0,01 · 0,8 + 0,99 · 0,01
p (günstig) = 0,01 · 0,8
p (Salli, wenn Test positiv)
$$= \frac{0{,}01 \cdot 0{,}8}{0{,}01 \cdot 0{,}8 + 0{,}99 \cdot 0{,}01} = \frac{0{,}008}{0{,}0179} \approx 0{,}45$$

Die **Irrtumswahrscheinlichkeit** beträgt jetzt also noch 0,55.

c) Nehmen wir an, es wäre sinnvoll, den Test (an demselben Wesen) erneut durchzuführen und er fiele erneut positiv aus. Die a-priori-Wahrscheinlichkeiten werden durch die berechneten a-posteriori-Wahrscheinlichkeiten ersetzt und wieder die Methode von Bayes angewendet.
Berechne p (Salli, wenn 2. Test negativ).

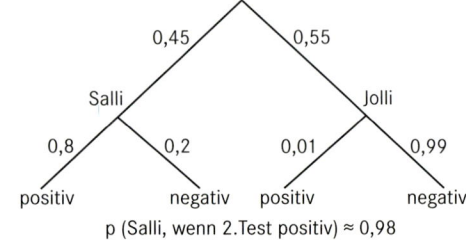

p (Salli, wenn 2.Test positiv) ≈ 0,98

0.5 Abbildungen in der Geometrie

1

Kongruenzabbildungen			
Achsenspiegelung	**Punktspiegelung**	**Drehung**	**Verschiebung**
(Bild: P, P', Spiegelachse g)	*(Bild: P, P', Z Zentrum)*	*(Bild: P, P', Z Drehzentrum, α Drehwinkel)*	*(Bild: P, P', $\vec{v}$ Verschiebungspfeil)*
g halbiert $\overline{PP'}$	Z halbiert $\overline{PP'}$	$\overline{P'Z} = \overline{PZ}$	
Streckenlängen und Winkelgrößen sind **Invarianten** der Abbildungen.			
Eine Figur und ihre Bildfigur sind deckungsgleich oder **kongruent** zueinander.			

a) Gib für jede der Abbildungen an, welche Punkte und Geraden mit ihren Bildpunkten bzw. Bildgeraden übereinstimmen **(Fixpunkte** und **Fixgeraden)**. Bei welchen der Abbildungen bleiben Parallelität und Senkrechtstehen erhalten? Welche verändern den Umlaufsinn einer Figur?

Kongruenz-sätze

b) Mithilfe der Kongruenzabbildungen kann man die vier **Kongruenzsätze** SSS, SWS, WSW und SSW begründen. Sie dienen einerseits zur Konstruktion von Dreiecken und werden andererseits beim Nachweis der Kongruenz von zwei Dreiecken verwendet.
Nach welchem Kongruenzsatz kann man ein Dreieck aus c, α und b konstruieren?
Denke dir entsprechende Fragen zu den anderen Kongruenzsätzen aus und stelle sie deinem Nachbarn. Erläutere die Besonderheit bei SSW.
Warum gibt es keinen Kongruenzsatz WWW?

c) Wenn andere Stücke als Seiten und Winkel eines Dreiecks gegeben sind, hilft häufig eine **Planfigur** bei der Lösung der Konstruktionsaufgabe.
Im Beispiel erkennt man in der Planfigur, dass der **Mittelpunktswinkelsatz** hilfreich sein kann. Dieser Satz macht eine Aussage über den Umfangswinkel bei C und den Mittelpunktswinkel bei M in einem Kreis, in dem $\overline{AB}$ eine Sehne und C ein Punkt auf dem Kreis ist. Formuliere den Mittelpunktswinkelsatz anhand der Information im Bild.

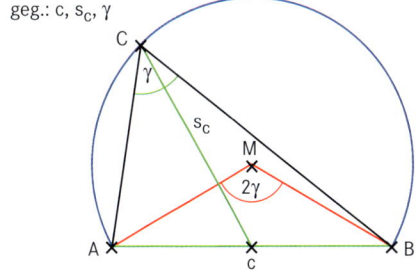

geg.: c, s_c, γ

Welche Folgerung ergibt sich daraus für die Umfangswinkel, wenn C auf dem Kreisbogen wandert? **(Umfangswinkelsatz)**

Satz des Thales

d) Ein Spezialfall des Mittelpunktswinkelsatzes ist der **Satz des Thales**.

> Wenn die Seite $\overline{AB}$ eines Dreiecks ABC der Durchmesser eines Kreises ist, auf dem der Punkt C liegt, dann hat das Dreieck bei C einen rechten Winkel.

Begründe den Satz des Thales.

e) Zeichne einen Kreis und einen Punkt P außerhalb des Kreises. Gesucht sind die Tangenten von P an den Kreis. Nutze den Satz des Thales.
Beschreibe die Konstruktion.

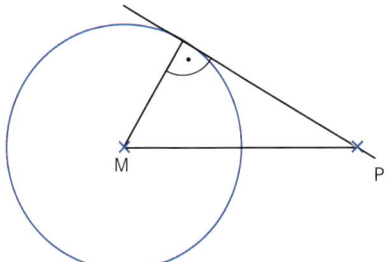

2

zentrische Streckung		Achsenstreckung	
k > 0	k < 0	k > 0	k < 0
Z Streckzentrum	Z Streckzentrum	g Streckachse	g Streckachse
$\overline{ZP'} = k \cdot \overline{ZP}$	$\overline{ZP'} = |k| \cdot \overline{ZP}$	$\overline{P'G} = k \cdot \overline{PG}$	$\overline{P'G} = |k| \cdot \overline{PG}$
Strecken*verhältnisse* und Winkelgrößen sind Invarianten der Abbildung.		Wenn zwei Geraden parallel sind, sind ihre Bildgeraden ebenfalls parallel.	

a) Zeichne ein regelmäßiges Fünfeck und wähle einen Eckpunkt als Streckzentrum Z. Bilde das Fünfeck mit einer zentrischen Streckung mit dem Streckfaktor k = 1,5 (k = 3; k = 0,5) ab. Wiederhole die Abbildung mit (I) Z außerhalb der Figur; (II) Z im Mittelpunkt der Figur.

b) Gib eine zentrische Streckung an, mit der man das grüne Fünfeck aus dem ursprünglichen Fünfeck erzeugen kann.

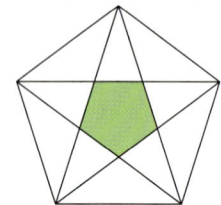

ähnlich

c) Zwei Figuren oder Körper sind **ähnlich,** wenn man sie durch eine zentrische Streckung aufeinander abbilden kann (eventuell nach Anwendung einer Kongruenzabbildung).

Vielecke sind ähnlich, wenn sie in entsprechenden Winkeln und in den Verhältnissen entsprechender Seiten übereinstimmen. Speziell für Dreiecke genügt es sogar nur die Übereinstimmung der Winkel zu überprüfen. Das ist der Inhalt des **Ähnlichkeitssatzes WWW:**

Ähnlichkeitssatz WWW

> Dreiecke sind ähnlich, wenn sie in zwei (also in allen drei) Winkeln übereinstimmen.

Warum genügt die Überprüfung auf Übereinstimmung der Winkel bei Vierecken nicht?

d) Die beiden folgenden Figuren kann man sich durch eine zentrische Streckung entstanden denken. Dabei wird AB auf A'B' abgebildet und es gilt AB ∥ A'B'. Die Dreiecke ZAB und ZA'B' sind ähnlich. Sie stimmen in den Verhältnissen entsprechender Seiten überein.

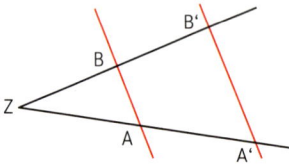 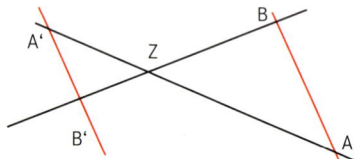

Man kann den Sachverhalt auch so beschreiben:

> Werden zwei Strahlen mit gemeinsamem Anfangspunkt von zwei parallelen Geraden geschnitten, dann gilt die Verhältnisgleichung: $\dfrac{\overline{ZA'}}{\overline{ZA}} = \dfrac{\overline{ZB'}}{\overline{ZB}} = \dfrac{\overline{A'B'}}{\overline{AB}}$

Strahlensätze

Die Figuren werden auch **Strahlensatzfiguren** genannt und die Aussagen über die Gleichheit der Streckenverhältnisse **Strahlensätze.**

Suche in der Figur von b) möglichst verschiedene Strahlensatzfiguren und stelle Gleichungen für Streckenverhältnisse auf. Kannst du daraus den Streckfaktor k aus b) berechnen?

e) Begründe: Wird eine Figur zentrisch gestreckt mit dem Streckfaktor k, dann ist bei Bild und Urbild das Verhältnis der Flächeninhalte k^2 und das Verhältnis der Volumina $|k|^3$.

0.6 Abstände und Ortslinien

Hypotenuse
Kathete

1 Bei einem rechtwinkligen Dreieck heißt die Seite, die dem rechten Winkel gegenüber liegt, **Hypotenuse**[1]. Die anderen beiden Seiten heißen **Katheten**[2]. Die Höhe auf der Hypotenuse teilt diese in die beiden **Hypotenusenabschnitte** q und p.
In einem rechtwinkligen Dreieck gelten drei wichtige Sätze.

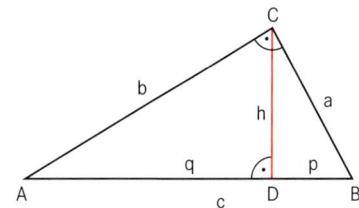

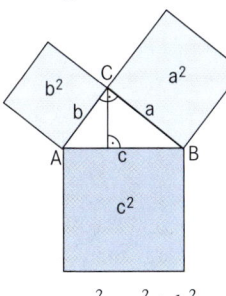

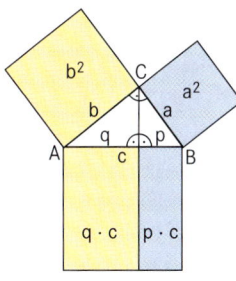

$c^2 = a^2 + b^2$ $h^2 = p \cdot q$ $b^2 = q \cdot c$; $a^2 = p \cdot c$

Satz des Pythagoras   **Höhensatz**   **Kathetensatz**

Satz des Pythagoras

a) Begründe, dass in dem Bild oben rechts die Dreiecke ABC, ACD und CBD zueinander ähnlich sind. Stelle Gleichungen für entsprechende Seitenverhältnisse auf und begründe damit den Höhensatz und den Kathetensatz.
Leite durch zweimaliges Anwenden des Kathetensatzes den Satz des Pythagoras her.

b) Versuche dich an andere Beweise für den Satz des Pythagoras zu erinnern oder solche zu finden.

c) Warum ist es nicht korrekt zu sagen: „Der Satz des Pythagoras lautet $a^2 + b^2 = c^2$"? Formuliere den Satz ausführlich.

d) Im Bild sind die drei Sätze, die man auch zur **Satzgruppe des Pythagoras** zusammenfasst, als Aussagen über bestimmte Flächen dargestellt. Eine besonders wichtige Anwendung ist jedoch die Berechnung von Streckenlängen oder Abständen.

(I) In einem rechtwinkligen Dreieck ist c = 7 cm und a = 3,5 cm. Berechne die zweite Kathete.

(II) In einem rechtwinkligen Dreieck sind die Katheten 3 cm und 4 cm lang. Wie lang ist die Hypotenuse?

(III) In einem rechtwinkligen Dreieck ist die Höhe auf der Hypotenuse 6 cm und die Hypotenuse 13 cm lang. Wie lang sind die Katheten?

(IV) Wie lang ist die Höhe in einem gleichseitigen Dreieck?

(V) Wie lang ist die Diagonale in einem Rechteck mit den Seitenlängen 12 cm und 5 cm?

Abstand zweier Punkte

(VI) Wie weit sind die Punkte P (−2 | 7) und Q (1 | −1) im Koordinatensystem voneinander entfernt?

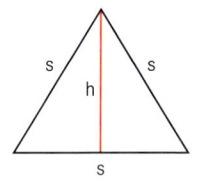

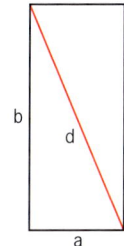

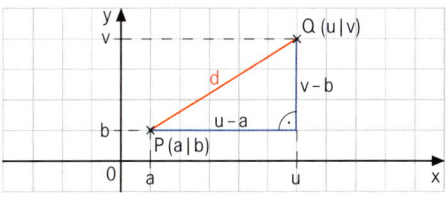

$\overline{PQ} = \sqrt{(u - a)^2 + (v - b)^2}$

---

[1] Von griech. hypoteinusa: die sich unten Ausstreckende
[2] Von griech. kathetos: die Herabgelassene

2 a) Bestimme durch zweimalige Anwendung des Satzes von Pythagoras die Raumdiagonale eines Quaders mit den Seitenlängen 3 cm; 4 cm und 12 cm.

b) Welchen Abstand hat der Punkt P(3|12|−4) vom Ursprung des räumlichen Koordinatensystems? Wie muss die dritte Koordinate von Q(−6|10|z) lauten, damit Q denselben Abstand vom Ursprung hat wie P?

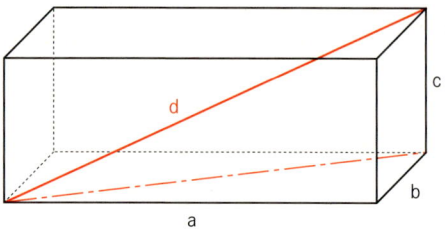

3 a) Zeichne zwei Punkte A und B und einen dritten Punkt S, dessen Abstand von A größer ist als $\frac{1}{2}\overline{AB}$. Zeichne um A einen Kreis durch den Punkt S und um B einen Kreis mit demselben Radius. Nenne einen der beiden Schnittpunkte der Kreise P. Verändere die Lage von S und beobachte, was mit P geschieht. Welche Eigenschaft hat P aufgrund der Konstruktionsvorschrift?

Alle Punkte, die von A und B denselben Abstand haben, liegen auf der **Mittelsenkrechten** zu $\overline{AB}$. Umgekehrt haben auch alle Punkte auf der Mittelsenkrechten zu $\overline{AB}$ von A und B denselben Abstand.

Ortslinie

Man sagt auch, die Mittelsenkrechte zu $\overline{AB}$ ist der **geometrische Ort** oder die **Ortslinie** aller Punkte, die von A und B denselben Abstand haben.

Wenn du die Konstruktion mit einem Geometrieprogramm durchführst, kannst du dir die Ortslinie (Spur) von P aufzeichnen lassen.

b) Der geometrische Ort oder die Ortslinie aller Punkte, die von den beiden Schenkeln eines Winkels denselben Abstand haben, ist die **Winkelhalbierende** des Winkels.

Denke dir eine Konstruktionsvorschrift für einen solchen Punkt P aus und richte es so ein, dass du dir mit einem Geometrieprogramm die Winkelhalbierende als Ortslinie (Spur) des Punktes P zeichnen lassen kannst.

c) Der geometrische Ort aller Punkte, die von einem Punkt M denselben Abstand r haben, ist der **Kreis** um M mit dem Radius r.

Zeichnet man im Koordinatensystem einen Kreis um M(u|v) mit dem Radius r, so gilt nach dem Satz des Pythagoras für alle Punkte P(x|y) auf dem Kreis:
$$(x-u)^2 + (y-v)^2 = r^2.$$

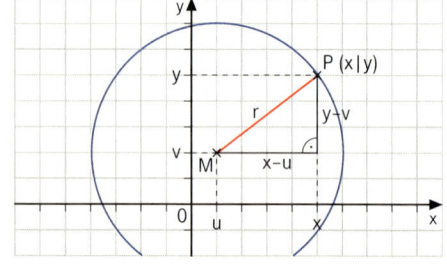

Parabel
Brennpunkt
Leitlinie

4 Der geometrische Ort aller Punkte, die von einem festen Punkt F und einer festen Geraden ℓ denselben Abstand haben, ist die **Parabel** mit dem **Brennpunkt** F und der **Leitlinie** ℓ.

Man kann die Parabel zu gegebenem F und ℓ z. B. nach folgendem Verfahren konstruieren.

Man wählt einen Punkt L auf ℓ und konstruiert die Mittelsenkrechte zu $\overline{FL}$. Der Schnittpunkt P der Mittelsenkrechten mit der Senkrechten zu ℓ durch L ist ein Punkt der Parabel.

a) Führe die Konstruktion mit einem Geometrieprogramm durch und lasse dir die Ortslinie von P aufzeichnen.

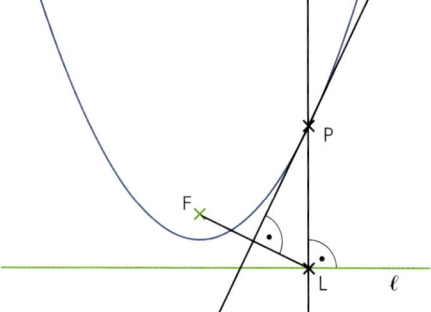

b) Versuche dich an andere Konstruktionsverfahren für die Parabel zu erinnern oder solche zu finden.

c) Die Senkrechte zu ℓ durch F ist **Symmetrieachse** der Parabel. Der Schnittpunkt der Parabel mit ihrer Symmetrieachse ist der **Scheitelpunkt** der Parabel.
Den Abstand des Brennpunktes von der Leitlinie bezeichnet man gewöhnlich mit p.
Untersuche mit deinem Geometrieprogramm, wie die Verkleinerung und Vergrößerung von p sich auf die Gestalt der Parabel auswirkt.
Begründe, dass die Strecke $\overline{SF}$ die Länge $\frac{p}{2}$ hat.

d) Bei der hier durchgeführten Konstruktion ist die Mittelsenkrechte zu $\overline{FL}$ die Tangente an die Parabel im Punkt P. Sie schneidet die Symmetrieachse in einem Punkt Q.
Begründe, dass das Viereck LPFQ eine Raute ist.
Wenn L auf der Leitlinie bzw. P auf der Parabel wandert, wandert die Raute LPFQ mit. Man nennt sie daher die **begleitende Raute**.

begleitende Raute

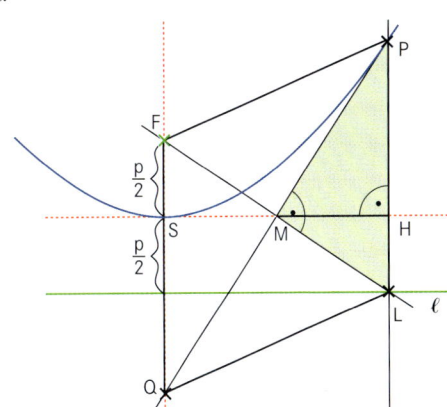

Untersuche das Verhalten der begleitenden Raute mit deinem Geometrieprogramm.

e) Das grüne Dreieck LPM ist rechtwinklig und nach dem Höhensatz gilt $\overline{MH}^2 = \overline{LH} \cdot \overline{HP}$.
Begründe: $\overline{MH} = \overline{SM}$ und $\overline{LH} = \frac{p}{2}$.

f) Denkt man sich im obigen Bild die Geraden SM und SF als Achsen eines Koordinatensystems und bezeichnet die Koordinaten von P mit x und y, dann gilt: $\overline{MH} = \frac{1}{2}x$ und $\overline{HP} = y$.
Aus der Höhensatzgleichung erhält man dann durch Einsetzen nach kurzer Umformung:

Parabel-gleichung

> Die **Parabelgleichung** in Standardform: $y = \frac{1}{2p} \cdot x^2$.

Führe die Zwischenschritte der Rechnung aus.
Für welches p erhält man die Normalparabel?

5 Das Bild enthält nur gerade Linien. Trotzdem kann beim Betrachter der Eindruck einer räumlichen, gekrümmten Fläche entstehen. Außerdem sieht man deutlich eine Kurve, die wie eine nach links geöffnete Parabel aussieht.
Du kannst einen Teil der Figur durch Falten erzeugen:
Nimm ein Blatt DIN-A4-Papier und markiere auf halber Höhe in einiger Entfernung vom rechten Rand einen Punkt. Falte die rechte Kante des Papiers so nach innen, dass sie auf dem markierten Punkt liegt. Nach mehrmaliger Wiederholung lassen die verschiedenen Faltlinien die Kurve sichtbar werden.

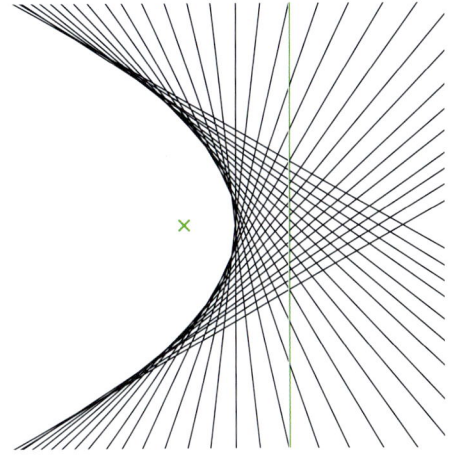

Begründe, dass die Faltlinien Tangenten an eine Parabel sind. Welche Bedeutung haben der Papierrand und der markierte Punkt für die Parabel?
Erzeuge das Bild auch mit deinem Geometrieprogramm.

1 Orientierung auf der (Erd-)Kugel

1.1 Wohin und wie weit – Die Erde als Kugel

Einstiege

E1 Wie kann man auf der Erdkugel den kürzesten Abstand zwischen zwei Orten A und B möglichst genau bestimmen?

E2

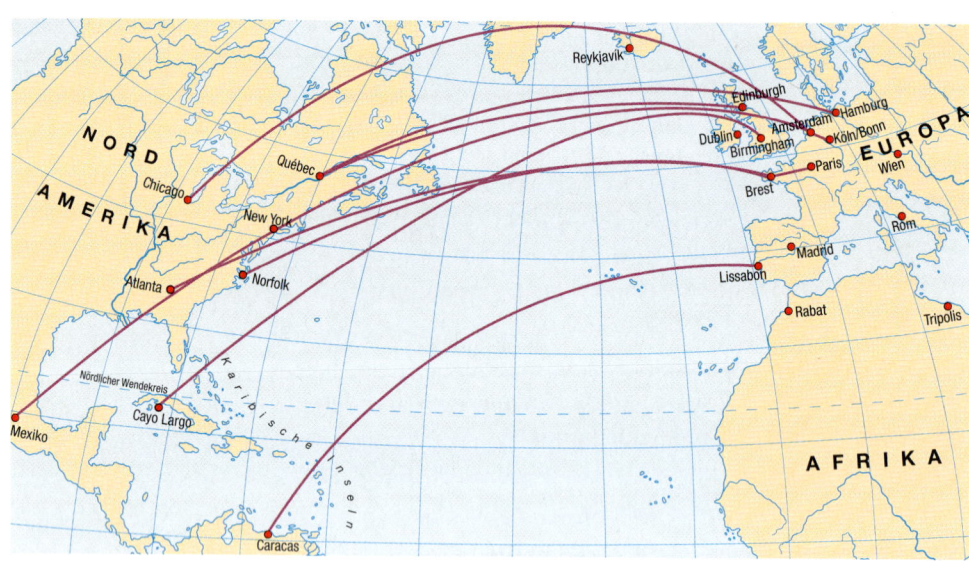

a) Wie müssten Flugrouten auf dem Erdball verlaufen, wenn man von Flugverbotszonen oder Höhenwinden absieht? Besorge dir einen Atlas oder Globus und versuche die kürzesten Entfernungen zwischen bekannten Großstädten herauszubekommen, z. B. von Sydney nach Kapstadt, von Frankfurt nach Tokio, von Hamburg nach Tunis, von Hannover nach New York oder von Madrid nach New York.

b) Überprüfe die Genauigkeit deiner Ergebnisse. Beschreibe, wie du sie herausgefunden hast und welche Schwierigkeiten du dabei hattest.

c) Suche möglichst viele Orte oder Sehenswürdigkeiten, die etwa so weit nördlich vom Äquator liegen wie New York.
Andreas hat entdeckt, dass Madrid dazu gehört, und meint, dass New York also genau westlich von Madrid liegt, und ein Flugzeug daher von New York genau nach Westen fliegen müsse um nach Madrid zu kommen. Carina hat aber Einwände.

d) Beschaffe dir möglichst viele Informationen über die Geometrie der Erdkugel, die ja übrigens gar keine „richtige" Kugel ist. Was ist überhaupt im mathematischen Sinne eine Kugel?

e) Um die Kugel mathematisch besser zu verstehen, ist es nützlich, sie praktisch oder gedanklich mit ebenen Schnitten durchzuschneiden.
Britta: „Ebene Schnitte durch eine Kugel liefern immer Kreise als Schnittflächen."
Onur: „Das gilt nur in besonderen Fällen. Wenn man schräg schneidet, werden es im Allgemeinen Ellipsen. Ich glaube, es gibt auch noch ganz andere Fälle."
Wer hat Recht? Wann erhält man Kreise? Welche Radien und Umfänge sind möglich?

f) Wie findet man ganz allgemein auf der Oberfläche einer Kugel den kürzesten Weg zwischen zwei Punkten?

1.1 Wohin und wie weit – Die Erde als Kugel

E3 a) Du weißt, dass man Orte auf der Erdoberfläche durch ihre geographischen Koordinaten angeben kann: Hannover liegt zum Beispiel auf 52°23' Nord und 9°43' Ost. Was bedeutet das eigentlich?
Schätze ohne auf den Atlas zu schauen die geographischen Koordinaten deines Wohnortes.
Wo liegt die Position 35°07' N 25°44' O ungefähr? Was bedeutet dabei 44'? Warum gibt man geographische Koordinaten in Grad (°) an?

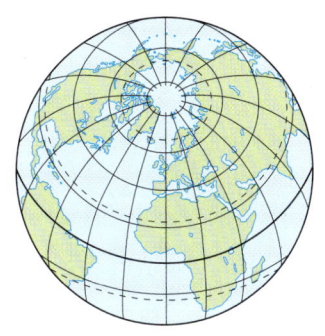

b)

Betrachte die beiden Fotos: eins aus Hamburg und ein „Urlaubsfoto" mit einer „Linie" quer zur Kurpromenade. Was bedeuten die Linien und wo könnte das rechte Foto aufgenommen worden sein? Was sind eigentlich Längen- und Breitenkreise?

c) Beschaffe dir einen kugelförmigen Gegenstand, z. B. eine Styroporkugel, eine Grapefruit oder einen Gummiball, und stelle daraus einen einfachen „Globus" her: Versieh dazu die Kugel mit einem geographischen Koordinatensystem. Zeichne den Nord- und Südpol, den Äquator und einige Längen- und Breitenkreise ein. Danach kannst du wichtige Orte und andere interessante Punkte mit Stecknadeln markieren und vielleicht auch noch die Umrisse der Erdteile grob skizzieren.

d) Jemand hat eine Kugel mit einer Brotmaschine in zehn gleich dicke Scheiben geschnitten und behauptet, damit habe er eine Veranschaulichung von neun Breitenkreisen mit jeweils 18° Unterschied erstellt.
Was meinst du dazu?
Versuche selbst eine Schar von Breitenkreisen auf der Erdkugel grafisch darzustellen.

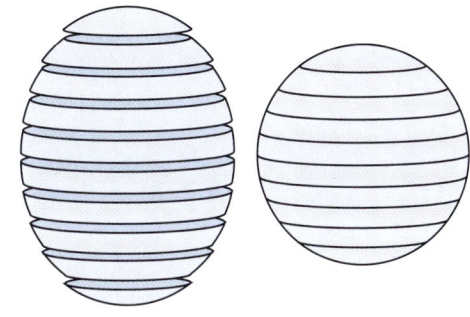

a) Bei der Geburt ihrer ersten Tochter legen die Eltern 15 000 Euro auf einem Sparkonto mit einem festen Zinssatz von 6,5 % jährlich an. Wenn die Tochter volljährig ist, kann sie über den gesamten Betrag samt Zins und Zinseszins verfügen. Wie viel Euro erhält sie ausgezahlt?

b) Um wie viel Prozent hat sich das Ausgangskapital insgesamt im Laufe der Zeit erhöht?

c) Gib eine Formel an, mit der man bei einem Ausgangskapital K_0 und einem Zinssatz von p % das Kapital $K(n)$ nach n Jahren berechnen kann.

1.1 Wohin und wie weit – Die Erde als Kugel

Grundwissen

1 Eine **Kugel** (genauer: eine Kugeloberfläche) besteht aus allen Punkten im Raum, die von einem festen Punkt M denselben Abstand R haben. M heißt Mittelpunkt und R heißt Radius der Kugel.

> Die Erde ist nahezu eine Kugel. Der **Erdradius** beträgt etwa 6370 km, der **Erdumfang** 40 000 km. Auch die anderen Planeten kann man nahezu als Kugeln auffassen.

2 Markiert man einen Punkt P auf der Kugel, so gibt es genau einen „gegenüberliegenden" Punkt P' im Abstand 2R.
Man findet P' als zweiten Schnittpunkt der Verbindungsgeraden PM mit der Kugeloberfläche.
Immer wenn die Strecke $\overline{PP'}$ durch den Mittelpunkt der Kugel geht, dann heißen **P und P' polar zueinander**. $\overline{PP'}$ ist dann ein Kugeldurchmesser.

zueinander polare Punkte

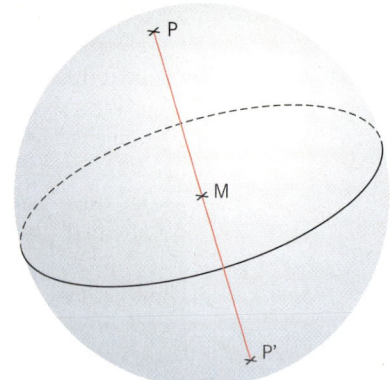

> Auf der Erde sind z. B. der Nord- und der Südpol polar zueinander.

Die Verbindungsgerade PP' bildet eine Symmetrieachse der Kugel in dem Sinne, dass das Drehen der Kugel um diese Achse die Kugel mit sich selbst zur Deckung bringt. Es gibt also durch jeden Punkt auf der Kugeloberfläche genau eine solche Symmetrieachse.

3 Ebene Schnitte durch eine Kugel liefern immer Kreise als Schnittflächen.
Für die Schnittkreise sind alle Radien zwischen 0 und R möglich.
Die größten Kreise entstehen aus Schnitten durch den Mittelpunkt der Kugel, sie haben den Mittelpunkt mit der Kugel gemeinsam und heißen **Großkreise**.
Großkreise haben den gleichen Radius wie die Kugel. Alle anderen Kreise auf der Kugel heißen **Kleinkreise**.

Großkreis

> Beispiele für Großkreise auf der Erde: der Äquator, alle Längenkreise.
> Längenkreise sind Großkreise durch den Nord- und Südpol. Aber auch viele ganz anders liegende Kreise sind Großkreise. Die Breitenkreise sind bis auf den Äquator Kleinkreise, auch die Wende- und die Polarkreise sind Kleinkreise. Großkreise auf der Erde haben den gleichen Radius wie die Erdkugel, also etwa 6370 km, und einen Umfang von etwa 40 000 km.

4 Durch je zwei nicht polare Punkte A und B auf der Kugel gibt es genau einen Großkreis. Die Schnittebene wird durch die beiden Punkte und den Mittelpunkt der Kugel festgelegt.

> Der kürzeste Weg zwischen zwei Punkten auf der Kugel verläuft auf dem Großkreis durch diese Punkte (Weg mit geringster Krümmung).

sphärischer Abstand
euklidischer Abstand

Die Länge dieses kürzesten Weges von A nach B auf der Kugel heißt **sphärischer Abstand**. Theoretisch gibt es zwischen zwei Punkten auf der Kugel auch den direkten Weg auf einer Strecke durch einen „Tunnel". Diesen Abstand nennt man **euklidischen Abstand**, es ist der bisher „übliche" Abstand.

1.1 Wohin und wie weit – Die Erde als Kugel

Übungen

1 a) Zeichne eine Kugel so, dass jeder erkennt, dass eine Kugel gemeint ist.
Fasse deine gezeichnete Kugel als Bild der Erde auf und zeichne den Äquator, wenn möglich Nord- und Südpol und einige Längen- und Breitenkreise ein.
Versuche eine möglichst „gute Kugel" aus Papier herzustellen.
b) Nimm eine Grapefruit oder einen anderen weichen kugelförmigen Gegenstand und versuche mit einer Stricknadel so durchzustechen, dass die Durchstoßpunkte polar zueinander sind. Wie kannst du erkennen, ob du es richtig gemacht hast?

2 Bestimme mithilfe eines Bindfadens und eines Globus möglichst genau die kürzeste Entfernung zwischen deinem Wohnort und
(I) London; (II) Kiew; (III) Toronto; (IV) Tokio; (V) Kapstadt; (VI) Sydney.

3 a) Die Bestimmung der kürzesten Entfernung zwischen zwei Orten auf der Erdoberfläche ist unterschiedlich schwierig. Beschäftige dich mit den Entfernungen folgender Städtepaare:
Tokio – Adelaide; Tokio – Gibraltar; Hamburg – Tunis; Neapel – New York; Frankfurt/Main – New York; Kapstadt – Buenos Aires; Bogota – New York; New York – Hanoi; Taipeh – Nassau (Bahamas); Peking – Perth.
b) Hamburg und Tunis liegen ungefähr auf demselben Längenkreis (10° O). Führt der Weg von Hamburg nach Tunis genau nach Süden? Auf welchem Breitenkreis liegt Hamburg, auf welchem Tunis? Versuche durch eine Berechnung zu bestimmen, wie weit es von Hamburg nach Tunis ist.
c) Madrid und New York liegen ungefähr auf demselben Breitenkreis (40° N).
„Also", meint Peter, „muss man von Madrid genau nach Westen fliegen um nach New York zu kommen." Florian bestreitet das und Inga meint, Peter hätte zwar Recht, aber das sei nicht der kürzeste Weg.

4 Welche Stelle auf der Erdoberfläche liegt polar zu deinem Wohnort? Wie findet man allgemein die geographischen Koordinaten des Punktes, der polar zu einem gegebenen Punkt liegt?

5 a) Wo kommt man hin, wenn man sich von deinem Wohnort aus auf der Erdoberfläche ständig genau nach Nordwest bewegt, und welche geometrische Struktur hat die Wegstrecke? Ist sie ein Groß-, ein Kleinkreis oder etwas ganz anderes?
b) Hanna meint: „Auf einem Großkreis bewegt man sich immer in die gleiche Himmelsrichtung."
c) Man bewegt sich um ein Grad nach Norden (Osten; Süden; Westen). Wie weit ist das jeweils?

6 Warum sind für die Ortsbestimmung auf der Erdoberfläche ganze Breitenkreise, aber nur Längen*halb*kreise wichtig?

Ausstiege

A1 Besorge dir einen Atlas und versuche möglichst viel darüber zu erfahren, wie Teile der Erdkugel in die Kartenebene abgebildet werden.
Was bedeuten dabei die Begriffe „längentreu", „winkeltreu" und „flächentreu"?

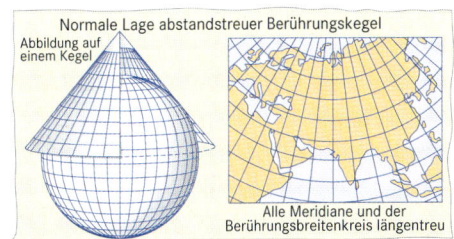

1.2 In der Ebene ist es einfacher – Orientierung auf dem Kreis

Einstiege

E1 Wie du schon aus dem Unterkapitel **1.1** weißt, liegen Hamburg und Tunis ungefähr auf dem gleichen Längenkreis (10° Ost), ebenso liegen Madrid und New York ungefähr auf dem gleichen Breitenkreis (40° Nord).

a) Suche mithilfe eines Atlas oder Globus möglichst viele Orte oder markante Punkte, die ungefähr die Länge 10° O haben (zwischen 9° O und 11° O). Ergänze den Längenhalbkreis zu einem Vollkreis und nimm weitere Orte hinzu. Welche Länge haben diese? Notiere für alle Orte auch die geographische Breite. Zeichne anschließend einen Kreis, der ein Abbild des betrachteten Längenkreises sein soll, und trage alle Orte als Punkte maßstabsgetreu auf diesem Kreis ein.

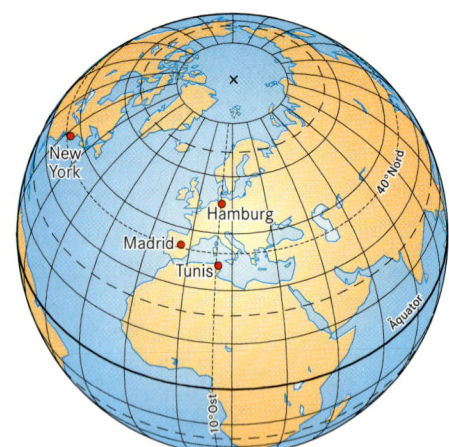

b) Verfahre ebenso mit Orten, die auf dem Kreis mit der geographischen Breite 10° N liegen.

c) Die beiden Kreise aus a) und b) sollen unverzerrt im richtigen Größenverhältnis gezeichnet werden. Wie könnte man das geometrisch-konstruktiv lösen? Nimm dazu für den 10°-Ost-Längenkreis im Heft den Radius 6,4 cm (dann entspricht 1 cm ungefähr 1000 km). Welchen Radius hat dann der 40°-Nord-Breitenkreis? Beantworte die letzte Frage auch für alle anderen Breitenkreise vom Nordpol bis zum Südpol mit jeweils 10° Unterschied.

E2 Die Skizze zeigt den Verlauf einer Autorennbahn mit zwei parallelen Strecken von je 4 km Länge und zwei Halbkreiskurven von je 4 km Länge (Durchmesser: 2546 m).

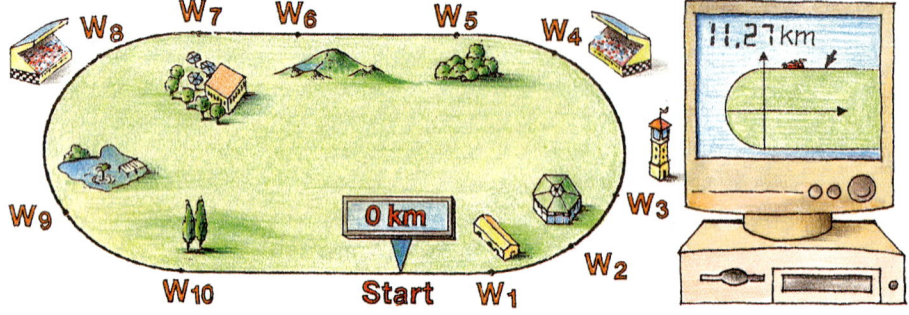

Die Punkte „Start", W_1, W_2, ..., W_{10} kennzeichnen markante Stellen (z. B. Gebäude, Hügel, Wegmarken etc.), an denen vom Start aus gesehen „Entfernungsschilder" angebracht werden sollen. Bei Start ist das Schild „0 km". Die Strecke wird gegen den Uhrzeigersinn durchfahren.

a) Zeichne mit Zirkel und Lineal einen maßstabsgetreuen Plan in dein Heft und bringe an willkürlich ausgewählten Stellen solche Wegmarken an, eine davon als „Start" (vielleicht schwebt dir eine bestimmte Rennstrecke vor).

b) Versucht nun auf möglichst geschickte Weise die Entfernungsschilder der Wegmarken richtig zu beschriften.

c) In der Leitzentrale der Rennstrecke wird auf einem Computerbildschirm das Rennen virtuell dargestellt. Zusätzlich kann man sich in einem rechtwinkligen Koordinatensystem, dessen Ursprung im Mittelpunkt des linken Halbkreises liegt, die Koordinaten jedes Punktes durch einen mit der Maus bewegten Cursor anzeigen lassen (Längeneinheit in beiden Richtungen 1km). Welche Positionen zeigt die Maus für die einzelnen Wegpunkte an?

1.2 In der Ebene ist es einfacher – Orientierung auf dem Kreis

E3 a) Zeichne einen Kreis mit dem Radius 10 cm und zerlege ihn mithilfe des Geodreiecks in 24 gleich große „Tortenstücke". Lege dann ein Koordinatensystem über die Zeichnung. Wähle jeweils 1 cm für die Einheiten in x- und y-Richtung und bezeichne die Kreispunkte gegen den Uhrzeigersinn mit P_0, ..., P_{23}.

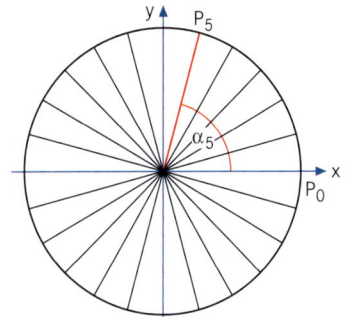

b) Lege eine Tabelle an, in der für alle Punkte P_0, ..., P_{23} der zugehörige Winkel α und die beiden Koordinaten eingetragen sind. Welche Werte kann man sofort angeben, welche Werte kann man über geometrische Überlegungen finden und welche muss man ausmessen?

α	0°				
x in cm	10				
y in cm					

c) Wie würden sich die Koordinaten in der Tabelle ändern, wenn der Kreisradius nicht 10 cm sondern 5 cm (1 cm; 2 cm; ...; 9 cm) betragen würde?

d) Man kann die Zusammenhänge zwischen α und x bzw. zwischen α und y als Funktionen deuten. Die Wertetabellen hast du ja gerade aufgestellt. Versuche dir vorzustellen, wie die Graphen aussehen.
Mache zunächst Freihandskizzen und zeichne dann mithilfe der Tabelle genauer.

Grundwissen

1 Wie Unterkapitel **1.1** zeigt, spielen Kreise bei der Orientierung auf der Kugel eine zentrale Rolle. Es ist daher sinnvoll sich zunächst mit Kreisen zu beschäftigen.
Ein Kreis wird vollständig beschrieben durch seinen Mittelpunkt und seinen Radius.

Proportionalität von Umfang und Radius

> Alle Kreise sind ähnlich. Darum sind **Radius und Umfang** von Kreisen **zueinander proportional**. Der Umfangs eines Kreises ist ungefähr 6,3-mal so lang wie der Radius.

Kreisbogen

2 Wenn man nur ein Teilstück des Kreisumfangs, einen **Kreisbogen**, auf seine Länge untersuchen will, ist es hilfreich den zugehörigen Winkel zu betrachten:
Die Kreisbogenlänge und das zugehörige Winkelmaß sind zueinander proportional:

Proportionalität von Kreisbogen und Winkel

Es gilt: $\frac{a}{\alpha} = \frac{b}{\beta} = \frac{U}{360°}$,

also $a = \frac{\alpha}{360°} \cdot U$; $b = \frac{\beta}{360°} \cdot U$.

Man kann damit ein neues Winkelmaß definieren:

Bogenmaß Einheitskreis

Unter dem **Bogenmaß** eines Winkels versteht man die Maßzahl der Länge des zugehörigen Kreisbogens bei einem Kreis mit dem Radius 1. Einen solchen Kreis nennt man **Einheitskreis**.
Da der Umfang des Einheitskreises ungefähr 6,3 ist, erhält man folgende Umrechnungstabelle:

Gradmaß	0°	90°	180°	270°	360°
Bogenmaß	0	1,58	3,15	4,73	6,3

Auf Taschenrechnern kann man einstellen, ob man Winkelmaßeingaben und -ausgaben im Gradmaß (deg) oder im Bogenmaß (rad) haben will.

sphärischer Abstand von Punkten auf dem gleichen Längenkreis

3 Die Proportionalität von Kreisbogen und Winkel erlaubt es, den **sphärischen Abstand von Punkten auf dem gleichen Längenkreis,** der ja ein Großkreis ist, unmittelbar auszurechnen.

> Kürzeste Entfernung von Hamburg (53,5° N | 10° O) nach Tunis (36,75° N | 10° O):
> Dem gesuchten Kreisbogen entspricht als Winkel die Breitendifferenz von δ = 16,75°.
> Also ist b = $\frac{\delta}{360°}$ · U = $\frac{16,75°}{360°}$ · 40 000 km = 1861 km.

Ortung von Punkten auf dem Kreis

4 Markiert man einen Punkt auf dem Kreis als Startpunkt S und legt eine Drehrichtung fest, so kann man alle anderen Punkte P auf dem Kreis durch den Winkel α „orten".
Dies ist die Grundidee von Koordinatensystemen auf Kreisen und Kugeln.

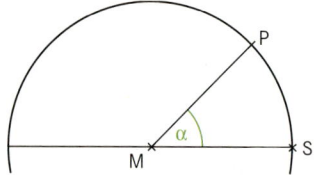

5 Einen Punkt P auf einem Kreis kann man natürlich auch in einem Koordinatensystem orten (am besten mit dem Ursprung im Mittelpunkt des Kreises). Den Zusammenhang erhält man mithilfe der folgenden Definition:
Ist für einen Punkt P(x|y) auf dem Einheitskreis ∢ SMP = α, so definiert man

Kosinus Sinus

die x-Koordinate als **Kosinus von** α und
die y-Koordinate als **Sinus von** α.
Kurzform:* x = cos(α) bzw. x = cos α
y = sin(α) bzw. y = sin α
Damit kann man schreiben: P(cos α | sin α).
Nach der Definition kommen auch negative Sinus- und Kosinuswerte vor.
Für Winkel zwischen 90° und 180° ist der Sinus z. B. positiv und der Kosinus negativ.
Dem Betrage nach sind beide nie größer als 1.

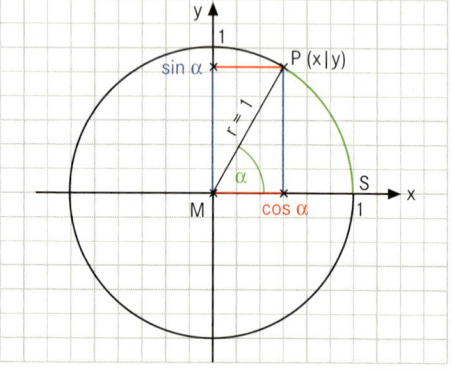

6 Vergrößert man die Figur aus **5** durch eine zentrische Streckung mit einem Faktor r, so gilt für Punkte auf dem Kreis mit dem Radius r entsprechend:
x = r · cos α,
y = r · sin α.

Daraus ergibt sich:
cos α = $\frac{x}{r}$,
sin α = $\frac{y}{r}$.
Aus dem Bild kann man Zusammenhänge zwischen Sinus und Kosinus ablesen, z. B:
sin α = cos(α − 90°); sin α = cos(90° − α).

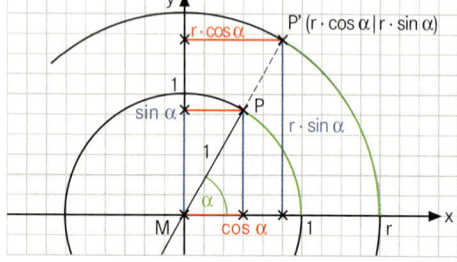

Werte der Sinus- und Kosinusfunktion

7 Während man einige **Werte der Sinus- und Kosinusfunktion** sofort ablesen kann, z. B. für 0°, 90° und 270°, muss man bei anderen Winkeln schon geometrische Überlegungen anstellen. Z. B. für 45° ist das entsprechende Koordinatendreieck gleichschenklig (und rechtwinklig). Es gilt daher sin 45° = cos 45°, und mit dem Satz des Pythagoras ist 2 · (sin 45°)² = 1, also sin 45° = $\sqrt{\frac{1}{2}}$.

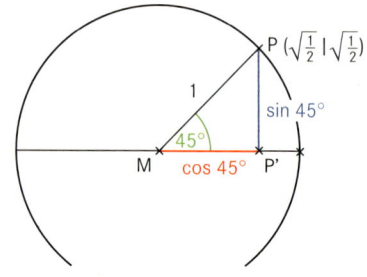

---

* Es sind beide Schreibweisen sin(α) und sin α bzw. cos(α) und cos α üblich. Um Missverständnisse zu vermeiden, sind Klammern manchmal sinnvoll oder notwendig.

8   Mit den Verfahren aus **7** erhält man folgende Tabelle häufig benutzter Sinus- und Kosinuswerte:

α	0°	30°	45°	60°	90°	270°
sin α	0	$\frac{1}{2}$	$\frac{1}{2} \cdot \sqrt{2}$	$\frac{1}{2} \cdot \sqrt{3}$	1	0
cos α	1	$\frac{1}{2} \cdot \sqrt{3}$	$\frac{1}{2} \cdot \sqrt{2}$	$\frac{1}{2}$	0	−1

Für andere Winkel müsste man die zugehörigen Sinus- und Kosinuswerte schon an genauen Zeichnungen nachmessen. Man kann aber auch Tabellen verwenden oder den Taschenrechner benutzen. Dabei bleibt allerdings offen, wie die Tabellenwerte berechnet wurden oder wie der Taschenrechner eigentlich „rechnet".

Graphen der Sinus- und Kosinusfunktion

Die **Graphen der Sinus- und Kosinusfunktion** sehen wie folgt aus:

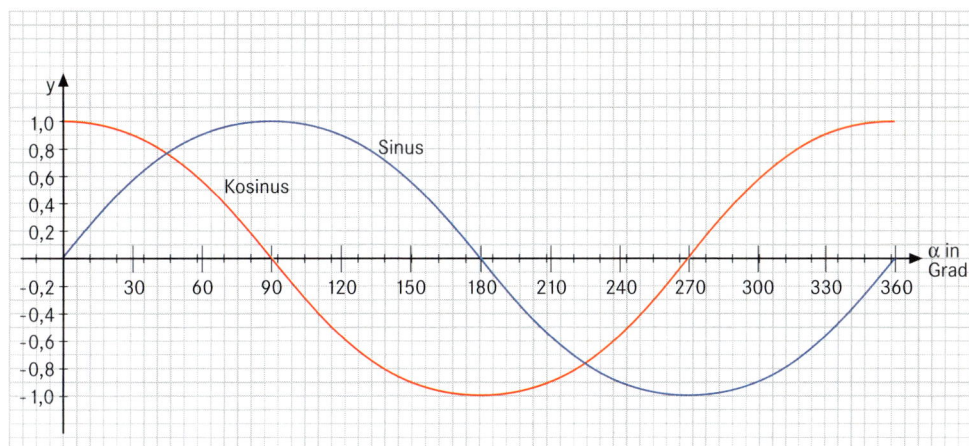

9   Sinus und Kosinus stellen Zusammenhänge zwischen Winkelgrößen und Streckenlängen her, für die sich schon die Mathematiker und Astronomen der Antike interessierten.

So erstellte HIPPARCHOS VON NICAEA um 150 v. Chr. eine „Sehnentafel", die die Länge einer Kreissehne in Abhängigkeit vom Mittelpunktswinkel angab (vgl. **A1**). Die Inder und später die Araber übernahmen die Erkenntnisse der Griechen und entwickelten sie weiter.

Es erwies sich als zweckmäßig Sehne und Mittelpunktswinkel zu halbieren und das entstehende *rechtwinklige* Dreieck zu untersuchen. Die dem Winkel gegenüberliegende Kathete nennt man dann **Gegenkathete** und die dem Winkel anliegende **Ankathete** des Winkels.

Gegenkathete Ankathete

> In einem rechtwinkligen Dreieck mit der Hypotenusenlänge 1 und einem weiteren Winkel α hat die
> Gegenkathete die Länge sin α und
> die Ankathete die Länge cos α.
>
> Allgemeiner:
> In einem rechtwinkligen Dreieck mit der Hypotenusenlänge r und einem weiteren Winkel α hat die
> Gegenkathete die Länge r · sin α und
> die Ankathete die Länge r · cos α.

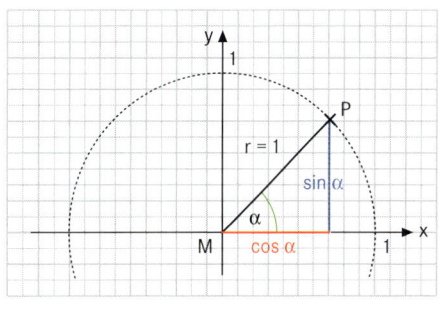

Sinus und Kosinus stellen also in rechtwinkligen Dreiecken den Zusammenhang zwischen Winkelgrößen und Seitenlängen her. Dies kann man benutzen um fehlende Daten in einem (rechtwinkligen) Dreieck zu berechnen.

1.2 In der Ebene ist es einfacher – Orientierung auf dem Kreis

Übungen

1. a) Suche Paare von Orten, die auf dem gleichen Längenkreis liegen, und berechne deren sphärischen Abstand.
   b) Bestimme durch eine maßstabsgerechte Zeichnung oder durch eine Rechnung auch die entsprechenden euklidischen Abstände.
   c) Es sind zwei Punkte der Erdoberfläche gegeben. Wie kann man ihren sphärischen in ihren euklidischen Abstand umrechnen und umgekehrt?

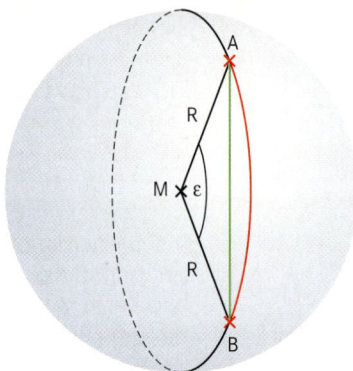

2. Zeichne einen Kreis und markiere mehrere Punkte irgendwo in seinem Inneren oder auf seinem Rand. Wie könntest du beschreiben, welche Punkte du ausgewählt hast?

3. a) Begründe die Aussagen aus Grundwissen **8**.
   b) Versuche weitere Sinus- und Kosinuswerte theoretisch zu ermitteln.
   c) Zeige, dass folgende Beziehung gilt: $(\sin \alpha)^2 + (\cos \alpha)^2 = 1$.

4. a) In einem rechtwinkligen Dreieck ist die Hypotenuse 12 cm lang und ein weiterer Winkel hat die Größe 47°. Wie lang sind die Katheten?
   b) Kennt man im rechtwinkligen Dreieck die Länge einer Seite und die einer weiteren Seite (oder die Größe eines weiteren Winkels), kann man die fehlenden Seitenlängen und Winkelgrößen berechnen.
   Denke dir Beispiele aus und verallgemeinere die Rechnungen zu Formeln.

5. Der Erdradius beträgt ungefähr 6 370 km, der Umfang das 6,3-fache also ca. 40 000 km, das sind gleichzeitig Radius und Umfang von Großkreisen auf der Erde. Die Radien der Breitenkreise sind i. A. kleiner. Wie man sie konstruieren kann, wurde im Einstieg E1 zur Diskussion gestellt. Sieh dir diesen Einstieg noch einmal an.
   a) Welchen Radius und welchen Umfang hat der Breitenkreis, auf dem dein Wohnort liegt? Löse diese Aufgabe sowohl grafisch als auch rechnerisch.
   b) Wenn man sich von deinem Wohnort aus um einen Grad nach Norden (Osten; Süden; Westen) bewegt, wie lang ist dann jeweils die Wegstrecke?
   c) Wie weit ist es von Madrid nach New York, wenn man genau nach Westen fährt (fliegt)?
   d) Konstruiere und berechne auch den „Tunnelabstand" von Madrid nach New York.

6. a) Beschreibe möglichst genau die Stellen auf der Erde, die exakt 2 000 km vom Nordpol entfernt sind. Wie weit können zwei solche Orte höchstens voneinander entfernt sein (euklidischer und sphärischer Abstand)?
   b) Beschreibe ebenso alle Stellen auf der Erde, die genau 2 000 km von Hannover entfernt sind.

7. Warum gilt sin 27° = sin 153° = –sin 207° = –sin 333°? Wie lautet die allgemeine Regel?
   Gibt es einen ähnlichen Zusammenhang für die Kosinusfunktion? Begründe.

8. In einem Kreis mit Radius r gehören zum Mittelpunktswinkel α die Sehne s und der Bogen b. Berechne die fehlenden Stücke.
   a) r = 6 000 km; α = 125°   b) b = 10 000 km; α = 137°   c) r = 83 m; s = 97 m

9. Berechne den Winkel, den die Raumdiagonale in einem Würfel mit einer angrenzenden Würfelkante bzw. mit einer angrenzenden Seitendiagonalen bildet.

1.2 In der Ebene ist es einfacher – Orientierung auf dem Kreis

Ausstiege

A1 Nur wenige Winkel besitzen einfach zu ermittelnde Sinus- und Kosinuswerte. Der Taschenrechner stellt zwar mit den Tasten [sin] und [cos] für praktische Anwendungen ausreichende Näherungswerte zur Verfügung, aber ohne dass wir wissen, wie das funktioniert.

Bevor es Taschenrechner gab, entnahm man die Werte für die „trigonometrischen Funktionen" Tabellenwerken. Schon bei den Griechen, den Indern und den Arabern wurden solche Tabellen für die Zwecke der Astronomie und der Schifffahrt mit großer Genauigkeit mühsam berechnet.

Trigonometrische Funktionen

Grad	sin	Grad	sin	cos
0,0	0,00000	0	0,000	1,000
0,1	0,001745	1	0,01745	1,000
2	00349	2	0349	0,999
0,4	0,00698	4	0,0698	0,998
5	00873	5	0872	996
6	01047	6	1045	995
0,7	0,01222	7	0,1219	0,993
8	01396	8	1392	990
9	01571	9	1564	988
1,0	0,01745	10	0,1736	0,985
1,1	0,01920	11	0,191	0,982
2	02094	12	208	978
3	02269	13	225	974

Die Angaben dieser Tafel weichen weniger als 0,15 % von dem wahren Werte ab.

Eines der ältesten Tabellenwerke für den Sinus stammt von dem griechischen Gelehrten CLAUDIUS PTOLEMAEUS (ca. 85–165 n. Chr.), veröffentlicht in seinem Werk „*Almagest*". PTOLEMAEUS berechnete zum Winkel α die Sehnenlänge s im Einheitskreis (linke Abb.). Daraus erhält man leicht unsere heutigen Sinuswerte: Die halbe Sehnenlänge ist nach unserer Definition $\sin \frac{\alpha}{2}$.

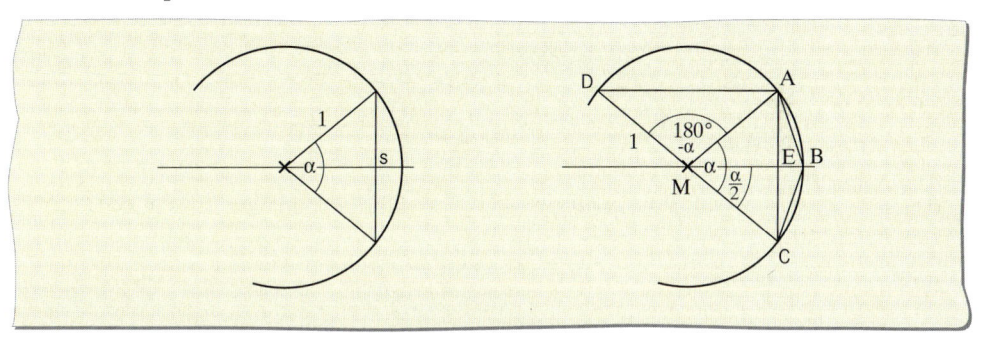

Wie könnte PTOLEMAEUS seine Werte gefunden haben?

1. Schritt: Für manche Winkel α ist die Sehnenlänge $s(\alpha)$ einfach zu bestimmen. Zum Beispiel ist $s(90°) = \sqrt{2}$ und $s(60°) = 1$.
2. Schritt: Das Dreieck ADC (rechte Abb.) ist rechtwinklig. Kennt man $s(\alpha)$, kann man nach dem Satz des Pythagoras auch $s(180° - \alpha)$ ausrechnen.
3. Schritt: Kennt man $s(\alpha)$, kann man $s\left(\frac{\alpha}{2}\right)$ berechnen.
   An der Abbildung sieht man:
   $[s(\frac{\alpha}{2})]^2 = \overline{BC}^2 = \overline{EC}^2 + \overline{EB}^2$.
   Es ist $\overline{EC} = \frac{1}{2} \cdot s(\alpha)$ und $\overline{EB} = \overline{MB} - \overline{ME} = 1 - \frac{\overline{AD}}{2} = 1 - \frac{s(180° - \alpha)}{2}$.
   Damit ist $s(\frac{\alpha}{2})$ aus $s(\alpha)$ und $\frac{s(180° - \alpha)}{2}$ berechnet.

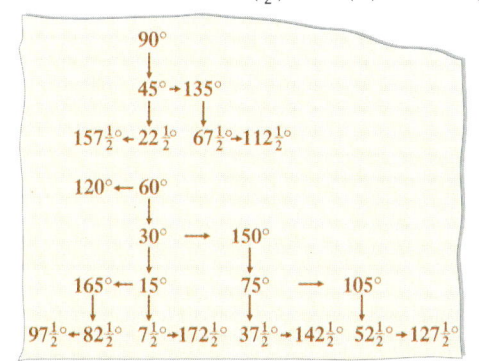

Das Pfeilbild zeigt, in welcher Reihenfolge HIPPARCHOS VON NICAEA (um 150 v. Chr.) mit solchen Methoden vermutlich schon etwa 300 Jahre vor PTOLEMAEUS seine Sehnentafel erstellte.

Versuche selbst möglichst viele Sinuswerte nach dieser Methode zu berechnen.

Wie findet man dann entsprechende Kosinuswerte?

1.3 Manchmal klappt es besser – Geometrie der (Erd-)Kugel

Einstiege

E1 a) Zeichne als Erdäquator einen Kreis mit dem Mittelpunkt M. Zeichne dazu maßstabsgetreu die Breitenkreise um den gleichen Mittelpunkt M für die Breiten 10° N, 20° N, ... bis 80° N.
b) Man kann diese Zeichnung als eine Karte der Erd-Nordhalbkugel deuten, so als ob man aus weiter Ferne auf die Erdkugel blickt (senkrechte Parallelprojektion). Aus welcher Richtung erfolgt dabei die Projektion? Ergänze die Zeichnung um die Bilder der Längenhalbkreise 0°, 15° O, 30° O, 45°O, ..., 180° O, sowie 15° W, 30° W, 45° W, ...
c) Suche aus einem Atlas zehn Städte auf der Nordhalbkugel und trage sie in deine „Karte" ein. Lege ein Koordinatensystem über die Zeichnung und bestimme auch ihre Koordinaten.
d) Stelle ein Scheibenmodell der Nordhalbkugel her, indem du die Kreise aus a) nebeneinander auf Pappe zeichnest, ausschneidest und nacheinander im Mittelpunkt mit einer Stricknadel (als Erdachse) durchstichst. In welchen Abständen müssen die Scheiben angebracht werden? Trage die zehn Städte auf diesem „Globus" ein.

E2 Anna und Bogdan diskutieren, wie man den sphärischen Abstand von zwei Orten gleicher geographischer Breite durch eine geometrische Konstruktion bestimmen kann. Sie betrachten als Beispiel Ankara (40° N | 32°50' O) und Philadelphia (40° N | 75° W). Bogdan hat sich eine Planfigur (linke Abb.) gemacht, in der der gesuchte Bogen rot und die gegebenen Linien grün eingetragen sind. Anna meint: „Hier ist aber noch alles perspektivisch verzerrt!"

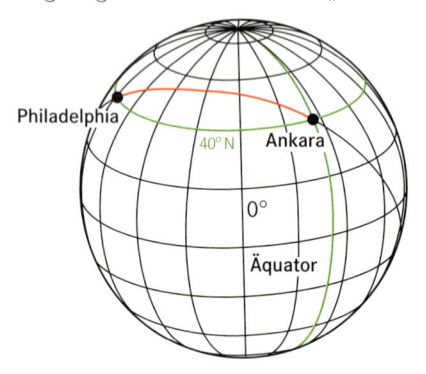

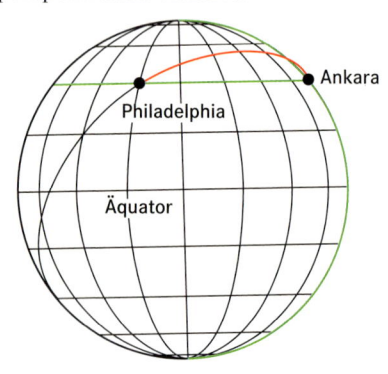

Anna: „Ich glaube, ich kann das entzerren. Dazu drehe ich die Kugel in Gedanken so, dass der Längenkreis von Ankara in der Zeichenebene liegt und man genau senkrecht darauf schaut (oben rechts). Dann erhält man diesen Längenkreis und den Durchmesser des gemeinsamen Breitenkreises unverzerrt." Bogdan: „Das kann ich dann doch schon mal *genau* zeichnen (rechts)." Er skizziert noch den gesuchten Bogen und fährt fort: „Jetzt können wir alles weitere unverzerrt konstruieren." 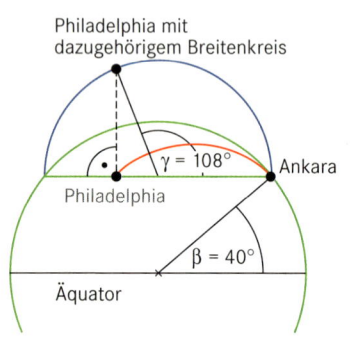
Anna: „Ich stelle mir das so vor, als ob der Breitenkreis von Ankara und Philadelphia nach oben in die Zeichenebene geklappt wurde (blau)."
Bogdan: „Dann können wir Ankara und Philadelphia verbinden und damit den euklidischen Abstand konstruieren und dann natürlich auch den zugehörigen Großkreiswinkel. Jetzt noch etwas Dreisatz und wir haben neben dem Ost-West-Abstand auch den sphärischen Abstand von Ankara nach Philadelphia."
Anna: „Und mit Sinus und Kosinus könnte man alles – ohne zu zeichnen – *berechnen*!"
Greift diese Gedanken auf - oder habt ihr ganz andere Ideen?

1.3 Manchmal klappt es besser – Geometrie der (Erd-)Kugel

E3 Im Bild sind Hamburg (53,5° N | 10° O) und New-Orleans (30° N | 90° W) eingetragen. Die rote Linie markiert ihren euklidischen Abstand. Leider kann man die Strecke nicht einfach ausmessen, da sie perspektivisch verkürzt gezeichnet ist. Wenn man sich einen Maßstab vorgibt, z. B. 1 cm für 1000 km (also 6,4 cm für den Erdradius), so kann man versuchen, die rote Strecke maßstabsgetreu zu konstruieren:

Sie ist zum Beispiel Teil des rechtwinkligen Dreiecks New-Orleans – P – Hamburg.

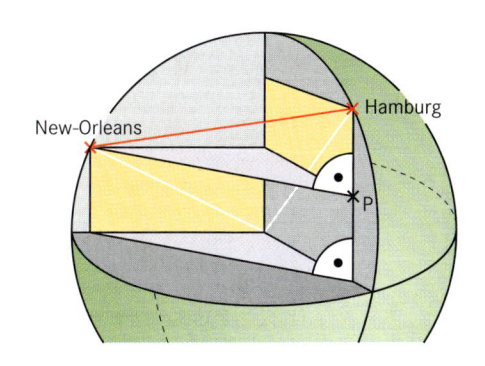

Also kann man versuchen erst einmal die beiden Katheten zu konstruieren. Diese liegen wieder in anderen Dreiecken, von denen man etwas weiß: Ein Winkel der blauen Dreiecke ist z. B. die Längendifferenz von Hamburg und Chicago, also 100°. Vom euklidischen Abstand zur Konstruktion des sphärischen Abstands ist es dann nicht mehr weit.

Wie weit kommt ihr? Baut euch ggf. ein Pappmodell.

Grundwissen

1 Schritte zu einem **Koordinatensystem auf einer beliebigen Kugel**:

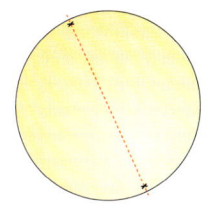

Festlegung eines Paares polarer Punkte mit der zugehörigen Polachse als *Pole*.

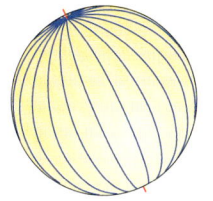

Festlegung aller Großkreise durch die beiden Pole als *Längenkreise*.

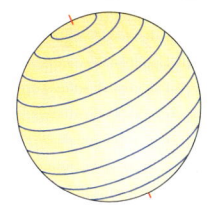

Festlegung aller Kreise mit Schnittebenen senkrecht zur Polachse als *Breitenkreise*.

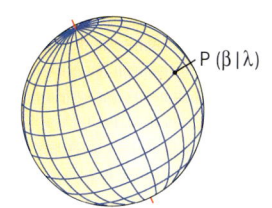

Jeder Ort auf der Kugel – mit Ausnahme der Pole – liegt auf genau einem Längenhalbkreis und einem Breitenkreis.

geographische Breite und Länge

Durch die „Ortung" (vgl. **1.2**) auf diesen beiden Kreisen erhält man für jeden Punkt die **geographische Breite** β und die **Länge** λ, also zwei Winkelangaben.

Um die für die Ortung benötigten Nullpunkte auf den Kreisen festzulegen, zeichnet man den einzigen Großkreis unter den Breitenkreisen als *Äquator* aus und eine Hälfte eines beliebigen Längenkreises (begrenzt durch die beiden Pole) als *Nullmeridian*.

Auf der Erde ist das der Längenhalbkreis, der durch Greenwich geht. Der Schnittpunkt O des Nullmeridians mit dem Äquator hat die Breite 0° und die Länge 0°.

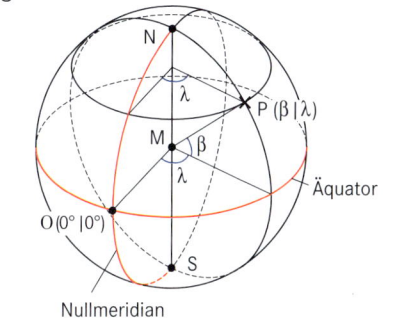

Breitenmessung (auf Längenkreisen)	vom Äquator ausgehend nach Norden und Süden	von 0° bis 90° Nord (Nordpol)	von 0° bis 90° Süd (Südpol)
Längenmessung (auf Breitenkreisen)	vom Nullmeridian ausgehend nach Osten und Westen	von 0° bis 180° Ost	von 0° bis 180° West

2 Für den Radius r und den Umfang u eines Breitenkreises auf der Erde gilt:
r = R · cos β = 6370 km · cos β; u = U · cos β = 40 000 km · cos β.

Konstruktion des sphärischen Abstands

3 Problemstellung: **Konstruktion** des **sphärischen Abstands** von zwei Punkten mit bekannten geographischen Koordinaten. (Es wird *ein* möglicher Weg anhand eines Beispiels vorgestellt.)
„Punkte": Frankfurt (50,12° N | 8,7° O), Chicago (41,9° N | 87,6° W), Längendifferenz δ = 96,3°.

Idee: Perspektivische Verzerrungen von gegebenen und gesuchten Kreisbögen durch Drehen bzw. Klappen beseitigen, um sodann die „passend" in die Ebene gelegten Punkte und Winkel konstruieren zu können*.

Planfigur: Längenkreis von Frankfurt unverzerrt dargestellt (grün), Breitenkreis von Chicago erscheint dabei als Strecke (grün). Der Großkreisbogen Frankfurt – Chicago (rot) ist noch perspektivisch verzerrt.

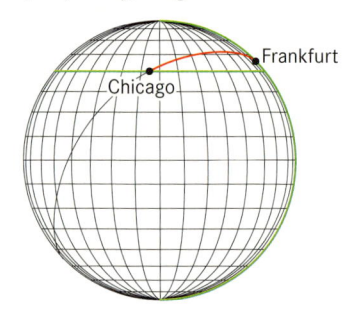

Plan: (I) Punkte für Frankfurt und Chicago mithilfe der gegebenen Koordinaten konstruieren;
   (II) Großkreisbogen Frankfurt - Chicago unverzerrt in der Zeichenebene konstruieren;
   (III) zugehörigen Mittelpunktswinkel ε ablesen, sphärischen Abstand berechnen.

Lösung:

(I) Längenkreis von Frankfurt als Kreis um M mit Äquator als Durchmesser zeichnen. Punkt für Frankfurt durch Abtragen der Breite $β_1$ von Frankfurt konstruieren. Breite $β_2$ von Chicago abtragen, Parallele zum Äquator durch P ergibt Breitenkreis von Chicago (grüne Strecke).

Zum Auffinden des Punktes für Chicago auf der grünen Strecke: Halben Breitenkreis mit Chicago nach oben in die Zeichenebene „klappen", ergibt unverzerrtes, maßstabsgetreues Bild dieses halben Breitenkreises. Dabei „wandert" Chicago „senkrecht nach oben" bis C'. Lage von C' auf Breitenkreis relativ zum Längenkreis von Frankfurt gegeben durch Längendifferenz Frankfurt - Chicago = Mittelpunktswinkel δ (blau).

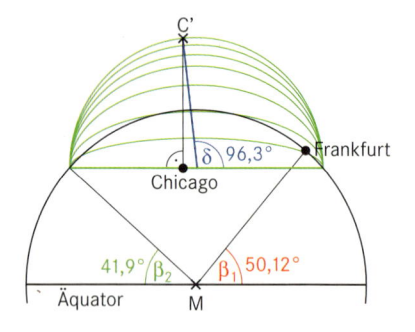

Also C' auf Halbkreis über grüner Strecke mithilfe von Mittelpunktswinkel δ konstruierbar. Zeichnen der Senkrechten zur grünen Strecke durch C' ergibt gesuchten Punkt für Chicago.

(II) Aufheben der Verzerrung des Großkreises Frankfurt - Chicago:
Drehen des Großkreises um Polachse durch Frankfurt in Zeichenebene. Chicago „wandert" dabei auf dem Kleinkreis, dessen Schnittebene senkrecht zu dieser Polachse ist, bis in den Punkt C.
Zeichnen der Senkrechten zur Polachse durch Punkt für Chicago ergibt C auf Längenkreis von Frankfurt.

(III) Das Bild rechts zeigt die vollständige Konstruktion für die Schritte (I) und (II).
Der Winkel ε (blau) ist der gesuchte Mittelpunktswinkel. Ausmessen: ε = 62,61°.
Für den sphärischen Abstand D von Frankfurt nach Chicago gilt also
D = $\frac{62,61°}{360°}$ · 40 000 km = 6956 km.

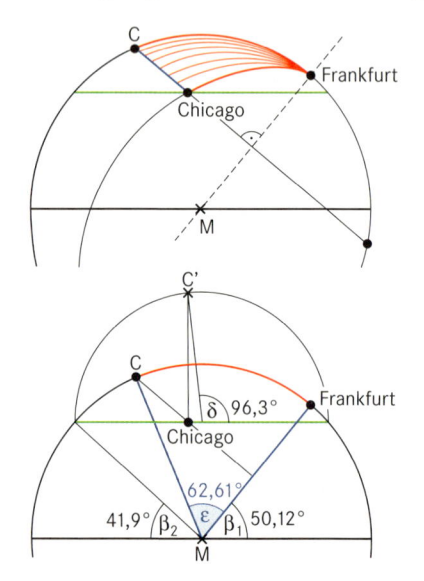

---

* Dieses Vorgehen kann man auch weitgehend als Rückwärtsarbeiten mit anschließendem Vorwärtsarbeiten interpretieren, durch das ihr ja schon sehr viele Geometrieprobleme gelöst habt.

1.3 Manchmal klappt es besser – Geometrie der (Erd-)Kugel

Übungen

1 Bestimme den sphärischen Abstand.

a)
von	Hannover	Frankfurt	Moskau	Quito	Kapstadt
nach	Tokio	Sydney	Havanna	Singapur	Berlin

b)
von	Düsseldorf	New York	Buenos Aires	Budapest	Kap Horn
nach	Teneriffa	Los Angeles	Kairo	Kapstadt	Kap der guten Hoffnung

2 Auf vielen Landkarten findet man an den Kartenrändern rechts und links eine Winkelskala für die geographische Breite und oben und unten eine entsprechende Skala für die geographische Länge.

a) Begründe: 1° Breitenunterschied (am linken bzw. rechten Kartenrand) auf einem Längenkreis entspricht unabhängig von der Länge immer dem gleichen Abstand auf der Erdoberfläche (60 Seemeilen).
Wie lang ist also eine Seemeile? Vergleiche die Rechnung mit dem Wert aus einem Lexikon oder Fachbuch. Wie erklärst du gegebenenfalls den Unterschied?

b) 1° Längenunterschied (am oberen bzw. unteren Kartenrand) auf einem Breitenkreis entspricht je nach Breite einem unterschiedlichen Abstand auf der Erdoberfläche.
Welche Ost-West-Distanz entspricht in deiner Wohngegend 1° Längenunterschied? Beantworte diese Frage
 (I) geometrisch (ohne Sinus und Kosinus);
 (II) mithilfe von Sinus und Kosinus;
 (III) mithilfe einer Landkarte.
Vergleiche die Ergebnisse.

3 a) Berechne Radius und Umfang verschiedener Breitenkreise:
 (I) 50° N;   (II) 50° S;   (III) 20° N;   (IV) 95° N;   (V) der Wende- und Polarkreise.
b) Was ist die besondere geographische Bedeutung der Wende- und Polarkreise?

4 Wie schnell bewegst du dich auf dem „Raumschiff Erde" dadurch, dass sich die Erde um ihre Achse dreht?

5 Den Zusammenhang zwischen euklidischem Abstand und Länge eines Kreisbogens auf der Kugeloberfläche kann man sich geometrisch und auch rechnerisch klarmachen. Es ist der schon aus **1.2** bekannte Zusammenhang zwischen Kreisbogen und Sehne: Kennt man den euklidischen Abstand von zwei Punkten A und B und den Radius r eines zugehörigen Kreisbogens, kann man den Kreismittelpunkt und dann den Bogen konstruieren. Um dann dessen Länge herauszubekommen, misst man den Winkel a und benutzt die Proportionalität zwischen Winkel und Kreisbogen:
$$b = \frac{\alpha}{360°} \cdot U.$$
Wählt man für r den Erdradius R (d. h. U = 40 000 km), so erhält man den zugehörigen Großkreisbogen und damit den sphärischen Abstand von A nach B.
Stellt Umrechnungstabellen her:
 (I) zwischen dem sphärischen und dem euklidischen Abstand auf der Erdoberfläche;
 (II) zwischen Längendifferenz, Ost-West-Abstand und euklidischem Abstand für Punkte, die auf dem gleichen Breitenkreis wie eure Schule liegen.

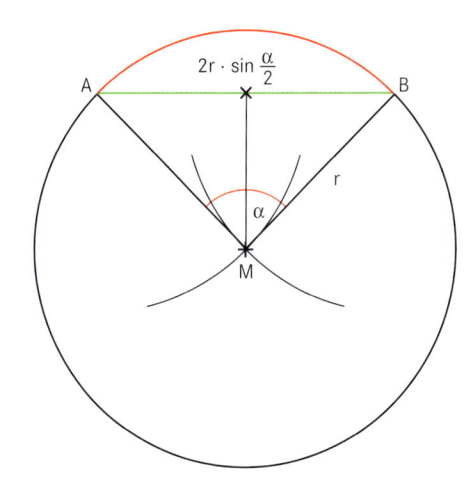

1.3 Manchmal klappt es besser – Geometrie der (Erd-)Kugel

6 Man kann auch umgekehrt zum Vorgehen in Übung **5** von der Länge des Bogens (z. B. auf einem Breitenkreis) auf den euklidischen Abstand schließen. Die im Bild dargestellte Konstruktion kann man gewissermaßen „hin und zurück" durchführen.
Denke dir eigene Fragestellungen aus, bei denen diese Idee hilfreich sein kann.
Welche der dabei verwendeten geometrischen Konstruktionen könnte man durch Berechnungen mit Sinus und Kosinus ersetzen?
Führe entsprechende Überlegungen anhand von Beispielen durch.

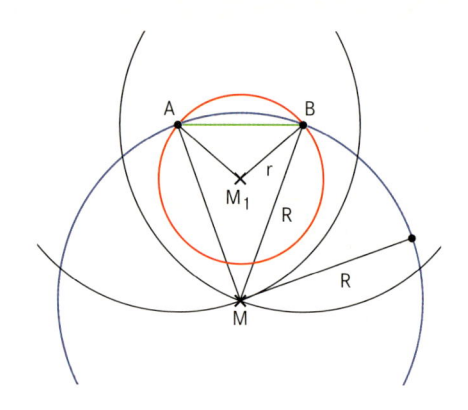

7 Die Zeichnung rechts deutet an, wie man auf der nördlichen Halbkugel die eigene geographische Breite bestimmen kann.
Versuche so in einer sternklaren Nacht die geographische Breite deines Standorts zu bestimmen.

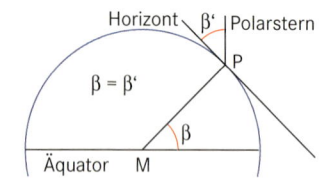

8 Beschreibt möglichst genau, wo alle Punkte auf der Kugeloberfläche liegen, die von einem festen Punkt den gleichen vorgegebenen sphärischen Abstand haben.

9 Das im Grundwissen ausgeführte Verfahren zur Bestimmung des sphärischen Abstands von zwei Punkten auf der Kugel lässt sich sehr schön mit einem dynamischen Geometrie-Programm realisieren. Dabei kann man die gegebenen Breiten β_1 und β_2 und die Längendifferenz δ der beiden Punkte variabel halten („ziehen") und erhält eine „geometrische Berechnungsautomatik" für den sphärischen Abstand von zwei beliebigen Punkten auf der Erde. Experimentiere.

Ausstiege

A1 Oft ist es zweckmäßig, für die Erde ein räumliches Koordinatensystem mit x-, y- und z-Achse zu wählen. Man legt die x-y-Ebene in die Äquatorebene mit dem Erdmittelpunkt als Ursprung und die x-Achse in Richtung auf den Schnittpunkt von Äquator und Nullmeridian. Die z-Achse zeigt auf den Nordpol. So hat z. B. der Schnittpunkt von Äquator und Nullmeridian die Koordinaten (R | 0 | 0) und der Nordpol hat die Koordinaten (0 | 0 | R).
Und der Südpol? Und Hannover? Wohin zeigt die y-Achse?
Versucht auch eine allgemeine Formel zu finden, mit der man geographische Koordinaten in „normale" umrechnen kann. Wie kann man mithilfe des Satzes von Pythagoras den euklidischen Abstand von zwei beliebigen Punkten auf der Erdoberfläche mit gegebenen geographischen Koordinaten *berechnen*? Und wie den sphärischen Abstand (vgl. auch **E4**)?

A2 Wenn ein Flugzeug zum Beispiel von Frankfurt/M. nach Chicago fliegen will, dann wissen wir inzwischen, wie weit die kürzeste Flugstrecke ist, aber welchen Kurs muss der Pilot fliegen? Was heißt überhaupt „Kurs" und ist es immer der gleiche?
(Tipp: Betrachte die Konstruktion.)

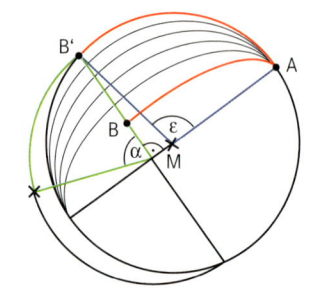

1.4 Vermischte Übungen

L1 Marseille und Wladiwostok liegen ungefähr auf gleicher Breite (43° N). Entnimm die fehlenden geographischen Längen aus einem Atlas und konstruiere und berechne den West-Ost-Abstand, den euklidischen und auch den sphärischen Abstand.

2 Finde zwei Orte auf der Erdkugel, deren sphärischer Abstand ca. 5000 km beträgt.

L3 a) Um wie viel ist der Weg von Neapel nach New York längs des gemeinsamen Breitenkreises länger als der kürzeste Weg auf der Erdoberfläche?
b) A und B sind zwei Punkte auf der Kugel, die nicht polar zueinander liegen. Betrachte alle Schnittkreise durch A und B und die jeweils dazugehörigen kürzesten Wege von A nach B auf der Kugel. Welcher dieser Wege ist der längste?

L4 Zwei Orte gleicher geographischer Breite haben einen Längenunterschied von λ = 180°.
a) Untersuche, welche Werte das Verhältnis von Breitenkreisbogenlänge (Ost-West-Abstand) und Großkreisbogenlänge (sphärischer Abstand) haben kann.
b) Für welche geographischen Breiten erhält man extreme Werte?

5 Baut euch mithilfe eines Geometrie-Programms eine „automatische Entfernungsmessmaschine" (**1.3**, Übung **2**), nehmt euch einen Atlas und stellt auf einem Plakat eine Entfernungstabelle zwischen den wichtigsten Großstädten der Erde auf.

6 Der sphärische Abstand zwischen zwei Orten auf der Erdoberfläche beträgt 8560 km. Ein Flugzeug fliegt die Strecke im Direktflug in 8500 m Höhe. Wie lang ist die Flugstrecke ungefähr?

L7 Ein Planet unseres Sonnensystems wird mit einem Koordinatensystem versehen.
Zwei Punkte auf der Oberfläche mit der Breite β = 70° haben einen sphärischen Abstand von 15 568 km. Ihr Ost-West-Abstand beträgt 23 961 km.
a) Wie groß sind Umfang und Radius des Planeten?
b) Um welchen Planeten handelt es sich?

8 Für welche Winkel α gilt die Gleichung?
a) $\sin \alpha = 1$ b) $\cos \alpha = -1$ c) $\cos \alpha = 0$ d) $\sin \alpha = -1$
e) $\cos \alpha = \frac{1}{2}$ f) $\sin \alpha = -\frac{\sqrt{2}}{2}$ g) $\sin \alpha = \frac{\sqrt{3}}{2}$ h) $\cos \alpha = -\frac{\sqrt{3}}{2}$

9 Bestimme die Winkel α zwischen 0° und 360°, für die die Gleichung gilt.
a) $\sin \alpha = 0{,}374$ b) $\cos \alpha = 0{,}374$ c) $\sin \alpha = -0{,}123$ d) $\sin \alpha = 0{,}340$
e) $\cos \alpha = -0{,}4$ f) $\cos \alpha = -0{,}987$ g) $\sin \alpha = 0{,}451$ h) $\cos \alpha = 0{,}333$

10 Das Dreieck ABC ist gleichschenklig mit den Schenkeln a = b und dem eingeschlossenen Winkel γ. Berechne die fehlenden Seiten und Winkel sowie den Flächeninhalt des Dreiecks.
a) a = 67,3 m; α = 58°   b) a = 1000 km; γ = 110°
c) c = 5786 km; β = 51°   d) a = 6380 km; c = 5120 km

L11 Ein Mensch geht 1 km nach Süden, dann 1 km nach Osten und dann 1 km nach Norden und stellt fest, dass er wieder am Ausgangspunkt seiner Wanderung ist.
Anschließend filmt er einen Bären.
a) Welche Farbe hat der Bär?
b) Gib möglichst viele Orte auf der Erdkugel an, wo der Mensch gestartet sein kann.
c) Gibt es auf der Nordhalbkugel mehrere solcher Startpunkte?

12 Berechne die fehlenden Seiten und Winkel in einem rechtwinkligen Dreieck mit der Hypotenuse c.
  a) a = 7 cm; b = 3,5 cm
  b) b = 56 cm; α = 36°
  c) b = 130 m; β = 49°
  d) c = 74 km; β = 63°
  e) b = 29 m; c = 35 m
  f) c = 80 m; α = 55°

13 Ein Baugeschäft bietet verschieden lange einfache Leitern an. Aus Sicherheitsgründen darf beim Anlegen einer Leiter an eine Wand der Winkel zur Bodenfläche nicht größer als 70° sein. Die Arbeitshöhe ist ca. 1,30 m höher als das obere Ende der Leiter.
Es werden Leitern mit folgenden Längen angeboten: 2,50 m; 3,50 m; 4,35 m; 5,20 m.
Berechne für jede Leiter die erreichbare Arbeitshöhe.

L14 Eine alte Seemannsregel besagt, dass sich in Tidengewässern (Gewässern mit Ebbe und Flut) der gesamte Tidenhub (Unterschied zwischen Hoch- und Niedrigwasser) während der annähernd sechs Stunden einer Tide ungefähr wie folgt verhält:
In der ersten Stunde steigt oder fällt das Wasser um $\frac{1}{12}$ des Tidenhubs, in der zweiten Stunde dann um $\frac{2}{12}$, in der dritten und vierten Stunde dann jeweils um $\frac{3}{12}$, in der fünften Stunde wieder um $\frac{2}{12}$ und schließlich in der sechsten Stunde wieder um $\frac{1}{12}$ des Tidenhubs.
Ist diese Aussage verträglich mit der Vorstellung, dass sich der Pegelstand in Tidengewässern „sinusförmig" ändert?

L15 Die Figur entsteht dadurch, dass man ein Quadrat um einen bestimmten Winkel (hier 10°) dreht und so verkleinert, dass die Ecken des gedrehten Quadrates auf den Seiten des Ausgangsquadrats liegen. Mit dem gedrehten und geschrumpften Quadrat wird genauso verfahren usw.
Wie groß ist die Seitenlänge des letzten (des innersten) Quadrats in der Abbildung, wenn die Seitenlänge des Ausgangsquadrats 1 m beträgt?

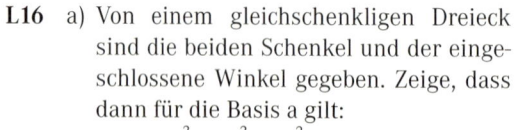

L16 a) Von einem gleichschenkligen Dreieck sind die beiden Schenkel und der eingeschlossene Winkel gegeben. Zeige, dass dann für die Basis a gilt:
$a^2 = 2r^2 - 2r^2 \cdot \cos \alpha$.
b) Den Sonderfall α = 90° kennst du gut. Welcher Satz wird hier verallgemeinert?
c) Die Formel aus a) kann man auch verwenden um aus dem euklidischen Abstand von zwei Punkten den sphärischen Abstand zu berechnen.
Zwei Orte auf der Erdkugel haben den euklidischen Abstand 8500 km. Wie groß ist ihr sphärischer Abstand?

17 Ergänze (durch geometrische Konstruktionen oder durch Rechnungen) die fehlenden Werte in der „Umrechnungstabelle" zwischen euklidischem und sphärischem Abstand von zwei Punkten auf der Erde.

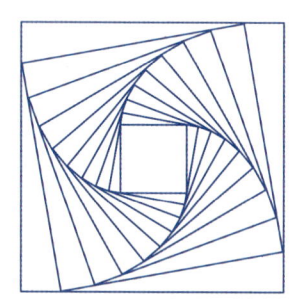

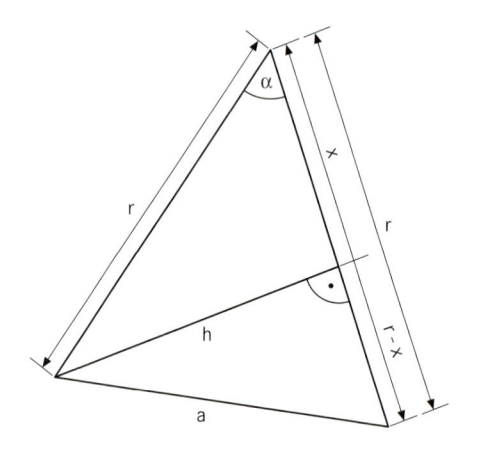

euklidischer Abstand (km)		8500	9870	
sphärischer Abstand (km)	10 000			18 000

1.4 Vermischte Übungen

18 a) Wie kann man mit einem Computer einen Kreis zeichnen?
In einem rechtwinkligen Koordinatensystem sind die Kreispunkte die Punkte mit den Koordinaten (r·cos α | r·sin α). Wenn man also α von 0° bis 360° „laufen" lässt und die zugehörigen Punkte „plottet", kann man den Kreis zeichnen lassen. Es gibt viele Programme (z. B. Tabellenkalkulationsprogramme), mit denen man das gut machen kann. Probiere es aus.

b) Man kann das Vorgehen auch variieren, z.B. indem man den Term mit den Koordinaten abändert. Probiere z. B. aus, was passiert, wenn man (r·cos (2α) | r·sin (3α)) zeichnen lässt, wobei α wieder von 0° bis 360° „läuft".

c) Wie könnten die folgenden Bilder entstanden sein?

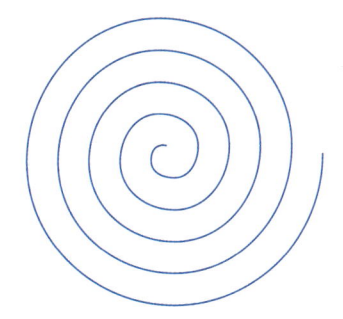

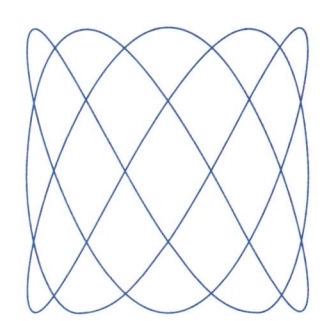

19 Der Tunnel unter dem Ärmelkanal von Frankreich nach England liegt ungefähr auf der geographischen Breite von 52° N und ist ca. 45 km lang.
Wie groß ist der Unterschied zwischen „Tunnelabstand" und sphärischem Abstand, d.h. wie viel kürzer ist die Bahnstrecke als die Schiffsstrecke?

20 a) Ein Quader hat die Länge 10 m, die Breite 6 m und die Höhe 3 m. Wie lang ist eine Raumdiagonale?

b) Gib eine Formel an, mit der man die Raumdiagonale berechnen kann, wenn die Länge l, die Breite b und die Höhe h eines Quaders gegeben sind.

c) Zeige, dass für Punkte auf der Kugel $x^2 + y^2 + z^2 = R^2$ gilt, wobei x, y und z die Koordinaten in einem Koordinatensystem mit dem Ursprung im Kugelmittelpunkt sind.

d) Wir betrachten ein räumliches x-y-z-Koordinatensystem (LE jeweils 1 km) und zwei Punkte A (15 | −8 | 1) und B (0 | −6 | 12). Wie groß ist der (euklidische) Abstand von A und B?

L21 Es sollen geographische Koordinaten (β | λ) in kartesische (x | y | z) Koordinaten umgerechnet werden (vgl. **1.3; A1**): Dazu wählt man die Äquatorebene als x-y-Ebene mit dem Erdmittelpunkt als Nullpunkt. Die x-Achse wählt man dann so, dass sie in Richtung auf den Schnittpunkt von Äquator und 0°-Längenhalbkreis zeigt. Das bedeutet (0° | 0°) ↦ (R | 0 | 0). Die z-Achse soll in Richtung Nordpol zeigen.

a) Welche kartesischen Koordinaten haben der Nordpol, der Südpol und die Punkte mit den geographischen Koordinaten: (0° | 90° W); (0° | 180°); (30° N | 0°); (45° S | 0°)?

b) Berechne die kartesischen Koordinaten von ausgewählten Orten auf der Erdoberfläche insbesondere deines Wohnortes.

c) Begründe die Umrechnungsformel: (β | λ) ↦ (R · cos β · cos λ | R · cos β · sin λ | R · sin β)

22 Mithilfe der Übungen **16, 20** und **21** hast du alle Mittel in der Hand, um zu zwei Punkten auf der Erdoberfläche mit gegebenen geographischen Koordinaten erst den euklidischen und dann den sphärischen Abstand *auszurechnen.*

a) Versuche so die sphärischen Abstände, die du schon durch geometrische Konstruktionen gefunden hast, zu bestätigen.

b) Schreibe ein kleines Programm, das nach Eingabe der geographischen Koordinaten von zwei Punkten deren sphärischen Abstand berechnet und ausgibt.

1.5 Zusammenfassung

1 Bei Kreisen sind Radius r und Umfang u zueinander proportional: $u \approx 6{,}3 \cdot r$.

2 Die **Kreisbogenlänge** und das zugehörige **Winkelmaß** sind zueinander **proportional**:
$$\frac{a}{\alpha} = \frac{b}{\beta} = \frac{U}{360°}, \text{ also } a = \frac{\alpha}{360°} \cdot U \text{ bzw. } b = \frac{\beta}{360°} \cdot U.$$
Diese Proportionalität ermöglicht es den sphärischen Abstand von Punkten aus dem zugehörigen Großkreiswinkel auszurechnen (vgl. **4**).

3 Für einen Punkt P(x|y) auf dem **Einheitskreis** (r = 1) definiert man
die y-Koordinate als **Sinus von** α und
die x-Koordinate als **Kosinus von** α.
Kurzform: $y = \sin(\alpha)$ bzw. $y = \sin \alpha$;
$x = \cos(\alpha)$ bzw. $x = \cos \alpha$
In einem rechtwinkligen Dreieck mit der Hypotenuse r und einem weiteren Winkel α hat die **Gegenkathete** die Länge $r \cdot \sin \alpha$ und die **Ankathete** hat die Länge $r \cdot \cos \alpha$.

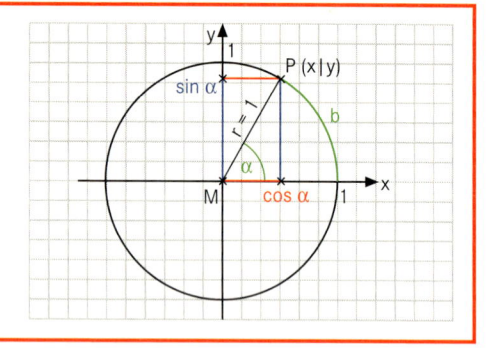

4 Der kürzeste Weg zwischen zwei (nicht zueinander polaren) Punkten A und B auf der Kugel verläuft auf dem **Großkreis** durch diese Punkte (Bogen mit geringster Krümmung). Die Länge dieses kürzesten Weges heißt **sphärischer Abstand** von A und B. Die Länge der Sehne $\overline{AB}$ nennt man den **euklidischen Abstand** von A und B.

5 Jeder Punkt auf der Kugeloberfläche (außer den Polen) liegt auf genau einem Längenhalbkreis und genau einem Breitenkreis. Durch die „Ortung" auf diesen beiden Kreisen erhält man die **Breite** β und die **Länge** λ als **geographische Koordinaten** des Punktes.
Man misst Breiten auf Längenkreisen (vom Äquator ausgehend zu den Polen)
von 0° bis 90° Nord (Nordpol) und
von 0° bis 90° Süd (Südpol).
Man misst Längen auf Breitenkreisen (vom Nullmeridian ausgehend in östlicher bzw. westlicher Richtung) jeweils von 0° bis 180° Ost bzw. West.

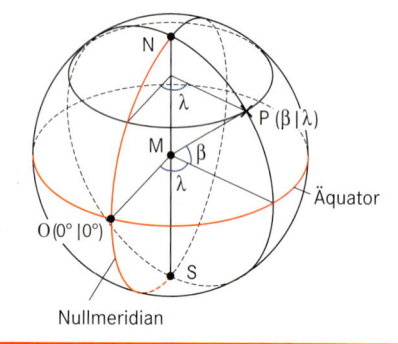

6 Bei gegebenen geographischen Koordinaten, kann man den sphärischen Winkel ε zu zwei Punkten geometrisch konstruieren und dann auch ihren sphärischen Abstand b unter Verwendung des bekannten Erdumfangs von ca. 40 000 km berechnen:
$$b = \frac{\varepsilon}{360°} \cdot 40\,000 \text{ km}.$$

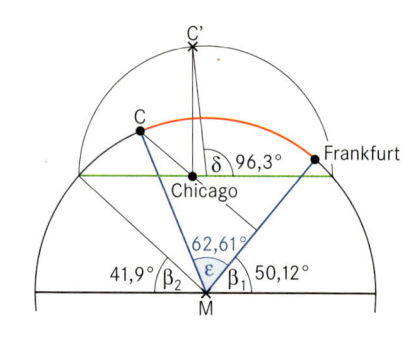

1.6 Satellitennavigation

1 „Wo (auf der Erde) bin ich eigentlich?" Diese Grundfrage der Navigation hat – besonders die Seefahrer – seit ewigen Zeiten beschäftigt.

Heute spielt die möglichst genaue Positionsbestimmung auf der Erde nicht nur in der Seefahrt und im Flugverkehr, sondern vor allem in vielfältigen Anwendungen im militärischen Bereich und zunehmend in anderen zivilen Bereichen eine große Rolle: computerunterstützte Navigation im Straßenverkehr, Logistik im Speditionsgewerbe, automatische Steuerung von unbemannten Transportfahrzeugen (z. B. Gabelstaplern) in der Produktion etc.

Dies alles ist seit Mitte der 90er Jahre möglich geworden durch Satellitennavigation, insbesondere durch das von den US-Amerikanern (zunächst nur als militärisches Projekt) betriebene GPS (Global-Positioning-System).

2 GPS besteht aus einem Verbund von 24 Satelliten, die die Erde auf nahezu kreisförmigen Bahnen in ca. 20 200 km Höhe umrunden. Außerdem gehören Kontrollstationen und Empfangsgeräte dazu.

Trotz vieler (auch komplizierter) Details ist das Grundprinzip von GPS leicht zu verstehen: Von den Satelliten „erfährt" das Empfangsgerät des Benutzers die jeweilige Position des Satelliten zum Messzeitpunkt und die Entfernung vom Satelliten zum Benutzer.

Es werden die Messdaten von mindestens drei Satelliten benötigt. Die Abbildung verdeutlicht das wesentliche Prinzip.

Schnitt von drei Kugeln (Messungen) liefert zwei **Punkte**

3 Über GPS kann man sehr viel im Internet erfahren, auch über die mathematischen Grundlagen, die natürlich sehr eng mit der Mathematik in diesem Kapitel zusammenhängen.

Zum Beispiel spielt die Übung **17** aus Unterkap. **1.4** eine große Rolle, da GPS primär mit einem normalen rechtwinkligen Koordinatensystem arbeitet.

Versucht möglichst viel über GPS herauszufinden und dokumentiert eure Recherche.

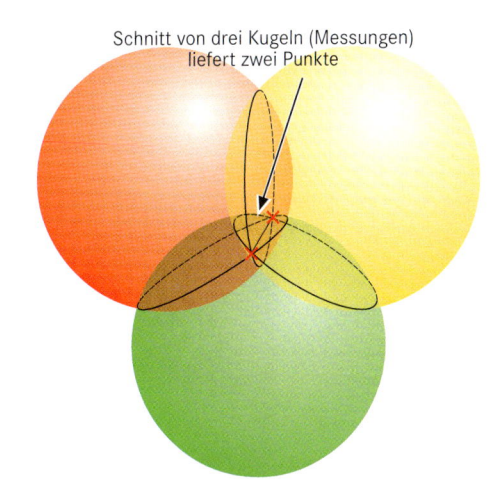

2 Funktionen mit Potenzen

2.1 In Hoch-Form – Potenzen und Wurzeln

Einstiege

E1 Ein Lichtjahr beträgt $9{,}46 \cdot 10^{12}$ km. Der Sonnenradius ist knapp 600 000 km. Der Erdradius beträgt knapp 6 500 km. Der Mount Everest ist knapp 10 km hoch. Ein Mensch ist knapp 2 m groß. Sein Daumen ist knapp 10 cm lang. Wie groß ist ein Atom?

2.1 In Hoch-Form – Potenzen und Wurzeln

Mit der folgenden Skala (alle Angaben in Metern) lassen sich diese Größenangaben darstellen.

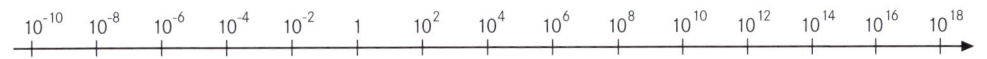

10^{-10} 10^{-8} 10^{-6} 10^{-4} 10^{-2} 1 10^2 10^4 10^6 10^8 10^{10} 10^{12} 10^{14} 10^{16} 10^{18}

a) Übernimm die Skala in dein Heft und trage die Längenangaben aus den Abbildungen ein. Suche im Lexikon nach weiteren sehr großen oder sehr kleinen Größen und trage auch diese ein.

b) Was bedeuten Angaben wie 10^{-1} oder 10^{-10}? Was ist der Vorteil von Längenangaben wie $3{,}52 \cdot 10^{12}$ m oder $2{,}87 \cdot 10^{-4}$ m?

c) In die Skala lassen sich auch Quadratmeterangaben eintragen. Markiere in einer anderen Farbe das Quadrat des Erdradius, des Sonnenradius, ... Was fällt auf?
Wie findet man auf der Skala schnell Wurzeln?

d) Was ändert sich, wenn man in c) das Wort „Quadrat" durch „Kubik" ersetzt?

E2 Janna und Igor experimentieren mit ihrem Taschenrechner. Viele Tasten kennen sie schon.

a) „Was bedeutet wohl die $\boxed{y^x}$ -Taste?" – „Ist doch klar, damit kannst du potenzieren." – „Und wie geht das?" – „Einfach ausprobieren! Ob du es richtig gemacht hast, kannst du z. B. an $2^3 = 8$ testen."
Berechnet 10^3, 10^2, 10^1 mit dem Taschenrechner. Was passiert, wenn man negative Exponenten nimmt? Was ist $9^{\frac{1}{2}}$ oder $8^{\frac{1}{3}}$? Wie lassen sich die Ergebnisse erklären? Wie steht es mit 3^0 oder 5^{-2}?

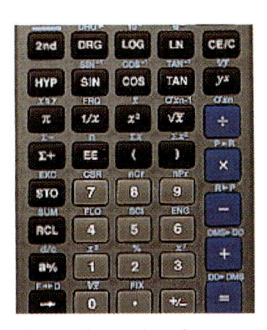

b) Die folgenden Terme lassen sich im Kopf ausrechnen: $2^6 \cdot 5^6$; $13^{19} : 13^{18}$; $14^3 : 7^3$.
Wie seid ihr vorgegangen? Stellt möglichst viele Regeln zur Vereinfachung von Potenzausdrücken auf.

E3 a) Löse die Gleichungen nach x auf.
(I) $x^4 = 10\,000$ (II) $x^2 = 10\,000$ (III) $x^3 = a^6$ (IV) $x^3 = a^{15}$
(V) $a^2 \cdot x^3 = a^5$ (VI) $(x^2)^3 = a^{12}$ (VII) $x^2 \cdot a^4 = 1$ (VIII) $x^3 = 10$

b) Versuche, Regeln für das Rechnen mit Potenzen aufzustellen. Kann man zum Beispiel den Term $x^3 \cdot x^7$ auch kürzer ausdrücken? Wie steht es mit $a^6 \cdot b^6$? Wie mit Quotienten oder mit Summen?

c) Erläutere, warum es sinnvoll ist, $a^{-1} = \frac{1}{a}$ und $a^{\frac{1}{2}} = \sqrt{a}$ zu setzen. Was wird a^{-2}; a^0; $a^{\frac{1}{3}}$ sein?

Im großen Becken einer Schwimmhalle kann man in Längsrichtung 50 m-Bahnen und in Querrichtung 25 m-Bahnen schwimmen. Es gibt eine Riesen-Rutsche und einen Zehnmeter-Sprungturm. An einem Ende des Beckens befindet sich der Nichtschwimmer-Bereich.
Dort ist das Wasser nur 1 m tief. Dann fällt der Boden über 35 m Länge gleichmäßig ab, bis die Wassertiefe am anderen Ende des Beckens
5 m erreicht.

a) Zeichne ein Schrägbild des Beckens.
b) Aus welchen gradlinig begrenzten Körpern kann man sich den „Wasserkörper" zusammengesetzt denken?
c) Wie viel Wasser enthält das Becken in gefülltem Zustand?

2.1 In Hoch-Form – Potenzen und Wurzeln

Grundwissen

1 Gleichungen der Art $x^n = a$ lassen sich leicht lösen:

$x^2 = 4$ $x = \sqrt{4} = 2$ oder $x = -\sqrt{4} = -2$ Die positive Lösung heißt $\sqrt{4}$, gelesen „Wurzel aus 4".	$x^3 = 8$ $x = \sqrt[3]{8} = 2$ Man nennt $\sqrt[3]{8}$ die „*dritte* Wurzel aus 8".	$x^4 = 16$ $x = \sqrt[4]{16} = 2$ oder $x = -\sqrt[4]{16} = -2$ Die positive Lösung heißt $\sqrt[4]{16}$, gelesen „*vierte* Wurzel aus 16".

Das Wurzelziehen und das Quadrieren heben sich gegenseitig auf:
Für positive a ist
$\sqrt{a^2} = (\sqrt{a})^2 = a$

Das Ziehen der 3. Wurzel und das Potenzieren mit 3 heben sich gegenseitig auf:
Stets ist
$\sqrt[3]{a^3} = (\sqrt[3]{a})^3 = a$

Das Ziehen der 4. Wurzel und das Potenzieren mit 4 heben sich gegenseitig auf:
Für positive a ist
$\sqrt[4]{a^4} = (\sqrt[4]{a})^4 = a$

n-te Wurzel

Die positive Lösung der Gleichung $x^n = a$ ist $\sqrt[n]{a}$. Sie heißt die **n-te Wurzel** aus a. Dabei soll a nicht negativ sein*. Das Ziehen der n-ten Wurzel und das Potenzieren mit n heben sich gegenseitig auf:
Für nicht negative a ist $\sqrt[n]{a^n} = a$ und $(\sqrt[n]{a})^n = a$.

Eigentlich müsste man die bekannte Wurzel $\sqrt{a}$ die zweite Wurzel aus a nennen. Statt dessen hat man verabredet, dass man immer an Stelle von $\sqrt[2]{a}$ auch $\sqrt{a}$ schreiben darf.

2 Teilt man 3^4 durch 3 und das Ergebnis immer wieder durch 3, so bildet man nacheinander 3^4; 3^3; 3^2; 3^1; ... Man kommt auf diese Weise zu 3^0; 3^{-1} und so weiter. So erhält man Potenzen mit **negativem Exponenten.**

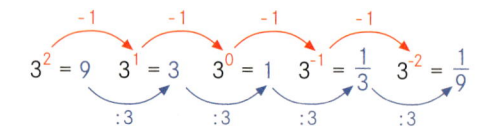

$3^2 = 9 \quad 3^1 = 3 \quad 3^0 = 1 \quad 3^{-1} = \frac{1}{3} \quad 3^{-2} = \frac{1}{9}$

negative Exponenten

Es ist sinnvoll, allgemein $a^{-n} = \frac{1}{a^n}$ und $a^0 = 1$ zu setzen. Dabei muss $a \neq 0$ sein*.

3 Zieht man aus 3^8 die Wurzel und aus dem Ergebnis immer wieder die Wurzel, so bildet man nacheinander 3^8; 3^4; 3^2; 3^1; ... Man kommt auf diese Weise zu $3^{\frac{1}{2}}$; $3^{\frac{1}{4}}$ und so weiter. So erhält man Potenzen mit **gebrochenem Exponenten.**

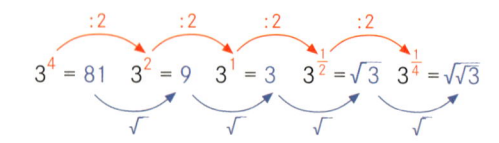

$3^4 = 81 \quad 3^2 = 9 \quad 3^1 = 3 \quad 3^{\frac{1}{2}} = \sqrt{3} \quad 3^{\frac{1}{4}} = \sqrt{\sqrt{3}}$

gebrochene Exponenten

Es ist sinnvoll, allgemein $a^{\frac{1}{n}} = \sqrt[n]{a}$ zu setzen. Dabei muss $a \geq 0$ sein.

Potenzgesetze

4 Mit diesen Festlegungen gelten für das Rechnen mit Potenzen die folgenden **Potenzgesetze.** Dabei ist darauf zu achten, dass Nenner nicht null werden und dass man aus negativen Zahlen keine Wurzeln ziehen darf. Hierbei darf man für die Exponenten n und m sogar alle reellen Zahlen einsetzen (vgl. Übung **29**).

(P1) $a^n \cdot a^m = a^{n+m}$ \qquad (P2) $\frac{a^n}{a^m} = a^{n-m}$ \qquad (P3) $(a^n)^m = a^{n \cdot m}$

5 Mit den Festlegungen und Gesetzen von **1** bis **4** gilt für positive a und b:
$a^n \cdot b^n = (a \cdot b)^n$ und $\frac{a^n}{b^n} = \left(\frac{a}{b}\right)^n$ und $a^{\frac{m}{n}} = \sqrt[n]{a^m} = (\sqrt[n]{a})^m$
sowie $\sqrt{\sqrt{a}} = \sqrt[4]{a}$ und $\sqrt{\sqrt{\sqrt{a}}} = \sqrt[8]{a}$.

---

* Nur für ungerade n könnte a negativ sein (vgl. Übung **28**).

2.1 In Hoch-Form – Potenzen und Wurzeln

Übungen

1 Vereinfache im Kopf.
a) $a^2 \cdot a^5$ b) $b^3 \cdot b^{-2}$ c) $c^{-6} \cdot c^3$ d) $d^{-2} \cdot d^{-7}$
e) $e^5 : e^2$ f) $f^6 : f^{-3}$ g) $g^{-3} : g^2$ h) $h^{-3} : h^{-2}$
i) $(i^3)^2$ j) $(j^{-2})^5$ k) $(k^{-6})^2$ l) $(r^{-5})^{-3}$

2 Vereinfache im Kopf.
a) $a^3 \cdot b^3$ b) $a^6 : b^6$ c) $a^{-3} : b^{-3}$ d) $a^4 \cdot b^4 : c^4$

3 Vereinfache im Kopf.
a) $k : k$ b) $\frac{77m}{m}$ c) $m + m$ d) $a^4 : a^{-2}$
e) $a^2 : a^{-4}$ f) $a^2 \cdot a^{-4}$ g) $a^{-2} \cdot a^4$ h) $a^7 : a$
i) $m : m^7$ j) $m^{-7} : m$ k) $m : m^{-7}$ l) $m^7 \cdot m^{-7}$

4 Vereinfache im Kopf.
a) $a^2 \cdot a^{-4}$ b) $a^{-3} : a^{-4}$ c) $2a^3 : 4a^5$ d) $12a^{-3} : 4a^5$
e) $(-(a^3))^{-2}$ f) $(-(a^2))^{-3}$ g) $(-(-a^3))^{-3}$ h) $(((-1)^{23})^{56})^{831}$

5 Vereinfache im Kopf.
a) $(-5a^5 + a^2) \cdot 4a^{-2}$ b) $(a^{-2} + a^{-3}) \cdot (a^2 - a^3)$ c) $(a^{-3} + a^2)^2$
d) $(2a^4 - 3a^{-1})^2$ e) $\sqrt{9^3}$ f) $\sqrt[3]{2} \cdot \sqrt[3]{4}$
g) $\sqrt[3]{\sqrt{a}}$ h) $\frac{x^{\frac{2}{3}}}{y^{\frac{2}{3}}}$ i) $\frac{15a^{-5} - 25a^{-3} - 35a^{-2}}{5a^{-2}}$

6 Berechne im Kopf.
a) $\sqrt{12} \cdot \sqrt{27}$ b) $\sqrt{27} : \sqrt{12}$ c) $\sqrt[3]{2^6}$ d) $\sqrt{2^6}$
e) $\sqrt{3} \cdot \sqrt{27}$ f) $\sqrt[3]{25} \cdot \sqrt[3]{5}$ g) $\sqrt[3]{12} \cdot \sqrt[3]{18}$ h) $\sqrt[4]{2} \cdot \sqrt[4]{4} \cdot \sqrt[4]{2}$

7 Fasse zusammen (so weit, wie möglich): $\sqrt[3]{2a^2} \cdot 7 \cdot \sqrt[3]{2a^3} \cdot \sqrt[3]{81a^4}$

8 Schreibe möglichst ohne Wurzel und vereinfache.
a) $\frac{(\sqrt[4]{a})^3 \cdot (\sqrt[3]{a})^5}{\sqrt[12]{a^5}}$ b) $\frac{(\sqrt[2]{a})^3 + (\sqrt{a})^5}{\sqrt[6]{a^3}}$ c) $\left(\sqrt{x+z} - \sqrt{x+z}\right)^2$

9 Schätze im Kopf ab, zwischen welchen beiden natürlichen Zahlen das Resultat liegt.
a) $\sqrt[3]{100}$ b) $\sqrt[3]{20}$ c) $\sqrt[4]{10}$ d) $\sqrt[5]{100}$

10 Ordne der Größe nach.
a) $\sqrt[3]{2}; \sqrt[1]{2}; 2; \sqrt[4]{2}; \sqrt[6]{2}; \sqrt[2]{2}$ b) $\sqrt[3]{\frac{1}{2}}; \sqrt[1]{\frac{1}{2}}; \frac{1}{2}; \sqrt[4]{\frac{1}{2}}; \sqrt[6]{\frac{1}{2}}; \sqrt[2]{\frac{1}{2}}$
c) $100^4; 1000^3; 10\,000^2$ d) $32^2; 2^7; 512^2; \sqrt{4096}$

11 Große Zahlen wie 12 350 000 000 schreibt man übersichtlich als $1{,}235 \cdot 10^{10}$. Kleine Zahlen wie 0,000000567 schreibt man entsprechend als $5{,}67 \cdot 10^{-7}$.
a) Ein Lichtjahr hat die Länge von $9{,}46 \cdot 10^{15}$ m. Wie viele Kilometer sind das?
b) Unser Sonnensystem ist $3 \cdot 10^4$ Lichtjahre vom Zentrum der Milchstraße entfernt. Wie viele Kilometer sind das?
c) Die Wellenlänge von grünem Licht beträgt ca. $5{,}0 \cdot 10^{-7}$ m bis $5{,}5 \cdot 10^{-7}$ m. Wie viele Millimeter sind das?

12 Schreibe ausführlich.
a) $3{,}24 \cdot 10^6$ b) $7{,}53 \cdot 10^8$ c) $2{,}84 \cdot 10^{-5}$ d) $4{,}123 \cdot 10^{-6}$

2.1 In Hoch-Form – Potenzen und Wurzeln

13 Gib das Ergebnis in der Form $a \cdot 10^b$ an mit $1 \leq a \leq 9$.
  a) $6 \cdot 10^3 \cdot 7 \cdot 10^5$
  b) $4 \cdot 10^{-6} \cdot 3 \cdot 10^{-2}$
  c) $9 \cdot 10^{16} \cdot 9 \cdot 10^{-2}$
  d) $5 \cdot 10^6 \cdot 6 \cdot 10^{-6}$

14 In Kahafen wird ein großes Kaffeelager errichtet. „Trillionen von Kaffeebohnen lagern hier!", freut sich die Lokalpresse.
  a) Wie groß muss die Lagerhalle sein?
  b) Wie viele Tonnen Kaffee sind letztes Jahr geerntet worden? Wie viele Kaffeebohnen sind das etwa?
  c) Stellt euch vor, dass alle im letzten Jahr geernteten Bohnen nebeneinander gelegt werden. Ist die bedeckte Fläche so groß wie Deutschland oder wie Afrika oder noch viel größer?
  d) Stellt euch vor, dass alle im letzten Jahr geernteten Bohnen in eine Reihe gelegt werden. Wie lang wird diese Reihe sein? So lang wie von New York nach Madrid oder kürzer?

15 Der reiche Onkel Heribert will sein Arbeitszimmer mit Geldscheinen à 10 Euro tapezieren. Er hat 50 000 Euro dafür verwendet. Wie groß ist sein Arbeitszimmer?

16 **Elektrische Energie aus Batterien ist teuer:**
Eine Kilowattstunde kann bis zu 5000 Euro kosten!

  a) Informiert euch über Spannung, Ladung und Preise gängiger Batterietypen und überprüft die Behauptung. Berücksichtigt auch kleine Knopfbatterien. Z. B. hat eine Mignon-Batterie eine Spannung von $U = 1{,}5$ V; die Ladung muss man im Fachgeschäft erfragen (bei Mignon etwa $Q = 2700$ mAh). Die enthaltene Energie berechnet sich dann nach $E = Q \cdot U$.
  b) Wie teuer wäre für jeden Batterietyp eine Kilowattstunde?
  c) Warum werden trotzdem Batterien hergestellt und gekauft?

17 Früher wurden Landstraßen geteert. Heute befindet sich der gesundheitsschädliche Teer fast nur noch in Zigaretten und aus diesem Grund auch in Lungen.
  a) Welche Gesamtmasse Teer wurde letztes Jahr in Deutschland beim Rauchen aufgenommen?
  b) Wie lang wäre die Straße, die man damit teeren könnte? (Breite der Straße 10 m; Dicke der Teerschicht 4 cm; Dichte des Teers $2 \frac{t}{m^3}$.)

18 Löse.
  a) $\sqrt{x} = 3$
  b) $\sqrt[3]{x} = 2$
  c) $\sqrt[3]{x} = 0{,}2$
  d) $\sqrt{x} = -2$
  e) $\sqrt{-x} = 4$

Um den Graphen zu $f(x) = \left(\frac{1}{x}\right)^2$ zu zeichnen, kann man in einer Wertetabelle zuerst $g(x) = \frac{1}{x}$ berechnen und diese Zahlen dann quadrieren, d. h. $h(g(x)) = (g(x))^2$ bilden. Dafür schreibt man auch $f(x) = h(g(x))$.
  a) Erkläre, wie im Bild der Graph von f zeichnerisch aus den Graphen von g und h konstruiert wird. Welche Rolle spielt dabei die Gerade mit der Gleichung $y = x$?
  b) Wende das Verfahren auf $g(x) = x + 1$ und $h(x) = x^2$ an. Erläutere dein Ergebnis.

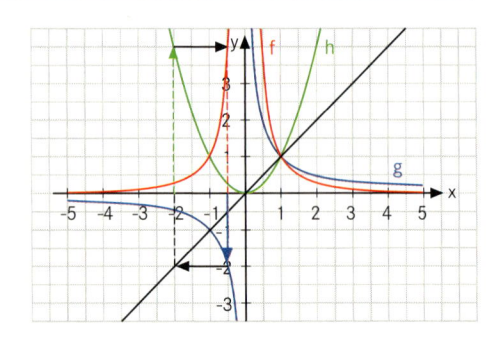

2.1 In Hoch-Form – Potenzen und Wurzeln

19 Berechne im Kopf.
a) $\sqrt[3]{8^4}$
b) $\sqrt[4]{16^2}$
c) $\sqrt{25^3}$
d) $\sqrt[3]{1000^2}$
e) $(\sqrt[3]{2})^6$
f) $(\sqrt[4]{4})^2$
g) $(\sqrt{5})^4$
h) $(\sqrt[3]{100})^3$

20 Begründe die Rechenregeln von Punkt **5** des Grundwissens.

21 a) Im Grundwissen wurde begründet, dass es sinnvoll ist $a^0 = 1$ zu setzen. Dies kann man auch aufgrund der Potenzgesetze einsehen:
Es ist $a^0 = a^{1-1} = a^1 : a^1 = 1$. Begründe analog, dass $a^{-2} = \frac{1}{a^2}$ sein muss.
b) Begründe entsprechend mithilfe von (P3), dass $a^{\frac{1}{2}} = \sqrt{a}$ sein muss.

22 a) Für kleine Werte von x gilt: $\sqrt{1 + x} \approx 1 + \frac{x}{2}$
Beispielsweise ist $\sqrt{1,2} = \sqrt{1 + 0,2} \approx 1 + \frac{0,2}{2} = 1,1$ oder $\sqrt{0,8} = \sqrt{1 - 0,2} \approx 1 - \frac{0,2}{2} = 0,9$.
Was soll es bedeuten, dass x „klein" ist? Experimentiert mit eurem Taschenrechner.
b) Begründet die Formel in a).
c) Mit der Formel in a) lässt sich auch $\sqrt{7}$ näherungsweise bestimmen:
$\sqrt{7} = \sqrt{9 \cdot \frac{7}{9}} = 3 \cdot \sqrt{1 - \frac{2}{9}} \approx 3 \cdot \left(1 - \frac{1}{9}\right) = \frac{8}{3}$.
Warum rechnet man nicht $\sqrt{7} = \sqrt{16 \cdot \frac{7}{16}} = ...$ oder $\sqrt{7} = \sqrt{4 \cdot \frac{7}{4}} = ...$?
Nähert $\sqrt{50}$, $\sqrt{2}$ und $\sqrt{21}$ an.
d) Wie lautet die analoge Formel für $\sqrt[3]{1 + x}$?

23 Die Volumina zweier Würfel sollen sich zueinander wie 1 : 2 verhalten.
a) Wie verhalten sich die Längen der Kanten zueinander?
b) Wie verhalten sich die Größen der Oberflächen zueinander?

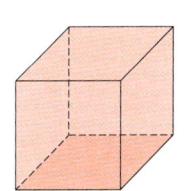

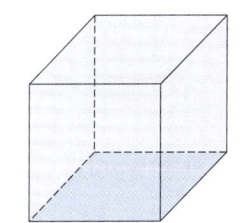

24 Die Oberflächen zweier Würfel sollen sich zueinander wie 1 : 2 verhalten.
a) Wie verhalten sich die Längen der Kanten zueinander?
b) Wie verhalten sich die Größen der Volumina zueinander?

25 Angelegtes Kapital wächst aufgrund der Verzinsung nach der Formel $K_n = K_0 \cdot \left(1 + \frac{p}{100}\right)^n$.
Erläutere diese Formel. Unter welchen Voraussetzungen ist sie richtig?

26 Legt man jedes Jahr einen festen Betrag an, so verzinst sich das Kapital nach einer komplizierteren Formel als in Übung **25**.
a) Frau Schwarz überweist jedes Jahr am 1. Januar 5000 EUR auf ihr Sparkonto. Sie bekommt 3 % Zinsen pro Jahr. Wie viel Geld hat sie am Ende des zehnten Jahres? Übertragt die Tabelle in eurer Heft und ergänzt sie.

Jahr	Kontostand am 1. 1.	Kontostand am 31. 12.
1	5 000	5 150
2	10 150	...
...	...	...

b) Gebt eine Formel an, mit der man berechnen kann, wie viel Geld Frau Schwarz nach n Jahren hat.

27 Wähle auf dem Taschenrechner irgendeine Zahl. Drücke auf die Wurzeltaste. Drücke wieder auf die Wurzeltaste, dann noch einmal und immer wieder. Was beobachtest du? Gib eine Begründung an.

28 Die dritte Wurzel $\sqrt[3]{a}$ wurde nur für nicht negative a definiert, obwohl man z. B. $\sqrt[3]{-8} = -2$ setzen könnte, da $(-2)^3 = -8$ ist. Allerdings kann man dann mit einigen Potenzgesetzen in Schwierigkeiten kommen. Begründe.

29 Der Taschenrechner berechnet $3^{\sqrt{2}}$ als 4,728804387. Wie ist dieser Wert zu erklären?
Begründe: Wegen $1 < \sqrt{2} < 2$ ist $3^1 < 3^{\sqrt{2}} < 3^2$.
Wegen $1{,}4 < \sqrt{2} < 1{,}5$ ist $3^{1,4} < 3^{\sqrt{2}} < 3^{1,5}$, also $\sqrt[10]{3^{14}} < 3^{\sqrt{2}} < \sqrt[10]{3^{15}}$.
Wie geht es weiter? Warum kann man auf diese Weise $3^{\sqrt{2}}$ immer genauer berechnen?

30 Schätze im Kopf ab, zwischen welchen natürlichen Zahlen die angegebene Zahl liegt.
a) $2^{\sqrt{2}}$ b) $2^{\sqrt{3}}$ c) $2^{\sqrt{5}}$ d) $3^{\sqrt{3}}$ e) $5^{\sqrt{5}}$ f) $5^{\sqrt{7}}$

31 Die Pythagoräer haben auf Saiteninstrumenten erstaunliche Entdeckungen gemacht:
Zwei Töne im Oktavabstand stehen im Frequenzverhältnis 1 : 2. Wenn der Ton c die Frequenz f hat, so hat der Ton c' die Frequenz 2 · f. (Hier darf man die Frequenz f nicht mit dem Ton f verwechseln!)

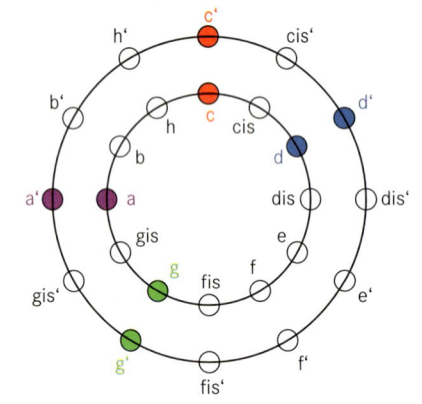

Auch das Frequenzverhältnis 2 : 3 hört sich gut an; es ergibt sich eine Quinte.
(Die Kreise sind links anders angeordnet als beim Quintenzirkel in der Musik.)
Damit kann man die Frequenzen aller Töne auf dem Klavier festlegen:

Frequenz	Ton
f	c
$\frac{3}{2} \cdot f$	g
$\frac{9}{4} \cdot f$	d'
$\frac{27}{8} \cdot f$	a'
...	...

a) Setze die Reihe fort. Durch welches Frequenzverhältnis ist eine Quarte bestimmt?
b) Nach zwölf Schritten müsste man zu einem Ton gelangen, der sich vom Ton c nur durch mehrere Oktaven unterscheidet. Leider ist das nur der Fall, wenn man sich auf die rechte Spalte der Tabelle bezieht. (Dieser Unterschied wird von den Musikern „pythagoräisches Komma" genannt.)
Diese Schwierigkeit führt dazu, dass man die Tonfrequenzen anders festlegt, nämlich so, dass das Frequenzverhältnis v eines Halbtonschritts immer dasselbe ist. (Eine solche Stimmung heißt wohltemperiert.) Bestimme dieses Frequenzverhältnis v.
c) Der Kammerton a wird so festgelegt, dass seine Frequenz 440 Hz beträgt. Berechne die Frequenzen aller anderen Töne nach der wohltemperierten und nach der pythagoräischen Stimmung. Bei welchen Tönen ist die Abweichung am größten?

Für den Bremsweg eines Autos gibt es eine Faustregel: Wenn man die Geschwindigkeit v, gemessen in km/h, durch 10 teilt und das Ergebnis quadriert, so erhält man den Bremsweg s in Metern. Wie lang ist der Bremsweg für v = 30 km/h (50 km/h)? Für welche Geschwindigkeit ist s = 100 m?

2.1 In Hoch-Form – Potenzen und Wurzeln

Ausstiege

A1 Das Produkt a · b wurde in der Grundschule als $\underbrace{a + a + \ldots + a}_{b\text{-mal}}$ eingeführt. Bei der Multiplikation handelt es sich also um eine fortgesetzte Addition.

Die Potenz a^b wurde als $\underbrace{a \cdot a \cdot \ldots \cdot a}_{b\text{-mal}}$ eingeführt. Bei der Potenzierung handelt es sich also um eine fortgesetzte Multiplikation.

Wie könnte es weitergehen? Gibt es auch dafür Rechenregeln?

A2 Für die Addition von Potenzen gibt es kein Potenzgesetz. Trotzdem kann man regelmäßige Summen von Potenzen mit gleicher Basis berechnen.

a) Berechne
 1; 1 + 2; 1 + 2 + 4; 1 + 2 + 4 + 8; ...
 1; 1 + 3; 1 + 3 + 9; 1 + 3 + 9 + 27; ...
 1; 1 + 4; 1 + 4 + 16; 1 + 4 + 16 + 64; ...
 Was fällt auf? Begründe deine Beobachtungen.

b) Wie steht es mit
 $1;\ 1 + \frac{1}{2};\ 1 + \frac{1}{2} + \frac{1}{4};\ 1 + \frac{1}{2} + \frac{1}{4} + \frac{1}{8};\ \ldots$?

c) Welchen Flächeninhalt haben alle gefärbten Dreiecke zusammen, wenn man sich die Figur immer weiter fortgesetzt denkt?

d) Schreibe jeweils als Bruch
 1; 1,1; 1,11; 1,111; 1,1111; ...
 Was fällt auf?

e) a) bis d) sind Beispiele von
 $1;\ 1 + q;\ 1 + q + q^2;\ 1 + q + q^2 + q^3;\ \ldots$
 Gib eine allgemeine Formel für
 $1 + q + q^2 + \ldots + q^n$ an und begründe sie.
 (Tipp: Betrachte folgende Skizze.)

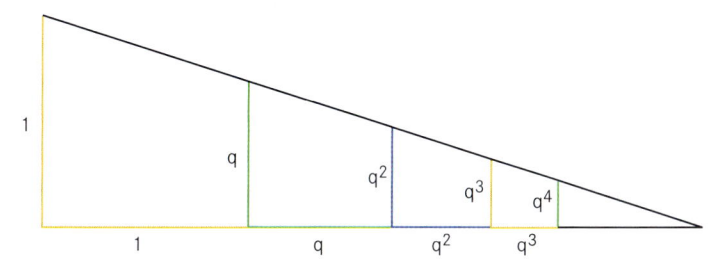

f) Welchen Anteil an der Gesamtfläche haben die gefärbten Dreiecke, wenn man sich die Figur immer weiter fortgesetzt denkt?
 Wie groß ist der Gesamtumfang?
 Dieses Dreieck wird nach Wacław Sierpinski (1882–1969) Sierpiński-Dreieck benannt.

2.2 „Hochs" gesucht – Logarithmen

Einstiege

E1 In der *„Arithmetica integra"* von MICHAEL STIFEL (1487–1567) findet sich diese Tabelle:

Sed oftendenda eft ifta fpeculatio per exemplum.

-3	-2	-1	0	1	2	3	4	5	6
$\frac{1}{8}$	$\frac{1}{4}$	$\frac{1}{2}$	1	2	4	8	16	32	64

a) Übertragt die Tabelle ins Heft und ergänzt sie nach links und rechts. Fügt auch Zwischenwerte ein. Stellt den Zusammenhang grafisch dar.
b) „Wenn man in der oberen Zeile addiert, muss man in der unteren Zeile multiplizieren." Erläutert diesen Satz. Sucht nach weiteren Zusammenhängen.
c) Wenn man die Tabelle von unten nach oben liest, sind andere Zwischenwerte naheliegend, als wenn man sie von oben nach unten liest. Fügt diese ein. Stellt auch diesen Zusammenhang grafisch dar. Was fällt auf, wenn man den Graphen mit dem aus a) vergleicht?

Stifel-Denkmal in Annaburg (bei Torgau)

d) Bearbeitet die Teilaufgaben a) und c) auch für die Tabellen

...	-3	-2	-1	0	1	2	3	...
...	9	4	1	0	1	4	9	...

und

...	-3	-2	-1	0	1	2	3	...
...	-6	-4	-2	0	2	4	6	...

E2 Paula hat 10 000 Euro geerbt. Sie legt das Geld bei einem Zinssatz von jährlich 5 % an.
a) Welchen Betrag kann Paula nach acht Jahren erwarten?
b) Nach wie vielen Jahren ist der Betrag auf 20 000 Euro angewachsen?
c) Die Aufgabe in b) lässt sich ohne Probieren lösen, wenn man Gleichungen der Art $a^x = b$ lösen kann. Inwiefern?
d) Viele Gleichungen der Art $a^x = b$ lassen sich leicht lösen: $2^x = 8$; $3^x = 9$; $10^x = 10\,000$. Stellt euch gegenseitig solche Aufgaben und löst sie.
e) Bei den folgenden Aufgaben kann man x zwar im Kopf nicht schnell angeben, wohl aber abschätzen: $3^x = 100$; $2^x = 20$; $10^x = 50$; $2^x = 0,1$.
f) Versucht abzuschätzen, wann etwa Paula 40 000 Euro auf ihrem Konto hat. Dabei ist das Ergebnis von b) hilfreich.
g) Gebt einige weitere Aufgabentypen an, bei denen die Lösung einer Gleichung der Art $a^x = b$ eine Rolle spielt.

E3 Bestimme x.
a) $2^x = 64$
b) $4^x = 64$
c) $7^x = \frac{1}{49}$
d) $4^x = 2$
e) $8^x = 2$
f) $\left(\frac{1}{2}\right)^x = \frac{1}{8}$
g) $\left(\frac{1}{2}\right)^x = 8$
h) $4^x = 8$
i) $100^x = 1000$
j) $1000^x = 100$
k) $8^x = 32$
l) $16^x = 32$

2.2 „Hochs" gesucht – Logarithmen

Grundwissen

Logarithmus

1 Löst man die Gleichung $10^x = 100$ nach x auf, so erhält man x = 2. Wenn man nach dem Exponenten fragt, nennt man das Ergebnis **Logarithmus***. Man schreibt $\log_{10} 100 = 2$.
Der Index 10 gibt die Basis an. Man sagt: „Der Logarithmus von 100 zur Basis 10 ist 2."
Entsprechend gilt: $\log_2 32 = 5$, weil 5 die Lösung von $2^x = 32$ ist.
Man sagt: „Der Logarithmus von 32 zur Basis 2 ist 5."

> Der Logarithmus von a zur Basis b ist derjenige Exponent, mit dem man b potenzieren muss, um a zu erhalten. Kurz: $a = b^{\log_b a}$. Dabei ist stets b > 0.

Für $\log_{10}$ schreibt man kurz lg. Auch auf den Taschenrechnern liefert die lg- oder log-Taste den Logarithmus zur Basis 10.

2 Für das Rechnen mit Logarithmen gelten die zu (P1) bis (P3) (vgl. **4** in **2.1**) analogen Regeln:

> (L1) $\log_b (u \cdot v) = \log_b u + \log_b v$ (L2) $\log_b \left(\frac{u}{v}\right) = \log_b u - \log_b v$ (L3) $\log_b u^n = n \cdot \log_b u$

Für eine Begründung siehe die Übungen **16** und **17**.

3 Für den Logarithmus zur Basis 5 gibt es auf dem Taschenrechner keine Taste.
Es gilt aber stets $\log_b a = \frac{\lg a}{\lg b}$ und für lg gibt es eine Taste auf dem Taschenrechner.
Für eine Begründung der Formel siehe Übung **18**.

logarithmische Skala

4 In manchen Fällen ist es sinnvoll Zahlenwerte auf einer **logarithmischen Skala** anzuordnen. Auf der unteren Skala ist der Bereich von 1 bis 100 etwas genauer dargestellt.

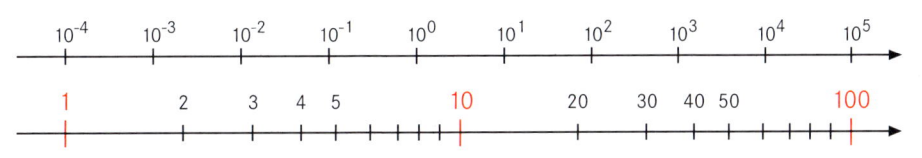

```
   10⁻⁴   10⁻³   10⁻²   10⁻¹   10⁰    10¹    10²    10³    10⁴    10⁵
   ├──────┼──────┼──────┼──────┼──────┼──────┼──────┼──────┼──────┼──────►

        1      2    3  4  5    10      20   30 40 50   100
        ├──────┼────┼──┼──┼────┼───────┼────┼──┼──┼────┤
```

5 Aufgaben der Art $7^x = 42$ lassen sich mit dem Logarithmus leicht lösen. Dafür gibt es (mindestens) zwei Wege:

> (I) Nach Definition des Logarithmus gilt $x = \log_7 42$. Wegen **3** ist dann $x = \frac{\lg 42}{\lg 7}$ und der Taschenrechner liefert $x \approx 1{,}92$.
>
> (II) Auf beiden Seiten der Gleichung $7^x = 42$ wird der Logarithmus zur Basis 10 gebildet. Das ergibt $\lg 7^x = \lg 42$. Wegen (L3) erhält man $x \cdot \lg 7 = \lg 42$, also $x = \frac{\lg 42}{\lg 7} \approx 1{,}92$.

Übungen

1 Berechne im Kopf.

a) $\log_3 81$ b) $\log_3 27$ c) $\log_3 9$ d) $\log_2 32$

e) $\log_2 8$ f) $\log_3 \frac{1}{3}$ g) $\log_2 \frac{1}{4}$ h) $\log_2 \sqrt{2}$

i) $\log_5 25$ j) $\log_5 625$ k) $\log_5 \sqrt{5}$ l) $\log_5 \sqrt[3]{5}$

2 Berechne im Kopf.

a) $\lg 1000$ b) $\lg 1\,000\,000$ c) $\lg 10$ d) $\lg 0{,}001$

e) $\log_2 64$ f) $\log_3 (81 \cdot 27)$ g) $\log_2 \frac{1}{16}$ h) $\log_5 \frac{1}{25}$

i) $\log_3 9^n$ j) $\log_3 \sqrt[n]{3}$ k) $\log_{25} 5$ l) $\log_4 8$

---

* Dieses Kunstwort stammt von JOHN NAPIER (1550–1617) und soll „logische Zahl" bedeuten.

3 Schätze im Kopf ab, zwischen welchen beiden natürlichen Zahlen die angegebene Zahl liegt.
a) lg 2 b) lg 20 c) lg 200 d) lg 2000
e) $\log_3 5$ f) $\log_3 10$ g) $\log_2 100$ h) $\log_2 10$

4 Für jede Basis b gilt $\log_b 1 = 0$. Warum?

5 Der Logarithmus $\log_b a$ ist für negative Werte von a nicht definiert. Warum nicht?

6 Übertrage die logarithmische Skala in **4** in dein Heft. Wähle aber einen größeren Maßstab und eine feinere Einteilung.

7 Bestimme x.
a) $x = \log_{(a^2)} a^3$ b) $3 = \log_x 4$ c) $3 = \log_3 x$ d) $x = \log_{27} 3$

8 Tina hat 12 000 Euro geerbt. Sie legt den Betrag bei einem Zinssatz von jährlich 4 % an.
a) Wie viel Geld hat Tina nach vier Jahren?
b) Nach wie vielen Jahren hat Tina 18 000 Euro?
c) Wie viel Geld müsste Tina geerbt haben, damit sie nach fünf Jahren 18 000 Euro hat?
d) Wie hoch müsste der Zinssatz sein, damit Tina nach fünf Jahren 18 000 Euro hat?

9 Licht wird durch Glas absorbiert. Bei einer bestimmten Glassorte nimmt die Lichtintensität pro Zentimeter um 20 % ab.
a) Auf wie viel Prozent ist die ursprüngliche Lichtintensität nach 10 cm gesunken?
b) Nach wie vielen Zentimetern ist die Lichtintensität auf ein Fünftel ihres Anfangswertes gefallen?

10 Eine Algenfläche vergrößert sich alle zwei Monate um den Faktor 4. Nach wie vielen Tagen ist sie auf den doppelten Wert angestiegen? Vor wie vielen Tagen war sie nur halb so groß?

11 Eine Bakterienkultur wächst alle vier Tage um den Faktor 3. Nach wie vielen Tagen ist sie auf den hundertfachen Wert gestiegen? Vor wie vielen Tagen war sie nur ein Zehntel so groß?

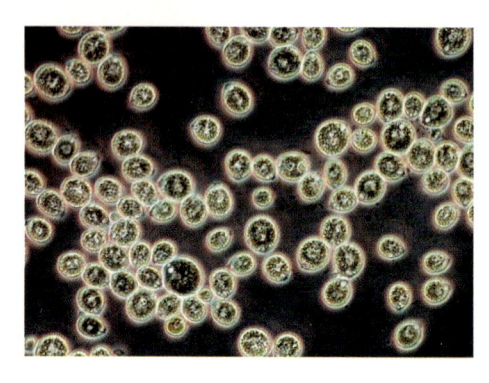

12 Radioaktives Cäsium hat eine Halbwertszeit von 30 Jahren, d. h. nach 30 Jahren ist nur noch die Hälfte vorhanden, nach weiteren 30 Jahren nur noch ein Viertel und so weiter. Wie lange dauert es, bis 95 % zerfallen sind?

13 Löse im Kopf.
a) $2^{2x-1} = 2^3$ b) $x^4 = (1-x)^4$ c) $(2x+1)^2 = (3x-1)^2$ d) $25^{2x} = 5^{3x+4}$
e) $(2x-1)^3 = 3^3$ f) $5^{2x+1} = 5^{3x-1}$ g) $3^{4x} = 9^{x+1}$ h) $x^2 = 81$
i) $3^{2x-1} = 27$ j) $2^x - 64 = 0$ k) $100^x - 10^{3x-1} = 0$ l) $27^x = 81$

2.2 „Hochs" gesucht – Logarithmen

14 Löse im Kopf.
a) $1000 = 0{,}1^x$
b) $1000 = 100^x$
c) $100 = 1000^x$
d) $0{,}1 = 100^x$

15 Löse.
a) $4^{5x} + 64 = 4250$
b) $8^{2x} = 49$
c) $4 + 2^x = 6520$
d) $4 + x^2 = 2813$

16 In dieser Aufgabe lernst du eine Begründung für (L1), (L2) und (L3) kennen.
a) Wir können $a \cdot b$ einerseits schreiben als $a \cdot b = 10^{\lg(a \cdot b)}$, andererseits als $a \cdot b = 10^{\lg a} \cdot 10^{\lg b}$. Hieraus folgt (L1). Begründe die einzelnen Schritte.
b) Begründe (L2) und (L3) analog.

17 Hier lernst du eine andere Begründung als in Übung **16** für $\lg(2^3) = 3 \cdot \lg 2$ kennen. Nach **5** ist $\lg(2^3)$ derjenige Exponent e, für den $10^e = 2^3$ gilt. Ebenso ist $\lg 2$ derjenige Exponent f, für den $10^f = 2$ gilt. Was haben e und f miteinander zu tun?

18 Begründe Punkt **3** des Grundwissens. Bilde dazu auf beiden Seiten der Gleichung $b^{\log_b a} = a$ den Logarithmus zur Basis 10 und vereinfache.

19 Die Wahrscheinlichkeit, bei n-maligem Würfeln keine einzige „6" zu erhalten, beträgt $\left(\frac{5}{6}\right)^n$. Wie oft muss man mindestens würfeln, damit man mit mindestens 50-prozentiger (90-prozentiger) Wahrscheinlichkeit mindestens eine „6" erhält?

20 Wie hängt der Logarithmus zur Basis 10 einer Zahl mit der Anzahl der Ziffern dieser Zahl zusammen? Begründe deine Vermutungen.

21 In Klasse 9 hast du gelernt, dass $\sqrt{2}$ keine rationale Zahl ist, d.h. nicht als Bruch geschrieben werden kann. Auch $\lg 2$ ist keine rationale Zahl.
a) Versuche, den nebenstehenden Beweis zu verstehen. Worin liegt der Widerspruch?
b) Beweise entsprechend, dass $\lg 3$ irrational ist.
c) Warum ist auch $\sqrt[3]{2}$ irrational?

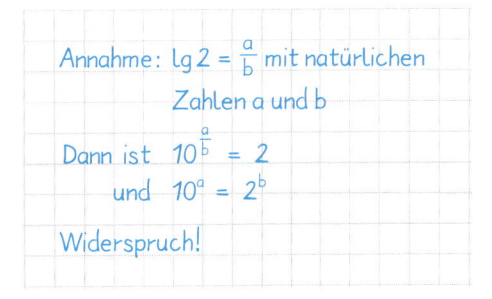

Annahme: $\lg 2 = \frac{a}{b}$ mit natürlichen Zahlen a und b
Dann ist $10^{\frac{a}{b}} = 2$
und $10^a = 2^b$
Widerspruch!

22 Homöopathische Medikamente sind immer stark verdünnt. Man erhält die Verdünnung D1, wenn man einen Teil der Ursubstanz mit neun Teilen Wasser (oder einem anderen harmlosen Verdünnungsmittel) mischt. Man erhält die Verdünnung D2, wenn man einen Teil von D1 mit neun Teilen Wasser mischt etc.
a) Mit wie viel Prozent ist die Ursubstanz in D5 enthalten?
b) Wie viel Gramm der Ursubstanz sind in 10 g der Substanz D24 enthalten?
c) Ein Molekül der Ursubstanz hat die Masse von 10^{-22} g, und ein Wassermolekül die Masse von $18 \cdot 1{,}6723 \cdot 10^{-27}$ kg (wie kommt man auf diesen Wert?). Wie viele Moleküle der Ursubstanz befinden sich in 10 g der Substanz D24?

23 Der pH-Wert einer chemischen Substanz wird durch die Gleichung $pH = -\lg c$ bestimmt, wobei c die Wasserstoffionen-Konzentration in Mol pro Liter ist.
a) Wasser hat $c \approx 10^{-7} \frac{mol}{l}$, eine bestimmte Säure hat $c \approx 6 \cdot 10^{-2} \frac{mol}{l}$, eine bestimmte Lauge hat $c \approx 6 \cdot 10^{-12} \frac{mol}{l}$. Berechne die pH-Werte.
b) Suche in deinem Chemiebuch die pH-Werte einiger Substanzen heraus und bestimme die Wasserstoffionen-Konzentrationen.

24 Wo etwa liegt die Marke „1 Milliarde" auf einer logarithmischen Skala?

```
|—————————————————————————————————————————————|
0                                              1 Billion
```

25 Marie hat sich für ein neues Auto verschuldet. Sie hat 20 000 Euro als Kredit aufgenommen. Der Schuldzinssatz beträgt 10 %. Jedes Jahr zahlt sie 3 000 Euro zurück.
a) Lege einen Kontoplan an:

Jahr	Schuldenstand am 1. 1.	Schuldenstand am 31. 12.
erstes	20 000	22 000
zweites	19 000	...
...	...	...

b) Wie lange dauert es, bis Marie ihre Schulden abgetragen hat?
c) Marie will ihre Schulden in acht Jahren abbezahlt haben. Wie viel Geld muss sie dann jährlich überweisen?
d) Wie hoch müsste der Zinssatz sein, wenn Marie bei einer jährlichen Rückzahlung von 3 000 Euro nach acht Jahren schuldenfrei sein will?

26 a) Marius (Jahrgangsstufe 12) erzählt zu Hause, dass er seine Mathematik-Klausur zurückbekommen hat. „Wie viele Punkte hast du?", will seine Schwester wissen. Marius fühlt sich genervt und antwortet: „Das kannst du mit nur vier Fragen, die ich aber nur mit ja oder nein beantworte, selbst herausfinden." Seine Schwester guckt ratlos. Kannst du ihr helfen?
b) Wie häufig müsste die Schwester fragen, wenn die Punkteskala nicht von 0 bis 15, sondern von 0 bis 31 ginge?
c) Mit wie vielen Antworten käme die Schwester aus, wenn die Punkteskala von 0 bis 7 ginge?

27 Mithilfe der Logarithmengesetze lässt sich der Term kürzer schreiben.
a) $\lg 2 + \lg 8 - \lg 4$
b) $3 \cdot \lg 5 + 2 \cdot \lg 3 - 4 \cdot \lg 2$
c) $3 \cdot \lg 2 - 4 \cdot \lg 4 + 2 \cdot \lg 8$
d) $\lg a + \lg b - \lg c$
e) $3 \cdot \lg a + 2 \cdot \lg b - 4 \cdot \lg c$
f) $3 \cdot \lg a - 4 \cdot \lg a^2 + 2 \cdot \lg a^3$

28 Die Gleichung $\lg(x + 10) = (\lg x) + 10$ ist für die meisten x falsch. Gib Werte für x an, für die die Gleichung (I) nicht stimmt; (II) erfüllt ist.

29 Löse die Gleichung.
a) $\lg x = \lg 3 - 2 \cdot \lg 5$
b) $\lg x = 1 + \lg 3$
c) $\lg x^2 = 1 + \lg x$
d) $\lg x^2 = 3$
e) $\lg(x + 1) = \lg(2x)$
f) $\lg x^2 = \lg x^3$

30 Löse die Gleichung.
a) $\lg(2x + 1) - \lg(x - 2) = 0$
b) $\lg(2x + 1) - \lg(x - 2) = 1$
c) $\lg(2x + 1) - \lg(x - 2) = 2$
d) $\lg(2x + 1) - \lg(x - 2) = \lg 2$
e) $\lg(3x + 2) + \lg(2x + 3) = \lg x$
f) $\lg(4 - 5x) = 2 + \lg(3x + 1)$

31 Es gibt eine einfache Umrechnungsregel zwischen den Logarithmen zur Basis 10 und den Logarithmen zur Basis 2. Gib sie an und begründe sie (vgl. Übung **17** und **18**).

Gib die Anteile, die in dem Balkendiagramm dargestellt sind, in Bruch- und in Prozentdarstellung an.

2.2 „Hochs" gesucht – Logarithmen

Ausstiege **A1**

„Viele Jugendliche schon halb taub!"
Alarmierende Befunde in deutschen Discos

„120 Dezibel sind viel zu viel! Die meisten DJs handeln völlig unverantwortlich!" Das sagt der HNO-Arzt Dr. Winterhager, in dessen Praxis viele Jugendliche um Rat fragen, wenn sie schlecht hören können. „Leider wird schon nach einer kurzen Beschallungszeit mit zu lauter Musik das Hörvermögen unwiderbringlich reduziert. Wen es trifft, der wird nie mehr seine Freundin verstehen, wenn diese leise spricht."

Was sind eigentlich Dezibel? „Damit kann man die Lautstärke messen", erläutert Dr. Winterhager anhand der Tabelle. 10 Dezibel entsprechen offenbar dem Unterschied zwischen Flüstern und Sprechen. „Nein, so einfach ist das leider nicht", sagt Dr. Winterhager. „Der Unterschied zwischen 100 Dezibel und 90 Dezibel ist viel größer als der zwischen 50 und 40 Dezibel. Das liegt daran, dass es sich bei Dezibel um ein logarithmisches Maß handelt. Ich will versuchen, dies zu erläutern:

Wir können uns eine Schallquelle aus vielen kleinen (ganz, ganz leise eingestellten!) gleichartigen Mini-Lautsprechern vorstellen. Man hört erst etwas, wenn eine Minimalzahl (beispielsweise 16) von Lautsprechern eingeschaltet ist. Wenn 17 Lautsprecher eingeschaltet sind, empfindet man diese als ebenso laut wie 16 Lautsprecher. Erst wenn 20 (= 16 · 1,25) Lautsprecher eingeschaltet sind, also 25 % mehr als 16, nimmt man einen Lautstärkezuwachs wahr. Der nächste Lautstärkezuwachs wird bei einer erneuten 25 %igen Erhöhung, also bei 25 (= 20 · 1,25 = 16 · $1,25^2$) eingeschalteten Lautsprechern wahrgenommen, die zehnte Erhöhung bei 16 · $1,25^{10}$ ≈ 16 · 10.

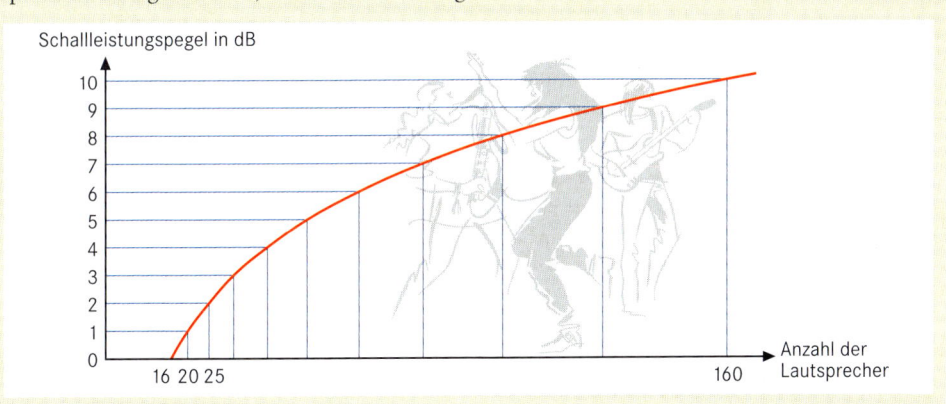

Entscheidend für die Lautstärkeempfindung ist also der Logarithmus des Quotienten $\frac{\text{Anzahl der Lautsprecher}}{16}$. Der Logarithmus bezieht sich auf die Basis 1,25. Dieser Logarithmus heißt Schallleistungspegel und wird in Dezibel (dB)* angegeben. Ein Unterschied von 1 dB ist gerade noch hörbar.

10 dB mehr heißt: Die Lautsprecher geben 10-mal so viel Leistung ab. 20 dB mehr heißt: Sie geben 100-mal so viel Leistung ab."

a) Erläutere den letzten Absatz.
b) Welcher Schallleistungspegel gehört zu 100 bzw. 1000 der oben erwähnten Mini-Lautsprecher?
c) Holger dreht seine Stereoanlage auf. Die Lautstärke wächst von 50 dB auf 60 dB. „Sind ja nur 10 dB," meint er. Und was meinst du?
d) In einem Konzert erzeugt ein Sänger im Durchschnitt 60 dB. Wie viele Dezibel erzeugen zwei Sänger? Wie viele Sänger braucht man für 70 dB?
e) Fülle die obige Dezibel-Tabelle weiter aus.
f) Dezibel kommen auch in anderen Bereichen vor. Informiere dich über die Bedeutung.

---
* Benannt nach ALEXANDER GRAHAM BELL (1847–1922).

2.3 In gehobener Position - Potenzfunktionen

Einstiege

E1 a) Hier siehst du einige Graphen zu $y = x^n$ für unterschiedliche Werte von n. Welcher Graph gehört zu welchem n?
Welche Eigenschaften haben alle Graphen gemeinsam? Begründe.
Kannst du vorhersagen, welche Gestalt der Graph zu $y = x^9$ ($y = x^{-3}$; $y = x^{12}$) hat?

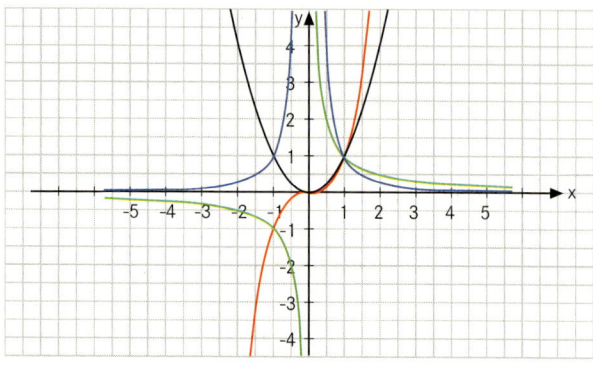

b) Vergleiche die Graphen zu $f(x) = x^4$ und $g(x) = 100 x^3$ für positive x-Werte. Was kann man für große x-Werte sagen? Wo schneiden sich die Graphen?

c) Beschreibe das Verhalten der Graphen zu $y = x^3$ und $y = x^{\frac{1}{3}}$. Wie lassen sich die Gemeinsamkeiten erklären? Welcher Graph „gehört" zu dem Graphen von $y = x^2$?

d) Wie ändern sich die Funktionsgleichungen, wenn man die Graphen um 1 nach oben (um 2 nach unten; um 3 nach rechts; um 4 nach links) verschiebt? Wie steht es mit Streckungen?

E2 Arzneimittel bauen sich im Körper unterschiedlich stark ab. Bei einem bestimmten Präparat wird dessen Konzentration c im Blut gemessen. Die Grafik gibt die Messungen wieder. Die Skalen auf den Achsen sind logarithmisch.

a) Wie groß ist die Konzentration nach 10 min (20 min; 30 min; 50 min)?

b) Wann etwa beträgt die Konzentration 50 % (30 %; 0 %)?

c) Welcher Zusammenhang besteht zwischen der Konzentration c und der abgelaufenen Zeit t? Stelle den Zusammenhang in einem gewöhnlichen Koordinatensystem dar.

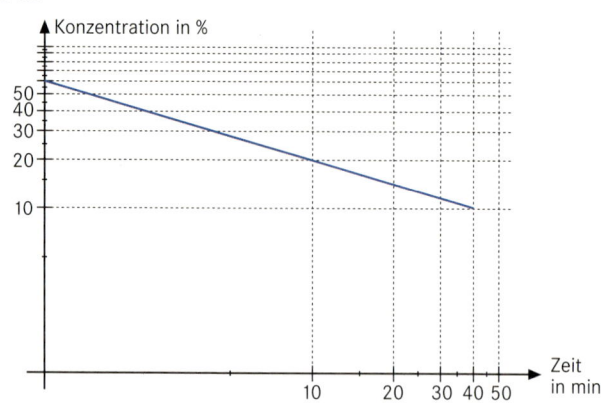

d) Nach welcher Zeit ist die Konzentration auf den halben Wert abgefallen?

e) Nach der Injektion eines anderen Präparats wird gemessen:
t = 0 min: c = 90 %;   t = 1 min: c = 30 %;   t = 2 min: c = 10 %.
Stelle den Zusammenhang mit logarithmischen und mit gewöhnlichen Skalen grafisch dar. Gib auch den Term der Zuordnung an.

f) Wie ändern sich die Verhältnisse, wenn im Diagramm oben die Gerade eine positive Steigung hat?
Welche Auswirkung hat die Steigung auf den Graphen in einem gewöhnlichen Koordinatensystem?

---

a) Berechne ohne TR und gib das Ergebnis als gekürzten Bruch an: $\frac{1}{4} : \frac{3}{4}$; $\frac{2}{7} : \frac{2}{7}$; $\frac{3}{4} : \frac{2}{3}$; $\frac{50}{73} : \frac{25}{73}$.

b) Berechne: $\left(1 - \frac{1}{2}\right) \cdot \left(1 - \frac{1}{3}\right) \cdot \left(1 - \frac{1}{4}\right) \cdot \ldots \cdot \left(1 - \frac{1}{1000}\right)$.

2.3 In gehobener Position – Potenzfunktionen

Grundwissen

Potenzfunktion

1 Eine Funktion f mit $f(x) = x^n$ heißt **Potenzfunktion**. Das Bild zeigt eine Übersicht über die Graphen zu $y = x^n$, wenn n eine kleine natürliche Zahl ist.
Alle Graphen gehen durch (1 | 1).
Die Graphen für *gerade* n sind symmetrisch zur y-Achse; sie gehen also alle durch (–1 | 1).
Die Graphen für *ungerade* n sind symmetrisch zum Ursprung; sie gehen also alle durch (–1 | –1).
Rechts von der y-Achse steigen die Graphen an. Das Verhalten links von der y-Achse ergibt sich durch die Symmetrie.
Auch Funktionen mit $y = a \cdot x^n$, $a \neq 0$, werden Potenzfunktionen genannt.

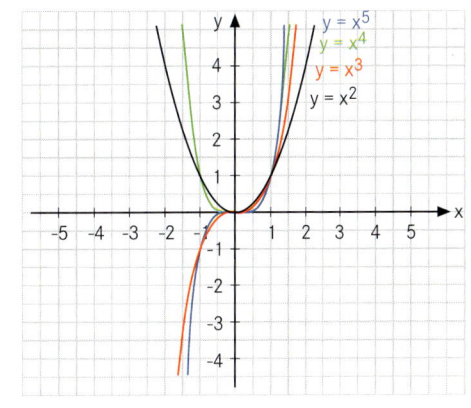

2 Wenn n negativ ist, gilt für die Potenzfunktionen mit $y = x^n$:
Alle Graphen gehen durch (1 | 1).
Die Graphen für *gerade* n sind symmetrisch zur y-Achse, sie gehen durch (–1 | 1).
Die Graphen für *ungerade* n sind symmetrisch zum Ursprung, sie gehen durch (–1 | –1).
Rechts von der y-Achse fallen die Graphen.
Zusätzlich gilt:
Wenn x immer größer wird, nähern sich die Graphen immer mehr der x-Achse ohne sie jemals zu erreichen.
Wenn x gegen null geht, nähern sich die Graphen immer mehr der y-Achse ohne sie jemals zu erreichen. Das Verhalten links von der y-Achse ergibt sich durch die Symmetrie.

Asymptote

Man sagt: Die x-Achse und die y-Achse sind **Asymptoten** des Graphen.

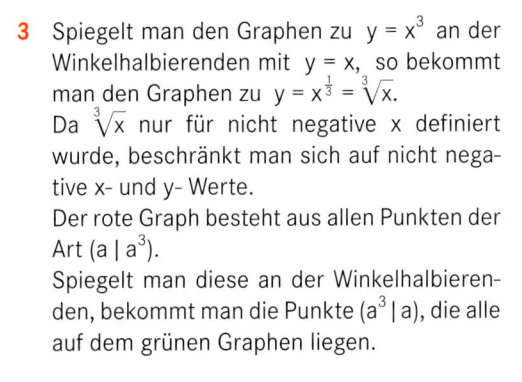

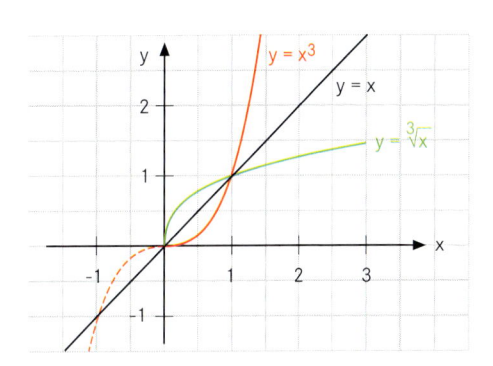

3 Spiegelt man den Graphen zu $y = x^3$ an der Winkelhalbierenden mit $y = x$, so bekommt man den Graphen zu $y = x^{\frac{1}{3}} = \sqrt[3]{x}$.
Da $\sqrt[3]{x}$ nur für nicht negative x definiert wurde, beschränkt man sich auf nicht negative x- und y-Werte.
Der rote Graph besteht aus allen Punkten der Art $(a | a^3)$.
Spiegelt man diese an der Winkelhalbierenden, bekommt man die Punkte $(a^3 | a)$, die alle auf dem grünen Graphen liegen.

4 Allgemein bekommt man den Graphen zu $y = x^{\frac{1}{n}}$, indem man den Graphen zu $y = x^n$ an der Winkelhalbierenden mit $y = x$ spiegelt. Dabei sind nur x- und y-Werte zugelassen, die nicht negativ sind.

5 Wie bei quadratischen Funktionen gilt:
Der Graph zu $y = 7 \cdot (x - 8)^n + 9$ entsteht, indem man den Graphen zu $y = x^n$ um 8 Einheiten in Richtung der x-Achse verschiebt, dann mit dem Faktor 7 in y-Richtung streckt und anschließend um 9 Einheiten in Richtung der y-Achse verschiebt.

2.3 In gehobener Position – Potenzfunktionen

Übungen

1 Welche Funktionsgleichungen könnten zu den Graphen gehören?

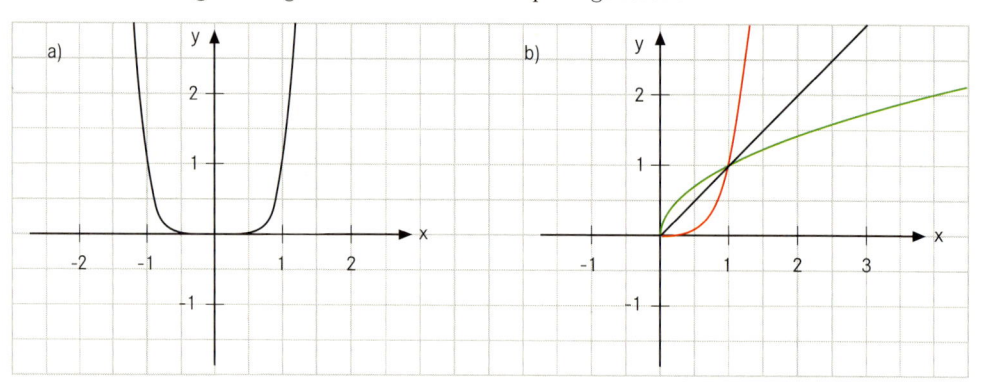

a)

b)

2 a) Warum gehen alle Graphen zu $y = x^n$ durch den Punkt $(-1 \mid 1)$, wenn n gerade ist? Warum sind diese Graphen achsensymmetrisch?
b) Wie lautet eine a) entsprechende Aussage für ungerade n? Begründe.

3 a) Durch zwei Punkte wird eine Potenzfunktion der Art $f(x) = a \cdot x^n$ bestimmt.
  (I) $(2 \mid 8)$ und $(3 \mid 18)$ (II) $(2 \mid 8)$ und $(3 \mid 27)$ (III) $(4 \mid 4)$ und $(6 \mid 9)$
  (IV) $(1 \mid 2)$ und $(-2 \mid 8)$ (V) $(-3 \mid 1)$ und $(3 \mid -1)$ (VI) $(2 \mid 16)$ und $(1 \mid 2)$
b) Gib Beispiele an, bei denen eine Aufgabe wie in a) keine eindeutige Lösung hat.

4 Gib mögliche Funktionsterme an.

x	-10	-5	0	5	10	15
f(x)	300	75	0	75	300	675
g(x)	60	40	20	0	-20	-40
h(x)	-200	-50	0	-50	-200	-450

5 Gib alle Punkte an, in denen sich die Graphen mit $f(x) = x^2$; $g(x) = 3x^2$; $h(x) = x^3$ schneiden. Gib die Antwort ohne Rechnerhilfe an.

6 Beschreibe alle Funktionen der Art $f(x) = a \cdot x^n$, deren Graphen durch den Punkt $(2 \mid 2)$ gehen.

7 Beschreibe möglichst viele Eigenschaften, die je zwei der folgenden Funktionen gemeinsam haben.
$f(x) = \frac{3}{4}x$; $g(x) = \frac{3}{4}x^2$; $h(x) = \frac{3}{4}x^3$; $i(x) = -\frac{3}{4}x$; $j(x) = -\frac{3}{4}x^2$; $k(x) = -\frac{3}{4}x^3$

8 Gib den Term des neuen Graphen an. Kontrolliere mit deinem GTR. Der Graph zu $y = x^3$ wird
a) um 2 Einheiten nach rechts und um 4 Einheiten nach oben verschoben;
b) um 1 Einheit nach oben verschoben und anschließend in y-Richtung mit dem Faktor 2 gestreckt;
c) in y-Richtung mit dem Faktor 2 gestreckt und anschließend um 1 Einheit nach oben verschoben;
d) an der x-Achse gespiegelt;
e) an der y-Achse gespiegelt;
f) am Ursprung gespiegelt.

9 Wie kann man sich den Graphen zu f aus dem Graphen zu $g(x) = \frac{1}{x^2}$ hergestellt denken?
a) $f(x) = \frac{2}{(x+3)^2}$ b) $f(x) = \frac{4}{(x-1)^2} + 3$ c) $f(x) = \frac{-1}{(5-x)^2}$

2.3 In gehobener Position – Potenzfunktionen

10 Der Graph zu der folgenden Funktion ist punkt- oder achsensymmetrisch.
Gib Symmetriezentrum oder Symmetrieachse an.
a) $y = x^3 + 5$
b) $y = 2x^4 - 1$
c) $y = (x - 3)^4$
d) $y = 3 \cdot (x + 5)^6 - 8$
e) $y = (x + 3)^5 - 7$
f) $y = \frac{2}{(x - 3)^2}$

11 Spiegele den Graphen, der zu dem Term gehört, an der Winkelhalbierenden des ersten und dritten Quadranten und gib zu dem gespiegelten Graphen einen passenden Term an.
a) $y = x + 1$
b) $y = 2x$
c) $y = 2x + 1$
d) $y = 3x - 5$
e) $y = 5x^2$
f) $y = x^2 + 1$
g) $y = x^2 - 3$
h) $y = (x - 1)^2$
i) $y = (x + 4)^2$
j) $y = x^3 + 2$
k) $y = (x - 1)^3$
l) $y = (x + 2)^3 + 4$

12 Beschreibe den Graphen. Gib auch mögliche Symmetriezentren an. Kontrolliere mit deinem graphischen Taschenrechner.
a) $y = \frac{1}{x + 1} - 3$
b) $y = \frac{2}{x - 5}$
c) $y = \frac{2}{x - 4} - 5$
d) $y = \frac{x + 1}{x}$
e) $y = \frac{x - 3}{x}$
f) $y = \frac{2x - 3}{x}$

13 Wenn man bei der Gleichung einer Potenzfunktion $y = a \cdot x^b$ auf beiden Seiten den Logarithmus bildet, so bekommt man $\lg y = \lg a + b \cdot \lg x$. Dies kann man ausnutzen, wenn man durch mehrere Punkte den Graphen einer Potenzfunktion legen will.

> Die Kurvenpunkte sind (2 | 12), (4 | 48) und (5 | 75).
> Man bildet die Punkte (lg x | lg y) mit den logarithmierten Koordinaten; es sind (0,3 | 1,08), (0,6 | 1,68) und (0,7 | 1,88).
> Man trägt die Punkte in ein Koordinatensystem ein und legt eine möglichst gut passende Gerade hindurch; diese hat die Steigung 2 und den y-Achsenabschnitt 0,5. Daher ist b = 2 und lg a = 0,5, also a = $10^{0,5}$ ≈ 3,16. Daher ist $y ≈ 3,16 \cdot x^2$.

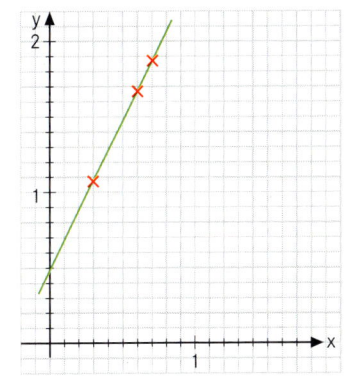

a) Die Methode ist nicht sehr genau. Sie lässt sich auch nicht immer anwenden. Warum nicht?
b) Mit geeigneter Software kann man die Vorgehensweise automatisieren. Es bieten sich Tabellenkalkulation oder Computer-Algebra-Systeme an. Löse das Problem mit dem Computer.
c) Man hätte das Problem auch ganz anders lösen können: Es gilt $12 = a \cdot 2^b$ und $48 = a \cdot 4^b$, also ist $\frac{48}{12} = \frac{a \cdot 4^b}{a \cdot 2^b}$ und deshalb $4 = 2^b$. Somit ist b = 2, also a = 4. Auch diese Methode hat Vor- und Nachteile. Welche?

14 Die Graphen zu $y = x^{\frac{3}{2}}$ und zu $y = x^{\frac{2}{3}}$ haben einige Gemeinsamkeiten. Erkläre diese.

15 Man kann den Graphen zu $y = \frac{x^2 + 1}{x}$ auch erhalten, indem man zunächst den Funktionsterm als $y = x + \frac{1}{x}$ schreibt. Den Graphen (rot) kann man sich also durch „Addition" der Graphen zu $y = x$ (grün) und $y = \frac{1}{x}$ (blau) entstanden denken.
Beschreibe ohne GTR den Graphen zu
a) $y = \frac{2x^2 + x}{x}$
b) $y = \frac{-x^2 + 2x}{x}$
c) $y = \frac{x^3 + 1}{x}$
d) $y = \frac{x^3 + 1}{x^2}$

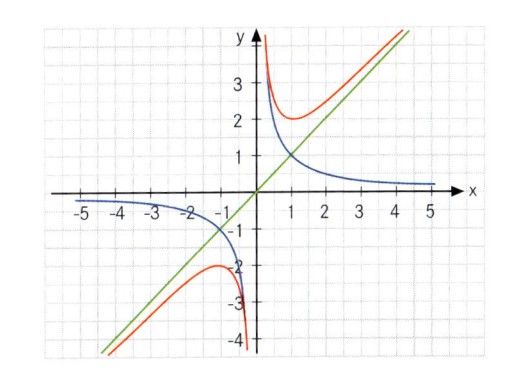

16 Nach dem 1. keplerschen Gesetz (JOHANNES KEPLER, 1571–1630) bewegen sich die Planeten auf Ellipsen um die Sonne. (Die Skizze gibt die Abweichung vom Kreis sehr übertrieben wieder.) KEPLER hat auch einen Zusammenhang zwischen den Umlaufzeiten T der Planeten und deren mittlerer Entfernung a von der Sonne herausgefunden. Dazu benutzte er die folgende Tabelle. In ihr wird die Umlaufzeit T in Jahren gemessen und die mittlere Entfernung a in AE (Astronomische Einheit; 1 AE = 149,6 · 10^6 km).

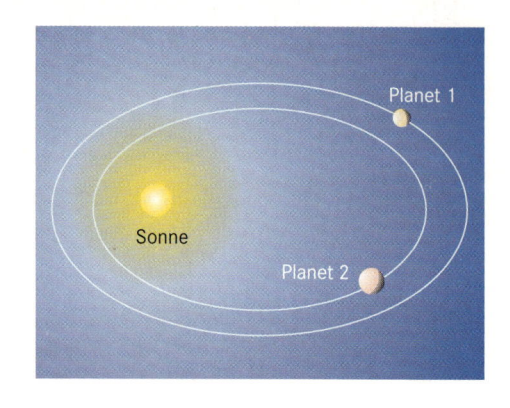

	Merkur	Venus	Erde	Mars	Jupiter	Saturn	Uranus	Neptun
a	0,387	0,723	1	1,524	5,203	9,546	19,18	30,09
T	0,241	0,615	1	1,881	11,862	29,458	84,02	164,78

a) Welchen Zusammenhang kann man zwischen a und T vermuten?
b) Erst 1930 wurde der Planet Pluto entdeckt. Seine Umlaufzeit beträgt 247,7 Jahre. Wie groß ist seine mittlere Entfernung von der Sonne?

17 Der Agent James will seiner Komplizin Larissa geheime Zahlen übermitteln. Damit der Feind die Nachrichten nicht abhören kann, werden sie von James verschlüsselt.
a) Die Geheimzahl x wird mit 3 multipliziert und vom Ergebnis 2 subtrahiert. Die so erhaltene Zahl y schickt er an Larissa. Wie muss Larissa entschlüsseln? Gib die Verschlüsselungs- und die Entschlüsselungsvorschrift als Formel an.
b) Das Verfahren in a) wird bald vom Feind geknackt. Daraufhin verschlüsselt James folgendermaßen: Die Geheimzahl wird quadriert, das Resultat verdoppelt und zu 3 addiert. Gib wieder die Verschlüsselungs- und die Entschlüsselungsvorschrift als Formel an.
c) Larissa kann bei dem Verschlüsselungsverfahren von b) nicht alle möglichen Zahlen erhalten. Beschreibe alle Zahlen, die Larissa nicht erhalten kann.
d) Wieder hat James seine Verschlüsselung abgeändert. Larissa erhält jetzt nur Zahlen, die größer sind als –2. Was lässt sich über die Verschlüsselungsvorschrift von James sagen?
e) Zeichne die beiden Graphen zu a) und b) in ein Koordinatensystem. Was fällt auf?

18 Eine Kartonfabrik möchte aus 1 m^2 Pappe eine quaderförmige Schachtel mit quadratischer Grundfläche und möglichst großem Volumen herstellen. Falzränder sollen unberücksichtigt bleiben. Die Höhe wird mit h und die Grundflächenseite mit a bezeichnet.
a) Es gibt einen Zusammenhang zwischen h und a. Wie sieht der Graph aus, wenn man h in Abhängigkeit von a darstellt? Warum hat der Graph eine Nullstelle? Welcher Teil des Graphen ist für das Problem wichtig?
b) Mithilfe von a) lässt sich das Volumen in Abhängigkeit von a darstellen. Wie sieht der Graph aus, wenn man V in Abhängigkeit von a darstellt? Für welches a ist V am größten? Wie groß ist dann h?
c) Was ändert sich, wenn man nicht von 1 m^2 Pappe, sondern von 2 m^2; 3 m^2; x m^2 ausgeht?

19 In der Tabelle wird angegeben, welche Windgeschwindigkeit (in km/h) zu einer vorgegebenen Windstärke gehört.

Windstärke	1	2	3	4	5	6	7	8	9	10	11	12
Windgeschwindigkeit	3	8	16	24	34	44	56	68	82	96	110	125

Mit welcher Potenzfunktion lassen sich diese Daten beschreiben?

2.3 In gehobener Position – Potenzfunktionen

20
a) Lasse dir die Graphen zu $y = x^3 + k \cdot x$ für verschiedene Werte von k zeichnen. Was fällt auf? Wie lässt sich das begründen?
b) Lasse in dasselbe Koordinatensystem die Graphen zu $y = x^3 - 10x$ und $y = x^3$ zeichnen. Wähle dabei einen großen Maßstab. Was fällt auf? Begründe.
c) Man kann den Graphen zu $y = x^3 + x^2$ so verschieben, dass der verschobene Graph eine Gleichung hat, die so ähnlich ist wie die in a). Geht das auch bei $y = x^3 - 9x^2$?
d) Begründe: Alle Graphen zu $y = x^3 + b \cdot x^2 + c \cdot x + d$ sind von einem der drei nebenstehenden Typen.
e) Begründe: Alle Graphen zu $y = x^3 + b \cdot x^2 + c \cdot x + d$ haben ein Symmetriezentrum.
f) Untersuche auch auf Symmetrie: $y = x^2 + x^4$; $y = x^3 + x^5$; ...

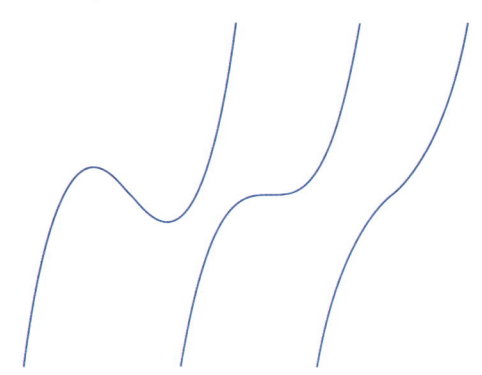

21 Versuche die Gestalt des Graphen ohne GTR zu beschreiben. Natürlich kannst du das Ergebnis mit dem GTR kontrollieren. Welche Werte darf man für x einsetzen?
a) $y = \sqrt{x+1}$
b) $y = 2 \cdot \sqrt{x-1}$
c) $y = \sqrt{\frac{1}{x}}$
d) $y = x + \sqrt{x}$
e) $y = \sqrt{x} - x$
f) $y = \sqrt[3]{x-3}$
g) $y = \sqrt{x^2 - x}$
h) $y = \sqrt[3]{x^2 - x}$

Ausstiege

A1
a) Für welche a und b ist $a^b = b^a$ (Beispiel: $2^4 = 4^2$)? Suche möglichst viele weitere Beispiele.
b) Welche der Zahlen a^b; b^a ist die größte, welche die kleinste? Dabei sollen a und b beide größer sein als 1.
c) Wie ändert sich das Ergebnis von b), wenn a oder b kleiner als 1 sein dürfen?
d) Aus 2, 3 und 5 lassen sich weitere Zahlen bilden, etwa $5 \cdot 3^2$ oder $3^{5 \cdot 2}$. Wer findet die größte?

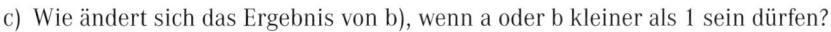

A2 Man kann mit Teilen von Graphen zu Potenzfunktionen mit dem Grafikrechner schöne Bilder zeichnen. Versucht ein Gesicht, ein Herz, ...

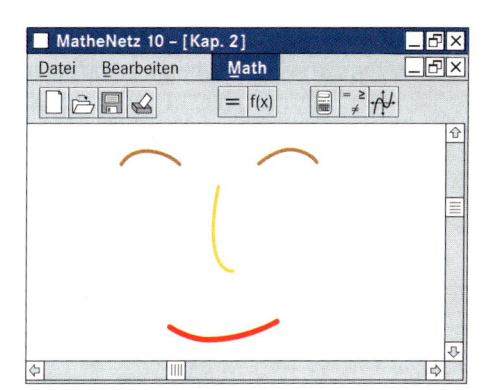

Ein Polizeiwagen im Einsatz überholt eine mit gleichbleibender Geschwindigkeit fahrende Lkw-Kolonne in zehn Minuten. Auf der Rückfahrt ist der Polizeiwagen in 2,5 Minuten an den entgegenkommenden Lastern vorbei.
a) Wie lang ist die Lkw-Kolonne und welche Geschwindigkeit hat sie, wenn der Polizeiwagen jedes Mal mit einer Geschwindigkeit von 90 km/h an ihr vorbeifährt?
b) Erfinde mindestens eine Aufgabe von ähnlicher (aber nicht gleicher!) Art. Beschreibe den Aufgabentyp.

6 Bei einer *Exponentialfunktion* mit $f(x) = a \cdot b^x$ wächst der Funktionswert für $b > 1$ immer mit einem konstanten *Faktor*.
Es ist $f(x + 1) = f(x) \cdot b$.

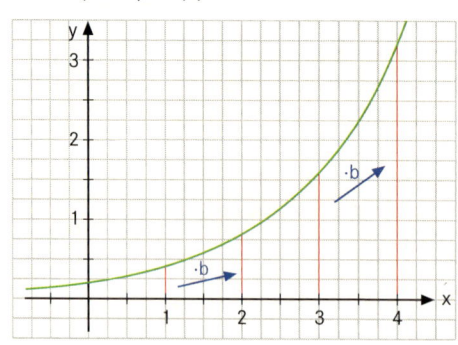

Bei einer *linearen* Funktion mit $f(x) = b \cdot x + a$ wächst der Funktionswert für $b > 0$ immer um einen konstanten *Summanden*.
Es ist $f(x + 1) = f(x) + b$.

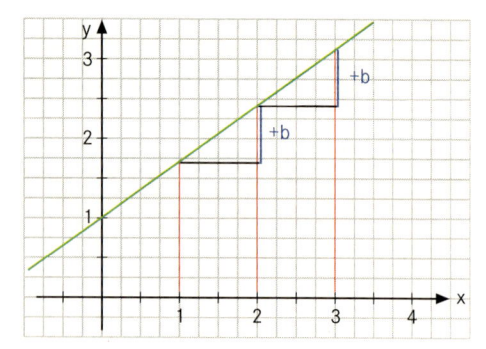

Verdoppe-lungszeit

Halbwertszeit

7 Bei einer streng monoton steigenden Exponentialfunktion ist die **Verdoppelungszeit** derjenige Zeitraum, in dem sich die Größe verdoppelt. Wegen **6** ist es gleichgültig, von wann ab man die Verdoppelungszeit misst. Bei einer streng monoton fallenden Exponentialfunktion redet man entsprechend von der **Halbwertszeit.**

Man berechnet die Verdoppelungszeit T bei der Funktion mit $f(t) = a \cdot b^t$, indem man die Gleichung $a \cdot b^{t+T} = 2 \cdot a \cdot b^t$, also $b^T = 2$, löst.

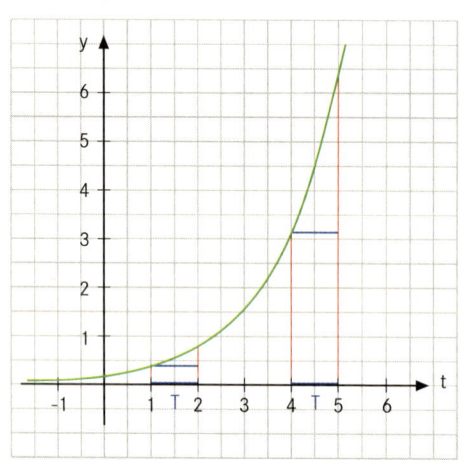

Man berechnet die Halbwertszeit T bei der Funktion mit $f(t) = a \cdot b^t$, indem man die Gleichung $a \cdot b^{t+T} = \frac{1}{2} \cdot a \cdot b^t$, also $b^T = \frac{1}{2}$, löst.

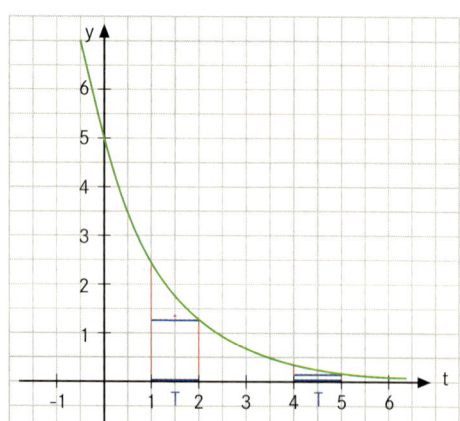

8 Der Graph zu $y = 2^x$ unterscheidet sich von dem Graphen zu $y = x^2$.
Zum Beispiel wächst der grüne Graph auf Dauer viel schneller als der rote.
Das sieht man noch besser an Zahlenbeispielen:

x	3	10	100
x^2	9	100	10^4
2^x	8	1024	$\approx 1{,}3 \cdot 10^{30}$

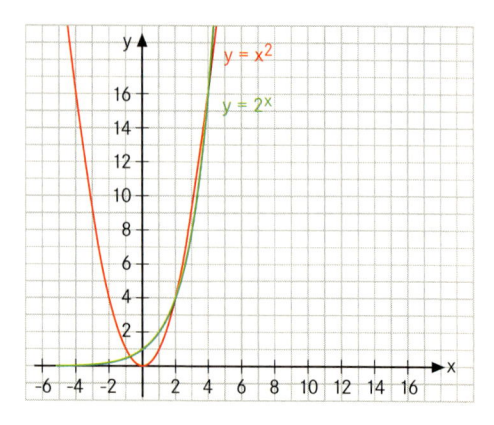

2.4 Über Aufstieg und Fall – Exponential- und Logarithmusfunktionen

Logarithmusfunktion

9 Spiegelt man den Graphen zu $y = b^x$ an der Winkelhalbierenden mit $y = x$, so bekommt man den Graphen zu $y = \log_b x$. Die zugehörige Funktion heißt **Logarithmusfunktion.**
Da die y-Werte der Exponentialfunktion stets positiv sind, müssen auch die x-Werte der Logarithmusfunktion stets positiv sein.
Die Logarithmusfunktion hat die Definitionsmenge $D = \{x \in \mathbb{R} \mid x > 0\}$.
Da die Exponentialfunktion sehr schnell ansteigt, steigt die Logarithmusfunktion sehr langsam an.

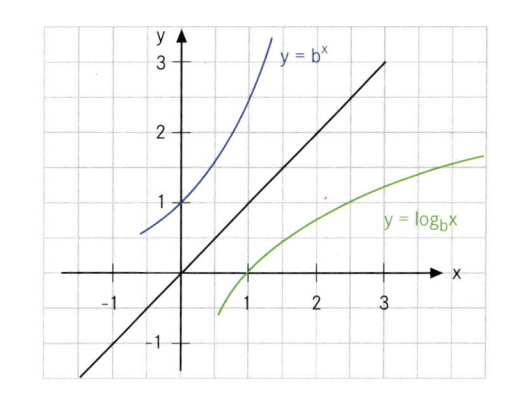

10 Spiegelt man allgemein den Graphen einer Funktion mit $y = f(x)$ an der Winkelhalbierenden mit $y = x$, so werden x und y vertauscht. Der gespiegelte Graph wird daher durch die Gleichung $x = f(y)$ beschrieben. Diese Gleichung lässt sich nicht immer eindeutig nach y auflösen (siehe Übung **3** in Kapitel **0.3**). Entsprechend ist der gespiegelte Graph nicht immer ein Funktionsgraph. Es gilt aber:

> Wenn eine Funktion streng monoton fallend oder streng monoton steigend ist, ist der gespiegelte Graph ein Funktionsgraph.

Für eine Begründung siehe Übung **35**.

Ausgangsfunktion	$y = 10^x$	$y = 2 \cdot x$	$y = x^3$	$y = x^2$ mit $x \geq 0$
Vertauschen von x und y	$x = 10^y$	$x = 2 \cdot y$	$x = y^3$	$x = y^2$ mit $y \geq 0$
Auflösen nach y	$y = \lg x$	$y = \frac{x}{2}$	$y = \sqrt[3]{x}$	$y = \sqrt{x}$

Umkehrfunktion

Die Gleichungen in der unteren Zeile beschreiben jeweils die **Umkehrfunktion** der Ausgangsfunktion. So ist die Logarithmusfunktion die Umkehrfunktion zur Exponentialfunktion.

Übungen

1 Der Graph zu $y = b^x$ soll durch den angegebenen Punkt gehen. Bestimme b.
a) (2 | 9) b) (5 | 32) c) (2 | 25) d) (1,5 | 8)
e) (−1 | 0,5) f) (1 | 5) g) (3 | 6) h) (2 | 5)

2 a) Durch zwei Punkte soll eine Exponentialfunktion der Art $y = a \cdot b^x$ bestimmt werden.
  (I) (3 | 24) und (4 | 48)   (II) (2 | 18) und (3 | 54)   (III) (−2 | 1) und (2 | 16)
b) Gibt es Beispiele, bei denen die Aufgabe a) keine eindeutige Lösung hat? Begründe.

3 Gib mögliche Funktionsterme an.

x	10	15	20	25	30	35
f(x)	58	311	1673	9000	48 403	260 322
g(x)	3,49	2,06	1,21	0,72	0,42	0,25
h(x)	20	10	0	−10	−20	−30

4 Beschreibe den zugehörigen Graphen.
a) $y = 3^x - 2$ b) $y = 3^{x+1}$ c) $y = 4 \cdot 2^x + 2$ d) $y = 3^{-x}$
e) $y = (x+1)^2 + 2$ f) $y = 3^{x-1}$ g) $y = 3 \cdot 3^x$ h) $y = \left(\frac{1}{2}\right)^x - 2$
i) $y = 2 + \lg x$ j) $y = 3 \cdot \lg x$ k) $y = \lg(x-1)$ l) $y = 2 \cdot \lg(x+2)$

5 Beschreibe die Graphen zu $y = 1{,}3^x$ und zu $y = 0{,}3^x$.

6 Wie geht der Graph der angegebenen Funktion aus dem Graphen zu $y = \left(\frac{3}{4}\right)^x$ hervor?

a) $y = \left(\frac{4}{3}\right)^x$ b) $y = -\left(\frac{3}{4}\right)^x$ c) $y = -\left(\frac{3}{4}\right)^{-x}$ d) $y = \left(\frac{3}{4}\right)^{-x}$

7 Spiegele den Graphen mit $y = \left(\frac{5}{2}\right)^x$

a) an der y-Achse;   b) an der x-Achse;   c) am Ursprung.

8 Schreibe die Funktionsvorschrift in der Form $f(x) = a \cdot b^x$.

a) $f(x) = 3^{x+2}$ b) $f(x) = 2^{x-4}$ c) $f(x) = \left(\frac{1}{2}\right)^{x+3}$ d) $f(x) = \left(\frac{1}{4}\right)^{x-1}$

9 Beschreibe den Graphen. Dies lässt sich auf (mindestens) zwei Arten tun. Kontrolliere mit deinem grafischen Taschenrechner.

a) $f(x) = 2^{x+5}$ b) $f(x) = 9 \cdot 3^x$ c) $f(x) = 5^{x-1}$ d) $f(x) = 4 \cdot 2^x$

10 Der Graph zu $g(x) = a \cdot b^x$ (oben) entsteht aus dem Graphen zu $f(x) = b^x$ (unten), indem man letzteren mit dem Faktor a in y-Richtung streckt.
Man hätte auch den Graphen zu f parallel zur x-Achse verschieben können. Begründe.

11 In Unterkapitel **2.1** hast du gelernt, dass $3^{-1} = \frac{1}{3}$ und $3^{\frac{1}{2}} = \sqrt{3}$ ist. Das kann man sich auch gut klar machen, wenn man an die Wachstumsfunktion mit $y = 3^x$ denkt. Wie?

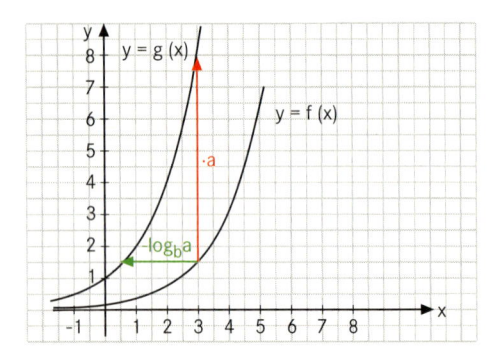

12 Löse grafisch.

a) $3^x < 70$ b) $2^x \geq 100$ c) $7^x < 0{,}02$ d) $2{,}3^x \leq \frac{1}{2}$

13 Eine Bakterienkultur verdreifacht sich alle fünf Wochen. Nach wie vielen Tagen hat sie sich verdoppelt? Vor wie vielen Tagen war sie halb so groß?

14 Eine exponentiell wachsende Bakterienkultur hat um 10 Uhr eine Masse von 2 mg und um 12 Uhr eine Masse von 6 mg. Wie groß ist die Masse um 15 Uhr?

15 Eine Biologin hat in einem Jahr auf einer Insel etwa 300 Schildkröten gezählt. Drei Jahre später waren es etwa 450 Schildkröten. Wiederum drei Jahre später waren es etwa 700 Tiere.

16 Manche Wachstumsprozesse können mit $f(t) = a \cdot b^t$ beschrieben werden. Wie groß ist die Verzehnfachungszeit?

17 Familie Grigat möchte für einen Neuwagenkauf 4 500 Euro haben. Sie gibt der Bank jeden Monat 500 Euro, der monatliche Zinssatz beträgt 0,5 %. Wie lange dauert es, bis das Sparziel erreicht ist?

2.4 Über Aufstieg und Fall – Exponential- und Logarithmusfunktionen

18 Eine bestimmte Arznei baut sich im menschlichen Körper nach dem Einnehmen nach der Formel m = 20 · 0,7^t ab, wobei m die Masse in Milligramm und t die nach dem Einnehmen verstrichene Zeit in Stunden ist.
a) Was bedeutet der Faktor 20 in der Formel? Was gibt die Zahl 0,7 an?
b) Wie viel Prozent der Arznei wird pro Stunde abgebaut?
c) Wie lange muss man warten, bis der Körper nur noch 1 mg der Arznei enthält?

19 Die Empfindlichkeit von Filmen wird in zwei verschiedenen Skalen gemessen. DIN ist die Deutsche Industrie-Norm, und ASA steht für American Standards Association.

DIN	12	15	18	21	24	27
ASA	12,5	25	50	100	200	400

Stelle einen Term auf, mit dem man DIN in ASA umrechnen kann. Wie rechnet man ASA in DIN um?

20 Die Stärke von Erdbeben wird mit der „nach oben offenen" Richter-Skala gemessen.

Stärke auf der Richter-Skala	gesamte freigesetzte mechanische Energie in Joule
3,9	1,1 · 10^{12}
4,1	2,4 · 10^{12}
4,4	8,7 · 10^{12}
5	9,5 · 10^{13}

Stelle einen Term auf, mit dem man umrechnen kann. Was wird sich Herr Richter bei seiner Skala gedacht haben?

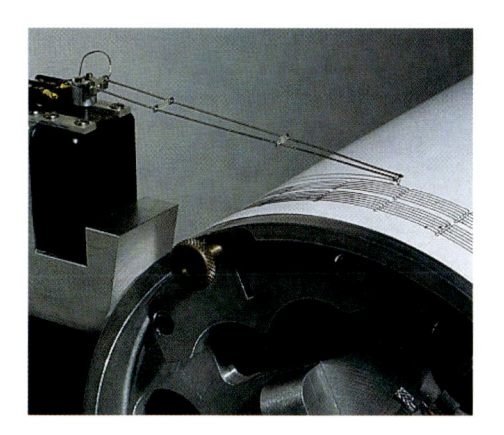

21 Auf einer entfernten Insel leben zwei Millionen Menschen.
Schon seit vielen Jahren ist die Geburtenrate einigermaßen konstant; pro Jahr setzen 1000 Menschen etwa 60 Kinder in die Welt.
Auch die Sterberate ist konstant: Von 100 Leuten sterben pro Jahr etwa drei.
Die Nahrungsmittelressourcen der Insel können drei Millionen Menschen ernähren.

22 Meister Manni hat 15 000 Euro, die er anlegt. Sein Ziel ist es, durch Zins und Zinseszins einmal 20 000 Euro zu haben.
a) Wie lange muss er warten, wenn der jährliche Zinssatz 4,5 % beträgt?
b) Wie hoch muss der Zinssatz sein, wenn Meister Manni sein Ziel in fünf Jahren erreicht haben will?
c) Was ändert sich an den Antworten zu a) und b), wenn das Grundkapital 10 000 Euro beträgt?

23 Frau Buck wird in zwölf Jahren pensioniert. Ihre Bank soll ihr dann 25 000 Euro ausbezahlen. Wie viel Geld muss sie jetzt überweisen, wenn die Bank einen jährlichen Zinssatz von 6,5 % anbietet?

24 Anne bringt 100 Euro zur Bank (4% Zinsen), ihre Freundin Mareike 200 Euro. Wann hat Mareike doppelt so viel Geld auf dem Konto, wann Anne?

25 Ein Film zeigt das Wachstum einer Bakterienkultur, deren Fläche sich jede Stunde verdoppelt. Ein anderer Film zeigt eine andere Bakterienkultur, deren Fläche sich jede Stunde verdreifacht. Man kann den zweiten Film so verlangsamen, dass er genau so wie der erste aussieht.

26 Zwei Bakterien wandern eines Vormittags aus und gründen in einer leeren Saftflasche eine neue Kolonie. Sie sind glücklich und vermehren sich. Jede Viertelstunde verdoppelt sich der Bestand. Um 12 Uhr mittags ist die Katastrophe ausgebrochen: Die Flasche bietet keinerlei Ressourcen mehr.

a) Schon um 11 Uhr gab es eine politische Diskussion unter den Bakterien. Die Partei ABC warnte vor der drohenden Katastrophe. Die Partei DEF konterte: „Alles Quatsch! Wir haben noch jede Menge Ressourcen! Wir haben noch viel mehr, als wir jemals gebraucht haben!"
Nenne Gründe für den Standpunkt von DEF.

b) Kurz vor 12 Uhr berichten einige Bakterien, ganz in der Nähe zwei weitere leere Saftflaschen gefunden zu haben. Es werden Freudenfeste veranstaltet: Die Katastrophe ist abgewendet!
Wie lange dauert es bis zur nächsten Katastrophe?

27 Die Tabelle zeigt die Entwicklung der Anzahl der AIDS-Toten zu Beginn der 80er-Jahre des letzten Jahrhunderts in den USA.

a) Die amerikanischen Wissenschaftler haben sich gestritten, ob man durch diese Datenpunkte besser eine Kurve mit $y = 229 \cdot t^{2,65}$ oder mit $y = 218 \cdot 2,27^t$ legen sollte. Was meinst du?

Jahr	Anzahl
1981	268
1982	1209
1983	3826
1984	8712
1985	17 386
1986	29 277
1987	41 128

b) Welche Zahlen sind in beiden Fällen für das Jahr 2000 (2010) zu erwarten?

c) Besorge dir aktuelle Zahlen aus dem Internet und vergleiche.

d) Lege eine möglichst gut passende Kurve durch alle Datenpunkte von 1981 bis heute. Passt dazu besser eine Potenz- oder eine Exponentialfunktion?

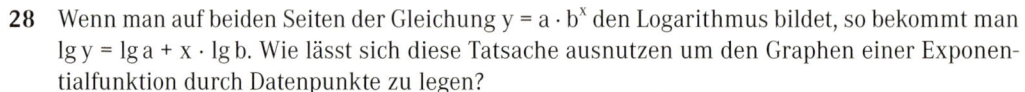

28 Wenn man auf beiden Seiten der Gleichung $y = a \cdot b^x$ den Logarithmus bildet, so bekommt man $\lg y = \lg a + x \cdot \lg b$. Wie lässt sich diese Tatsache ausnutzen um den Graphen einer Exponentialfunktion durch Datenpunkte zu legen?
Nimm als Beispiel die Entwicklung des Stromverbrauchs (in Milliarden Kilowattstunden) in den Jahren 1960 bis 1975 in der damaligen Bundesrepublik Deutschland.

Jahr	Verbrauch
1960	84
1965	125
1970	180
1975	250

a) Gib eine Funktionsvorschrift an.

b) Welchen Schluss hat man 1975 wohl aus diesen Daten gezogen?

c) Verschaffe dir entsprechende Daten der letzten Jahre; wie passen sie zu dem Ergebnis von b)? (Dabei ist außerdem zu berücksichtigen, dass die Bundesrepublik Deutschland mittlerweile größer geworden ist.)

29 Zwei Städte wachsen exponentiell mit $f(t) = 50\,000 \cdot 1,03^t$ und $g(t) = 60\,000 \cdot 1,04^t$. Wann sind sie gleich groß? Wie ist zu erklären, dass die Lösung negativ ist?

2.4 Über Aufstieg und Fall – Exponential- und Logarithmusfunktionen

30 Drei Wissenschaftler haben unabhängig voneinander das Wachstum einer Algenart beobachtet. Sie beschreiben die von Algen bedeckte Fläche mit folgenden Funktionen
$f(t) = 4 \cdot 1{,}2^t$; $g(t) = 4{,}01 \cdot 1{,}2^t$; $h(t) = 4 \cdot 1{,}21^t$.
a) „Alle drei Wissenschaftler stimmen praktisch überein." Nimm Stellung dazu.
b) „Einer der drei Wissenschaftler weicht deutlich von den beiden anderen ab." Nimm Stellung dazu. Welcher könnte gemeint sein?

31 Spiegele die Funktion mit $y = \lg x$:
a) an der y-Achse;   b) an der x-Achse;   c) am Ursprung.

32 Bilde die Umkehrfunktion.
a) $y = 3^x + 1$ b) $y = 3^{x+1}$ c) $y = \lg(x + 1)$ d) $y = 1 + \lg x$
e) $y = 2 \cdot 3^x$ f) $y = 3^{2x}$ g) $y = 2 \cdot \lg x$ h) $y = \lg(2x)$

33 Welche Funktionen sind mit ihren Umkehrfunktionen identisch?

34 Welcher Zusammenhang besteht zwischen den Graphen zu $f(x) = \log_2 x$ und $g(x) = \log_4 x$?

35 Begründe Punkt **10** des Grundwissens. Wenn der gespiegelte Graph ein Funktionsgraph sein soll, darf es auf ihm zu jedem x-Wert nicht mehr als einen Punkt geben. Überlege, was das für den ursprünglichen Graphen bedeutet und wie das mit der Monotonie zusammenhängt.

36 Informiere dich über die „C-14-Methode". Zeichne einen Graphen, mit dessen Hilfe man die Methode bequem anwenden kann.

37 a) Schreibt als Bruch: $0{,}\overline{2}$; $0{,}\overline{34}$; $0{,}\overline{528}$; $0{,}\overline{2175}$. Erklärt, wie ihr vorgegangen seid.
b) Man kann $0{,}\overline{3}$ schreiben als $0{,}\overline{3} = \frac{3}{10} + \frac{3}{100} + \frac{3}{1000} + \ldots = \frac{3}{10} \cdot (1 + \frac{1}{10} + \frac{1}{100} + \ldots)$. Der letzte Klammerausdruck lässt sich auch vereinfachen!
c) Auch für $1 + \frac{1}{100} + \frac{1}{10\,000} + \frac{1}{1\,000\,000} + \ldots$ oder für $1 + q + q^2 + q^3 + \ldots$ lässt sich ein kürzerer Ausdruck finden.

Ausstiege

A1 Man kann aus verschiedenen Funktionstypen neue basteln (Morphing).

> $f(x) = t \cdot x^2 + (1 - t) \cdot 2^x$
> Für $t = 0$ bekommt man die Exponentialfunktion mit $f(x) = 2^x$ (rot), für $t = 1$ bekommt man die Potenzfunktion mit $f(x) = x^2$ (grün). Der blaue Graph gehört zu $t = \frac{1}{3}$, und der schwarze zu $t = \frac{2}{3}$.

Lasse dir für verschiedene t die Graphen zeichnen.
Kann t auch negativ oder größer als 1 sein? Experimentiere auch mit anderen Kombinationen.
Was passiert, wenn man eine Funktion mit ihrer Umkehrfunktion „morpht"? Kann man t so einrichten, dass man fast die 1. Winkelhalbierende bekommt?

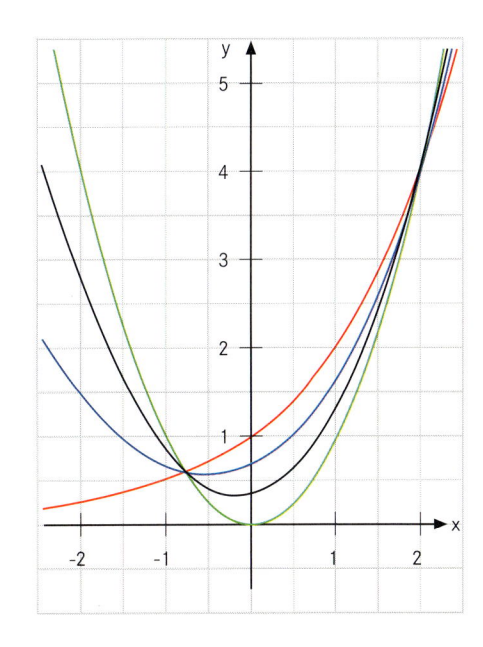

2.4 Über Aufstieg und Fall – Exponential- und Logarithmusfunktionen

A2

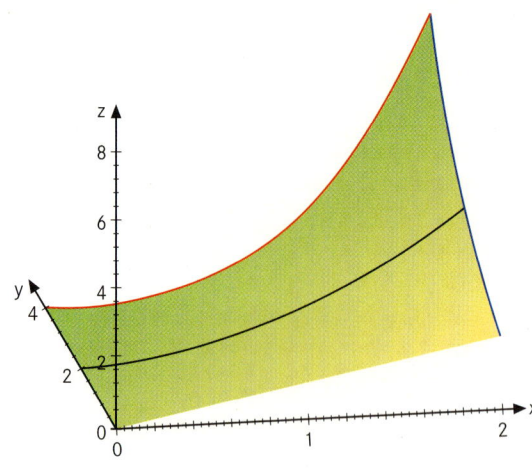

Wir haben bisher Graphen mit $f(x) = x^a$ sowie mit $g(x) = a^x$ untersucht. Man kann beide Graphentypen zusammen fassen, indem man die Fläche mit $h(x, y) = x^y$ untersucht.
Für $x = 2$ bekommt man eine Exponentialfunktion (blauer Graph), für $y = 2$ eine Potenzfunktion (schwarzer Graph), für $y = 4$ eine andere Potenzfunktion (roter Graph).

a) Lasse dir von einem Computer-Algebra-System die Fläche mit $h(x, y) = x^y$ zeigen. Dabei sollte x positiv sein. Findest du auf der Fläche die bekannten Graphen wieder?
b) Für $x = y$ bekommt man eine bisher unbekannte Funktion. Lasse den Graphen zeichnen. Wo auf der Fläche befindet er sich?
c) Erkundige dich, was man unter Kontur-Kurven versteht. Lasse dir von einem Computer-Algebra-System Kontur-Kurven zeichnen, etwa zu $x^y = 1$ oder $x^y = 2$. Welche Kurven sind das?

A3 a) Was ist eigentlich 0^0? Man kann sich dieser Zahl auf verschiedene Arten nähern:
0^1; $0^{\frac{1}{2}}$; $0^{\frac{1}{3}}$; $0^{\frac{1}{4}}$; $0^{\frac{1}{5}}$; $0^{\frac{1}{6}}$; ... oder 1^0; $(\frac{1}{2})^0$; $(\frac{1}{3})^0$; $(\frac{1}{4})^0$; $(\frac{1}{5})^0$; $(\frac{1}{6})^0$; ...
oder auch 1^1; $(\frac{1}{2})^{\frac{1}{2}}$; $(\frac{1}{3})^{\frac{1}{3}}$; $(\frac{1}{4})^{\frac{1}{4}}$; $(\frac{1}{5})^{\frac{1}{5}}$; $(\frac{1}{6})^{\frac{1}{6}}$; ...

Wieso sind das sinnvolle Annäherungen? Welche Antworten erhält man auf die Ausgangsfrage?

b) Ähnlich merkwürdige Antworten bekommt man bei Auswertung des Terms $T = \frac{x^2 \cdot y}{x^4 + y^2}$ für $x = 0$ und $y = 0$. Man darf zwar diese Werte nicht direkt einsetzen (warum nicht?), aber man kommt vielleicht mit Annäherungen weiter:
Setze $y = 0$ und lasse x gegen null gehen. Was ist zu beobachten?
Setze $x = 0$ und lasse y gegen null gehen. Was ist nun zu beobachten?
Die beiden letzten Annäherungen kann man so verstehen, dass man sich dem Ursprung auf einer der beiden Koordinatenachsen nähert. Was passiert, wenn man sich dem Ursprung auf einer Ursprungsgeraden nähert?
Was passiert, wenn man sich dem Ursprung auf der Normalparabel nähert?

c) Findest du einen Term, bei dem jede Ursprungsgerade einen anderen Wert liefert?

d) Untersuche auch den Term $T = \frac{x^3 \cdot y^3}{x^{12} + y^2}$ für $x = 0$ und $y = 0$. Nähere dich dem Ursprung auch auf den Kurven mit $y = x^2$; $y = x^3$; $y = x^4$.

---

a) Berechne Volumen und Oberfläche eines Quaders mit den Seitenlängen 5 dm, 7 dm und 12 dm.
b) Berechne die Flächendiagonalen und die Raumdiagonalen des Quaders.

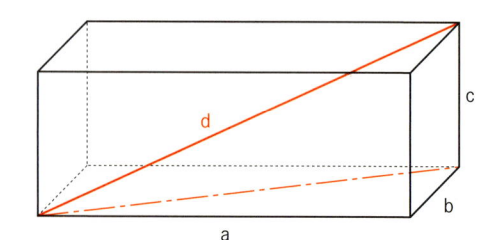

2.5 Vermischte Übungen

L1 Vereinfache.
a) $a^3 \cdot a^{-7}$
b) $a^{-2} : a^6$
c) $a^{-3} : a^2$
d) $(a + a^2) \cdot a^{-2}$
e) $a^4 \cdot a^{-4}$
f) $(a^4)^3$
g) $(a^{-3})^{-2}$
h) $(2a^3 - 3a^{-2}) \cdot a^5$
i) $(a^2 \cdot a^{-5})^{-1}$
j) $a^{-3} : a^{-4}$
k) $((-2)^3)^2$
l) $(a^2 + a^{-3})^2$

L2 Berechne ohne Taschenrechner.
a) $\sqrt[3]{125}$
b) $\sqrt[3]{\frac{1}{8}}$
c) $\sqrt[5]{32}$
d) $\sqrt[5]{3\,200\,000}$
e) $\lg 10\,000$
f) $\lg 0{,}001$
g) $\sqrt[4]{8} \cdot \sqrt[4]{2}$
h) $\sqrt[4]{800} \cdot \sqrt[4]{200}$

L3 Löse im Kopf.
a) $x^4 = \frac{16}{81}$
b) $2^x = 64$
c) $x^2 = 64$
d) $x \cdot \lg 100 = \lg 0{,}1$

L4 Mario legt einmalig 2000 Euro an. Der Betrag wird jährlich mit 4 % verzinst.
a) Wie viel Geld hat Mario nach fünf Jahren auf dem Konto?
b) Nach wie vielen Jahren hat er 5000 Euro?

L5 Löse.
a) $3 \cdot 4^x = 5$
b) $5^{2x+1} = 7$
c) $3 \cdot 2^x = 5 \cdot 7^x$
d) $49^{2x} = 7^{3x-1}$

L6 Beschreibe die Graphen zu $y = x^n$ für positive und negative n.

L7 a) Der Graph zu $y = ax^n$ soll durch die Punkte (1 | 2) und (3 | 54) gehen. Bestimme a und n.
b) Der Graph zu $y = ab^x$ soll durch die Punkte (1 | 6) und (3 | 54) gehen. Bestimme a und b.

L8 a) Der Graph zu $y = \frac{1}{x^2}$ wird erst um 3 Einheiten nach oben verschoben, dann um 4 Einheiten nach rechts verschoben und anschließend in y-Richtung mit dem Faktor 5 gestreckt. Welcher Funktionsterm gehört zu dem so entstandenen Graphen?
b) Wie ändert sich das Ergebnis, wenn man den Graphen erst nach rechts und dann nach oben verschiebt?
c) Wie ändert sich das Ergebnis, wenn man die Streckung als Erstes (als Zweites) ausführt?

9 Beschreibe den Graphen.
a) $y = \frac{x+1}{x}$
b) $y = \frac{x}{x+1}$
c) $y = \frac{x+1}{x+2}$
d) $y = 2^{x-1}$
e) $y = -\left(\frac{1}{3}\right)^x$
f) $y = \lg(x+1)$
g) $y = 2 + \sqrt[3]{x+3}$
h) $y = x^{\frac{12}{5}}$

L10 Eine Bakterienkultur wächst alle 23 Tage um den Faktor 5.
a) Nach wie vielen Tagen ist ihre Masse auf den doppelten Wert gestiegen?
b) Nach wie vielen Tagen ist ihre Masse auf den dreifachen Wert gestiegen?
c) Vor wie vielen Tagen war ihre Masse nur ein Zehntel so groß?

11 Stelle dir vor, du hättest eine Million Euro, aber nicht in Papiergeld, sondern in Münzen.
Passt dieser Betrag in einen Koffer? Könntest du ihn tragen?

2.5 Vermischte Übungen

L12 Zu welchen Funktionen können die Graphen gehören?

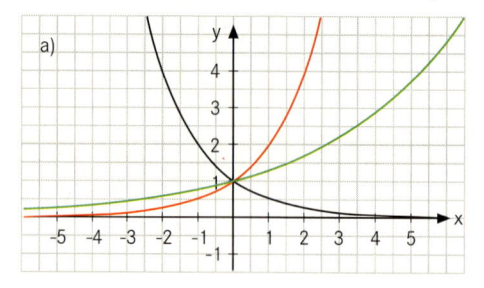

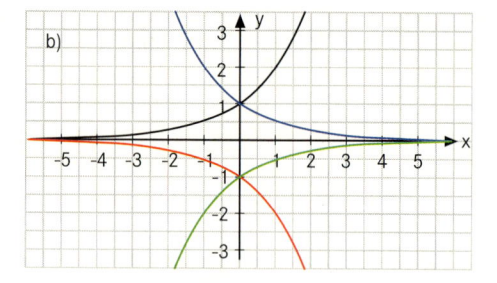

a) [Graph]   b) [Graph]

13 Viele Kinder essen manchmal Gummibärchen. Der Hersteller behauptet:
In Deutschland werden pro Jahr so viele Gummibärchen genascht, dass sie aneinander gereiht dreimal die Erde umrunden könnten.
 a) Wie viele Gummibärchen werden pro Jahr in Deutschland genascht? 
 b) Wie viele Gummibärchen isst jeder Deutsche pro Jahr?

L14 Auf der Insel Hula-Hup in der Südsee gab es am 1. 1. 2000 genau 45 000 Einwohner. Sie vermehren sich pro Jahr um 2 %.
 a) Wie viele Einwohner hat die Insel zehn Jahre später?
 b) Wann hat die Insel 60 000 Einwohner?

15 Eine heiße Tasse Kaffee kühlt so ab, dass die Differenz zwischen der Kaffee- und der Zimmertemperatur exponentiell abnimmt.
 a) Morgens um 7 Uhr wird 80 °C heißer Kaffee in eine Thermoskanne gefüllt. Um 10 Uhr beträgt die Kaffeetemperatur noch 65 °C. Welche Temperatur hatte der Kaffee um 9 Uhr?
 b) Nach dem Ausgießen aus der Thermoskanne um 10 Uhr nimmt die Temperaturdifferenz zwischen Kaffee- und Zimmertemperatur um 5 % pro Minute ab. Wie lange dauert es, bis die Kaffeetemperatur 40 °C beträgt?
 c) Milch kühlt den Kaffee um 10 °C ab. Man kann die Milch gleich nach dem Einschenken in die Tasse zugeben oder erst kurz vor dem Trinken. Wann dauert das Abkühlen des Kaffees länger?

16 a) Wie groß ist die Verdoppelungszeit eines Kapitals, das jährlich mit 7 % verzinst wird?
 b) Wie groß ist die Verdoppelungszeit einer Bevölkerung, die jährlich um 7 % wächst?
 c) Berechne die Verdoppelungszeit T einer Größe, die jährlich um p % wächst. Zeichne den zugehörigen Graphen.
 d) Es gibt eine Faustformel um überschlagsmäßig die Verdoppelungszeit bei Zins und Zinseszins zu bestimmen, wenn der Zinssatz klein ist.

17 Vier verschiedene Geschichten gehören zu verschiedenen Formeln. Ordne zu und erkläre die Bedeutung der Variablen.
 (A) Nach Einsatz eines Giftes verminderte sich die von Algen bedeckte Fläche jedes Jahr um ein Viertel.
 (B) Nach Verabreichung eines Giftes verminderte sich die von Algen bedeckte Fläche jedes Jahr um 30 %.
 (C) Die Bevölkerung von Ahausen wächst jedes Jahr um 3000 Einwohner.
 (D) Die Bevölkerung von Behausen wächst jedes Jahr um 3 %.

 (I) $y = a + 3x$ (II) $y = a \cdot 0{,}97^x$ (III) $y = a \cdot 4^{-x}$ (IV) $y = a \cdot 1{,}03^x$ (V) $y = a \cdot 0{,}7^x$

2.5 Vermischte Übungen

18 Die Höhe des Bierschaums nimmt nach dem Einschenken exponentiell ab.
Überprüfe diese Aussage.
Wie groß ist die Halbwertszeit?

19 Man weiß, dass $\log_b 2 = \frac{1}{3}$ ist. Berechne $\log_b 32$.

20 Berechne x.
a) $\log_x 81 = 4$ b) $\log_5 x = 3$ c) $x = \log_a \frac{1}{\sqrt{a}}$ d) $x = \log_{\sqrt{a}} a$

21 Gib mögliche Funktionsvorschriften an.

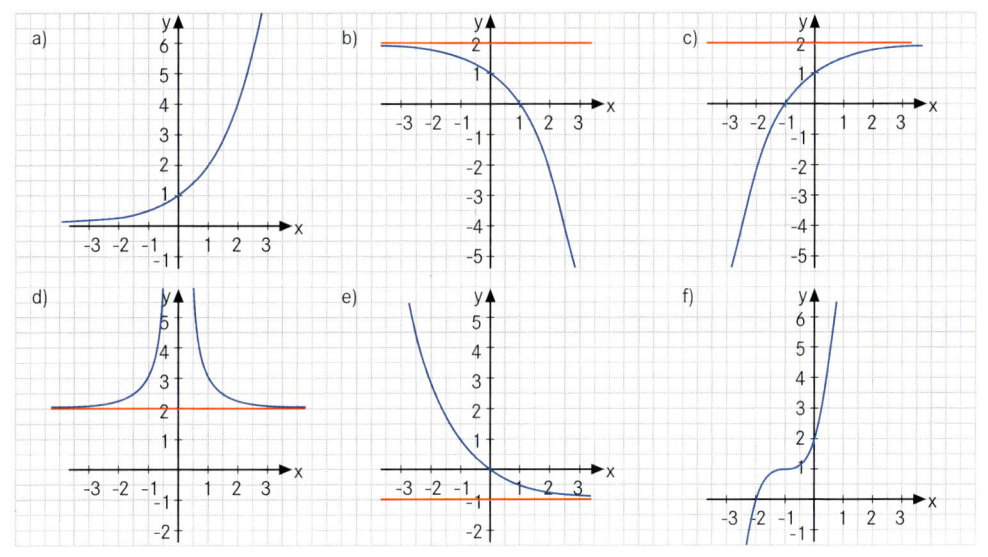

22 Gib jeweils eine mögliche Funktionsvorschrift an.

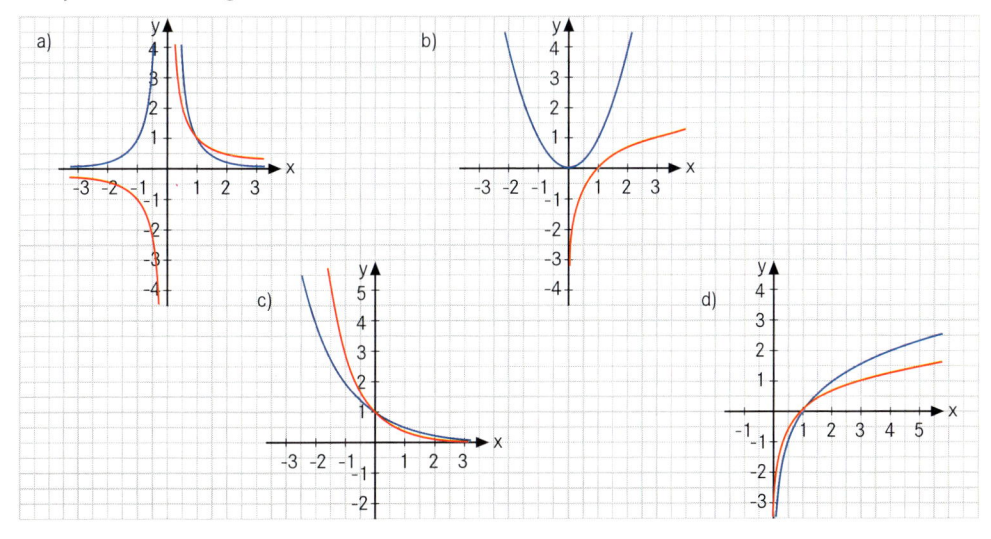

23 Gib zu dem Graphen eine mögliche Funktionsvorschrift an.

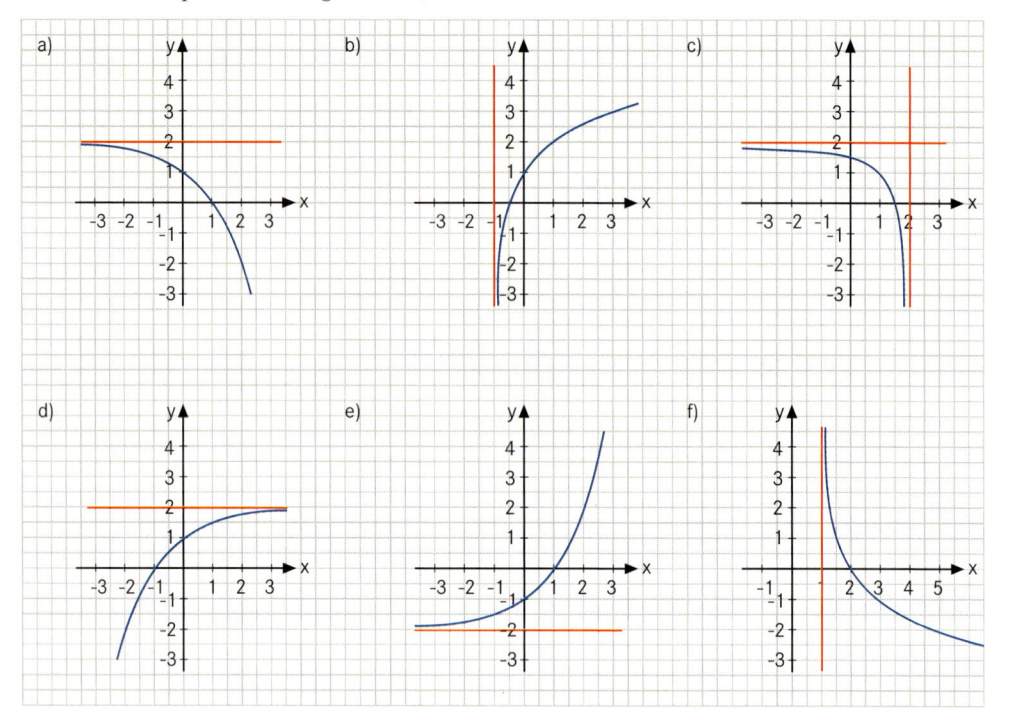

24 Gib eine mögliche Gleichung des Graphen an. Beachte: Die Skalen sind zum Teil logarithmisch.

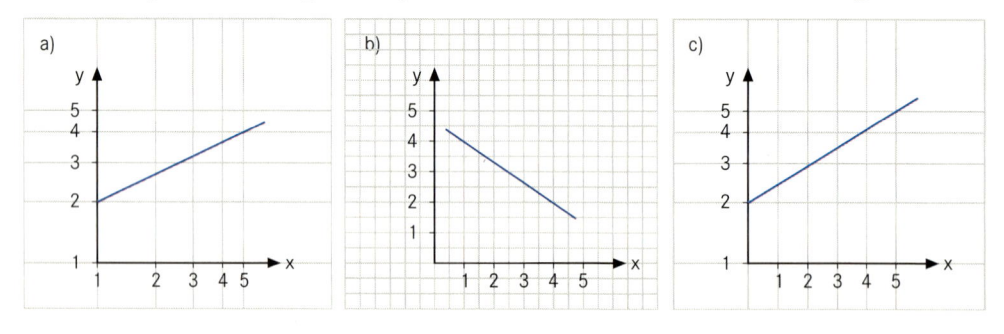

25 Bei welcher Tiefe ist die Helligkeit in der Nordsee auf ein Zehntel abgesunken? Nimm an, dass die Helligkeit pro Meter um 18 % abnimmt.

26 Beschreibe den Graphen zu
a) $y = \lg(x + 1)$; b) $y = 4 + 2 \cdot \lg(x - 3)$; c) $y = -2 \cdot \lg x$; d) $y = \lg \frac{x}{10}$.

27 Bei einer linearen Funktion mit $f(x) = m \cdot x + b$ haben die Koeffizienten m und b eine anschauliche Bedeutung (welche?). Auch bei einer Exponentialfunktion mit $f(x) = a \cdot b^x$ haben a und b eine anschauliche Bedeutung. Welche?

28 Bisher haben wir Funktionen mit $y = x^e$ und $y = b^x$ untersucht. Natürlich kann man x und y auch an anderen Stellen in die Formel $p = b^e$ einsetzen: $x = y^e$, $x = b^y$, $p = x^y$, $p = x^y$.
a) Löst jeweils nach y auf und beschreibt die Graphen.
b) Welche der Graphen gehen durch Spiegelung an der Winkelhalbierenden mit $y = x$ auseinander hervor? Warum?

2.6 Zusammenfassung

1 Der ursprünglich nur für natürliche Exponenten erklärte **Potenzbegriff** wird durch folgende Festlegungen erweitert: Für $a \neq 0$ ist $a^{-n} = \frac{1}{a^n}$ und $a^0 = 1$, für $a \geq 0$ ist $a^{\frac{1}{n}} = \sqrt[n]{a}$.

Man nennt $\sqrt[n]{a}$ die **n-te Wurzel** aus a. Sie löst die Gleichung $x^n = a$.

Mit diesen Festlegungen gilt für das Rechnen mit Potenzen: $a^n \cdot b^n = (a \cdot b)^n$ und $\frac{a^n}{b^n} = \left(\frac{a}{b}\right)^n$. Dabei ist stets darauf zu achten, dass der Nenner nicht null werden und dass man aus negativen Zahlen keine Wurzeln ziehen darf. Die folgenden wichtigen Gesetze für das Rechnen mit Potenzen bezeichnet man als **Potenzgesetze**:

$$\text{(P1)} \quad a^n \cdot a^m = a^{n+m} \qquad \text{(P2)} \quad \frac{a^n}{a^m} = a^{n-m} \qquad \text{(P3)} \quad (a^n)^m = a^{n \cdot m}$$

Mithilfe der obigen Festlegungen lässt sich das Rechnen mit Wurzeln auf das Rechnen mit Potenzen zurückführen. Insbesondere gilt: $a^{\frac{m}{n}} = \sqrt[n]{a^m} = \left(\sqrt[n]{a}\right)^m$.

2 Der **Logarithmus** $\log_{10} 100 = \lg 100$ ist derjenige Exponent e, für den $10^e = 100$ gilt.
Stets ist $\lg(a^n) = n \cdot \lg a$. Mithilfe dieser Regel kann man eine Gleichung wie $7^x = 42$ lösen.
Für das Rechnen mit Logarithmen gelten die zu (P1) bis (P3) analogen Regeln:

$$7^x = 4$$
$$\lg(7^x) = \lg 42$$
$$x \cdot \lg 7 = \lg 42$$
$$x = \frac{\lg 42}{\lg 7} \approx 1{,}92$$

$$\text{(L1)} \quad \log_b(u \cdot v) = \log_b u + \log_b v \qquad \text{(L2)} \quad \log_b\left(\frac{u}{v}\right) = \log_b u - \log_b v \qquad \text{(L3)} \quad \log_b(u^n) = n \cdot \log_b u$$

Für lg gibt es eine Taste auf dem Taschenrechner. Den Logarithmus zu einer beliebigen Basis b bestimmt man mithilfe der Formel $\log_b a = \frac{\lg a}{\lg b}$.

3 Bewegt man sich auf dem Graphen einer Funktion von links nach rechts und steigt der Graph dabei ununterbrochen an, so heißt die Funktion **streng monoton steigend.** Fällt er hingegen von links nach rechts ununterbrochen, so heißt die Funktion **streng monoton fallend.**

4 Eine Funktion f mit $f(x) = x^a$ heißt **Potenzfunktion** (x ist die Basis der Potenz).

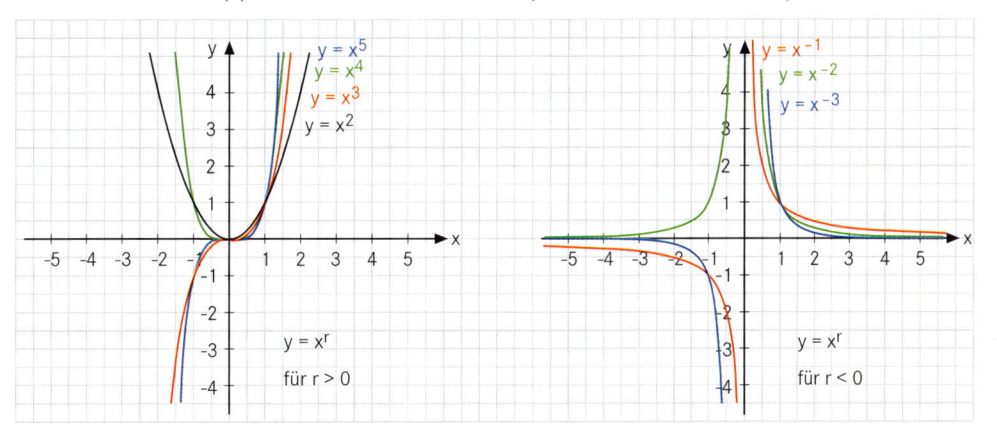

Die Graphen aller Potenzfunktionen gehen durch (1 | 1). Für *gerade* n sind sie symmetrisch zur y-Achse, für *ungerade* n sind sie symmetrisch zum Ursprung. Für *ungerade positive* n sind die Funktionen streng monoton steigend. Auch die Funktionen mit $f(x) = a \cdot x^r$ oder $f(x) = x^r + b$ heißen Potenzfunktionen. Ihre Graphen gehen aus dem Graphen zu $f(x) = x^r$ hervor, indem man diesen in y-Richtung streckt bzw. staucht.

5 Eine Funktion f mit $f(x) = b^x$ heißt **Exponentialfunktion** (x steht im *Exponenten*). Die Basis b muss immer positiv sein.

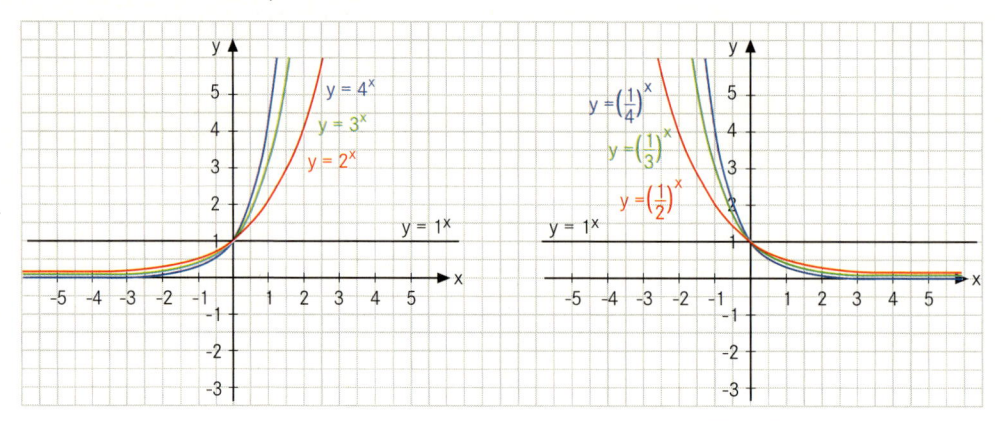

Graphen zu $y = b^x$ für $b \geq 1$ Graphen zu $y = b^x$ für $0 < b \leq 1$

Alle Graphen gehen durch (0 | 1).
Keiner der Graphen verläuft unterhalb der x-Achse.
Für $b \neq 1$ hat die Exponentialfunktion mit $y = b^x$ die *Wertemenge* $W = \{y \in \mathbb{R} \mid y > 0\}$.
Für $b > 1$ sind die Funktionen streng monoton steigend, für $0 < b < 1$ sind sie streng monoton fallend.

6 Auch Funktionen mit $f(x) = a \cdot b^x$ oder $f(x) = b^x + c$ heißen Exponentialfunktionen. Ihre Graphen gehen aus dem Graphen zu $f(x) = b^x$ hervor, indem man diesen in y-Richtung streckt bzw. verschiebt.
Bei einer Exponentialfunktion mit $f(x) = a \cdot b^x$ wächst oder fällt der Funktionswert immer mit einem konstanten Faktor.
Es ist $f(x + 1) = f(x) \cdot b$.

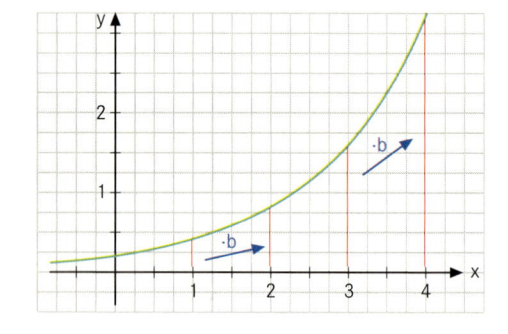

7 Wenn man den Graphen zu $y = f(x)$ an der Winkelhalbierenden mit $y = x$ spiegelt, werden in der Funktionsgleichung x und y vertauscht. Der gespiegelte Graph wird daher durch $x = f(y)$ beschrieben. Wenn möglich löst man diese Gleichung noch nach y auf um die übliche Schreibweise zu erhalten.

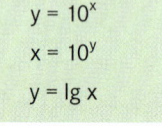

$y = 10^x$
$x = 10^y$
$y = \lg x$

Der gespiegelte Graph ist jedoch nicht immer ein Funktionsgraph. Es gilt aber:
Wenn eine Funktion streng monoton fallend oder streng monoton steigend ist, ist der gespiegelte Graph ebenfalls Graph einer Funktion.
In diesem Fall heißt die zugehörige Funktion die **Umkehrfunktion** der ursprünglichen Funktion.
Die Quadratwurzelfunktion ist die Umkehrfunktion der Quadratfunktion für $x \geq 0$.
Die **Logarithmusfunktion** mit $y = \log_b x$ ist die Umkehrfunktion der Exponentialfunktion mit $y = b^x$.

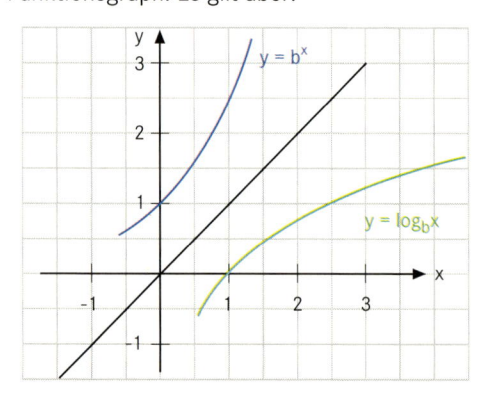

2.7 Weltrekorde

Hier sind einige (mittlerweile veraltete) Weltrekorde in den Laufdisziplinen der Männer:

Strecke in Metern	100	200	300	400	500	800	1000	1500
Zeit in Sekunden	9,93	19,72	32,15	43,86	60,35	101,72	132,18	210,77

1 Welcher Zusammenhang könnte zwischen Strecke s und Zeit t bestehen?

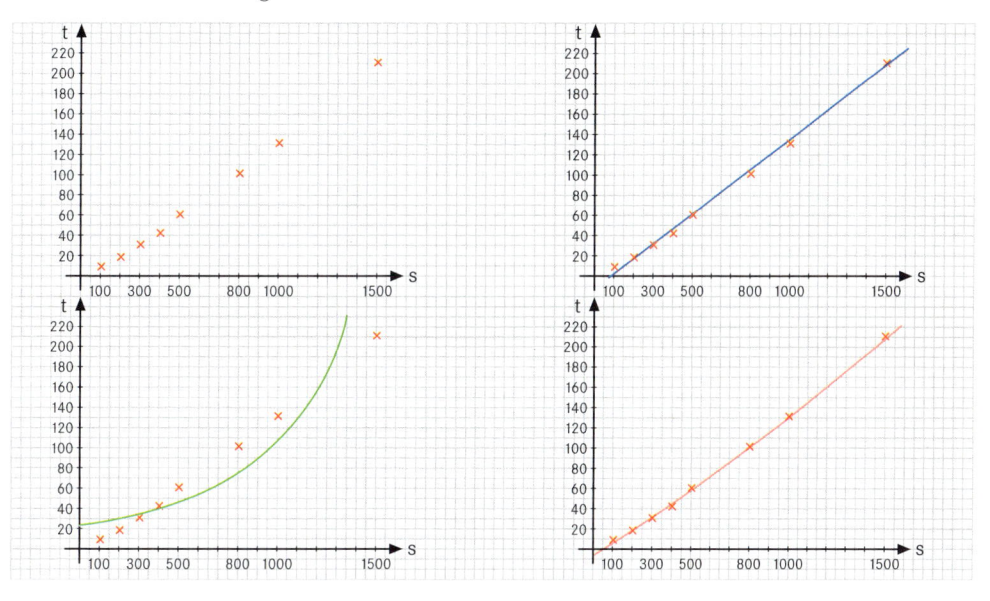

2 Verschafft euch die aktuellen Weltrekorde der Männer und Frauen (auch für Strecken oberhalb von 1500 m), stellt jeweils einen geeigneten Zusammenhang auf und vergleicht diesen mit dem von **1**. Wie erklären sich die Unterschiede?

3 Tragt alle eure Ergebnisse in ein geeignetes großes Koordinatensystem (1 m mal 1 m) ein. Beschriftet die Graphen. Wie steht es mit anderen Sportarten?

4 Im Lauf der Jahrzehnte wurden die Männer im 100 m-Lauf immer schneller. Bei welcher Marke wird der Weltrekord wohl im Jahr 2050 liegen?

3 Datenanalyse mit Bernoulli-Versuchen

3.1 Null oder Eins – Abzählprobleme

Einstiege

E1

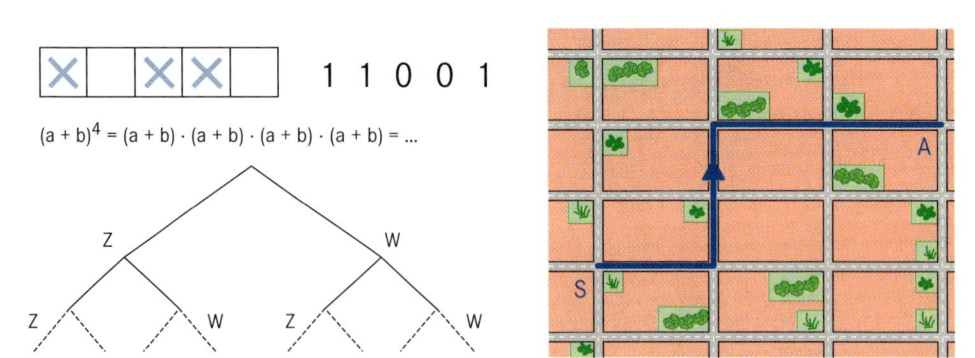

1 1 0 0 1

$(a + b)^4 = (a + b) \cdot (a + b) \cdot (a + b) \cdot (a + b) = \ldots$

a) Untersucht folgende Problemstellungen und vergleicht die Lösungsstrategien:
   (I) Auf wie viele Arten kann man in fünf Kästchen genau drei Kreuze setzen?
   (II) Wie viele Dualzahlen mit fünf Ziffern gibt es, die genau zwei Nullen haben?
   (III) Wenn man die binomische Formel $(a + b)^2 = a^2 + 2ab + b^2$ erweitert, kann man z. B. Terme der Art $(a + b)^4$ untersuchen. Wie viele Summanden a^4, $a^3 \cdot b$, $a^2 \cdot b^2$, $a \cdot b^3$ und b^4 treten dabei auf? Erweitert eure Untersuchung auf $(a + b)^5$, …
   (IV) Eine Münze wird fünfmal geworfen. Wie viele Möglichkeiten gibt es, dass bei den fünf Würfen genau dreimal Zahl auftritt? Löse das Problem auch mithilfe eines passenden Baumdiagramms.
   (V) In Manhattan, einem Stadtteil von New York, sind die Straßen teilweise wie in einem Rechteckgitter angeordnet. Jim möchte auf kürzestem Weg von seinem Standort S zum Punkt A kommen (s. Abb. oben rechts). Wie viele Möglichkeiten hat er?
   (VI) In einer Clique sind fünf Personen, von denen drei die nächste Fete organisieren sollen. Wie viele Fetenausschüsse kann man dann zusammenstellen?
b) Das Zahlenschema (links unten) nennt man nach dem französischen Mathematiker BLAISE PASCAL (1623 – 1662) pascalsches Dreieck. Wie kann man es fortführen? Untersucht, ob es bei der Lösung der Probleme in a) helfen kann.

```
            1
          1   1
        1   2   1
      1   3   3   1
    1   4   6   4   1
  1   5  10  10   5   1
```

1	6	21	56	…	…
1	5	15	35	70	…
1	4	10	20	35	56
1	3	6 (A)	10	15	21
1	2	3	4	5	6
1 (S)	1	1	1	1	1

c) In der Tabelle (oben rechts) ist das pascalsche Dreieck gedreht worden. Jim startet wie in a) beschrieben in Punkt S. Was geben die Zahlen des pascalschen Dreiecks dann jeweils an? Begründet eure Aussage, fertigt dafür auch eine Zeichnung an.
d) Hannah behauptet, dass alle Probleme aus a) irgendwie gleichartig sind. Man könne sie alle mit Gewinn und Verlust oder 0 und 1 in Verbindung bringen. Was meint sie damit?

E2 ABRACADABRA war im Mittelalter ein mystisches Wort, heute wird es fast nur noch von Zauberkünstlern benutzt.
a) Wie viele Möglichkeiten hat man das Wort in der Zeichnung zu lesen, wenn man links oben beginnt?
b) Vergleiche mit einem Baumdiagramm und nutze es zum Abzählen.
Bearbeite auch **E1** oder **E3**.

A	B	R	A	C	A	D	A	B	R	A
	B	R	A	C	A	D	A	B	R	
		R	A	C	A	D	A	B		
			A	C	A	D	A			
				C	A	D				
					A					

3.1 Null oder Eins – Abzählprobleme

E3 a) Vergleicht folgende Aufgaben:
  (I) Man wirft zehn Münzen und legt sie in eine Reihe. Gebt alle möglichen Anordnungen von Wappen und Zahl an, wenn genau fünf Münzen Wappen zeigen. Bei welcher Anzahl von Wappen in dem Wurf gibt es viele (wenige) Anordnungsmöglichkeiten? Kann es Würfe mit verschiedenen Ergebnissen aber gleich vielen Anordnungsmöglichkeiten geben?
  (II) In einer Urne sind viele schwarze und weiße Kugeln. Kira greift hinein und zieht mit einem Griff zehn Kugeln. Sie legt die Kugeln nebeneinander auf den Tisch, zuerst alle weißen, dann alle schwarzen. Wie viele andere Möglichkeiten gibt es, die Kugeln nebeneinander zu legen?

b) Vergleicht mit den Aufgaben in a):
  (I) Beim Schulfest will eine 7. Klasse ein Lotto „3 aus 10" veranstalten, d. h. jeder Mitspieler darf drei Zahlen von 1 bis 10 angeben. Man gewinnt, wenn man alle Zahlen unabhängig von der Reihenfolge richtig hat. Simuliere die Ziehung mit deinem Taschenrechner unter Verwendung des eingebauten Zufallsgenerators. Wie viele unterschiedliche Tipps kann es insgesamt geben?
  (II) Eine Maus irrt durch ein Labyrinth um Futter zu finden. Die Türen gehen immer nur in eine Richtung auf, sie kann also nicht zurücklaufen. Zeichne einzelne Wege auf. Wie viele Wege sind möglich?

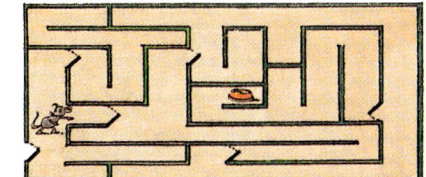

c) Johanna meint: „Das Abzählen der Möglichkeiten in a) kann man auch gut durch ein Baumdiagramm darstellen, es wird aber für große Anzahlen unübersichtlich." Erläutert Johannas Idee am Beispiel von fünf Münzen, von denen drei Zahl zeigen. Übertragt die Idee auf die anderen Beispiele und erläutert sie.

d) Die Anzahl der Möglichkeiten, dass bei fünf Münzen genau drei Zahl zeigen, bezeichnen wir als a(3 aus 5) bzw. allgemein als a(k aus n). Übertragt die Tabelle in euer Heft und bestimmt die Werte von a(k aus n) mittels des Baumdiagramms. Welche Besonderheiten könnt ihr in eurer Tabelle erkennen?

	k = 0	k = 1	k = 2	k = 3	k = 4	k = 5
n = 0		-----	-----	-----	-----	-----
n = 1			-----	-----	-----	-----
n = 2				-----	-----	-----
n = 3					-----	-----

e) Wenn man die Anzahl der Münzen nun auf 6 (7; 8; ...) erhöht, wie viele Möglichkeiten gibt es dann jeweils? Ergänzt die Tabelle. Beschreibt, wie man die neuen Tabellenwerte relativ einfach auch ohne Baumdiagramm ermitteln kann. Wie lautet das „Baugesetz" der Tabelle?

f) Jan behauptet, dass man die Tabelle auch benutzen kann um den Term $(a + b)^5$ zu berechnen, da dort ja auch Terme z. B. der Form $a \cdot a \cdot b \cdot b \cdot b = a \cdot b \cdot a \cdot b \cdot b = \ldots = a^2 \cdot b^3$, $a \cdot b \cdot b \cdot b \cdot b = \ldots = a \cdot b^4$, ... vorkommen. Überprüft Jans Behauptung.

---

a) Die Farben Gelb, Blau und Rot im Kreisdiagramm sollen sich wie 3 : 4 : 5 verhalten. Wie groß müssen die zugehörigen Winkel gezeichnet werden?

b) Gib die Anteile der drei Farben in Prozent an.

c) Die Farben werden im angegebenen Verhältnis gemischt. Dazu werden sieben Liter Gelb verwendet. Wie viel Liter Mischung werden hergestellt?

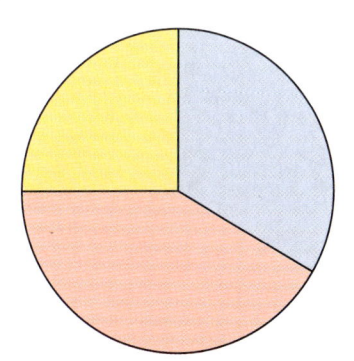

3.1 Null oder Eins – Abzählprobleme

Grundwissen

1 Oft muss man zur Lösung von Problemen Anzahlen von Möglichkeiten durch geschicktes systematisches Abzählen bestimmen. Man kann z. B. untersuchen, wie viele Möglichkeiten es gibt in fünf Kästchen genau drei Kreuze zu machen. Derartige Probleme haben oft die gleiche Struktur, sie stellen sich nur in unterschiedlichen „Gewändern" dar.

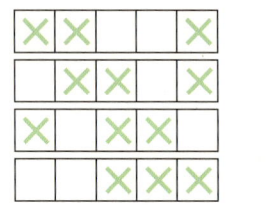

1 1 0 1 0
1 0 0 1 1
1 0 1 0 1
0 1 1 1 0

2 Wie viele Möglichkeiten hat man in 5 leere Kästchen genau 3 Kreuze zu machen?
Zur Lösung kann man sich Folgendes überlegen: Für das erste Kreuz hat man 5 Möglichkeiten, für das zweite Kreuz dann nur noch 4, weil ein Platz bereits besetzt ist, und für das letzte Kreuz nur noch 3 Möglichkeiten. Also hat man $5 \cdot 4 \cdot 3 = 60$ Möglichkeiten, wenn man die Kreuze farblich unterscheiden kann. 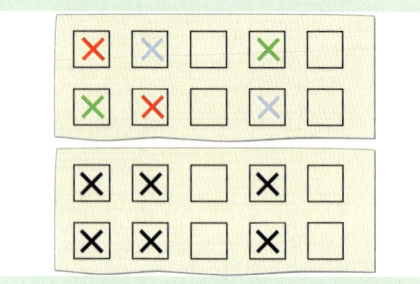
Bei einem entsprechenden einfarbigen Muster sind aber jeweils sechs gleich: Beim ersten Kreuz konnte man ursprünglich ja unter 3 Farben, beim zweiten unter 2 Farben auswählen und beim dritten Kreuz blieb nur noch eine Farbe übrig. Insgesamt gibt es unter den farbigen Mustern $3 \cdot 2 \cdot 1 = 6$ gleichartige Muster, die sich nur durch ihre Farbzusammenstellung unterscheiden.
Bei einfarbigen Mustern muss man also die Anzahl der unterschiedlichen Farbmuster noch durch $3 \cdot 2 \cdot 1 = 6$ dividieren: $\frac{5 \cdot 4 \cdot 3}{3 \cdot 2 \cdot 1} = 10$. Es gibt also nur 10 verschiedene derartige einfarbige Muster.

Man kann alle derartigen Abzählprobleme durch Baumdiagramme beschreiben, in denen die Zahlen 0 und 1 die möglichen Ausgänge bezeichnen.
Die Anzahl der möglichen Anordnungen wird durch die Anzahl der Äste mit entsprechend vielen Einsen im Baumdiagramm beschrieben. Das praktische Abzählen im Baumdiagramm ist aber nur bis zu drei Stufen sinnvoll durchführbar.

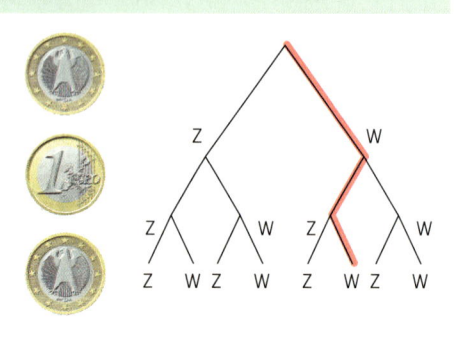

Aus einer Jahrgangsstufe mit 110 Schülern soll ein Sprecherteam mit vier gleichberechtigten Sprechern gewählt werden. Für die Auswahl der ersten Person gibt es 110 Möglichkeiten, für die zweite 109, für die dritte 108, für die vierte 107, also insgesamt $110 \cdot 109 \cdot 108 \cdot 107$ Möglichkeiten. Da kein Ausschussmitglied bevorzugt wird, hat man, wie im Beispiel oben, zuviel gezählt, da es unwichtig ist, an welcher Stelle eine Person gewählt wird. Also muss man wie bei den einfarbigen Mustern die Anzahl durch $4 \cdot 3 \cdot 2 \cdot 1$ dividieren: $\frac{110 \cdot 109 \cdot 108 \cdot 107}{4 \cdot 3 \cdot 2 \cdot 1} = 5\,773\,185$.

3 Das Grundproblem in **2** ist immer ein Abzählproblem: Bestimme die Anzahl der verschiedenen Möglichkeiten, genau 3 aus 5 „Elementen" auszuwählen. Dies kann man durch eine **Anzahlfunktion** $a(3\ aus\ 5)$ beschreiben. Zählt man die passenden Wege im Baumdiagramm oder bestimmt man die Anzahl direkt durch Multiplikation und Division, so erhält man $a(3\ aus\ 5) = 10$.

3.1 Null oder Eins – Abzählprobleme

a(k aus n)

4 a(k *aus* n) beschreibt die Anzahl der Möglichkeiten k Elemente aus n Elementen auszuwählen. Es ist egal, ob man nach der Anzahl der Kreuze oder der freien Stellen in einem Kästchensystem fragt, da freie und belegte Stellen zusammen immer die Gesamtanzahl der Kästchen ergeben. Daher ist die Anzahl a(k *aus* n) = a(n-k *aus* n).
Die Werte treten insgesamt also immer symmetrisch auf, da es gleich ist, ob man k Felder auswählt oder n − k Felder nicht auswählt.

5 Taschenrechner bieten oft die Möglichkeit a(k *aus* n) direkt per Tastendruck bzw. durch einen entsprechenden Befehl abzurufen. Der Befehl wird häufig mit nCr(n,k) oder nCr k, „number of combinations", bezeichnet.

6 Um auf kürzestem Weg vom Startpunkt S zum Ziel Z zu gelangen (Weglänge n + 1), muss man entweder über A oder über B fahren. Damit ergibt sich die Anzahl aller solcher Wege von S nach Z als Summe der Anzahl dieser Wege von S nach A und der von S nach B.
Die Anzahl der Wege von S nach B wird durch a(k *aus* n) beschrieben, da so ein Weg insgesamt n lang ist und man k Straßen nach Norden fahren muss. Um von S nach A zu kommen, muss man nur (k−1)-mal nach Norden fahren, der Weg ist aber insgesamt ebenfalls n lang, also a(k-1 *aus* n).
Die Gesamtanzahl der kürzesten Wege a(k *aus* n + 1) ergibt sich als Summe dieser zwei Zahlen.

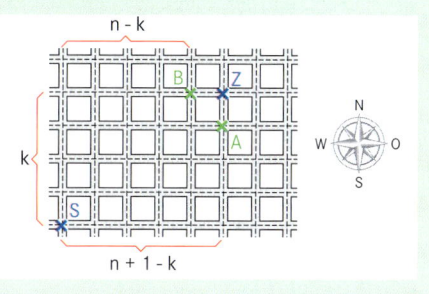

Man kann die Anzahl der Wege der Länge n+1 aus der der Wege der Länge n erschließen:
$$a(k \text{ aus } n + 1) = a(k \text{ aus } n) + a(k - 1 \text{ aus } n).$$

Rekursionsgleichung

Man nennt diese Gleichung die **Rekursionsgleichung**[1] der Anzahlfunktion.

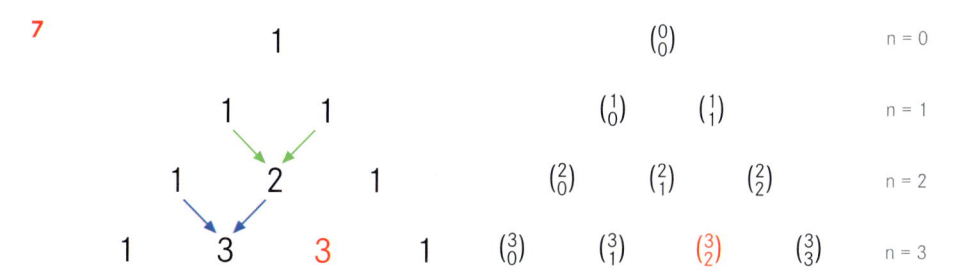

7

$$
\begin{array}{ccccccc}
 & & & 1 & & & \\
 & & 1 & & 1 & & \\
 & 1 & & 2 & & 1 & \\
1 & & 3 & & 3 & & 1
\end{array}
\qquad
\begin{array}{ccccccc}
 & & & \binom{0}{0} & & & & n = 0 \\
 & & \binom{1}{0} & & \binom{1}{1} & & & n = 1 \\
 & \binom{2}{0} & & \binom{2}{1} & & \binom{2}{2} & & n = 2 \\
\binom{3}{0} & & \binom{3}{1} & & \binom{3}{2} & & \binom{3}{3} & n = 3
\end{array}
$$

pascalsches Dreieck

Binomialkoeffizienten

Diese Zahlenanordnung wird als **pascalsches Dreieck**[2] bezeichnet. Die darin enthaltenen Zahlen der Anzahlfunktion werden auch kurz als $\binom{n}{k}$, gelesen „n über k", bezeichnet, wobei n die Zeile nach der Spitze angibt und k die Stelle in der Zeile. Aufgrund der Bedeutung für die binomischen Formeln (vergleiche Übung **12**) werden die Zahlen auch als **Binomialkoeffizienten** bezeichnet. Da man bei n Elementen n Möglichkeiten hat, genau eins auszuwählen bzw. eins nicht auszuwählen, müssen am Rand immer Einsen stehen. Die Rekursionsgleichung besagt, dass sich jede Zahl innerhalb des Dreiecks als Summe der diagonal darüber stehenden Zahlen berechnen lässt.

8 Direkte Berechnung eines Binomialkoeffizienten: Man multipliziert die k natürlichen Zahlen von n aus abwärts und dividiert das Produkt durch das Produkt der natürlichen Zahlen bis k aufwärts.

$$\binom{n}{k} = \frac{n \cdot (n-1) \cdot \ldots \cdot (n-k+1)}{1 \cdot 2 \cdot \ldots \cdot k}, \qquad \text{z. B.} \quad \binom{9}{4} = \frac{9 \cdot 8 \cdot 7 \cdot 6}{1 \cdot 2 \cdot 3 \cdot 4} = 126$$

---

[1] re-currere (lat.): zurück-laufen
[2] Blaise Pascal (1623–1662), französischer Mathematiker

3.1 Null oder Eins – Abzählprobleme

Übungen

1. Wirf fünf Münzen und gib alle Anordnungen von W und Z an. Wiederhole den Versuch dreimal.

2. Vor dir liegen sechs Münzen. Wie viele Anordnungsmöglichkeiten in einer Reihe gibt es, wenn genau drei (vier; fünf; sechs) Münzen Zahl zeigen? Skizziere und berechne.

3. Neun Kästchen sind in einer Reihe. Wie viele Muster mit genau sieben (sechs; fünf) Kreuzen in diesen Kästchen gibt es? Beschreibe, wie man die Zahl ohne TR bestimmen kann.

4. Wie viele kürzesten Wege von A nach B gibt es in dem Straßensystem?

5. Dualzahlen der Länge 8 spielen in der Informatik eine bedeutende Rolle. Wie viele Dualzahlen der Länge 8 mit genau 0 (1; 2; 3; ...) Einsen gibt es? Wie viele Dualzahlen der Länge 8 gibt es insgesamt?

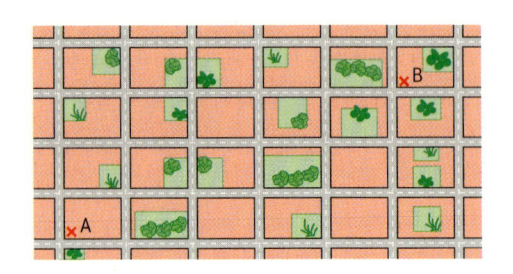

6. Wie viele Ausschüsse mit vier (fünf; sechs; 29) Personen kann man aus 30 Personen bilden, wenn alle Ausschussmitglieder gleichberechtigt sind?

7. Wie viele Möglichkeiten gibt es, aus einem Skatspiel zwei Karten
   (I) mit Zurücklegen; (II) ohne Zurücklegen; (III) mit einem Griff zu entnehmen?

8. Wie viele Möglichkeiten gibt es, aus einer Urne mit zehn unterscheidbaren Kugeln zwei (drei; vier) Kugeln
   (I) mit Zurücklegen; (II) ohne Zurücklegen; (III) mit einem Griff zu entnehmen?

9. Berechne den Binominalkoeffizienten durch entsprechende Multiplikation und Division:
   a) $\binom{7}{2}$ b) $\binom{8}{2}$ c) $\binom{7}{3}$ d) $\binom{10}{3}$ e) $\binom{7}{5}$ f) $\binom{9}{6}$ g) $\binom{100}{2}$

10. Bestimme die Werte der Binomialkoeffizienten aus Übung **9** mit dem TR und wenn möglich mit dem pascalschen Dreieck und überprüfe die Ergebnisse.

11. Fünf Freundinnen treffen sich. Jede gibt jeder genau einmal die Hand. Wie viele Händedrücke gibt es?

12. Beim Ausmultiplizieren von $(a + b)^n$ treten insgesamt n Summanden aus Faktoren von a und b in der entsprechenden Potenzschreibweise auf.

    > Für n = 3 gilt: $(a + b)^3 = (a + b) \cdot (a + b) \cdot (a + b) = 1 \cdot a^3 + 3 \cdot a^2 \cdot b^1 + 3 \cdot a^1 \cdot b^2 + 1 \cdot b^3$. Der Faktor $a \cdot b^2$ tritt vor dem Zusammenfassen dreimal auf, und zwar als $a \cdot b \cdot b$, $b \cdot a \cdot b$ und $b \cdot b \cdot a$, je nachdem welcher Summand in den einzelnen Klammern ausgewählt wurde.
    > Man hat $\binom{3}{2} = 3$ Möglichkeiten, in dem Produkt mit 3 Faktoren genau 2 Faktoren b zu setzen.

    Löse mithilfe des pascalschen Dreiecks die Klammern auf. Gib eine Regel zur Verwendung des Minuszeichens bei der Auflösung der Klammern an.
    a) $(a + b)^3$ b) $(a - b)^3$ c) $(a + b)^5$ d) $(a - b)^5$ e) $(a \pm b)^6$

13. Erläutere die Definition und die Bedeutung des Binomialkoeffizienten $\binom{n}{k}$ an fünf selbst ausgewählten Beispielen.

14 Ein Fahrschüler muss in einer Fahrprüfung 8 von 12 Aufgaben lösen.
  a) Wie viele Auswahlmöglichkeiten hat er?
  b) Wie viele Möglichkeiten bleiben, wenn er die ersten vier Fragen unbedingt beantworten muss?

15 In Quadratcity orientiert sich der Taxifahrer nur nach der Anzahl der „Blocks", die er fahren muss. Ein Gast, der zur National-Bank will, weiß, dass ein kürzester Weg zehn Blocks lang ist. Außerdem weiß er, dass die Bank fünf Blocks nördlich vom Startpunkt aus ist. Er vereinbart mit dem Taxifahrer, dass er nur nach Norden oder Osten fahren soll. (Warum?)
  a) Zeichne und berechne die Anzahl der unterschiedlichen Wege dieser Art.
  b) Ein Fahrgast überlegt: „Wenn die Fahrstrecke 20 Blocks beträgt, muss ich insgesamt ungefähr den doppelten Fahrpreis bezahlen. Damit hat sich wohl auch die Anzahl der möglichen Wege verdoppelt."

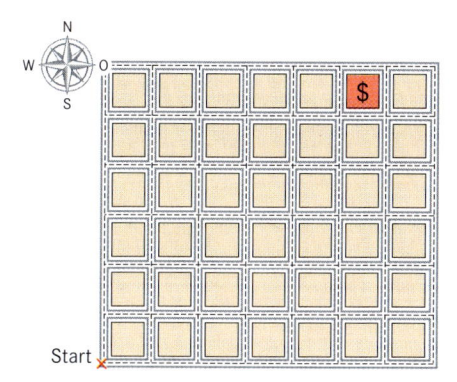

16 Beim Zahlenlotto „6 aus 49" tippt der Spieler 6 der 49 Zahlen. Er hat einen Sechser, wenn er alle sechs Zahlen richtig getippt hat.
  a) Man sagt: „Einen Sechser im Lotto zu haben ist wie eine Nadel in einem Heuhaufen zu finden." Was meint man wohl damit?
  b) Wie viele Möglichkeiten gibt es, in dem 7 x 7-Kästchenfeld sechs Kreuze zu machen?
  c) Man sagt, dass die Chance für einen Sechser beim Lotto nur ca. eins zu 14 Millionen beträgt. Kannst du das bestätigen?
  d) Wie groß ist die Chance beim Lotto fünf richtige Zahlen zu tippen? Vergleiche mit Übung **5**.

17 a) Bestimme:
  (I) $\binom{5}{2}$ und $\binom{5}{3}$ (II) $\binom{7}{2}$ und $\binom{7}{5}$ (III) $\binom{7}{3}$ und $\binom{7}{4}$.
  b) Verallgemeinere die Ergebnisse von a) und begründe.
  c) Veranschauliche und begründe deine Ergebnisse auch am pascalschen Dreieck.
  d) Begründe deine Aussagen am Wegesystem im Rechteckgitter.

18 a) Bestimme im Kopf:
  (I) $\binom{4}{1}$ und $\binom{4}{3}$ (II) $\binom{6}{1}$ und $\binom{6}{5}$ (III) $\binom{100}{1}$ und $\binom{100}{99}$
  b) Untersuche $\binom{n}{1}$ und $\binom{n}{n-1}$.
  c) Veranschauliche deine Ergebnisse auch am pascalschen Dreieck.
  d) Begründe deine Aussagen am Beispiel von Münzanordnungen.

19 a) Bestimme im Kopf:
  (I) $\binom{4}{0}$ und $\binom{4}{4}$ (II) $\binom{6}{0}$ und $\binom{6}{6}$ (III) $\binom{200}{0}$ und $\binom{200}{200}$
  b) Verallgemeinere die Ergebnisse von a) und begründe.
  c) Vergleiche mit den Ergebnissen von Übung **17** und **18**.

20 Bei einem Ziffernschloss sind in vier Reihen nur die Ziffern von 0 bis 5 einstellbar.
  a) Wie viele verschiedene Ziffernkombinationen kann man einstellen?
  b) Wie viele Kombinationen gibt es, in denen genau zweimal (dreimal) die Eins auftritt?
  c) Wie viele Kombinationen mit mindestens drei Zweien gibt es?

21 Beim Schulfest bietet eine Klasse das Zahlenlotto „3 aus 10" an, d. h. dass der Mitspieler zunächst drei von zehn Zahlen auswählen muss. Anschließend werden aus einer Urne mit zehn Kugeln mit den Nummern 1 bis 10 drei Kugeln mit einem Griff gezogen.
  a) Wie viele Möglichkeiten gibt es genau drei Zahlen aus zehn auszuwählen? Beschreibe dazu gleichwertige Versuche.
  b) Man gewinnt einen Hauptpreis, wenn man alle drei Zahlen richtig „getippt" hat. Simuliere die Ziehung mit einem Zufallsgenerator und schätze damit die Chance für einen Hauptgewinn.
  c) Wie groß ist die Wahrscheinlichkeit einen Hauptpreis zu gewinnen?
  d) Wenn man genau zwei Zahlen richtig hat, also zwei richtig und eine falsch getippt hat, gewinnt man einen Kleinpreis.
    (I) Wie viele Möglichkeiten gibt es, von den drei richtigen Zahlen zwei auszuwählen?
    (II) Wie viele Möglichkeiten gibt es, aus den sieben „falschen" Zahlen eine auszuwählen?
    (III) Wie viele Möglichkeiten gibt es, zwei „richtige" und eine „falsche Zahl" auszuwählen?
    (IV) Wie groß ist demnach die Wahrscheinlichkeit für einen Kleinpreis?
  e) Wenn man eine Zahl richtig hat, erhält man einen Trostpreis. Verfahre wie in b) und bestimme dann die Wahrscheinlichkeit für einen Trostpreis.

22 Ein Staat möchte eine neue Nationalflagge aus drei Farben untereinander haben. Wie viele Möglichkeiten für eine derartige Trikolore gibt es, wenn jede Farbe nur einmal vorkommt und
  a) zehn Farben zur Auswahl stehen?
  b) zehn Farben zur Auswahl stehen, aber das mittlere Feld gelb sein soll?
  c) nur rot, blau, grün und gelb zur Verfügung stehen, aber rot und blau nicht aneinander grenzen sollen?

Ausstiege

A1

  a) Vor dir liegen fünf verschiedene Münzen, die alle Zahl zeigen. Gib alle Möglichkeiten an, die Münzen in einer Reihe anzuordnen. Wie viele Möglichkeiten gibt es bei sechs (sieben; ...) verschiedenen Münzen? Kann man die Anzahl direkt berechnen?
  b) Erforsche, was man in der Mathematik unter n!, gelesen „n **Fakultät**", versteht. Wie kann das beim Lösen der Probleme in a) helfen?
  c) Dein TR kann Fakultäten berechnen. Gibt es da Grenzen?
  d) Wie viele Möglichkeiten hast du, aus den Münzen in a) genau zwei (drei; vier; ...) auszuwählen? Gib die einzelnen Möglichkeiten an.
  e) Die Binomialkoeffizienten kann man mithilfe von Fakultäten auch anders aufschreiben: $\binom{n}{k} = \frac{n!}{k! \cdot (n-k)!}$. Bestätige diese Formel anhand von unterschiedlichen Beispielen und allgemein.

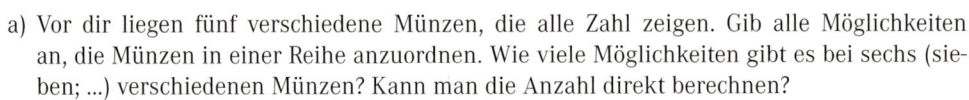

Vereinfache die Terme. (Beachte die Definitionsmengen!)
  a) $(u + v)^2 - (u - v)^2$ b) $(x - 1) \cdot (x + 1) - x^2 - 1$ c) $(r^2 - 1) : (r - 1)$ d) $(a - b)^2 : (a^2 - b^2)$

3.1 Null oder Eins – Abzählprobleme

A2 Schreibt das pascalsche Dreieck bis zur sechzehnten Zeile auf. Nutzt dabei euer Heft im Querformat. Kopiert das pascalsche Dreieck mit dem Fotokopiergerät zweimal.
   a) Färbt alle ungeraden Zahlen ein. Was könnt ihr erkennen? Versucht das Bild zu vervollständigen. Ihr könnt die Zahlen auch durch rote und weiße Legosteine, die ihr auf ein entsprechend großes Grundbrett steckt, veranschaulichen. 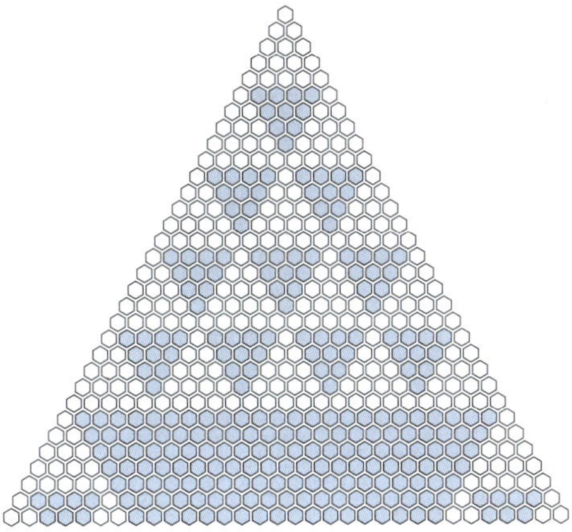
   b) Färbt alle Zahlen, die durch 3 teilbar sind, rot ein. Übertragt eure Ergebnisse in ein Bild, in dem nur noch rote (teilbar durch 3) und schwarze Punkte und keine Zahlen mehr vorhanden sind.
   c) Färbt alle Zahlen, die durch 9 teilbar sind, gelb ein. Übertragt eure Ergebnisse analog zu b) in eine neue Zeichnung.
   d) Wie müsste der Arbeitsauftrag lauten, um das Bild rechts zu erhalten? Hierbei sind die Zahlen im pascalschen Dreieck weggelassen worden.
   e) Forscht nach Informationen über das **Sierpinski-Dreieck**. Dokumentiert sowohl die Quellen, z. B. durch Angabe der Internetadresse, als auch die dort erhaltenen Informationen.
   f) Fasst die Ergebnisse in einer Wandzeitung zusammen.

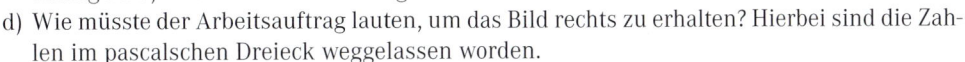

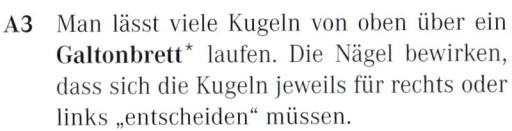

A3 Man lässt viele Kugeln von oben über ein **Galtonbrett*** laufen. Die Nägel bewirken, dass sich die Kugeln jeweils für rechts oder links „entscheiden" müssen. 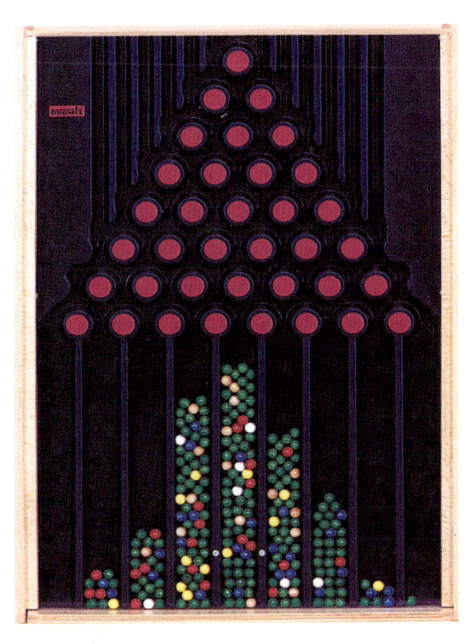
   a) Beschreibt das Galtonbrett durch ein Baumdiagramm und vergleicht die Darstellung. Wie kann man die Anzahl der Kugeln in den einzelnen Fächern erklären?
   b) Experimentiert mit dem Galtonbrett. Man kann es auch durch entsprechende Programme simulieren. Führt den Versuch 20-mal durch und notiert die Ergebnisse geeignet.
   c) Eine Kugel fällt in das Fach 1 ganz links, wenn sie sich bei allen Verzweigungen für links „entschieden" hat; sie fällt in das Fach 2, wenn …
   Vervollständigt die Aussage für alle Fächer.
   d) Wie viele Kugeln müssten theoretisch in jedem der Fächer liegen, wenn man insgesamt 100 Kugeln durch das Raster laufen lässt?
   e) Ein Gebläse beeinflusst die Kugeln so, dass die Wahrscheinlichkeit für rechts nur $\frac{1}{3}$ beträgt. Was erwartet man als Endzustand, wenn man 20 (50; 1000) Kugeln über dieses Galtonbrett laufen lässt? Beschreibt erst und simuliert dann ggf. mit einem TR-Programm.

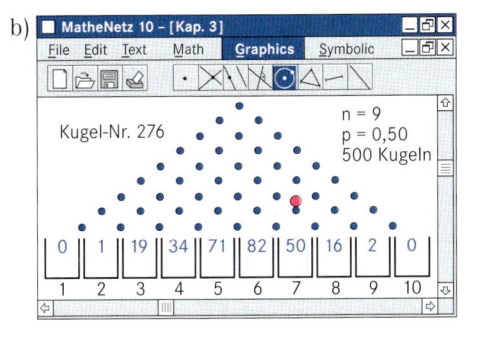

---
* FRANCIS GALTON (1822–1911), englischer Naturforscher

3.2 Die zwei Seiten einer Medaille – Bernoulli-Versuche

Einstiege

E1

	Runde 1	Runde 2	Runde 3	Runde 4	Runde 5	Gesamt-sieger
Sieger	10a	10a	10b			

Beim Schulfest wird für die Schülerinnen und Schüler der Klassen 10 ein Tauziehen (1920 olympische Disziplin) durchgeführt. Die 10a und die 10b treten im „Tauziehen über fünf Runden" gegeneinander an. Die Wahrscheinlichkeit, dass die 10a gewinnt, beträgt bei jedem einzelnen Wettkampf 60%. Sieger ist, wer mindestens drei Partien gewinnt. Aus sportlichen Erwägungen werden immer alle fünf Partien durchgeführt.

a) Simuliert das Tauziehen mit dem TR und notiert die Ergebnisse.
b) Beschreibt einen geeigneten Gewinnplan für die 10a.
c) Wie groß ist die Wahrscheinlichkeit, dass die 10a (10b) mindestens eine Partie gewinnt?
d) Fertigt ein Baumdiagramm an und bestimmt damit folgende Wahrscheinlichkeiten:
  (I) Die 10b gewinnt genau zwei (drei; vier; fünf) Partien. (II) Die 10a gewinnt. (III) Die letzte Partie entscheidet über den Sieg.
e) Im großen Schulfinale treffen eine Auswahlmannschaft der zehnten Klassen und eine der Oberstufe aufeinander. Die Entscheidung wird über sieben Partien angesetzt. Man schätzt, dass die älteren Schülerinnen und Schüler der Oberstufe auf Grund ihres Körperbaus in jeder Runde eine Chance von 75% haben gegen die zehnten Klassen zu gewinnen. Wie groß ist die Chance der jüngeren Schülerinnen und Schüler insgesamt zu siegen?
f) Nennt die Wahrscheinlichkeit für einen Erfolg in einem Durchgang p. Verallgemeinert eure Berechnungen in e).

E2 Man nennt Zufallsexperimente, die nur genau zwei Ergebnisse haben können, Bernoulli*-Versuche. Die beiden Ergebnisse treten dann mit den Wahrscheinlichkeiten p und q = 1 − p auf.
a) Beschreibe fünf verschiedene Bernoulli-Versuche.
b) Pedro sagt, dass man ja fast alle Glücksspiele und Zufallsexperimente als Bernoulli-Versuche bezeichnen könnte. Wie könnte seine Begründung lauten?
c) Wieso kann man das Werfen mit einem Würfel bei der Startsituation beim „Mensch-ärgere-dich-nicht" als Bernoulli-Versuch bezeichnen? Was könnten die zugehörigen Wahrscheinlichkeiten sein?
d) Häufig wiederholt man ein Experiment unter den gleichen Bedingungen. Man kann z.B. viermal würfeln, viermal eine Münze werfen oder viermal beim Roulette auf Rot setzen. Man kann sich dann z.B. für die Wahrscheinlichkeit interessieren, mit der man genau dreimal Erfolg (6 beim Würfeln; Zahl bei der Münze; Gewinn beim Roulette) haben wird. Schätze diese Wahrscheinlichkeiten und führe die Experimente durch. Zeichne zu allen Experimenten ein Baumdiagramm. Berechne damit die gesuchten Wahrscheinlichkeiten und vergleiche diese mit deinen Schätzungen und deinen Versuchsergebnissen.
e) Wie groß ist die Wahrscheinlichkeit, bei zehn Versuchen mit p = 0,1 mindestens einmal Erfolg zu haben?
f) Wie groß ist die Wahrscheinlichkeit, bei zehn Versuchen jeweils genau dreimal Erfolg zu haben? Verallgemeinere deine Aussage.

* JAKOB BERNOULLI (1654–1705), schweizerischer Mathematiker

3.2 Die zwei Seiten einer Medaille – Bernoulli-Versuche

E3 Einige Leute schalten bei Nichtbenutzung ihre Handys zeitweise ab um damit Strom zu sparen. Bei Untersuchungen hat man ermittelt, dass ca. 22,5 % der Benutzer bei Anruf auf Grund eines abgeschalteten Apparates nicht erreichbar sind. Versuche mit nur zwei möglichen Ausgängen wie z. B. „eingeschaltet", „ausgeschaltet" nennt man Bernoulli-Versuche.

a) In Kristins Clique hat jeder ein Handy. Sie will alle zu einer spontanen Party am Abend per Handy „zusammentrommeln". Wie groß ist die Wahrscheinlichkeit, dass (I) alle zehn Freunde ihr Handy eingeschaltet haben, (II) mindestens einer sein Handy nicht eingeschaltet hat?

b) Die Party wird erfahrungsgemäß ein Erfolg, wenn mindestens sieben ihrer Freunde teilnehmen, ab neun ist ein Megaerfolg zu erwarten. Wie groß ist die Chance, dass diese Party am nächsten Tag in der Schule als Megaparty oder als Flop gehandelt wird?
Benutze zur Untersuchung auch ein geeignetes Baumdiagramm.

c) Wie groß ist die Wahrscheinlichkeit, dass null (eins; zwei; ...) Personen nicht erreicht werden?

d) Beschreibe genau, wie du die Wahrscheinlichkeiten in c) berechnet hast, und versuche dein Verfahren auf n Teilnehmer zu verallgemeinern.

E4 Die Wahrscheinlichkeit, sich mittags bei einem bestimmten Internetprovider erfolgreich einloggen zu können, beträgt nach Untersuchungen durchschnittlich 0,8. Versuche mit zwei möglichen Ausgängen wie z. B. „Verbindung gelingt" oder „gelingt nicht" werden Bernoulli-Versuche genannt.

a) Zehn Personen, die mittags immer gemeinsam chatten, versuchen sich nacheinander in das Netz einzuloggen. Wie groß ist die Wahrscheinlichkeit, dass (I) alle beim Chat ihrer Usergroup mitmachen können, (II) mindestens einer beim Chat fehlt?

b) Simuliert die Verbindungsaufnahme mit einem TR. Tragt eure Ergebnisse zusammen und wertet sie tabellarisch aus.

c) Drei von zehn Teilnehmern sind nicht erfolgreich. Wie viele Möglichkeiten gibt es dafür? Wie groß ist die Wahrscheinlichkeit, dass genau (mindestens) drei Personen keine Verbindung erhalten?

d) Verallgemeinert eure Ergebnisse aus c) für den Fall, dass n Personen sich in das Netz einwählen wollen.

Eine Parabel mit dem Scheitelpunkt S(2|1) und eine Ursprungsgerade schneiden sich in den Punkten P(x|y) und Q(3|2).
Berechne den Abstand zwischen P und Q.
Beschreibe und begründe deinen Lösungsweg.

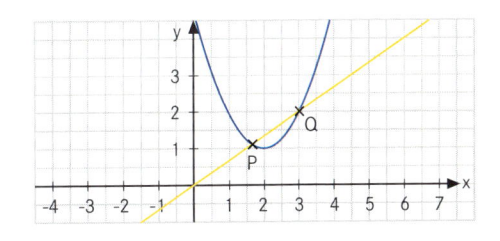

3.2 Die zwei Seiten einer Medaille – Bernoulli-Versuche

Grundwissen

Bernoulli-Versuch

1 Versuche mit zwei möglichen Ausgängen heißen **Bernoulli*-Versuche.** Die beiden Ausgänge werden dabei häufig mit „0" bzw. „1" bezeichnet.

> (I) Beim Werfen eines Würfels beobachtet man die beiden Ausgänge „6" und „keine 6".
> (II) Bei der Untersuchung einer Glühbirne kann das Ergebnis „defekt" oder „o.k." sein.
> (III) Beim Untersuchen einer Blutprobe ist ein Krankheitserreger vorhanden oder nicht.
> (IV) Beim Telefonieren ist die Leitung frei oder besetzt.
> (V) Ein Spiel kann man gewinnen oder verlieren.

Bernoullikette

2 Wird ein Bernoulli-Versuch mehrmals, z. B. zehnmal, unter gleichen Bedingungen wiederholt, so erhält man eine **Bernoullikette** (der Länge zehn bzw. n).

> (I) Eine Münze wird 100-mal geworfen.
> (II) Bei 500 Geburten wird des Merkmal „Geschlecht" festgestellt.
> (III) Bei der Untersuchung von 100 Personen wird das Merkmal „Linkshänder" dokumentiert.
> (IV) 100 gleichartige Transistoren werden auf Funktionsfähigkeit untersucht.

3 Man will bei einer Urne mit einem Anteil von p roten Kugeln wissen, wie groß die Wahrscheinlichkeit ist, dass beim n-maligen Ziehen mit Zurücklegen genau k Kugeln rot sind.
Bezeichnet man einen „Erfolg", d. h. Ausgang „rot", mit 1 und einen „Misserfolg" mit 0, so ist bei einmaligem Ziehen die Wahrscheinlichkeit für eine Eins p und für eine Null 1 − p.
Im zugehörigen Baumdiagramm gilt für jeden Pfad mit genau k Einsen und n − k Nullen:
Zu jeder der Einsen kommt man mit der Wahrscheinlichkeit p, zu insgesamt k Einsen also (nach der Produktregel) mit der Wahrscheinlichkeit p^k. Zu jeder der Nullen kommt man mit der Wahrscheinlichkeit (1 − p); zu n − k Nullen also (nach der Produktregel) mit der Wahrscheinlichkeit $(1-p)^{n-k}$.
Die Wahrscheinlichkeit für einen Pfad mit genau k Einsen ist demnach $p^k \cdot (1-p)^{n-k}$.
Insgesamt gibt es $\binom{n}{k}$ solcher Pfade.
Damit ergibt sich nach der Summenregel für die gesuchte Wahrscheinlichkeit:

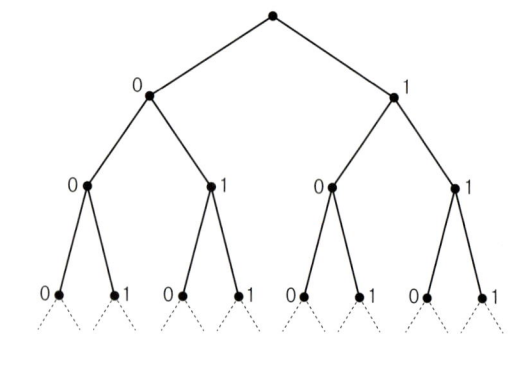

Bernoulli-Formel

$$p(k \text{ Erfolge bei n Versuchen}) = \binom{n}{k} \cdot p^k \cdot (1-p)^{n-k} \quad \textbf{(Bernoulli-Formel)}$$

$\binom{n}{k}$ lässt sich dabei direkt, mit dem TR oder mit dem pascalschen Dreieck bestimmen.

> Aus den Statistiken einer Entbindungsstation hat man entnommen, dass die Wahrscheinlichkeit für ein Mädchen bei der Geburt 0,492 beträgt. Wie groß ist die Wahrscheinlichkeit, dass unter den 20 Geburten einer Woche genau zehn Mädchen waren?
>
> Man kann mithilfe der angegebenen Daten die zugehörige Wahrscheinlichkeit bestimmen.
> p(Mädchen) = 0,492; p(Junge) = 1 − 0,492 = 0,508, n = 20 (Geburten), k = 10 (Mädchen) also
> p(genau 10 Mädchen unter den 20 Geburten) = $\binom{20}{10} \cdot 0{,}492^{10} \cdot 0{,}508^{20-10} \approx 0{,}1757$.
> Dass die Wahrscheinlichkeit so gering ist, verwundert nicht, weil man die Frage nach der Geburt von *genau* zehn Mädchen gestellt hat. Ersetzt man genau durch mindestens, so muss man alle Wahrscheinlichkeiten für k = 10 bis k = 20 aufaddieren und erhält:
> p(mind. 10 Mädchen) = p(10 Mädchen) + p(11 Mädchen) + ... + p(20 Mädchen) ≈ 0,581.

---

* JAKOB BERNOULLI (1654–1705), schweizerischer Mathematiker

3.2 Die zwei Seiten einer Medaille – Bernoulli-Versuche

Übungen

1 Gib zehn unterschiedliche Bernoulli-Versuche an.

2 Eine Münze wird 20-mal geworfen.
a) Wie groß ist die Wahrscheinlichkeit, dass viermal (fünfmal; ...; zehnmal) Wappen oben liegt?
b) Wie kann man die fehlenden Werte geschickt berechnen?

3 Ein Glücksrad mit zwei Sektoren S1 und S2 wird zehnmal gedreht. Wie groß ist die Wahrscheinlichkeit, dass fünfmal (sechsmal; ...; zehnmal) Sektor 1 auftritt, wenn
a) die Flächen der Sektoren S1 und S2 gleich groß sind?
b) die Fläche von S1 fünfmal so groß ist wie die von S2?

4 Bei einem Würfelspiel wird dreimal gewürfelt. Wie groß ist die Wahrscheinlichkeit keine, genau eine (zwei; drei) Sechsen zu werfen?

5 Der Zufallsgenerator eines TR erzeugt Zufallszahlen zwischen 0 und 9.
a) Ermittle in mehreren Durchgängen von jeweils zehn Versuchen die absolute Häufigkeit der Zahl 5.
b) Bestimme die Wahrscheinlichkeit, dass bei zehn Versuchen die Zahl 5 gar nicht (einmal; ...; zehnmal) auftritt.
c) Zeichne für die Werte in b) ein entsprechendes Säulendiagramm.

6 Vier (zehn) Münzen werden geworfen. Wie groß ist die Wahrscheinlichkeit, dass
(I) keine; (II) eine; (III) zwei; (IV) drei; (V) vier Münzen Zahl zeigen?
Fasse deine Ergebnisse in einer Tabelle und einem Säulendiagramm zusammen.

5 In einem IC-Chip sind 20 % der verarbeiteten Bauteile fehlerhaft. Wie groß ist die Wahrscheinlichkeit, dass
a) von zehn Teilen genau (höchstens; mindestens) drei defekt sind?
b) von 20 Teilen genau (höchstens; mindestens) drei defekt sind?

8 Wenn Fred seine Freundin anruft, erreicht er sie erfahrungsgemäß mit einer Wahrscheinlichkeit von 0,8. Wie groß ist die Wahrscheinlichkeit, dass er sie innerhalb einer Woche keinmal (einmal; ...; siebenmal) telefonisch erreicht?

9 Ein Tontaubenschütze trifft mit einer Wahrscheinlichkeit von 0,75. Er schießt zehnmal nacheinander ohne seine Schießleistung dabei zu verbessern.
a) Fertige eine Tabelle für die Wahrscheinlichkeit an genau keinmal (einmal; zweimal; ...; zehnmal) zu treffen.
b) Erstelle ein Säulendiagramm.
c) Bestimme mithilfe der Tabelle die Wahrscheinlichkeit, dass der Schütze
(I) mindestens einmal; (II) mindestens zweimal; (III) höchsten achtmal trifft.

10 Bei einer Lotterie sind von 1000 Losen 100 Gewinne.
a) Jean kauft fünf Lose. Untersuche, ob es sich hierbei um eine Bernoullikette handelt.
b) Daniela eröffnet die Lotterie und darf die ersten beiden Lose erwerben. Wie groß ist die Wahrscheinlichkeit, dass sie zwei Gewinne zieht?

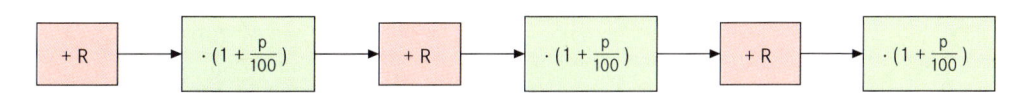

+R → $\cdot (1 + \frac{p}{100})$ → +R → $\cdot (1 + \frac{p}{100})$ → +R → $\cdot (1 + \frac{p}{100})$

Beschreibe einen Sachverhalt, der zu dem Bild passt.

3.2 Die zwei Seiten einer Medaille – Bernoulli-Versuche

11 Bei der Produktion von Mikrochips weiß man aus entsprechenden Untersuchungen, dass unter den produzierten Chips 5 % defekt sind. Da die Kontrolle aller Chips zu teuer ist, werden nur stichprobenartige Kontrollen vorgenommen.
  a) Man entnimmt der Produktion nacheinander zehn Chips und untersucht sie. Handelt es sich um eine Bernoullikette? Begründe.
  b) Eine ganze Serie von 100 Chips wird untersucht. Wie groß ist die Wahrscheinlichkeit, dass darunter (I) genau; (II) höchstens; (III) mindestens fünf defekt sind?

12 Beim Spiel „Chuck Your Luck" setzt ein Spieler einen Dollar und würfelt dreimal. Bei drei Sechsen erhält er sechs Dollar, bei zwei Sechsen vier Dollar, bei einer Sechs zwei Dollar, in allen anderen Fällen verliert er seinen Einsatz.
  a) Wie groß ist die Chance, dass er nichts gewinnt?
  b) Wie groß ist die Chance, dass er zwei (vier; sechs) Dollar gewinnt?
  c) Ist das Spiel fair?

13 Die Säulendiagramme stellen jeweils eine Verteilung von Wahrscheinlichkeiten in Bernoulli-Versuchen dar. Was kann man aus den Diagrammen jeweils für die Wahrscheinlichkeit für Erfolg im Einzelversuch entnehmen, wenn man weiß, dass sie alle Werte darstellen?

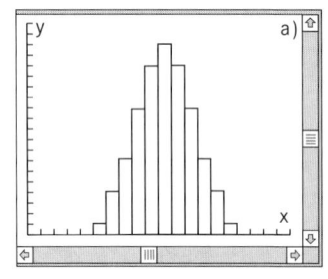

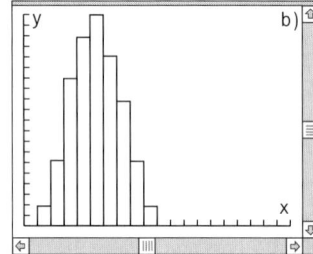

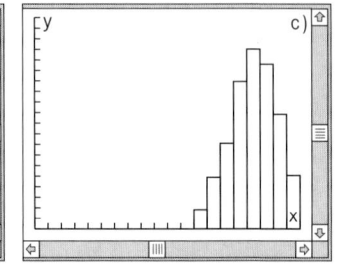

14 Eine Fluggesellschaft weiß aus Erfahrung, dass im Mittel 10% der gebuchten Flüge nicht angetreten werden. Das Flugzeug fasst 90 Personen. Es wurden 95 Plätze gebucht. Wie groß ist die Wahrscheinlichkeit, dass alle ankommenden Passagiere mitfliegen können?

15 Bei einem Wahlkampf ist aus der vorangegangenen Wahl bekannt, dass 40 % der Wähler Kandidat A gewählt haben. Es werden zufällig 100 Wähler vor der Wahl unabhängig voneinander befragt. Wenn man annimmt, dass sich die Wahrscheinlichkeiten nicht geändert haben, wie groß müsste dann die Wahrscheinlichkeit sein, dass
  a) alle Kandidat A wählen wollen?
  b) mindestens ein Wähler Kandidat A wählen will?
  c) genau 36 Kandidat A wählen wollen?
  d) zwischen 30 und 45 Kandidat A wählen wollen?

Ausstiege

A1 Beim Zahlenlotto „6 aus 49" werden nacheinander aus der Lostrommel sechs Zahlen und eine Zusatzzahl gezogen.
  a) Warum handelt es sich beim Ziehen der Lottozahlen nicht um eine Bernoullikette?
  b) Bestimmt die Anzahl der Möglichkeiten, aus 49 Kugeln sechs bestimmte mit einem Griff zu ziehen. Bestimmt damit die Wahrscheinlichkeit, einen Sechser zu haben.
  c) Wie viele Möglichkeiten gibt es (I) von den sechs Gewinnzahlen genau drei richtig; (II) die Zusatzzahl nicht richtig; (III) von den restlichen 42 Zahlen genau drei richtig zu haben?
  d) Wie viele Möglichkeiten gibt es dann, genau drei richtige Gewinnzahlen und drei Nichtgewinnzahlen zu haben? Bestimmt damit die Chance für einen Dreier beim Zahlenlotto.

3.3 Test the best – Datenuntersuchungen mit Bernoulli-Ketten

Einstiege

E1 a) Ist die Euromünze „fair"? Wie könnte man das testen? Diskutiert mögliche Vermutungen sowie Möglichkeiten ihrer Überprüfung und notiert diese. Führt dann eure Tests durch und wertet sie aus. Zu welchem Ergebnis kommt ihr?

> **Euromünze nicht fair?**

b) Helen: „Die Euromünze kann *nicht fair* sein, die Seiten sind ja ganz unterschiedlich geprägt."
Nico: „Stimmt, trotzdem bin ich überzeugt, dass sie *fair* ist."
Viola: „Lasst uns doch einfach die Münze zehnmal werfen, dann sehen wir schon, ob Helen Recht hat oder Nico." Johanna: „Oder besser 50-mal." „Richtig," bekräftigt Viola, „tritt dann eine Seite zu häufig auf, ist das ja wohl nicht Nicos ‚Normalfall'!"
Versucht Violas Idee für zehn und für fünfzig Würfe durch Zahlangaben zu präzisieren und vergleicht mit denen anderer Gruppen. Zu welchem Ergebnis kommt ihr?

c) Karim: „Also, was soll das denn heißen: Eine Seite tritt ‚zu häufig' auf?"
Johanna: „Da können wir endlos debattieren, das bringt nichts. Wir brauchen klare Entscheidungen! Über Helens Hypothese kann man doch nichts Genaues sagen!
Gehen wir aber von Nicos ‚Normalfallhypothese' aus, so wissen wir zumindest, dass die beiden Seiten gleich wahrscheinlich sind: p (Z) = p (W) = 0,5.

> **H: Sensation!**
> **Die Münze ist nicht fair!**

Dann können wir z. B. berechnen, wie groß die Wahrscheinlichkeit ist, dass bei zehn Würfen keinmal, genau einmal usw. ‚Zahl' auftritt. Ist die sehr klein und tritt so ein Fall tatsächlich auf, so spricht das doch eher *gegen* Nico und *für* Helen!"
Sina: „Will ich also eine ‚ausgefallene' Hypothese H wie von Helen prüfen, bei der ich Wahrscheinlichkeiten nicht kenne, ist eine ‚Normalfallhypothese' N hilfreich, bei der Wahrscheinlichkeiten bekannt sind. Damit kann ich dann rechnen und so kann ich besser entscheiden."
Hat Johanna Recht mit ihrer Ansicht, dass man bei N etwas berechnen kann, bei H aber leider nicht?

> **N: Normalfall!**
> **Die Münze ist fair!**

Begründet eure Antwort. In welcher Beziehung stehen die Annahme bzw. Ablehnung von H und N zueinander?
Wie wahrscheinlich sind die verschiedenen Ergebnisse bei zehn Würfen einer fairen Münze?

d) „Und was hat diese Rechnerei jetzt gebracht?" will Helen wissen. „Ist doch klar", meint Viola, „wenn wir uns die möglichen Ergebnisse in einem Streifen darstellen, dann können wir jetzt sozusagen eine Grenze ziehen und sagen, alles was außerhalb liegt, ist uns zu unwahrscheinlich, da lehnen wir N ab. Ein solches Ergebnis spräche doch dann für H!"
Johanna ergänzt: „Und dabei fällt mir noch was Besseres ein: Wir könnten von vornherein festlegen, wie groß diese Wahrscheinlichkeit höchstens sein darf, und danach den ‚Ablehnungsbereich' bestimmen! Das ist doch ein klares Vorgehen, das festlegt, wann wir uns gegen N und damit für H entscheiden."
Berechnet p (k = 0; 1; 9; 10), d. h. die Wahrscheinlichkeit α dafür, dass mindestens ein Versuchsausgang in dem Bereich liegt, in dem N abgelehnt wird, obwohl sie stimmt.
Welche Argumente sprechen für Johannas letzten Vorschlag? Welche Gesichtspunkte könnten bei der Festlegung der Wahrscheinlichkeit α für die „Trennpunkte" eine Rolle spielen?

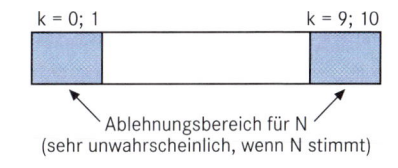

e) Bestimmt für α = 5 % die Ablehnungsbereiche für n = 10; 20; 50; 100 und zeichnet entsprechende Streifendiagramme.

3.3 Test the best – Datenuntersuchungen mit Bernoulli-Ketten

E2 In einer Fernsehshow tritt ein Kandidat auf, der behauptet, dass er bei verdeckten Spielkarten erkennen kann, ob die Karte rot oder schwarz ist. Ist der Kandidat Hellseher oder Scharlatan?

a) Wie könnte man das testen? Beschreibt ein mögliches Verfahren, um die Glaubwürdigkeit des Kandidaten zu testen. Welche Schwierigkeiten treten dabei auf?

b) Die Aussage von Hüsseyin kann man als Hypothese H, die von Nina als Hypothese für den Normalfall N bezeichnen. H und N lassen sich kurz durch Angaben von Wahrscheinlichkeiten für das Vorhersagen einer Spielkartenfarbe beschreiben. Gebt H und N mithilfe von Wahrscheinlichkeiten an.

Hüsseyin: „Ich habe so einen Kandidaten schon einmal erlebt. Ich glaube, der kann wirklich hellsehen."

Nina: „Alles Glückssache! Das ist doch ganz normal, der rät nur!"

c) Bei den zehn Versuchen hat der Kandidat achtmal die richtige Farbe angegeben. Kann er hellsehen oder war es Glückssache? Wie sicher seid ihr euch? Wie groß ist die Wahrscheinlichkeit, dass jemand aus dem Publikum auch achtmal die richtige Farbe angibt?

d) Nina behauptet, dass man – auch wenn man eigentlich nur die Hypothese von Hüsseyin testen möchte – nur ihre „Normalfallhypothese" untersuchen sollte, weil man mit der wenigstens rechnen kann, da man mehr Informationen hat als bei der Hypothese von Hüsseyin. Was meint ihr dazu?

e) Der Kandidat hat zehn Versuche. Wie viele richtige Antworten müsste er mindestens geben, damit ihr Ninas Normalfallhypothese ablehnt? Begründet eure Entscheidung.

f) Wenn Ninas Behauptung „Alles Glückssache!" zutrifft, kann man die Wahrscheinlichkeit berechnen, dass der Kandidat achtmal (neunmal; zehnmal) die Farbe richtig angibt. Bestimmt die Wahrscheinlichkeit, dass er mindestens achtmal die Farbe richtig erkennt. Wie kann man diese Wahrscheinlichkeiten interpretieren? Was bedeuten sie für N, was für H?

g) Führt den Test in eurer Gruppe durch: Jedes Gruppenmitglied soll zehnmal die Farbe einer gezogenen Spielkarte vorhersagen. Gibt es „Experten" unter euch, wenn ihr zuvor euren „Ablehnungsbereich" aus e) zugrundelegt?

h) In der Realität legt man den Ablehnungsbereich für N häufig so fest, dass die Wahrscheinlichkeit „für diesen Bereich" maximal 5 % beträgt.
Damit will man sicherstellen, dass man sich bei der Ablehnung von N nur selten irrt, weil es eben theoretisch nur selten auftritt, dass jemand so häufig richtig rät. Wie wirkt sich das bei 20 (30; 50; 100) Versuchen aus?
Berechnet und stellt die Ergebnisse grafisch dar.

k = 9; 10

einseitiger Ablehnungsbereich für N mit 5 %-Grenze (zu unwahrscheinlich)

Grundwissen

1 Häufig liest man sensationelle Meldungen, die dem natürlichen Empfinden widersprechen und selten vollständig überprüfbar sind, z. B. „X kann hellsehen", „Euromünze gezinkt", „Gewinnzahlen aus dem Kaffeesatz".
Versucht man eine solche Behauptung zu überprüfen oder zu bestätigen, so stellt man schnell fest, dass das nicht einfach ist. Zwar kann man lange Versuchsserien (Tests) planen und dann hoffen, dass sich bei den Versuchen dann „genügend große" Abweichungen vom Normalfall ergeben. Aber hierbei bleibt zunächst völlig unklar, was „genügend groß" heißen soll. Auch sind oft lange Versuchsserien z. B. aus Kostengründen nicht durchführbar.

2 Man versucht oft, nicht die „aus dem Rahmen fallende" Behauptung, (z. B. „Münze gezinkt") zu überprüfen, sondern hofft, aus dem „Normalfall" („Münze nicht gezinkt") mehr Informationen zu gewinnen. Die Ausgangsbehauptung wird **Hypothese H** genannt, den dazu konkurrierenden normalen Fall beschreibt man in der **Normalfallhypothese N**.

Hypothese
Normalfallhypothese

3.3 Test the best – Datenuntersuchungen mit Bernoulli-Ketten

3 Im Allgemeinen kann man eine Hypothese nur dann sinnvoll überprüfen, wenn sie sich durch die Wahrscheinlichkeit eines Einzelergebnisses beschreiben lässt.
Die Ausgangshypothese H lässt sich aber nur selten durch eine exakte Wahrscheinlichkeit beschreiben, meistens kann man nur Bereiche wie z. B. „größer als" oder „ungleich" angeben. Für die Normalfallhypothese N ist dagegen oft eine konkrete Zahl als Wahrscheinlichkeit bekannt.

> Ist der Würfel gezinkt?
> H: „Die 6 tritt häufiger auf." $p(AZ\ 6) > \frac{1}{6}$;
> N: „Der Würfel ist fair." $p(AZ\ 6) = \frac{1}{6}$.
>
> Ist die Euromünze fair?
> H: „Die Münze ist nicht fair." $p(Z) \neq 0{,}5$;
> N: „Die Münze ist fair." $p(Z) = 0{,}5$.

Ablehnungsbereich

4 Man versucht daher i. A. *nicht,* eine („Ausnahme"-)Hypothese H *zu bestätigen,* sondern ihr Gegenteil, die Normalfallhypothese N, möglichst *zu widerlegen,* sodass man N **ablehnen** kann.
Man nimmt dabei an, dass die Normalfallhypothese N gilt und bestimmt *vor* Durchführung des Tests einen passenden **Ablehnungsbereich.** Dieser Bereich wird so bestimmt, dass die Wahrscheinlichkeit α für Ausfälle (z. B. „Zahl") in diesem Bereich bei Gültigkeit von N „sehr klein" ist. Liegt ein Ergebnis dann in diesem Bereich, so wird man N verwerfen. Was man dabei als „klein" betrachten will, ist eine Entscheidung, die vor dem Test zu treffen ist. Von Statistikern wird oft $\alpha = 5\%$ als „Trennpunkt" zwischen „großen" und „kleinen" Wahrscheinlichkeiten gewählt. Ist die Wahrscheinlichkeit eines Versuchsausfalls bei der Annahme der Gültigkeit von N kleiner oder gleich 5 %, wird N abgelehnt, weil dieser Ausfall dann sehr unwahrscheinlich ist.
Wenn man die Normalfallhypothese N aufgrund solcher Beobachtungen ablehnt, muss sie deshalb aber nicht falsch sein, man kann sich auch irren. Ist sie nämlich trotzdem richtig, dann hat man eben ein Ereignis mit sehr kleiner Wahrscheinlichkeit beobachtet. Die Festlegung des Trennpunktes entscheidet also darüber, mit welcher Wahrscheinlichkeit man Irrtümer in Kauf nimmt.

5 *Problemstellung:* Ein Kandidat behauptet, nur am Geschmack erkennen zu können, ob der Zucker vor dem Eingießen des Tees in der Tasse war oder nachträglich hinzugefügt wurde.

Annahmen: Die Hypothese ist H: „Der Kandidat ist Zucker-Tee-Experte." mit $p > 0{,}5$. Der Normalfall ist N: „Der Kandidat rät." mit $p = 0{,}5$. N soll stimmen. Es wird als Trennpunkt dafür $\alpha = 5\%$ gewählt.

Versuchsdurchführung: Bei zehn Versuchen gibt der Kandidat acht richtige Antworten. Die Wahrscheinlichkeit für acht oder mehr richtige Antworten (N soll stimmen!) ergibt sich nach der Formel von Bernoulli: $p(k = 8, 9 \text{ oder } 10) = \binom{10}{8} \cdot 0{,}5^8 \cdot 0{,}5^2 + \binom{10}{9} \cdot 0{,}5^9 \cdot 0{,}5^1 + \binom{10}{10} \cdot 0{,}5^{10} \cdot 0{,}5^0 \approx 0{,}055$
Die Wahrscheinlichkeit mit bloßem Raten acht-, neun- oder zehnmal die richtige Antwort zu geben, beträgt also nur 5,5 %. Trotzdem kann man die Normalfallhypothese, dass der Kandidat rät, wegen $\alpha = 5\%$ nicht ablehnen. Man kann N erst ab neun richtigen Antworten ablehnen, denn dann ist die Wahrscheinlichkeit mit 1,1 % unterhalb von $\alpha = 5\%$.

Legt man den Trennpunkt α fest, kann man hierzu den Ablehnungsbereich für N bestimmen. Hierfür kann man den TR oder Tabellen der Bernoulliketten benutzen.

einseitiger, zweiseitiger Test

6 Man muss bei jedem Test zuvor klären, ob die Hypothese H nur in eine Richtung weist wie bei $p > 0{,}5$ oder in zwei Richtungen wie bei $p \neq 0{,}5$ (also $p < 0{,}5$ oder $p > 0{,}5$). Man bezeichnet den **Test** entsprechend als **einseitig** oder **zweiseitig.** Bei zweiseitigen Tests wird α symmetrisch auf beide Bereiche aufgeteilt.

N: $p = 0{,}5$; $\alpha = 5\%$; $n = 100$			
einseitig; H: $p > 0{,}5$		zweiseitig; H*: $p \neq 0{,}5$	
Ablehnungsbereich	Wahrscheinlichkeit	Ablehnungsbereich	Wahrscheinlichkeit
59; ...; 100	$p(59; ...; 100) = 4{,}4\%$	0; ...; 39; 61; ...; 100	$p(0; ...; 39, 61; ...; 100) = 3{,}5\%$

3.3 Test the best – Datenuntersuchungen mit Bernoulli-Ketten

Übungen

1 Von einer Münze wird vermutet, dass sie nicht fair ist. Beschreibe ein Testverfahren zur Untersuchung der Vermutung.

2 Mira behauptet, dass ihre Münze absolut fair ist, Nina zweifelt das an.
 a) Gib Hypothese und Normalfallhypothese an.
 b) Die beiden wollen mit einem Test von 20 Würfen herausfinden, ob Miras Behauptung aufrecht erhalten werden kann. Wie sollen sie vorgehen?
 c) Sie haben sich geeinigt, Miras Behauptung abzulehnen, wenn Zahl oder Wappen bei 20 Würfen mehr als 13-mal auftritt. Bestimme die Wahrscheinlichkeit, dass Miras Behauptung abgelehnt wird, obwohl die Münze fair ist.
 d) Bestimme zu $\alpha = 5\,\%$ den Ablehnungsbereich, wenn man zehn- (30-; 50-)mal die Münze wirft.

3 Eine Münze wird durch Aufkleben einer kleineren Münze auf einer Seite manipuliert. Wirkt sich das auf die Wahrscheinlichkeiten von Zahl und Wappen aus?
 a) Beschreibe H und N.
 b) Gib einen Testaufbau und einen Ablehnungsbereich für N an.
 c) Führe den Versuch durch.
 d) Beurteile den Ausfall und begründe schriftlich.

4 Eine Münze soll daraufhin untersucht werden, ob sie gezinkt ist. Sie wird 30- (40-; 50-)mal geworfen.
 a) Gib Hypothese H und Normalfallhypothese N an.
 b) Bestimme zu $\alpha = 5\,\%$ (1 %; 0,1 %) den Ablehnungsbereich für N.
 c) Wähle eine Knopfbatterie als gezinkte Münze und teste diese. Gehe hierbei wie in a) und b) vor.

5 Fred soll in Chemie einen Multiple-Choice-Test mitschreiben. Aus einem großen Paket von Fragen werden zwölf Fragen mit jeweils vier Antworten, von denen eine richtig ist, ausgewählt. Wie groß ist die Chance, dass Fred acht Fragen richtig beantwortet?
 a) N: „Fred weiß nichts und wird nur raten", p = 0,25 (warum p = 0,25?). Wie groß ist dann die Wahrscheinlichkeit, dass er acht Fragen richtig beantwortet?
 b) Nimm an, dass H: „Fred kann von allen Fragen 75 % (50 %; 80 %; 90 %) richtig beantworten", richtig ist. Wie groß ist die Wahrscheinlichkeit, dass er acht Fragen richtig beantwortet?
 c) Nimm an, N ist richtig. Bestimme die Wahrscheinlichkeit p (mindestens acht Fragen richtig). Worin besteht der Unterschied zu a)?

6 Zwei äußerlich nicht unterscheidbare Münzen liegen auf dem Tisch, eine davon ist gezinkt mit p (Zahl) = 0,7. Eine Münze wird zufällig ausgewählt und geworfen. Es soll untersucht werden, ob sie gezinkt ist.
 a) Formuliere Hypothese und Normalfallhypothese.
 b) Die Annahme, dass die Münze fair ist, soll abgelehnt werden, wenn bei 20 Würfen mehr als 14-mal „Zahl" auftritt. Bestimme die Wahrscheinlichkeit, sich bei Ablehnung von N zu irren.
 c) Nimm an, dass die Münze fair ist. Sie wird 20-mal geworfen. Bestimme den Ablehnungsbereich für diese Annahme, wenn $\alpha = 5\,\%$ (1 %) beträgt.
 d) Man beschließt, dass die Münze als fair eingestuft wird, wenn bei 20 Würfen die Anzahl von „Zahl" höchstens zwölf ist. Bestimme für die faire und die gezinkte Münze die Wahrscheinlichkeit, dass höchstens zwölfmal „Zahl" auftritt.
 e) Wie ändern sich die Werte, wenn man 100-mal wirft und 60 als maximal akzeptable Anzahl von „Zahl" bei der fairen Münze vereinbart?

7 Um zu überprüfen, ob Ratten bestimmte Farben erkennen können, wird eine Ratte durch eine Röhre geschickt, bei der sie sich am Ende für einen roten oder einen grünen Weg entscheiden muss. Am Ende des grünen Ganges wartet ein leckeres Stück Käse. Nach jedem Versuch wird das System durch Drehen zufällig neu angeordnet, sodass sich die Ratte nicht einfach die Richtung, die zum Futter führt, merken kann. Da man nicht weiß, ob Ratten Farben erkennen können, wählt man die Normalfallhypothese N, dass sie farbenblind sind, da man dann die Wahrscheinlichkeit für die Wahl eines Ganges mit p = 0,5 ansetzen kann.

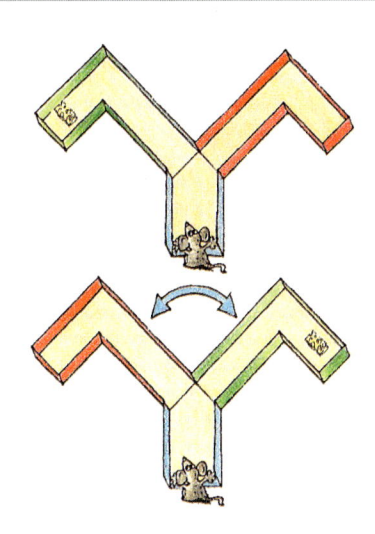

a) Gib Hypothese und Normalfallhypothese an.
b) Die Ratte wählt sechsmal den grünen Gang. Wie groß ist die Wahrscheinlichkeit dafür, *wenn* sie farbenblind ist?
c) Man entschließt sich, N abzulehnen, wenn sich die Ratte mindestens siebenmal (sechsmal; achtmal; neunmal) für den grünen Gang entscheidet. Bestimme die Wahrscheinlichkeit dafür, dass N abgelehnt wird. Wie kann man die Zahlen interpretieren?

8 Eine Sendung von Halogenbirnen soll getestet werden. Der Hersteller hat angekündigt, dass maximal 5 % der Birnen defekt sind. Es sollen 20 Birnen getestet werden.

a) Formuliere Hypothese und Normalfallhypothese.
b) Der Käufer vereinbart mit dem Hersteller, dass er die Sendung zurückgeben kann, wenn in der Stichprobe mehr als zwei Glühbirnen defekt sind. Nimm an, dass die Zusicherung des Händlers korrekt ist. Berechne die Wahrscheinlichkeit, dass die Sendung abgelehnt wird.
c) Wie muss für $\alpha = 5\%$ ($\alpha = 1\%$) der Ablehnungsbereich vereinbart werden, wenn man 50 (100) Birnen testen will?

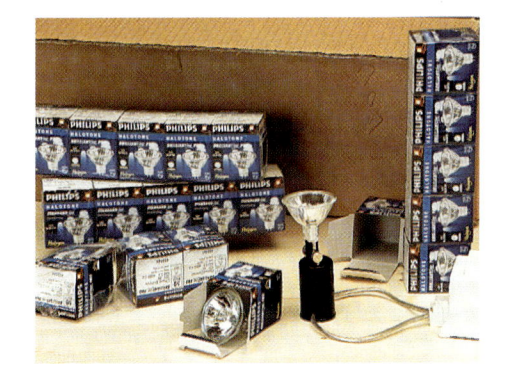

9 Ein Glücksrad mit den Ziffern 0 und 1 ist zehnmal gedreht worden und hat sieben Einsen und drei Nullen erzeugt. Kann man die Normalfallhypothese, dass beide Felder gleich groß sind, gegenüber der Annahme, dass das Feld mit der Ziffer 1 größer ist als das mit der Ziffer 0, ablehnen?

↻ „Försterdreieck? Hab ich noch nie gesehen!", sagte der Forstbetriebsbeamte (volkstümlich: Förster). „Wenn ich die Höhe eines Baumes messen will, klappe ich einen Zollstock auf 40 cm zusammen und halte ihn mit ausgestrecktem Arm senkrecht vor mich hin. Dann nehme ich so weit Abstand von dem Baum, dass das untere Ende des Zollstocks sich beim Peilen mit dem Stammfuß deckt und das obere Ende mit der Baumspitze. Ich merke mir, wo auf dem Stamm die 4 cm sind, marschiere zum Stamm, messe die echte Höhe des Merkflecks und multipliziere mit 10." „Ja, ja", sprach der alte Oberförster, Hugo war sein Name, „und ich mache das Ganze mit meinem Spazierstock, den ich durch Kerben in zehn gleiche Teile geteilt habe."
Erläutere, wieso das Verfahren funktioniert.

3.3 Test the best – Datenuntersuchungen mit Bernoulli-Ketten

Ausstiege

A1 Ein Sägewerk stellt Hobeldielen her. Es produziert zwei Sorten A und B, die sich in ihrer Qualität und im Preis erheblich unterscheiden. Bei Qualität A sind nur 10 % der Kanten beschädigt, bei Qualität B sind es ca. 50 %. Eine große Menge dieser Dielen wird in Containern verpackt und an einen Baumarkt geliefert. Auf der Fahrt sind die Zettel an den Containern verloren gegangen und so weiß man nicht mehr, welche Qualität in den einzelnen Containern ist. Aus den Frachtpapieren kann man noch entnehmen, dass 70 % der Lieferung die Qualität A hatte. Wenn die ganze Lieferung als Qualität B verkauft wird, entsteht ein Schaden von 2000 Euro. Wird die Ladung als Qualität A verkauft, so kann es zu Regressforderungen von ca. 5000 Euro kommen. Da man nicht alle Dielen überprüfen kann, beschließt man, aus jedem Container ein Paket mit 20 Dielen zu testen. Sind darunter höchsten drei mit defekten Kanten, so will man den Containerinhalt als Qualität A einstufen, sonst als Qualität B.
a) Gib Hypothese und Normalfallhypothese an.
b) Nimm an, dass die Normalfallhypothese (Hypothese) richtig ist. Wie groß ist dann die Wahrscheinlichkeit, dass die Ladung falsch klassifiziert wird?
c) Bestimme den durchschnittlichen Verlust bei diesem Entscheidungsverfahren.
d) Verändere die Grenze des Ablehnungsbereiches. Gib dem Sägewerk eine Empfehlung, wie es diese Grenze wählen soll, um möglichst geringen Verlust zu machen.

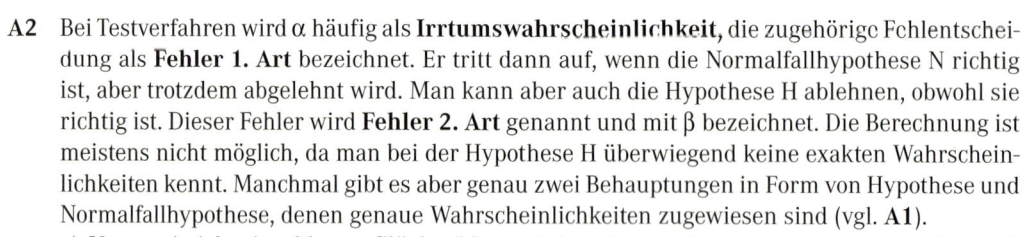

A2 Bei Testverfahren wird α häufig als **Irrtumswahrscheinlichkeit,** die zugehörige Fehlentscheidung als **Fehler 1. Art** bezeichnet. Er tritt dann auf, wenn die Normalfallhypothese N richtig ist, aber trotzdem abgelehnt wird. Man kann aber auch die Hypothese H ablehnen, obwohl sie richtig ist. Dieser Fehler wird **Fehler 2. Art** genannt und mit β bezeichnet. Die Berechnung ist meistens nicht möglich, da man bei der Hypothese H überwiegend keine exakten Wahrscheinlichkeiten kennt. Manchmal gibt es aber genau zwei Behauptungen in Form von Hypothese und Normalfallhypothese, denen genaue Wahrscheinlichkeiten zugewiesen sind (vgl. **A1**).
a) Von zwei nicht einsehbaren Glücksrädern mit jeweils *zwei* Sektoren 0 und 1 mit $p_{G1}(1) = 0,5$ bzw. $p_{G2}(1) = 0,75$ wird eins 10-mal gedreht und das Ergebnis bekannt gegeben. Man entscheidet sich für G 1, wenn höchstens sechsmal die 1 auftritt, sonst entscheidet man sich für G 2. Beschreibe die möglichen Fehler bei den Entscheidungen.
b) Bestimme den Fehler 1. Art und den Fehler 2. Art.
c) In Übung **8** wurden 20 Birnen getestet. Der Ablehnungsbereich für die Normalfallhypothese des Händlers ist {3; ...; 20}. Die Wahrscheinlichkeit für die Hypothese ist nicht bekannt. Wenn man annimmt, dass die Wahrscheinlichkeit für die Hypothese z. B. p = 0,5 oder 0,6 beträgt, kann man den Fehler 2. Art berechnen. Bestimme den Fehler 2. Art, wenn die Wahrscheinlichkeit für die Hypothese die Zahlenwerte p = 0,4; ...; 0,9; 0,95 hat. Trage die Daten in deinen TR in zwei Listen ein: in L1 die Wahrscheinlichkeit p, in L2 die berechneten Werte für den Fehler 2. Art. Lasse die Daten als x-y-Linie darstellen. Wie kann man diese Linie deuten?

A3 Es soll nachgewiesen werden, dass $\sqrt{2}$ eine irrationale Zahl ist:
Nehmen wir zunächst an, $\sqrt{2}$ sei eine rationale Zahl; dann kann man sie durch einen Bruch $\frac{m}{n}$ darstellen, ...
Vergleiche das Vorgehen bei diesem Beweis mit dem Testen von Hypothesen.

> Wäre $\sqrt{2} = \frac{m}{n}$ mit $m, n \in \mathbb{N}$ teilerfremd, dann wäre (*) $m^2 = 2n^2$.
> Dann müsste gelten:
> (1) m^2 ist durch 4 teilbar und
> (2) n^2 ist ungerade.
> Also gilt: (*) ist nicht erfüllbar.

3.4 Vermischte Übungen

L1 Wie viele Möglichkeiten gibt es vier Kreuze in zehn Kästchen zu machen?

L2 Bestimme die Anzahl der Möglichkeiten sieben Münzen, von denen fünf Zahl zeigen, in einer Reihe anzuordnen.

L3 Wie viele kürzeste Wege der Länge zehn gibt es in einem Quadratgitter, wenn das Ziel sechs Straßen nach Westen und vier Straßen nach Norden entfernt liegt? Skizziere zwei mögliche Routen.

L4 Wie viele Möglichkeiten gibt es aus zehn Schülern einen Zweierausschuss zu wählen? Wie ändert sich die Anzahl, wenn es einen Vorsitzenden und einen Vertreter gibt?

L5 a) Wie viele Möglichkeiten gibt es beim Lotto „6 aus 49" sechs Zahlen anzukreuzen?
b) Wie groß ist die Wahrscheinlichkeit alle sechs Zahlen richtig anzukreuzen?

L6 Bestimme die Binomialkoeffizienten: $\binom{4}{3}$; $\binom{5}{3}$; $\binom{6}{3}$; $\binom{7}{3}$; $\binom{10}{3}$.

7 Bestimme im Kopf: $\binom{3}{3}$; $\binom{5}{3}$; $\binom{6}{1}$; $\binom{7}{0}$; $\binom{10}{9}$; $\binom{40}{39}$; $\binom{k}{k}$; $\binom{r}{0}$; $\binom{700}{699}$; $\binom{10n}{1}$.

L8 Berechne mittels Division und Multiplikation: $\binom{6}{3}$; $\binom{5}{2}$; $\binom{36}{3}$; $\binom{17}{2}$; $\binom{10}{7}$.

9 Von den 30 Schülern einer Klasse sollen per Losentscheid fünf in eine Parallelklasse wechseln. Wie viele Möglichkeiten gibt es?

L10 Auf wie viele Arten kann man aus acht Personen einen Dreierausschuss wählen, wenn
(I) alle Personen gleichberechtigt sind; (II) zunächst ein Vorsitzender separat gewählt wird?

11 An einem Tischtennisturnier nehmen zehn Spieler teil. In der ersten Runde spielt jeder gegen jeden.
a) Wie viele Paarungen gibt es?
b) Es wird auf zwei Gewinnsätze gespielt, d. h. wer zuerst zwei Sätze gewonnen hat, hat das Spiel gewonnen. Wie viele Sätze werden insgesamt mindestens bzw. höchstens gespielt?

12 Im 100-m-Finale kämpfen acht Läufer um olympische Medaillen.
a) Wie viele mögliche Siegertrios kann es geben, wenn man die Rangfolge der Medaillen außer Acht lässt?
b) Auf wie viele Arten können die Medaillen (Gold, Silber, Bronze) verteilt werden?

13 Wie viele Möglichkeiten gibt es fünf gleiche Reklameprospekte auf acht Fächer zu verteilen?

L14 Aus einem Kartenspiel werden drei Karten (I) mit Zurücklegen; (II) ohne Zurücklegen gezogen. Wie groß ist die Wahrscheinlichkeit
a) drei Kreuzkarten; b) keine Kreuzkarte zu ziehen?

15 Beschreibe, wie man das pascalsche Dreieck aufschreiben kann. Führe aus, welche Bedeutung die Zahlen in der siebten Zeile haben.

L16 Eine gezinkte Münze mit p(Zahl) = 0,7 wird zehnmal geworfen.
a) Wie groß ist die Wahrscheinlichkeit, dass keinmal (einmal; ...; zehnmal) „Zahl" auftritt?
b) Zeichne ein zugehöriges Säulendiagramm.
c) Wettet man auf das Auftreten von „Zahl", interessiert man sich dafür, ob mindestens einmal „Zahl" auftritt. Wie groß ist diese Wahrscheinlichkeit?

17 In einer Urne liegen 19 rote und eine weiße Kugel. Es wird fünfmal mit Zurücklegen gezogen.
a) Wie groß ist die Wahrscheinlichkeit, genau drei rote Kugeln zu ziehen?
b) Wie groß ist die Wahrscheinlichkeit, genau drei rote Kugeln nacheinander zu ziehen?
c) Man setzt auf Weiß (p = 0,05) und interessiert sich dafür, insgesamt Erfolg zu haben, also mindestens einmal eine weiße Kugel zu ziehen. Man setzt 1 Euro ein. Wie hoch müsste die Auszahlung sein, damit das Spiel fair ist?

18 Löse die Klammern auf.
a) $(a + b)^3$; $(a - b)^3$; $(a - 2b)^3$; $(2a - 3b)^3$
b) $(a + b)^4$; $(a - b)^4$; $(a + 2b)^4$; $(2a - 3b)^4$
c) $(a + b + c)^2$; $(a + b + c)^3$; $(a + b + c)^4$
d) $(a + b + c + d)^2$; $(a + b + c + ...)^2$; $(a + b + c + d)^3$; $(a + b + c + ...)^3$

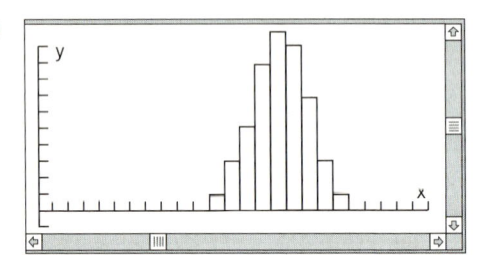

19 Das Säulendiagramm gehört zu einem Bernoulli-Versuch. Wenn man davon ausgeht, dass alle Werte gezeichnet wurden, kann man eine Aussage über die mögliche Größe von p (= Wahrscheinlichkeit für „Erfolg" bei einem Versuch) machen.
Gilt p < 0,5, p = 0,5 oder p > 0,5?
Begründe.

20 Eine gezinkte Münze mit p(Zahl) = 0,6 wird zehn- (100-; 1000-) mal geworfen. Welche Form müsste ein zughöriges Säulendiagramm voraussichtlich jeweils ungefähr haben?

21 Bei der Produktion von elektronischen Teilen weiß man aus Erfahrung, dass durchschnittlich 15 % den Anforderungen nicht entsprechen. Ein Kunde kauft ein Paket mit 100 ungeprüften Teilen.
a) Wie viele defekte Teile sind theoretisch zu erwarten?
b) Wie groß ist die Wahrscheinlichkeit, dass in dem Paket k = 7 (8; ...; 20) Teile defekt sind?
c) Gib die Daten in eine Tabellenkalkulation ein und lass dir die Wahrscheinlichkeiten als Säulendiagramm darstellen. Übernimm den Ausdruck in dein Heft.

22 **Lufthansa zahlt bei Überbuchung mehr**

Hamburg, Reuter
Lufthansa-Passagiere erhalten künftig höhere Entschädigungen, wenn sie in überbuchten Flugzeugen keinen Platz mehr bekommen. Ein Unternehmenssprecher sagte gestern, Überbuchungsopfer können ab morgen zwischen einem Gutschein im Wert von 1 200 Mark oder 600 Mark in bar wählen. Die Gutscheine hatten bislang einen Wert von 900 Mark. Betroffene Passagiere können damit etwa Flüge bezahlen oder an Bord einkaufen. Die wahlweise Barzahlung bleibe unverändert. Etwa acht von 10 000 Lufthansa-Passagieren bekämen in überbuchten Maschinen keinen Platz mehr, sagte der Konzernsprecher. Durch die Überbuchung werde die Auslastung der Flugzeuge verbessert. Pro Jahr erziele die Lufthansa so Zusatzerträge von 230 Millionen Mark. Dem stünden Entschädigungen von 15 Millionen Mark gegenüber.
Berliner Zeitung, 28. 7. 1997

a) Wie hoch wird von der Lufthansa die Wahrscheinlichkeit geschätzt, dass ein Fluggast wegen Überbuchung keinen Platz erhält?
b) Wie viele Fluggäste sind davon nach Auskunft der Lufthansa vermutlich betroffen? Welche Schwierigkeiten ergeben sich bei der Berechnung?

3.4 Vermischte Übungen

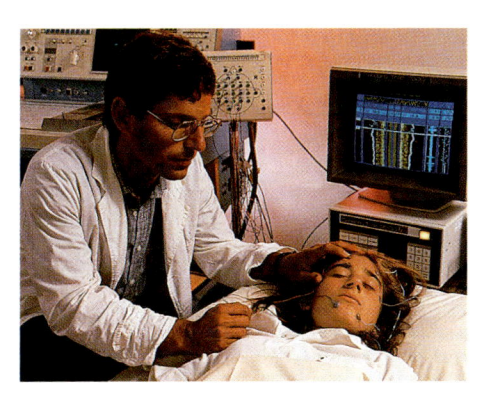

23 Ein Pharmaziekonzern hat ein neues Schlafmittel „Schlaf gut" entwickelt.

Bevor es auf den Markt kommt, soll es an Patienten, die an Schlaflosigkeit leiden, getestet werden. Bei dem Test soll untersucht werden, ob das neue Mittel besser als das bisherige „Dreamer" ist.

Man wählt zwölf Personen aus und untersucht, ob sie mit „Schlaf gut" oder mit „Dreamer" länger schlafen. Die Ergebnisse werden in einer Tabelle notiert:

Person	1	2	3	4	5	6	7	8	9	10	11	12
Schlafzeitverlängerung mit „Schlaf gut" gegenüber „Dreamer" [min]	15	20	15	-30	50	-10	10	20	-10	30	20	10
Vorzeichen	+	+	+	–	+	–	+	+	–	+	+	+

Es soll geprüft werden, ob „Schlaf gut" besser wirkt. Dazu stellt man die Normalfallhypothese N: „„Schlaf gut" ist nicht besser als „Dreamer"" auf und überprüft, ob N verworfen werden kann, „Dreamer" also wahrscheinlich besser ist. Ohne Berücksichtigung der Zahlen in der zweiten Zeile interessiert man sich nur für die Vorzeichen. Einen derartigen Test nennt man **Vorzeichentest**. Er ist relativ einfach, weil er die Informationen nicht zahlenmäßig verarbeitet.

a) Wenn N richtig ist, dann kommt das Minuszeichen im günstigsten Fall zufällig vor, d. h. die Wahrscheinlichkeit für „+" oder „–" ist jedes Mal 50 %. Berechne die Wahrscheinlichkeit, dass genau drei Minuszeichen auftreten.

b) Gegen N würde es sprechen, wenn drei oder weniger Minuszeichen auftreten. Bestimme die Wahrscheinlichkeit hierfür.

c) Wie viele Minuszeichen dürften auftreten, damit man sich bei Ablehnung von N nur mit maximal 5 % „irrt"?

24 In einem Krankenhaus werden Statistiken über das Geschlecht bei Geburten geführt. Man stellt in einem Jahr fest, dass 48 von 100 Geburten Mädchen waren. Es soll die Behauptung, dass durchschnittlich weniger Mädchen als Jungen geboren werden, getestet werden.

a) Gib H und N an. Teste N.

b) Nimm an, dass N wahr ist, aber aufgrund der 48 Mädchen abgelehnt wird. Wie groß ist die Wahrscheinlichkeit für eine Ablehnung von N?

b) Wie müsste man den Ablehnungsbereich festlegen, wenn α = 5 % betragen soll?

25 Ein Hersteller von Widerständen gibt den Ausschussanteil p seiner Produktion mit höchstens 10 % an. Eine umfangreiche Lieferung an ein Versandhaus wird mit einer Stichprobe vom Umfang 50 getestet. Falls in der Stichprobe höchstens sieben Widerstände defekt sind, soll die Lieferung angenommen werden, im anderen Fall kann das Versandhaus sie ablehnen.

a) Mit welcher Wahrscheinlichkeit wird die Lieferung abgelehnt, obwohl sie den Angaben des Herstellers entspricht?

b) Mit welcher Wahrscheinlichkeit wird die Lieferung angenommen, wenn der wahre Anteil der defekten Teile 15 % (20 %; 25 %; 30 %; 35 %; 40 %) beträgt? Stelle die Daten mit dem GTR grafisch in Abhängigkeit von dem wahren Anteil p dar. Interpretiere den Graphen.

26 Ein Würfel, von dem man nicht weiß ob er fair ist oder ob er die 6 bevorzugt, wird 75-mal geworfen. Man stellt fest, dass er insgesamt 12-mal (14-mal) die Augenzahl 6 zeigt. Wie soll man sich entscheiden?

27 Schüler sollen bei einem Test, bei dem jeweils zwei Antwortmöglichkeiten vorgegeben sind, 20 Fragen beantworten. Der Lehrer möchte gerne erreichen, dass er reine „Rater" mit hoher Sicherheit entlarven kann.

> Bio/10b **TEST** Name:_____
> 1. Glukose ist ein
>   ☐ Monosaccharid   ☐ Disaccharid
> 2. Wo werden die weißen Blutkörperchen gebildet?
>   ☐ in den Lymphknoten   ☐ im Knochenmark
> 3. Kreuze die richtige Antwort an:
>   Milben gehören zu den...
>   ☐ Spinnentieren und   ☐ Insekten und
>   haben 8 Beine   haben 6 Beine
> 4. Hat Gregor Mendel
>   das menschliche Genom entschlüsselt?
>   ☐ Ja   ☐ Nein

a) Der erste Kandidat beantwortet zwölf Fragen richtig, der zweite acht Fragen. Wie groß ist theoretisch die Wahrscheinlichkeit dafür, wenn von beiden nur geraten wird?

b) Wie viele Fragen muss bei $\alpha = 5\%$ ($\alpha = 10\%$) der Schüler mindestens richtig beantworten, damit man N: „der Schüler rät" verwerfen und sich für H: „der Schüler ist vorbereitet" entscheiden kann?

28 In einem Fischerboot werden zehn Passagiere transportiert, von denen vier Schmuggler sind und sechs ehrliche Leute. Im Hafen müssen alle durch die Zollkontrolle. Der Zöllner sucht sich drei Personen aus, alle drei sind Schmuggler. Schreibe auf diesen Daten basierend einen mathematischen Aufsatz zu dem Thema „Kann der Zöllner hellsehen?".

29 Vor Gericht gilt, dass ein Angeklagter so lange unschuldig ist, bis seine Schuld bewiesen ist. Oft geht es um ein Alibi.
Wo kann man Parallelen zum Testen von Hypothesen entdecken? Begründe.

30 Eine Firma bringt seit vielen Jahren Überraschungseier auf den Markt, die neben dem Genuss der Schokolade auch noch Spaß durch eine von außen nicht erkennbare Überraschung bringen sollen. Da man den Inhalt vor dem Kauf nicht erkennt, haben Tüftler alle möglichen Verfahren entwickelt, um wenigstens einen Hinweis auf den Inhalt zu bekommen. Bei einer Fernsehshow tritt ein Kandidat auf, der behauptet, nur aufgrund des „Klanges" beim Schütteln entscheiden zu können, ob in einem Ei ein Puzzle enthalten ist oder nicht.
Von zehn Überraschungseiern kann er bei sieben Eiern eine richtige Entscheidung treffen. Überzeugt dich das? Begründe ausführlich.

↻ Aus dem nebenstehenden Graphen kann man den Verlauf einer längeren Autofahrt ablesen. Erfinde eine Geschichte dazu. Ordne dabei die folgenden Sachverhalte den entsprechenden Zeitpunkten bzw. Zeitintervallen zu:

(I) Fahrt auf der Landstraße
(II) Fahrt auf der Autobahn
(III) Auftanken
(IV) Pause

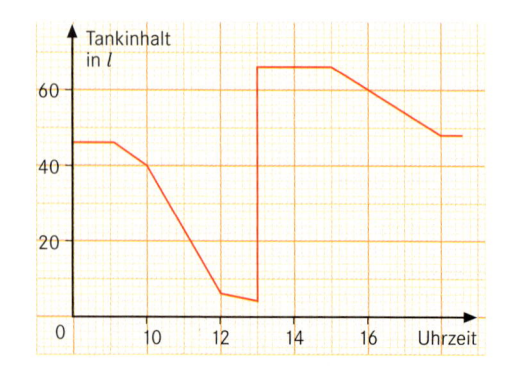

3.5 Zusammenfassung

1 Oft muss man zur Lösung von Problemen Anzahlen durch geschicktes systematisches Abzählen bestimmen. Dabei ist es nützlich, wenn man die Grundstruktur eines Problems durch ein entsprechendes Modell beschreiben kann, für das man dann eine beispielhafte Lösung sucht.
Sehr oft lassen sich **Abzählprobleme** durch Urnenmodelle beschreiben:
In einer Urne sind 10 unterscheidbare Kugeln, es werden 3 Kugeln mit einem Griff gezogen. Wie viele Möglichkeiten gibt es hierfür?
Dieses Problem kann auch Modell für andere Probleme sein:

> Wie viele Möglichkeiten gibt es,
> (I) in 10 Kästchen 3 Kreuze zu setzen;
> (II) eine Dualzahl der Länge 10 mit genau 3 Einsen aufzuschreiben;
> (III) 10 Münzen, von denen 3 Zahl zeigen, unterschiedlich in einer Reihe anzuordnen;
> (IV) in einem Quadratgitter Wege der Länge 10 zu gehen, die alle 3-mal nach Westen und 7-mal nach Süden verlaufen;
> (V) aus 10 Schülerinnen einen Ausschuss von 3 Schülerinnen zu wählen?

2 Die gesuchte Anzahl in **1** kann man mit einem Baumdiagramm mit 10 Stufen bestimmen, indem man die Anzahl der Wege bestimmt, die genau 3 Einsen und 7 Nullen haben.
Dies ist für große Werte (ab vier Stufen) schnell unübersichtlich. Deshalb hat man die einzelnen Werte in unterschiedlicher Form „tabelliert". Für das Beispiel gilt:
(I) Auf dem Taschenrechner kann man die Zahl als Anzahl der Kombinationen von 3 aus 10 ermitteln.
(II) In dem schon von früher bekannten **pascalschen Dreieck** kann man die Anzahl in der 10. Reihe als 3. Zahl ablesen.
(III) Die Zahl wird als **Binomialkoeffizient** bezeichnet, weil sie bei der binomischen Formel $(a + b)^{10}$ angibt, wie häufig z. B. der Term $a^3 b^7$ in der Summe auftritt. Die Schreibweise für diese Zahl ist $\binom{10}{3}$, gelesen: „10 über 3".
(IV) Den Binomialkoeffizient kann man durch Multiplikation und Division direkt berechnen:
$\binom{10}{3} = \frac{10 \cdot 9 \cdot 8}{1 \cdot 2 \cdot 3}$ oder allgemein $\binom{n}{k} = \frac{n \cdot (n-1) \cdot (n-2) \ldots (n-k+1)}{1 \cdot 2 \cdot 3 \ldots k}$.
Man multipliziert k natürliche Zahlen von n abwärts und dividiert das Produkt durch das Produkt der natürlichen Zahlen bis k aufwärts.

3 Für die Binomialkoeffizienten gelten folgende Beziehungen:
(I) $\binom{n}{k} = \binom{n}{n-k}$ (Symmetrie der Binomialkoeffizienten)
(II) $\binom{n}{0} = \binom{n}{n} = 1$; $\binom{n}{1} = \binom{n}{n-1} = n$
(III) $\binom{n}{k} + \binom{n}{k-1} = \binom{n+1}{k}$ **(Rekursionsformel für Binomialkoeffizienten)**

4 Versuche mit nur zwei möglichen Ausgängen (0 bzw. 1; Erfolg bzw. Misserfolg) nennt man **Bernoulli-Versuche**. Wird ein Bernoulli-Versuch n-mal unabhängig, d. h. ohne dass sich die Einzelwahrscheinlichkeit ändert, wiederholt, so erhält man eine **Bernoullikette** der Länge n.
Die Wahrscheinlichkeit, bei einer Bernoullikette der Länge n genau k mal Erfolg zu haben, beträgt:

> $p(k \text{ Erfolge bei } n \text{ Versuchen}) = \binom{n}{k} \cdot p^k \cdot (1-p)^{n-k}$ **(Bernoulli-Formel)**.

5 Häufig liest man in Zeitungen sensationelle Meldungen, die z. B. die große Wirksamkeit eines neuen Medikaments behaupten. Um die Glaubwürdigkeit zu „untersuchen", versucht man die Behauptung durch ein Experiment zu testen.

6 Um eine **Hypothese H** (die z. B. eine „Sensation" behauptet) zu testen, versucht man H durch Angabe von Wahrscheinlichkeiten zu beschreiben. Das ist aber nur selten möglich, man kann in der Regel nur grobe Bereiche wie z. B. „größer als" oder „ungleich" angeben.
Das ist bei der **Normalfallhypothese N** meistens anders. Hier ist oft eine konkrete Zahl als Wahrscheinlichkeit bekannt.
Daher wird man die Untersuchung auf diese „berechenbare" Normalfallhypothese N stützen und versuchen in dem **Test** diesen Normalfall möglichst zu widerlegen: Ist der Ausfall eines Versuches bei der Annahme der Richtigkeit von N zu unwahrscheinlich, kann man N **ablehnen** (verwerfen) und H als eher zutreffend ansehen.

7 Die Grenze zwischen Ablehnung und Nichtablehnung von N muss man *vor* dem Test festlegen. Statistiker ziehen die Grenze zwischen „großen" und „kleinen" Wahrscheinlichkeiten häufig bei 5 %. Wenn die Wahrscheinlichkeit für einen eingetretenen Versuchsausfall maximal 5 % ist, lehnt man die zu Grunde liegende Normalfallhypothese ab. Dazu kann man – z. B. aus Tabellen oder mithilfe des Taschenrechners - dann auch den zugehörigen **Ablehnungsbereich** für die Ergebnisse bestimmen, bei deren Vorkommen man die Vermutung N dann ablehnen wird. Sollte die Normalfallhypothese N doch richtig sein, lehnt man sie dann allerdings zu Unrecht ab.
Die Wahrscheinlichkeit, von der ab man N als zu unwahrscheinlich ablehnt, wird mit α bezeichnet.

Man behauptet, dass eine Münze nicht fair ist (Hypothese H). Um H zu „beweisen", versucht man das Gegenteil (Normalfallhypothese N: „Die Münze ist fair") zu widerlegen. N kann man durch die Wahrscheinlichkeiten p (Zahl) = 0,5 = p (Wappen) näher beschreiben. Von H weiß man nur p (Zahl) $\neq$ 0,5. Man nimmt daher an, dass N gilt. Mittels Taschenrechner kann man den Ablehnungsbereich für N für verschiedene Wurfanzahlen n in Abhängigkeit von der Wahl von α bestimmen:

L1	L2 (n = 20)	L3 (n = 25)
2	2 E -4	9.7 E -6
3	.00129	7.8 E -5
4	.00591	4.6 E -4
5	.02069	.00204
6	.05766	.00732
7	.13159	.02164
8	.25172	.05388

L2 (5) = .020694732...

In L1 stehen die Werte für k, in L2 (n = 20) und L3 (n = 25) sind die Summen der Wahrscheinlichkeiten von 0 bis k mithilfe der Bernoulli-Formel berechnet worden.
Wählt man nun α = 5 %, so muss man in der Tabelle zunächst das größte k bestimmen, bei dem die zugehörige (aufsummierte) Wahrscheinlichkeit gerade noch kleiner als $\frac{1}{2}\alpha$, hier also 2,5 %, ist. Dies ist bei n = 20 der Fall für k = 5, denn p (k = 0; ...; k = 5) = 2,07 %.
Aufgrund der Symmetrie ist die Wahrscheinlichkeit für den Ablehnungsbereich [0; ...; 5; 15; ...; 20] doppelt so groß, also 4,14 %. Für das nächstgrößere k wäre α = 5 % schon deutlich überschritten. Für α = 5 % und n = 25 ist der Ablehnungsbereich [0; ...; 7; 18; ...; 25].
Für α = 1 % erhält man entsprechend: Für n = 20 ist k = 3, also ist der Ablehnungsbereich [0; 1; ...; 3; 17; ...; 20], für n = 25 ist der Ablehnungsbereich [0; ...; 5; 20; ...; 25].

---

8 Durch das Testen von Hypothesen kann man grundsätzlich nicht die Gültigkeit einer Behauptung vollständig nachweisen. Aus der Ablehnung von N folgt *nicht* die Gültigkeit von H!
Es wird immer ein „Restrisiko" bleiben, dass man sich trotz überzeugender Testergebnisse geirrt hat. Man versucht aber dieses Restrisiko schon beim Aufbau des Tests möglichst klein zu halten. Je kleiner das Restrisiko sein soll, um so kleiner wird auch der Bereich sein, in dem man eine Hypothese ablehnt. Man will dann eben möglichst sicher gehen, die Hypothese nicht fälschlicherweise abzulehnen. Das kann aber dazu führen, dass man die Hypothese beibehält, obwohl sie falsch ist. Die Wahrscheinlichkeit für diesen zweiten möglichen Fehler kann man nur sehr selten berechnen. Grundsätzlich gilt aber, dass man die Wahrscheinlichkeiten für beide möglichen Fehler nicht gleichzeitig klein halten kann. Deshalb wird man in der Realität sorgfältig abwägen, welche praktischen Konsequenzen sich aus dem einen oder dem anderen Fehler ergeben.

3.6 Geschmacksexperten werden getestet

Unter Jugendlichen und Erwachsenen gibt es Kaffeetrinker und Teetrinker. Beide Gruppen behaupten häufig, dass sie absolute Experten in ihrem Bereich sind.

Felix: „Gefriergetrockneten Löskaffee kann mir keiner als Filterkaffee verkaufen."

Janine: „Zwischen frisch gemahlenem Kaffee und vakuumverpacktem ist ja wohl ein Riesenunterschied."

Hanno: „Bei meinem handaufgegossenen Filterkaffee schmeckst du jede Bohne, das Aroma ist viel besser als bei der schwarzen Maschinensoße."

Vasily: „Man kann doch wohl Beuteltee nicht mit frisch gebrühtem Tee vergleichen."

Kira: „Der first-flush schmeckt doch deutlich besser als der second-flush."

Gesine: „Also wenn der Tee länger als zweieinhalb Minuten zieht, kann man ihn ja fast nicht mehr genießen."

Sicher habt ihr in eurer Klasse auch entsprechende Experten, die gerne ihre Geschmacksnerven bei einem „blinden" Test auf die Probe stellen werden. Als Testobjekte sind natürlich auch andere „Genussmittel" (z. B. Schokolade) geeignet.

Arrangiert eine entsprechende Testrunde. Eine Jury aus vertrauenswürdigen Mitschülerinnen und Mitschülern kontrolliert die Zubereitung und den Test.

(I) Vereinbart jeweils eine Hypothese und einigt euch über die Art des Tests und die Testbedingungen. Man kann den Test auch auf größere Stichproben ausdehnen oder mehrfach wiederholen lassen.

(II) Führt eure Tests zu unterschiedlichen Hypothesen durch und tragt eure Testergebnisse in einem Plakat zusammen.

(III) Untersucht bei euren Tests, wie erfolgreich man mit Raten sein kann. Bestimmt zu unterschiedlichen Werten von α und unterschiedlichen Werten von n den Ablehnungsbereich der Normalfallhypothese.

(IV) In einer Fernsehshow behauptet der Kandidat Huber, dass er mit großer Sicherheit Filterkaffee von Löskaffee unterscheiden kann. Es werden ihm zehn verschiedene Kaffeeproben gereicht, von denen er entscheiden muss, ob sie Filterkaffee sind oder nicht. Er kennt die Anteile der beiden Sorten nicht, also kann er auch nicht taktisch entscheiden.
Er irrt sich dreimal. Herr Huber ist völlig überzeugt, dass dieser Test seine Aussage bestätigt, denn er hat ja in 70 % der Fälle seinen „Geschmack" bewiesen. Was meint ihr dazu?

(V) Was kann man unter der Trennschärfe eines Tests verstehen? Wie könnt ihr eure Tests trennschärfer machen?

4 Inhaltsmessung

4.1 Hier geht's rund – Kreise

Einstiege

E1 „Für eine Dreiecksfläche rechnet man Grundseite mal Höhe durch 2. Aber wie kann man allein aus dem Radius die Kreisfläche berechnen?" fragt Daniel. „Ist für mich kein Problem!" sagt Luisa. Überlegt, wie Luisa vorgehen könnte.

E2 a) Der griechische Philosoph ANTIPHON (480–411 v. Chr., ein Zeitgenosse des berühmten Philosophen SOKRATES) hat sich einen Kreis als Streckenzug mit sehr vielen Ecken vorgestellt. Was spricht dafür, was spricht dagegen? Schreibt eure Argumente auf.
b) Greift den Gedanken von ANTIPHON auf und berechnet möglichst genau den Umfang und den Flächeninhalt eines Kreises mit dem Radius 10 cm. Stellt zuerst einen Plan für die Berechnungen auf. Berechnet auch Kreise mit anderen Radien.
c) Versucht auch den Rauminhalt und den Oberflächeninhalt eines Zylinders zu berechnen. Wählt eigene Zahlenwerte.

E3 Von drei 15 m langen Eichenstämmen hat jeder einen mittleren Umfang von 4 m. Der zum Transport vorgesehene Lastwagen hat eine 3 m breite Ladefläche und darf eine Masse von 16 t aufnehmen. Vor dem Aufladen soll geprüft werden, ob die Baumstämme nebeneinander liegend auf dem Lastwagen transportiert werden können (Dichte von Eichenholz $\varrho \approx 0{,}8$ g/cm^3).

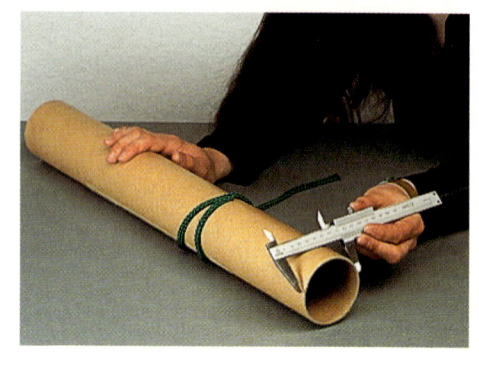

a) Untersuche, ob die drei Stämme nebeneinander auf den Lastwagen passen. Untersuche dazu als Modelle für einen Eichenstamm verschiedene Bleistifte, Papprollen o. ä.
b) Die Abbildung kann dir helfen, einen Zusammenhang zwischen Umfang und Querschnittsfläche des Baumstamms zu finden. Versuche damit die Transportfrage zu klären. Beschreibe deine Rechnung auch für Baumstämme mit anderen Maßen.
c) Was ändert sich an deinen Berechnungen, wenn anstelle des Umfangs der Durchmesser der Baumstämme bekannt ist?

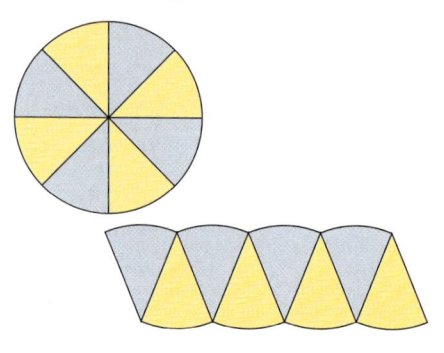

E4

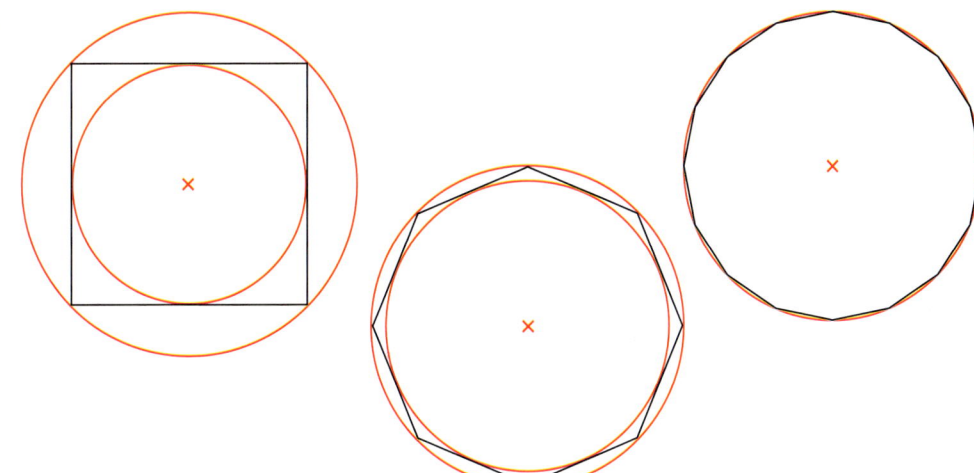

a) Versuche mit einem Faden auf einem Blatt Millimeterpapier ein Achteck mit dem Umfang 40 cm zu stecken. Bestimme den Flächeninhalt des Achtecks mithilfe des Millimeterpapiers.

b) Konstruiere regelmäßige Vierecke, Achtecke und 16-Ecke mit dem Umfang 40 cm und vergleiche sie miteinander.
Bestimme insbesondere die Radien von Inkreis und Umkreis und vergleiche die Vielecksflächeninhalte miteinander. Führe für noch höhere Eckenzahlen die Berechnungen mit einem kleinen Programm durch.

c) Verwende deine Ergebnisse aus b) um den Radius eines Kreises mit dem Umfang 40 cm herauszufinden. Setze dabei auch das Programm aus b) ein. Untersuche, was sich bei anderen Werten des Umfangs ergibt.
Versuche auch bei vorgegebenem Radius den Umfang zu bestimmen. Welchen Umfang hat ein Kreis mit dem Durchmesser 1 m?

d) Versuche ebenso wie in c) die Flächeninhalte von Kreisen zu bestimmen. Welchen Flächeninhalt hat ein Kreis mit dem Radius 1 m?

e) Welchen Rauminhalt hat ein 1 m hoher Zylinder mit dem Umfang 40 cm?

E5

a) Zeichne einen Kreis mit dem Radius 10 cm und ein Quadrat, dessen Ecken auf dem Kreis liegen. Bestimme durch Messung oder durch Rechnung den Umfang und den Flächeninhalt des Quadrates als grobe Näherung für Kreisumfang und Kreisflächeninhalt.

b) Ergänze das Quadrat zu einem regelmäßigen Achteck und wiederhole deine Berechnungen.

c) Versuche mit deinen Ergebnissen von b) auch ein regelmäßiges 16-Eck zu berechnen.

d) Stelle deine Ergebnisse in einer Tabelle zusammen. Versuche zu schätzen, wie stark deine Ergebnisse von dem Flächeninhalt bzw. dem Umfang des Kreises abweichen. Berechne dazu umbeschriebene Quadrate, Achtecke usw.

e) Berechne mithilfe deiner Ergebnisse auch den Umfang u und den Flächeninhalt A anderer Kreise (z. B. für r = 0,2 m; 0,5 m; 1,0 m). Stelle die Ergebnisse tabellarisch zusammen. Versuche Funktionsterme für u und A aufzustellen.

f) Übertrage deine Überlegungen auf die Berechnung des Volumens eines Zylinders.

4.1 Hier geht's rund – Kreise

Grundwissen

1 Der Flächeninhalt des Einheitskreises hat eine bestimmte Maßzahl, die mit π bezeichnet wird.

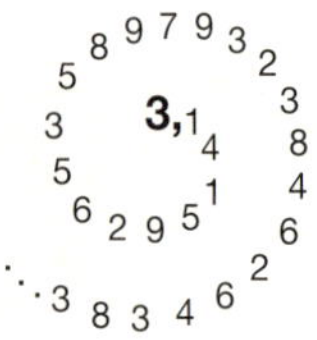

Berechnung von π durch *einbeschriebene* regelmäßige Vielecke:
 (I) Viereck: $\pi \approx 2$
 (II) Achteck: $\pi \approx 2{,}8$
 (III) 16-Eck: $\pi \approx 3{,}1$

32-Ecke usw. führen auf noch bessere Näherungswerte. Da die Vielecke ineinander geschachtelt sind, steigen die Näherungswerte mit der Eckenanzahl an:

$\pi = 3{,}14159265358979...$

In den meisten Taschenrechnern ist ein Näherungswert für π abrufbar.

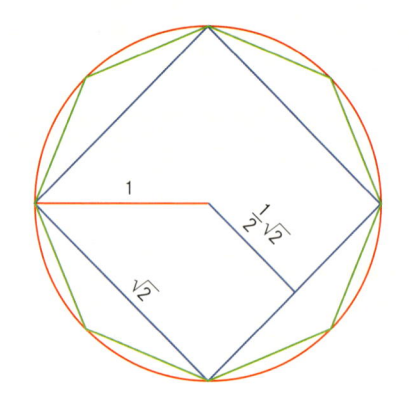

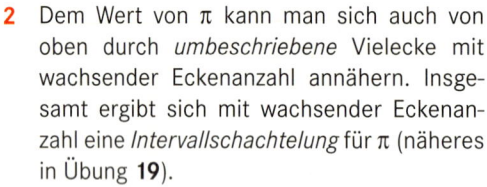

2 Dem Wert von π kann man sich auch von oben durch *umbeschriebene* Vielecke mit wachsender Eckenanzahl annähern. Insgesamt ergibt sich mit wachsender Eckenanzahl eine *Intervallschachtelung* für π (näheres in Übung **19**).
 (I) $2 < \pi < 4$
 (II) $2{,}8 < \pi < 3{,}3$
 (III) $3{,}1 < \pi < 3{,}2$

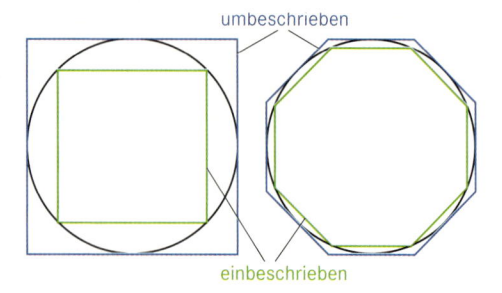

3

Streckt man den Einheitskreis mit einem positiven Streckfaktor r, dann erhält man einen Kreis mit dem Radius r und dem r^2-fachen Flächeninhalt. Also gilt:

Ein Kreis mit dem Radius r hat den **Flächeninhalt**

$A = \pi r^2$.

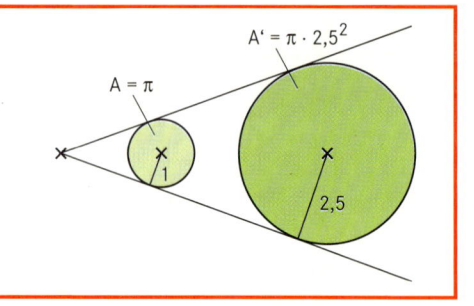

Kreisfläche

4 Für alle umbeschriebenen Vielecke eines Kreises mit Radius r gilt $A = \frac{1}{2} u\, r$, wobei A den Flächeninhalt und u den Umfang des Vielecks bezeichnet.
Diese Gleichung „vererbt" sich auf den Kreis, denn er kann durch umbeschriebene Vielecke beliebig genau angenähert werden.

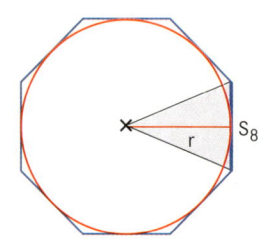

Daraus ergibt sich:

Bei einem Kreis mit dem Radius r und dem Umfang u gilt für den Flächeninhalt

$A = \frac{1}{2} u\, r$.

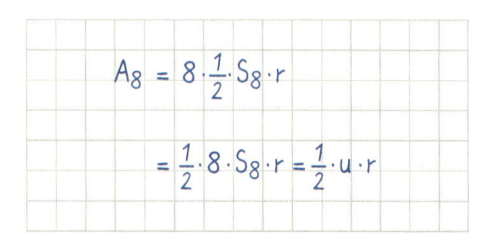

$A_8 = 8 \cdot \frac{1}{2} \cdot s_8 \cdot r$

$= \frac{1}{2} \cdot 8 \cdot s_8 \cdot r = \frac{1}{2} \cdot u \cdot r$

4.1 Hier geht's rund – Kreise

Kreisumfang

5 Aus $A = \frac{1}{2} u\, r$ und $A = \pi r^2$ ergibt sich $u = 2\pi r$. Also gilt:

Ein Kreis mit dem Radius r hat den **Umfang**
$$u = 2\pi r.$$

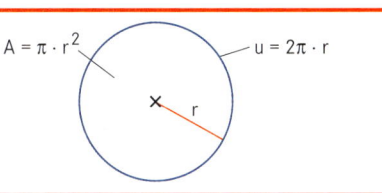

Zylinder

6 Verschiebt man einen Kreis mit dem Radius r senkrecht aus seiner Ebene um h, dann überstreicht er einen (senkrechten) **Zylinder** der Höhe h. (Bei anderen Verschiebungsrichtungen entsteht ein schiefer Zylinder.)
Verschiebt man ein dem Kreis einbeschriebenes Vieleck auf demselben Weg, dann überstreicht es ein Prisma.
Für das Volumen V eines Prismas mit Grundfläche G gilt bekanntlich $V = G \cdot h$. Diese Gleichung „vererbt" sich auf den Zylinder, denn er kann beliebig genau durch solche Prismen angenähert werden.

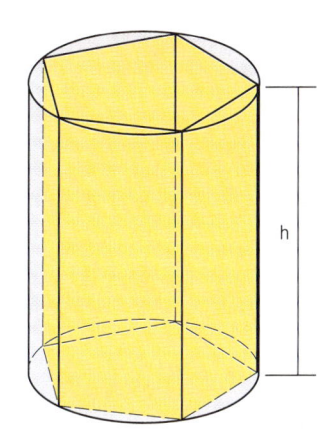

Zylindervolumen

Ein Zylinder mit dem Grundkreisradius r und der Höhe h hat das **Volumen**
$$V = G \cdot h = \pi r^2 h.$$

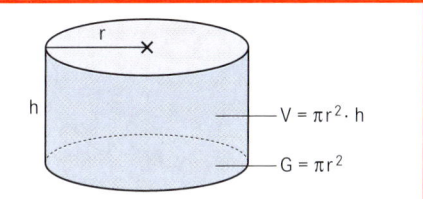

Kreisausschnitt

7 Vergleicht man einen **Kreisausschnitt** und einen Vollkreis miteinander, so erhält man die folgenden Verhältnisgleichungen. (Eine der Gleichungen wurde schon in Kapitel **1** verwendet.)

$$\frac{\text{Bogenlänge}}{\text{Kreisumfang}} = \frac{\text{Mittelpunktswinkel}}{\text{Vollwinkel}}$$
$$= \frac{\text{Fläche des Ausschnitts}}{\text{Fläche des Vollkreises}}$$

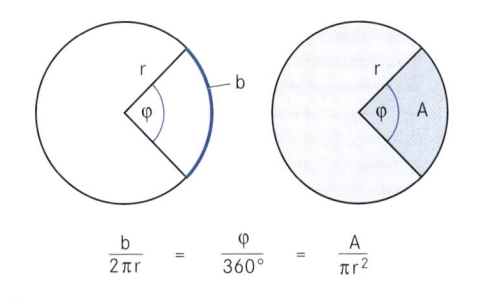

$$\frac{b}{2\pi r} = \frac{\varphi}{360°} = \frac{A}{\pi r^2}$$

Bogenmaß

8 Die Bogenlänge eines Mittelpunktswinkels im Einheitskreis kann zur Messung des Winkels dienen. In Kapitel **1** wurde der zugeordnete Zahlenwert daher **Bogenmaß** des Winkels genannt. Der Vollwinkel mit dem Gradmaß 360° hat das Bogenmaß 2π, der gestreckte Winkel mit dem Gradmaß 180° hat das Bogenmaß π, ein rechter Winkel hat das Bogenmaß $\frac{\pi}{2}$ usw.
Für das Verhältnis von Kreisumfang und Radius, d. h. für 2π, wurde in Kapitel **1** der Näherungswert 6,3 verwendet. Häufig benötigt man Bruchteile und Vielfache von π:

Grad	360	180	90	60	57,3	45	30
Bogenmaß	2π	π	$\frac{\pi}{2}$	$\frac{\pi}{3}$	$\frac{\pi}{\pi}$	$\frac{\pi}{4}$	$\frac{\pi}{6}$
Näherungswert	6,28	3,14	1,57	1,05	1,00	0,79	0,52

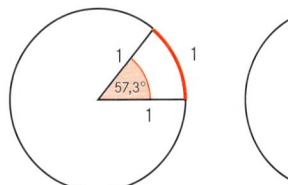

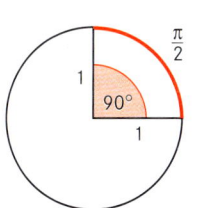

4.1 Hier geht's rund – Kreise

Übungen

1 Berechne den Flächeninhalt des Kreises (r: Radius; d: Durchmesser).
a) r = 5 cm b) r = 300 m c) d = 1,86 m d) d = 50 km e) r = 1 Lichtjahr

2 Berechne den Umfang u des Äquators folgender Planeten und die Länge l ihrer kreisförmig angenommenen Bahn beim Umlauf um die Sonne (r: Äquatorialradius; d: Bahndurchmesser).

Planet	Merkur	Venus	Erde	Mars	Jupiter	Saturn	Uranus	Neptun
r in 10^3 m	2440	6052	6378	3397	71492	60268	25559	24766
d in 10^9 m	115,8	216,4	299	455,8	1558	2864	5768	9018

3 Bei einem Kreis sollen die Beziehungen zwischen den drei Größen Radius, Umfang und Flächeninhalt untersucht werden.
a) Der Radius eines Kreises wird verdoppelt. Wie wirkt sich das auf seinen Umfang bzw. seinen Flächeninhalt aus?
b) Der Flächeninhalt bzw. der Umfang eines Kreises wird verdoppelt. Wie wirkt sich das jeweils auf die beiden anderen Größen aus?
c) Beantworte die Fragen aus a) und b) für ein Polygon anstelle eines Kreises.

4 Berechne die fehlenden Größen des Kreises (A: Flächeninhalt; u: Umfang; r: Radius).
a) r = 9 mm b) r = 18 mm c) A = 400 dm² d) A = 200 dm²
e) u = 30 cm f) u = 90 cm g) A = 100 dm² h) u = 1 m

5 Berechne die fehlenden Größen des Zylinders (r: Grundkreisradius; h: Höhe; V: Volumen).
a) r = 5 cm; h = 7 cm b) r = 8 cm; V = 1 l c) V = 10 l; h = 30 cm d) r = h; V = 150 cm³

6 Berechne die fehlenden Größen des Kreisausschnitts. Zeichne den Kreisausschnitt.
a) r = 5 cm; φ = 90° b) r = 10 cm; φ = 45°
c) r = 8 m; b = 1 cm d) r = 8 cm; b = $\frac{\pi}{3}$
e) r = 8 m; b = $\frac{\pi}{8}$ m f) r = 6,7 cm; b = 1 cm
g) r = 5 cm; A = 10 cm² h) b = 7 cm; A = 20 cm²
i) b = 10 cm; φ = 110° j) b = 8 cm; r = 4 cm
k) b = 8 cm; r = 8 cm l) b = 8 cm; r = 1 cm
m) b = 8 cm; r = 2 cm n) A = 8 cm²; r = 2 cm
o) A = 8 cm²; r = 4 cm p) A = 8 cm²; r = 1 cm
q) r = 2 m; φ = 360° r) A = 3π² cm²; φ = 120°
s) A = 9π² cm²; φ = 360° t) A = 1 cm²; φ = 180°

φ = 51°;
r = 1,25 cm
$\frac{b}{2\pi r} = \frac{\varphi}{360°}$

Also: b = $\frac{\varphi}{360°} \cdot 2\pi r = \frac{51°}{360°} \cdot 2\pi \cdot 1,25$ cm
= 1,11 cm

A = $\frac{\varphi}{360°} \cdot \pi r^2 = \frac{51°}{360°} \cdot \pi \cdot 1,25^2$ cm²
= 0,695 cm²

7 Bestimme den Winkel im Bogenmaß x bzw. im Gradmaß φ.
a) φ = 40° b) φ = 160° c) x = 0,8 d) x = 2,5
e) φ = 250° f) φ = 310° g) x = 3,9 h) x = 5,3

(I) φ = 80° ergibt
x = $\frac{\varphi}{360°} \cdot 2\pi$
= $\frac{80°}{360°} \cdot 6,28 = 1,396$

(II) x = 2,5 ergibt
φ = $\frac{2,5}{6,28} \cdot 360° = 143,3°$

8 Leite eine Formel her, die den Flächeninhalt A eines Kreises angibt
a) in Abhängigkeit vom Durchmesser d;
b) in Abhängigkeit vom Umfang u.

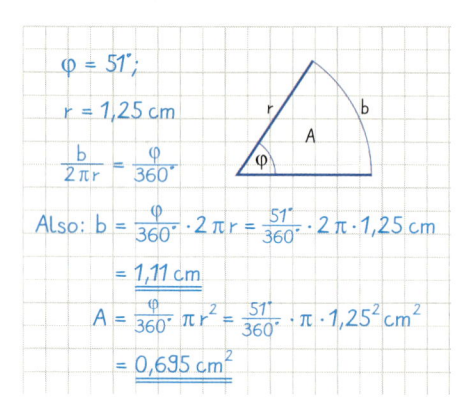

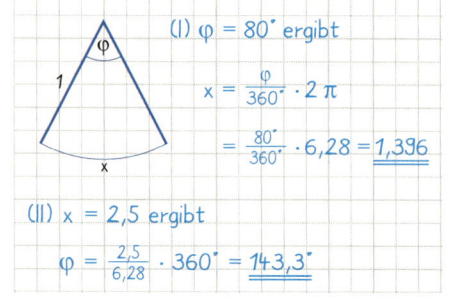

9 Ein Eichenstamm hat einen Umfang von 4,5 m und ist 12 m lang. Berechne den Durchmesser des Stamms, seinen Rauminhalt und seine Masse (vgl. **E3**).

4.1 Hier geht's rund – Kreise

10 Eine kleine Walze rollt an der Innenwand eines großen Zylinders herum.
Nach wie vielen Umdrehungen der kleinen Walze treffen die Markierungen an Walze und Zylinder wieder aufeinander?
Verallgemeinere die Fragestellung.

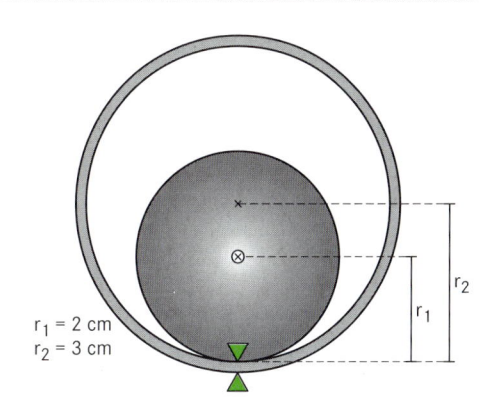

$r_1 = 2$ cm
$r_2 = 3$ cm

11 Der Reifendurchmesser bei einem Pkw beträgt 62,5 cm. Der Wagen fährt mit einer Geschwindigkeit von 50 km/h.
a) Wie viele Umdrehungen pro Minute macht jedes der Räder?
b) Welche Drehzahl ergibt sich bei 100 km/h?
c) Welche Drehzahl ergäbe sich bei einem auf 50 cm verkleinerten Reifendurchmesser?
d) Erläutere den Zusammenhang von Reifendurchmesser und Reifenabnutzung.
e) Der Drehzahlmesser im „Cockpit" des Pkw zeigt bei 100 km/h einen Wert von 4000 rpm an. Erläutere im Zusammenhang mit a) und b).

12 Das Verhältnis von Umfang u und Durchmesser d hat für alle Kreise denselben Wert. Dies folgt direkt aus der Ähnlichkeit aller Kreise. Erläutere. Welchen Wert hat das Verhältnis u : d?

13 Ein Kreis mit r = 2 cm wird zentrisch gestreckt mit k = 3 (4; 0,5; –0,5). Berechne Radius, Umfang und Flächeninhalt für den neuen Kreis.

14 a) Für den Flächeninhalt A eines Kreis*ausschnitts* mit der Bogenlänge b gilt $A = \frac{1}{2} b \cdot r$. Begründe die Formel.
b) Gegeben ist ein **Kreisabschnitt** (= Kreisausschnitt ohne Dreieck QMP) mit r = 5 cm und b = 7 cm. Berechne die Größe des Mittelpunktswinkels φ und den Flächeninhalt des Kreisausschnitts.
c) Berechne den Flächeninhalt des zugehörigen Kreisabschnitts. (Hinweis: Bestimme die fehlenden Längen aus einer Zeichnung.)

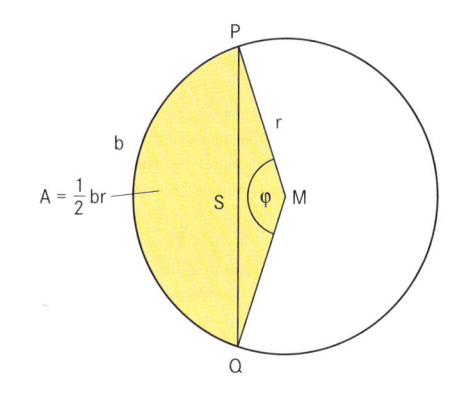

15 Bestimme den Inhalt der gefärbten Fläche.

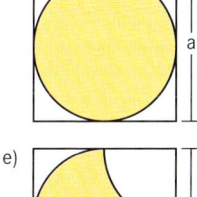

a) b) c) d)

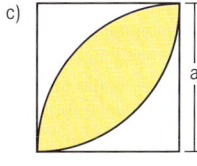

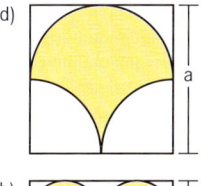

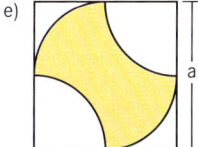

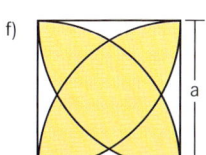

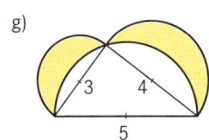

e) f) g) 3 4 5 h)

16 Ein Quadrat hat den Flächeninhalt 1 m². Bestimme den Radius eines Kreises mit demselben Flächeninhalt. Welche Figur hat den größeren Umfang? Vermute zuerst und berechne dann die Werte. Um wie viel Prozent übertrifft der größere den kleineren? Untersuche ebenso ein gleichseitiges Dreieck.

17 Damit ein elektronischer Fahrradtacho die Geschwindigkeit und die Länge der Fahrtstrecke richtig anzeigt, muss eingegeben werden, ob es sich um eine 26- oder 28-Zoll-Felge handelt. Erklärt diese Tatsache.
Versucht auch genauer zu klären, wie der Tacho die Geschwindigkeit berechnet. Kontrolliert die Angaben in der Bedienungsanleitung eures Tachos.

18 a) Wenn man das Leder von einem ausgewachsenen Rind in 0,5 cm breite Streifen schneidet und diese Streifen aneinander hängt, dann erhält man ein Lederband. Bestimme den Flächeninhalt, den man höchstens mit einem solchen Lederband umspannen kann.
b) Eine bekannte Redensart ist „Das geht auf keine Kuhhaut!". Finde heraus, woher die Redensart stammt.

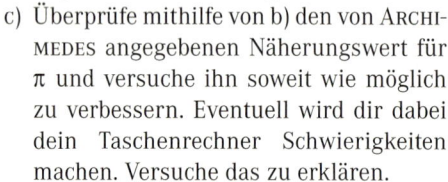

19 Zur Bestimmung von π ging ARCHIMEDES (287–212 v. Chr.) von einem Einheitskreis aus, dem ein regelmäßiges Dreieck einbeschrieben ist. Bei fortlaufender Verdopplung der Eckenanzahl ergibt die Umfangsberechnung eine Intervallschachtelung für π.
Aus dem 96-Eck gewann er $\pi \approx 3\frac{10}{71}$. Häufig reicht bereits $\pi \approx 3\frac{1}{7} = \frac{22}{7}$.
a) Berechne den Umfang eines dem Einheitskreis einbeschriebenen Dreiecks, Sechsecks, Zwölfecks und daraus eine Näherung für π. 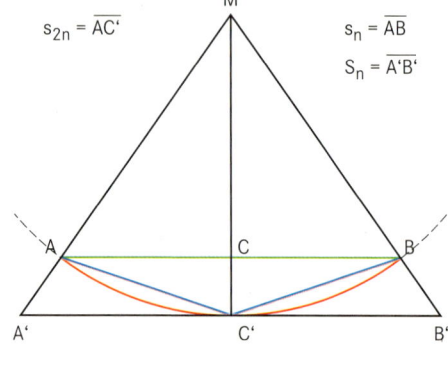
b) Für beliebige regelmäßige Vielecke gilt:
Bei Verdopplung der Eckenanzahl von n auf 2n verringert sich die Seitenlänge von s_n auf s_{2n} mit
$s_{2n} = \sqrt{2 - \sqrt{4 - s_n^2}}$.
Begründe die Gleichung.
c) Überprüfe mithilfe von b) den von ARCHIMEDES angegebenen Näherungswert für π und versuche ihn soweit wie möglich zu verbessern. Eventuell wird dir dabei dein Taschenrechner Schwierigkeiten machen. Versuche das zu erklären.
d) Begründe die Verhältnisgleichung $S_n : s_n = \overline{MC'} : \overline{MC}$, wobei S_n die Seitenlänge des zugehörigen umbeschriebenen Vielecks bezeichnet.
Leite daraus die Gleichung $S_n = \frac{2 s_n}{\sqrt{4 - s_n^2}}$ her.
e) Für die Umfänge u_n bzw. U_n der einbeschriebenen bzw. umbeschriebenen n-Ecke gilt
$\frac{1}{U_{2n}} = \frac{1}{2} \cdot \left(\frac{1}{u_n} + \frac{1}{U_n}\right)$ und $u_{2n} = \sqrt{u_n \cdot U_{2n}}$. Begründe mit d).
Diese Gleichungen kannst du als Iterationsformeln benutzen ohne dich um die Berechnung der Seitenlängen zu kümmern.
f) Der chinesische Mathematiker LIU HUI (ca. 250 n. Chr.) hat ähnlich wie ARCHIMEDES mithilfe eines 192-Ecks $\pi \approx 3\frac{177}{1250}$ gefunden. Überprüfe wie in c). Welche Genauigkeit ergibt die Schachtelung hier?
Finde Weiteres über die Geschichte der Berechnung von π heraus.

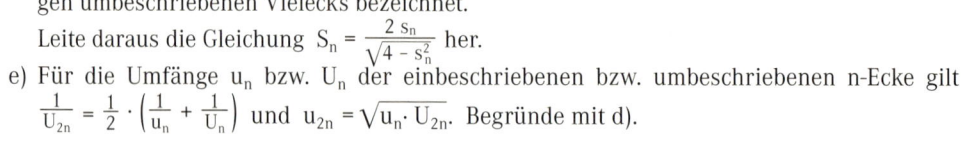

20 Der Mathematiklehrer der 7c hat vier Kreise mit dem Durchmesser 30 cm in ein Quadrat mit der Seitenlänge 60 cm gezeichnet. Nach einer Kreideschlacht hat die Klasse dann gezählt, dass insgesamt das Quadrat 88-mal und die Kreise dabei 64-mal getroffen wurden. 
a) Bestimme daraus einen Näherungswert für den Flächeninhalt eines Kreises. Welcher Näherungswert für π ergibt sich daraus?
b) Warum hat der Mathematiklehrer der Klasse 7c statt der vier Kreise nicht einen einzigen Kreis in das Quadrat gezeichnet?
c) Wenn man mit einem Zufallsexperiment Flächeninhalte näherungsweise bestimmt, nennt man dieses Verfahren Monte-Carlo-Methode. Versuche mithilfe einer Monte-Carlo-Methode die im Einheitsquadrat gelegene Fläche unter der Normalparabel zu bestimmen. Wie kommt es zu der Bezeichnung „Monte-Carlo-Methode"?

21 Mit einem programmierbaren Taschenrechner könnt ihr einen „Zufallsregen" auf das Einheitsquadrat niedergehen lassen. Alle Punkte des Einheitsquadrates sind gleichberechtigt. Die Anzahl der „Regentropfen" soll gezählt werden. 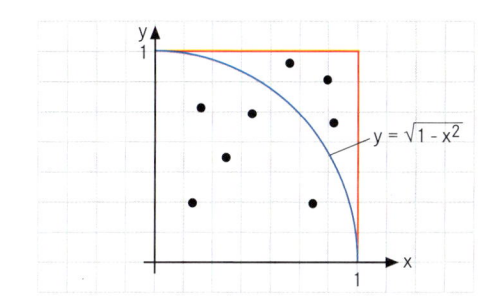 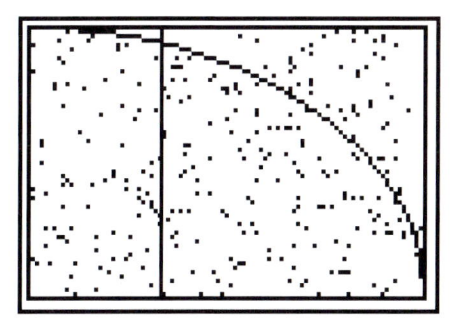
a) Programmiert den Taschenrechner so, dass er einen Zufallsregen von 100 „Tropfen" auf dem Einheitsquadrat erzeugt.
b) Ergänzt das Programm so, dass von jedem Tropfen geprüft wird, ob er im Inneren des Viertelkreises niedergegangen ist.
c) Der Anteil der Tropfen aus b) an der Gesamtzahl ist ein Näherungswert für $\frac{\pi}{4}$. Begründet.
d) Die Normalparabel zerlegt das Einheitsquadrat in zwei Teile. Bestimmt Näherungswerte für deren Flächeninhalte durch „Zufallsregen".
e) Wenn ihr keinen Generator für Zufallszahlen zur Verfügung habt, könnt ihr stattdessen ein Telefonbuch verwenden. Beschreibt, wie man π aus dem Telefonbuch bestimmen kann, und testet euer Verfahren.
f) Ihr könnt auch – wie der deutsche Mathematiker CARL FRIEDRICH GAUSS (1777–1855) es getan hat – systematisch die Anzahl g(r) der Gitterpunkte bestimmen, die in einem Kreis vom Radius r liegen. Beschreibt, wie man daraus π annähern kann. Bringt eurem Taschenrechner diese Zählaufgabe bei. Vergleicht dieses Verfahren mit dem von a) bzw. e).

a) Bestimme die Lösungsmenge.
(I) $x^{-3} = 125$ (II) $3^x = 9^{100}$ (III) $10^x = 3{,}14$ (IV) $x^{10} = 3{,}14$ (V) $x^{1024} = -1$ (VI) $1{,}04^x = 2$
b) Welche der Aufgaben konntest du im Kopf lösen? Beschreibe und begründe.
c) Gleichungen wie (VI) kommen in bestimmten Sachzusammenhängen häufig vor. Was können sie beschreiben?

Ausstiege

A1 Für beliebige regelmäßige Vielecke, die dem Einheitskreis einbeschrieben sind, gilt: Bei Verdopplung der Eckenanzahl von n auf 2n wird die Seitenlänge von s_n auf s_{2n} mit (I) $s_{2n} = \sqrt{2 - \sqrt{4 - s_n^2}}$ verringert (vgl. Übung **19** b)).

a) Verwende diese Formel als Iterationsformel für die Berechnung des Kreisumfangs und finde heraus, ab welchem Iterationsschritt sich ein völlig abweichendes Resultat ergibt. Versuche zu erklären.

b) Begründe, dass die Iterationsvorschriften (I) und (II) äquivalent zueinander sind. Versuche auch mit (II) den Kreisumfang zu berechnen. Welche der beiden Iterationsformeln ist besser? Begründe.

c) Untersuche ebenso die Formeln (III) und (IV) für umschriebene Vielecke.

d) Wie geht ein Computer beim Rechnen mit den Zahlen um? Versuche darüber etwas herauszufinden um die in a) aufgetretenen Probleme besser zu verstehen.

$$(II) \quad s_{2n} = \sqrt{\frac{s_n^2}{2 + \sqrt{4 - s_n^2}}}$$

$$(III) \quad s_{2n} = 4 \cdot \frac{\sqrt{1 + \left(\frac{s_n}{2}\right)^2} - 1}{s_n}$$

$$(IV) \quad s_{2n} = \frac{s_n}{\sqrt{1 + \left(\frac{s_n}{2}\right)^2} + 1}$$

A2 Drei Kreisbögen um die Ecken eines gleichseitigen Dreiecks, wobei der Radius gleich der Seitenlänge ist, bilden ein reuleauxsches Dreieck, benannt nach dem Mathematiker Franz Reuleaux (1829 – 1905). Eine Metallscheibe in Form eines reuleauxschen Dreiecks ist wesentlicher Bestandteil des Wankelmotors, der von Felix Wankel (1902–1988) erfunden wurde.

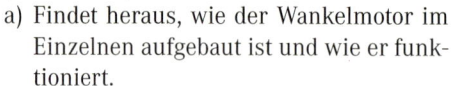

a) Findet heraus, wie der Wankelmotor im Einzelnen aufgebaut ist und wie er funktioniert.
Baut dazu auch ein Modell des Kolbens aus Pappe und konstruiert den Weg des rotierenden Kolbens punktweise.

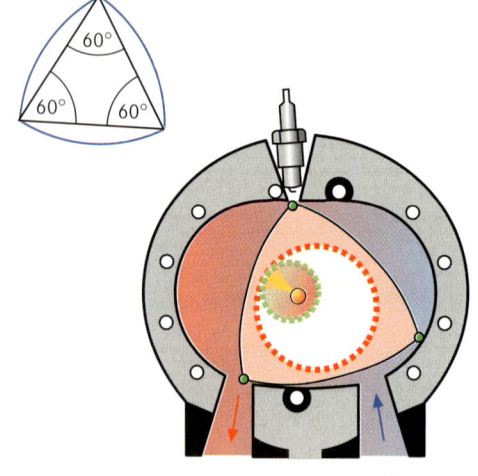

b) Versucht den Wankelmotorkolben mit einem Geometrieprogramm zu konstruieren. Versucht ihn auch in Bewegung zu versetzen, indem ihr den äußeren Kreis (bzw. Zahnkranz) auf dem inneren abrollen lasst. Anstelle des Geometrieprogramms könnt ihr auch einen „Spirographen" verwenden.

c) Das Prinzip des Wankelmotors kann auch zur Konstruktion von Pumpen benutzt werden. Erläutert durch Bild und Text.

d) Wenn ein Kreis in einem anderen abrollt, kann ein Punkt im Inneren des kleineren Kreises auf einer fast quadratischen Kurve ablaufen. Kann man so „quadratische" Löcher bohren? Welches Verhältnis der Kreisradien ist dazu nötig? Experimentiert dazu z.B. mit einem „Spirographen". Kann ein Kreis auch so ablaufen, dass sich die entstehende Kurve nicht schließt?

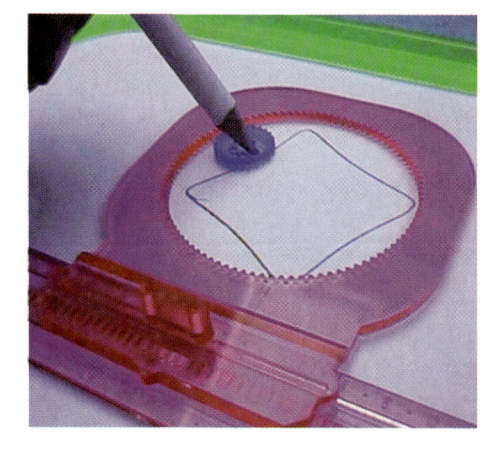

4.2 Spitze! – Pyramiden und Kegel

Einstiege

E1 a) Aus zehn quadratischen Scheiben soll eine 30 cm hohe „Pyramide" mit einem 10 cm × 10 cm-Quadrat als Grundfläche geschichtet werden. Berechne die Abmessungen der Scheiben und das Volumen der „Pyramide". Versuche auch die Maya-Pyramide zu berechnen.
b) Untersuche Zusammenhänge zwischen Pyramiden und Kegeln.

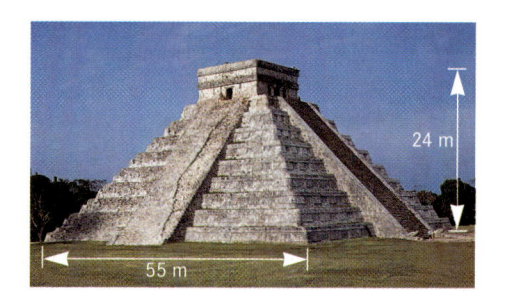

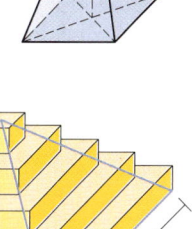

E2 a) Finde eine Zerlegung eines Würfels in kongruente Pyramiden. Verwende die Zerlegung, um eine allgemeine Vermutung zum *Verhältnis* der Rauminhalte von Quader und Pyramide bei gleicher Höhe und gleicher Grundfläche aufzustellen. 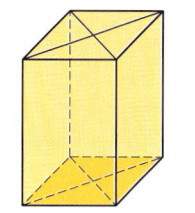 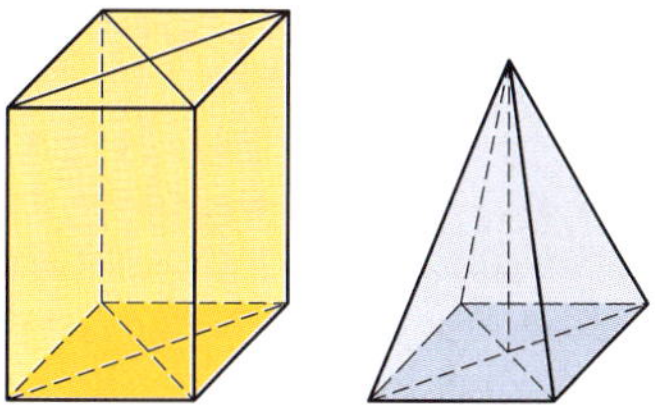
b) Um das Volumen der abgebildeten vierseitigen Pyramide näherungsweise zu bestimmen, werden quadratische Scheiben zu einer Stufenpyramide übereinander geschichtet.
Berechne das Volumen der Stufenpyramide aus fünf Scheiben.
Wiederhole die Rechnung mit 100 Scheiben. Schreibe dazu ein Programm für deinen Taschenrechner. Versuche herauszufinden, wie genau dein Ergebnis ist.
Berechne für weitere Pyramiden Näherungswerte des Volumens. Bestätigen deine Ergebnisse das in a) gefundene Verhältnis? 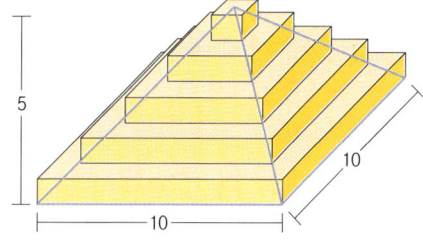
c) Schneide einen Dreiviertelkreis mit dem Radius 10 cm aus und baue daraus einen Kegel. Bestimme durch Messung das Volumen des Kegels so genau wie möglich. Versuche auch das Volumen des Zylinders zu bestimmen, der mit dem Kegel in Grundfläche und Höhe übereinstimmt.

E3 a) Stellt euch aus Zeichenkarton jeder eine „schiefe" Pyramide mit folgenden Eigenschaften her: quadratische Grundfläche mit der Seitenlänge 10 cm, Spitze senkrecht über einer Ecke der Grundfläche, Höhe 10 cm. Versucht mit euren Nachbarn aus den Pyramiden einen Würfel zusammenzusetzen und dabei die Rauminhalte der Pyramiden so genau wie möglich zu bestimmen. 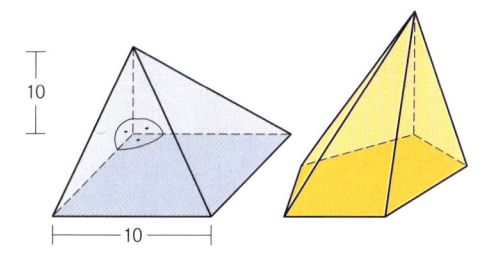
b) Versucht mithilfe von a) eine Formel für das Volumen V einer beliebigen Pyramide aufzustellen, sodass man V aus der Grundfläche G und der Höhe h berechnen kann. Begründet die Formel so gut wie möglich.
c) Vergleicht die Volumenformeln von Zylindern und Prismen. Versucht dann ausgehend von eurer Formel für das Pyramidenvolumen *analog* (entsprechend) eine Formel für das Kegelvolumen aufzustellen. Begründet die *Analogie* genauer.

4.2 Spitze! – Pyramiden und Kegel

Grundwissen

Pyramide

1. Verbindet man die Punkte eines ebenen Vielecks mit einem um h oberhalb der Ebene gelegenen Punkt, dann entsteht eine **Pyramide** mit der Höhe h. Die Seitenflächen der Pyramide sind Dreiecke.
Die Anzahl der Seiten des Vielecks stimmt mit der Anzahl der Seitenflächen der Pyramide überein.

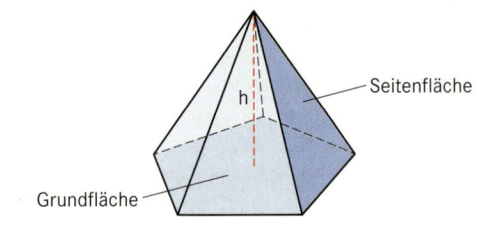

2. Bestimmung des Volumens einer Pyramide mit dreieckiger Grundfläche G = 100 cm² und Höhe h = 30 cm:
   (I) Man „ersetzt" die Pyramide durch einen *umbeschriebenen* Treppenkörper aus genügend vielen (z. B. fünf) Platten (dreiseitigen Prismen). Dessen Volumen *nähert* das Pyramidenvolumen V von *oben* an. Die Plattengrundflächen im Treppenkörper kann man dabei leicht berechnen, weil sie alle ähnlich zur untersten Grundfläche sind. Die Streckungsfaktoren sind 1, $\frac{4}{5}$, $\frac{3}{5}$, $\frac{2}{5}$ und $\frac{1}{5}$, wenn man die Spitze der Pyramide als Streckzentrum wählt.
   $V \approx V_1 + ... + V_5 = 6\text{ cm} \cdot 4\text{ cm}^2 + 6\text{ cm} \cdot 16\text{ cm}^2 + ... + 6\text{ cm} \cdot 64\text{ cm}^2 + 6\text{ cm} \cdot 100\text{ cm}^2 = 1320\text{ cm}^3$
   (II) Erhöhung der Plattenzahl führt auf bessere Näherungswerte. Für zehn Platten z. B. ergibt sich
   $V \approx V_1 + ... + V_{10} = 3\text{ cm} \cdot 1\text{ cm}^2 + 3\text{ cm} \cdot 4\text{ cm}^2 + ... + 3\text{ cm} \cdot 81\text{ cm}^2 + 3\text{ cm} \cdot 100\text{ cm}^2 = 1155\text{ cm}^3.$
   Die Volumina der Treppenkörper nähern sich immer mehr dem Wert V = 1000 cm³.

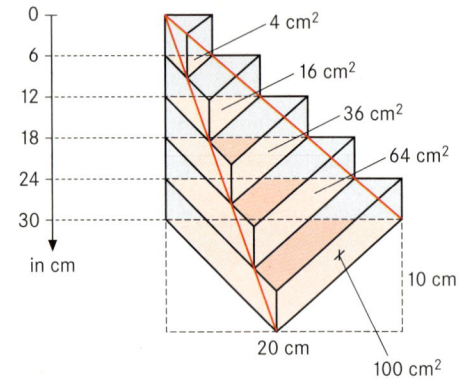

3. Das Pyramidenvolumen V kann man auch von *unten* durch *einbeschriebene* Treppenkörper annähern. Insgesamt ergibt sich mit wachsender Plattenanzahl eine Intervallschachtelung für V.
   (I) 720 cm³ < V < 1320 cm³,
   (II) 855 cm³ < V < 1155 cm³, ...
   Damit ist V ein Drittel des Volumens des Prismas mit gleicher Grundfläche und Höhe (vgl. Übung **11**).

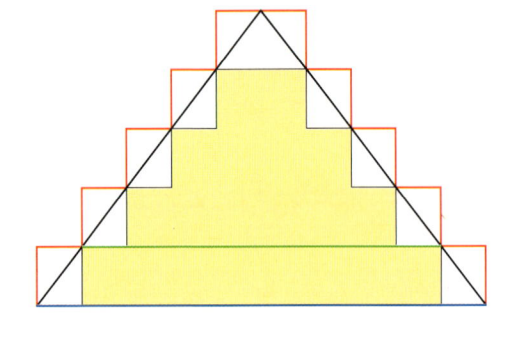

4. Die Berechnung des Volumens einer beliebigen Pyramide verläuft genauso wie bei der dreiseitigen Pyramide, nur die Bestimmung der Grundfläche ist i. A. schwieriger als bei einem Dreieck.

Pyramidenvolumen

> Eine Pyramide mit der Höhe h und der Grundfläche G hat das **Volumen**
>
> $V = \frac{1}{3} \cdot G \cdot h.$
>
> Man kann das Volumen V also schon berechnen, wenn nur die Höhe h und der Inhalt G der Grundfläche der Pyramide bekannt sind.

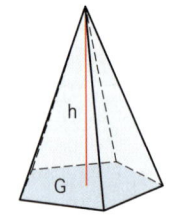

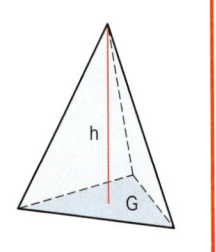

4.2 Spitze! – Pyramide und Kegel

Kegel

Kegelhöhe

5 Ein **Kegel** entsteht, wenn man alle Punkte eines Kreises mit einem darüber liegenden Punkt verbindet. Die **Höhe des Kegels** ist der Abstand h dieses Punktes von der Ebene des Kreises.

Ein Kegel lässt sich beliebig genau durch einbeschriebene Pyramiden annähern. Die Volumenformel „vererbt" sich also von den Pyramiden auf den Kegel:

Das Volumen eines Kegels mit der Höhe h und der Grundfläche G beträgt
$$V = \frac{1}{3} \cdot G \cdot h.$$
Wegen $G = \pi r^2$ ergibt sich daraus:

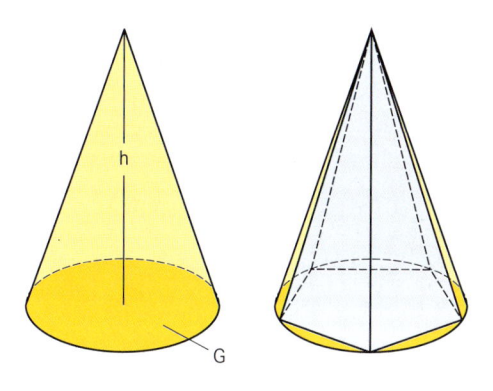

Kegelvolumen

> Ein Kegel mit der Höhe h und dem Grundkreisradius r hat das **Volumen**
> $$V = \frac{1}{3} \pi \cdot r^2 \cdot h.$$

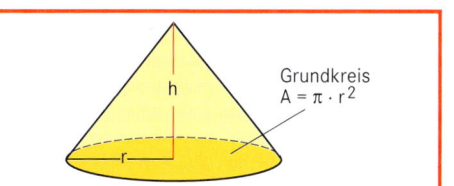

Grundkreis $A = \pi \cdot r^2$

Mantellinie

6 Für die **Mantellinie** s eines Kegels gilt nach dem Satz des Pythagoras:
$$s = \sqrt{r^2 + h^2}.$$

Mantelfläche

Die **Mantelfläche** M eines Kegels berechnet man mithilfe des Kreisausschnitts, der das Netz des Kegelmantels bildet. Es ergibt sich:
$$M = \pi \cdot r \cdot s.$$

Kegelstumpf

7 Ein **Kegelstumpf** entsteht, wenn man die Spitze eines Kegels parallel zur Grundfläche abschneidet.
Für das Volumen und die Mantelfläche eines Kegelstumpfes ergibt sich (vgl. Übung **6**):
$$V = \frac{1}{3} \pi \cdot h \cdot (r_1^2 + r_1 r_2 + r_2^2);$$
$$M = \pi \cdot s \cdot (r_1 + r_2).$$

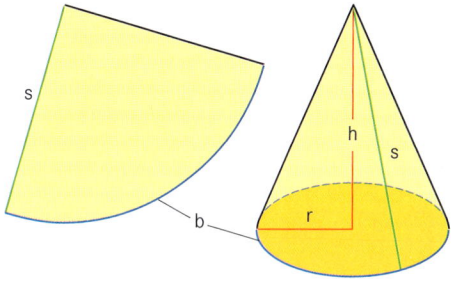

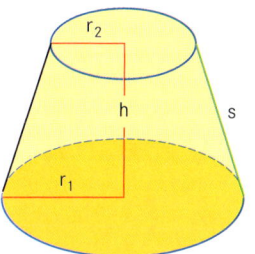

Übungen

1 Berechne den Rauminhalt und bei a) die Mantelfläche. Die **Mantelfläche einer Pyramide** besteht aus den Dreiecken, die an der Spitze der Pyramide zusammenstoßen (Maße in cm).

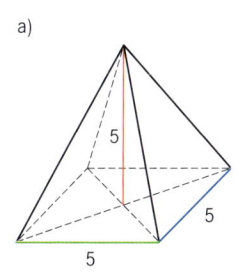

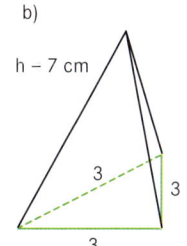

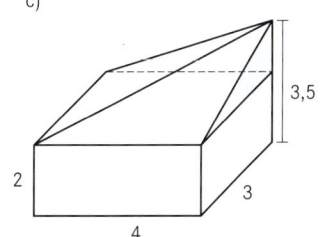

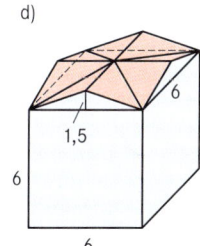

a) h = 7 cm, 5, 5
b) 3, 3, 3
c) 3,5, 2, 3, 4
d) 1,5, 6, 6, 6

4.2 Spitze! – Pyramiden und Kegel

2 Berechne die fehlenden Größen des Kegels (r: Grundkreisradius; h: Höhe; s: Mantellinie; G: Grundfläche; V: Volumen; M: Mantelfläche).
a) $r = 9$ cm; $h = 12$ cm   b) $r = 1$ m; $h = 1$ m   c) $h = 40$ cm; $V = 2$ dm^3 d) $r = 0{,}15$ m; $V = 30$ cm^3
e) $G = 30$ cm^2; $h = 75$ mm   f) $r = 2{,}5$ m; $s = 8$ m   g) $h = 7$ dm; $s = 11$ dm   h) $V = 2$ m^3; $G = 1$ m^2

3 a) Ein Kegel wird aus einem Dreiviertelkreis ($\alpha = 270°$) mit dem Radius 10 cm hergestellt. Berechne die Mantelfläche, die Grundfläche, die Höhe und das Volumen des Kegels.
b) Rechne ebenso für $\alpha = 90°; 150°; 180°$.

4 Wie ändert sich das Volumen einer Pyramide, wenn man
(I) die Grundfläche; (II) die Höhe; (III) beides verdoppelt?

5 a) Wie ändert sich das Volumen eines Kegels, wenn man
(I) den Radius verdoppelt; (II) die Höhe verdoppelt; (III) Radius und Höhe verdoppelt; (IV) die Grundfläche verdoppelt; (V) den Radius verdreifacht; (VI) Radius und Höhe verdreifacht?
b) Denke dir drei ähnliche Aufgaben aus und lasse sie von deinem Nachbarn lösen.

6 a) Bestimme Volumen und Oberfläche des Kegelstumpfes (Oberfläche = Mantelfläche + Grundfläche + Deckfläche).
(I) $r_1 = 6$ cm; $r_2 = 3$ cm; $h = 4$ cm
(II) $r_1 = 6$ cm; $r_2 = 2$ cm; $h = 4$ cm
(III) $r_1 = 6$ cm; $r_2 = 5$ cm; $h = 4$ cm
(IV) $r_1 = 6$ cm; $r_2 = 5$ cm; $h = 8$ cm
b) Man erhält Volumen und Mantelfläche eines Kegelstumpfes, indem man die entsprechenden Größen für die „abgeschnittene" Kegelspitze von denen des „ursprünglichen" Kegels subtrahiert. Leite die Formel für die Mantelfläche des Kegelstumpfes in **7** her. Dabei kann dir eine Verhältnisgleichung helfen, mit der du die Höhe der „abgeschnittenen" Spitze auf die vorgegebenen Größen zurückführen kannst. 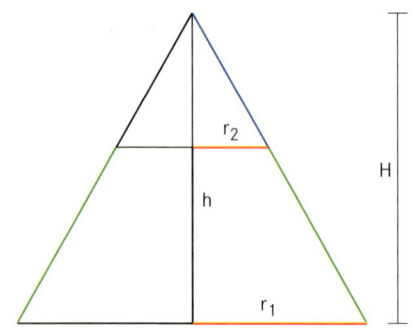
c) Leite ebenso die Formel für das Volumen des Kegelstumpfes aus **7** her.

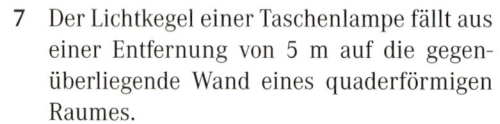

7 Der Lichtkegel einer Taschenlampe fällt aus einer Entfernung von 5 m auf die gegenüberliegende Wand eines quaderförmigen Raumes.
a) Berechne das Volumen des Lichtkegels.
b) Welcher Anteil des Raumes ist höchstens von Licht erfüllt?

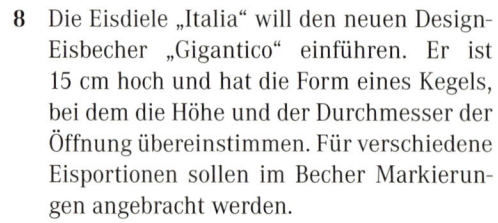

8 Die Eisdiele „Italia" will den neuen Design-Eisbecher „Gigantico" einführen. Er ist 15 cm hoch und hat die Form eines Kegels, bei dem die Höhe und der Durchmesser der Öffnung übereinstimmen. Für verschiedene Eisportionen sollen im Becher Markierungen angebracht werden.
Berechne die Höhe für die Markierung von
a) $0{,}5\,l$ b) $0{,}25\,l$ c) $0{,}1\,l$ d) $x\,l$.

4.2 Spitze! – Pyramiden und Kegel

9 Einem Rechteck lässt sich ein Dreieck einbeschreiben, das einen halb so großen Flächeninhalt hat wie das Rechteck. Einem Quader lässt sich ebenso eine Pyramide einbeschreiben. Wie verhält sich ihr Rauminhalt zu dem des Quaders? Begründe.

10 Ein **Pyramidenstumpf** entsteht, wenn man die Spitze einer Pyramide parallel zur Grundfläche abschneidet. Bestimme den Rauminhalt und die Oberfläche des Pyramidenstumpfes (Oberfläche = Mantelfläche + Grundfläche + Deckfläche).

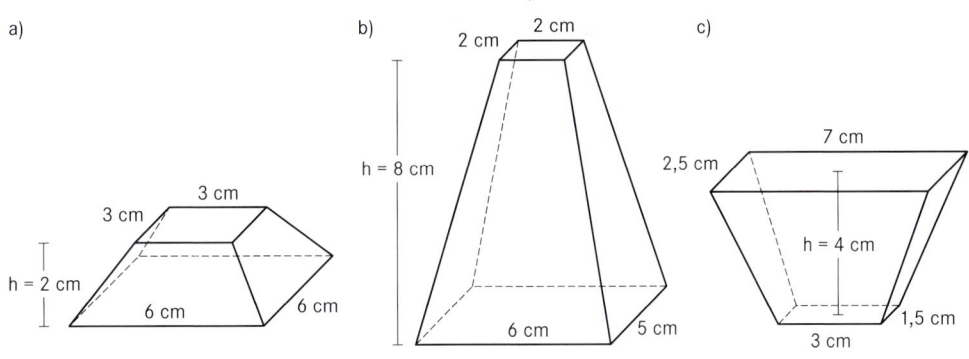

a)   b)   c)

11 Eine dreiseitige Pyramide hat eine Grundfläche von G = 100 cm² und eine Höhe von h = 30 cm. In **2** wurde das Volumen V dieser Pyramide durch einen Treppenkörper mit zehn Stufen angenähert.
  a) Berechne das Volumen V_{30} eines Treppenkörpers aus 30 Stufen, sodass die Pyramide hineinpasst. 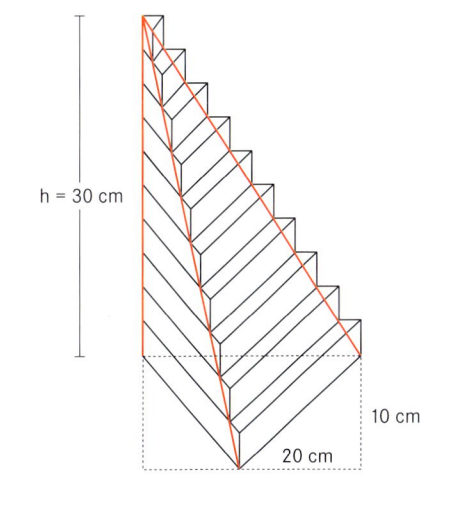
  b) Begründe: Bei einem Treppenkörper aus 50 Prismen haben die einzelnen Stufen die Grundflächen
  $G_1 = \left(\frac{1}{50}\right)^2 \cdot G$; $G_2 = \left(\frac{2}{50}\right)^2 \cdot G$; ...;
  $G_{49} = \left(\frac{49}{50}\right)^2 \cdot G$; $G_{50} = \left(\frac{50}{50}\right)^2 \cdot G = G$.
  c) Begründe:
  $V_{50} = (1^2 + 2^2 + ... + 49^2 + 50^2) \cdot G \cdot \frac{h}{50^3}$.
  Berechne die Werte von V_{50}, V_{100}, V_{200}.
  d) In **2** bzw. **3** wurde behauptet, dass sich die Folge V_{50}, V_{100}, V_{200}, ... beliebig dicht an $V = \frac{G \cdot h}{3} = 1000$ cm³ annähert. Um dies einzusehen musst du mehr über Summen von Quadratzahlen herausfinden.
  Beim Rechteck in der Abbildung tritt eine Dreieckszahl als Seitenlänge s auf. Die Folge 1; 1 + 2; 1 + 2 + 3; ... der Dreieckszahlen wird durch den Term n · (n + 1) : 2 beschrieben. Es gilt also z. B. 1 + 2 + 3 + ... + 49 + 50 = 50 · 51 : 2 = 1275. Berechne die Werte von $1^2 + 2^2 + ... + 50^2$ bzw. $1^2 + 2^2 + ... + 100^2$.
  Versuche auch eine allgemeingültige Formel aufzustellen. 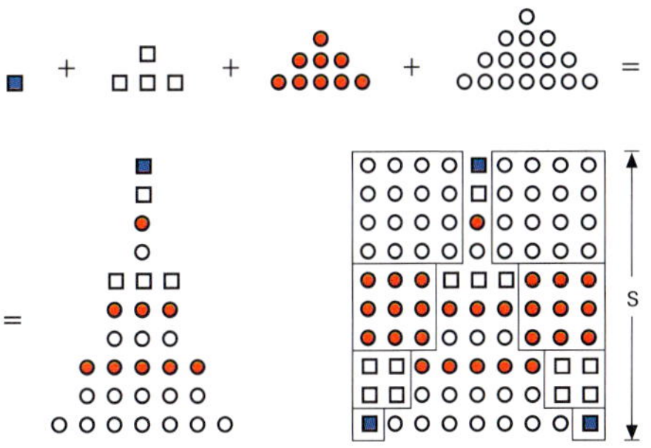
  e) Begründe aus d), dass sich $(1^2 + 2^2 + 3^2 + ... + n^2) : n^3$ mit wachsendem n beliebig an 1 : 3 annähert. Warum gilt daher $V = \frac{G \cdot h}{3}$?

4.2 Spitze! – Pyramiden und Kegel

12 Ein Turm hat einen Durchmesser von 12 m und das kegelförmige Dach eine Höhe von 10 m. Wie viele Quadratmeter Bitumenfolie werden benötigt um das Dach zu decken?

13 Ein Würfel entspricht in gewisser Weise einem Quadrat. Welcher Körper könnte einem Parallelogramm, einem Trapez oder einem rechtwinkligen Dreieck entsprechen? Untersuche die von dir vorgeschlagenen Körper genauer. Versuche Volumenformeln aufzustellen.

14 Bestimme das Volumen eines Oktaeders mit der Kantenlänge 1.

15 Bei einem Tetraeder der Kantenlänge 1 werden die Ecken abgeschnitten.
   a) Untersuche, welche Art von Körpern so entstehen kann. Zeichne die Körper.
   b) Bestimme die Ecken-, Kanten-, und Flächenanzahl.
   c) Berechne das Volumen des rechten Körpers.

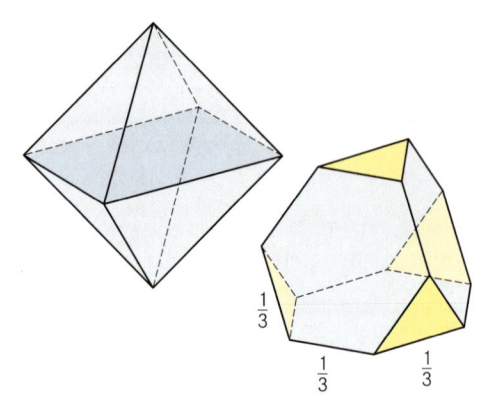

16 a) Beschreibe, in welcher Weise sich Rechtecke, Quadrate, Dreiecke und andere Vielecke als Sonderfälle eines Trapezes darstellen lassen. Wie drückt sich diese Beziehung in den zugehörigen Flächeninhaltsformeln aus?
   b) Für das Volumen eines quadratischen Pyramidenstumpfes (Höhe h; Quadrate mit Seitenlängen a bzw. b) gilt die Formel $V = \frac{1}{3} h \cdot (a^2 + ab + b^2)$. Beschreibe, in welcher Weise sich Würfel und andere Körper als Sonderfälle eines solchen Pyramidenstumpfes darstellen lassen. Wie drückt sich diese Beziehung in den zugehörigen Volumenformeln aus?

17 Kugeln (Bälle, Orangen, ...) kann man zu einer dreiseitigen Pyramide stapeln. Eine Pyramide aus vier Bällen ist zwei Stufen hoch. Für eine Pyramide mit drei Stufen benötigt man zehn Bälle.
   a) Versuche eine Formel zu finden, mit der du die Anzahl der Bälle in einer Pyramide beliebiger Stufenzahl berechnen kannst. Passen die Tennisbälle einer 50-stufigen Pyramide in den Laderaum eines Pkw-Kombi?
   b) Versuche einen Zusammenhang zwischen deiner Formel aus a) und der Volumenformel $V = \frac{G \cdot h}{3}$ herzustellen.

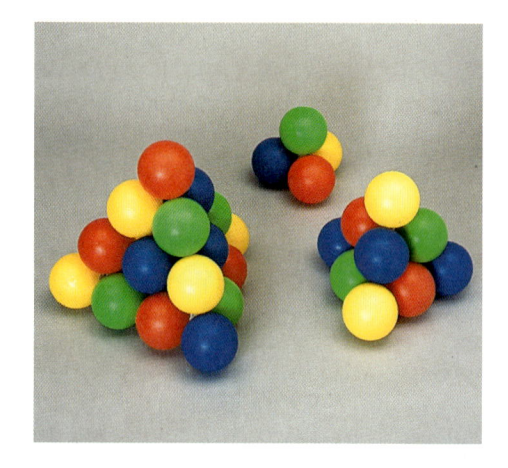

18 a) Ein kegelförmiges Glas ($V = 0{,}1\ l$; $r = 4$ cm) wird bis zur halben Höhe gefüllt. Berechne das Volumen der eingefüllten Flüssigkeit.
   b) Wie hoch muss man auffüllen, damit sich 0,05 l Flüssigkeit im Glas befinden?
   c) Bearbeite a) und b) ohne Vorgaben bezüglich Volumen oder Radius. Erläutere dein Ergebnis.

Löse die Gleichung. Wähle je nach „Typ" ein günstiges Lösungsverfahren.
a) $x^2 + 4x = 0$ b) $x^2 + 4 = 0$ c) $x^2 - 4 = 0$ d) $x^2 - 2x + 1 = 0$ e) $x^2 - 2x - 1 = 0$
f) $(x - 1) \cdot (x^2 - 9) = 0$ g) $x = \frac{1}{x}$ h) $x^2 = x$ i) $x - 1 = x \cdot (x + 1)$ j) $\frac{x^2 - 1}{x - 1} = x$

4.2 Spitze! – Pyramiden und Kegel

19 Bestimme das Volumen des abgebildeten Körpers.

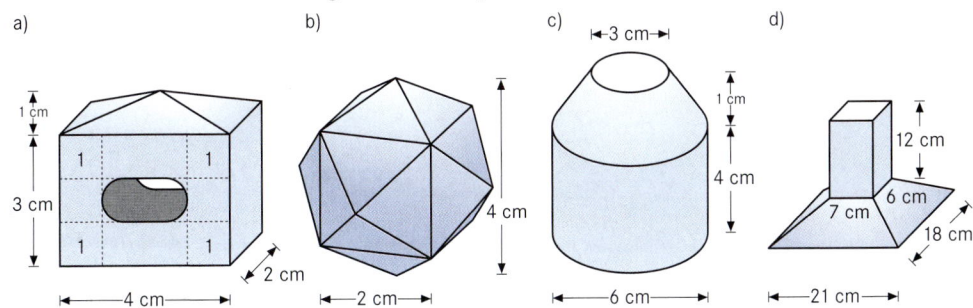

a) [1 cm, 3 cm, 4 cm, 2 cm; innen 1, 1, 1, 1]

b) [4 cm, 2 cm]

c) [3 cm, 1 cm, 4 cm, 6 cm]

d) [12 cm, 6 cm, 7 cm, 18 cm, 21 cm]

20 Aus der Volumenformel für Pyramiden folgt: Stimmen zwei Pyramiden im Inhalt der Grundfläche G und in der Höhe h überein, dann haben sie das gleiche Volumen.
Diese Aussage kann man auch begründen ohne die Volumenformel zu kennen. Man stellt dazu beide Pyramiden auf eine Ebene und geht vor wie folgt:

a) Begründe:
In halber Höhe über der Standebene hat jede der Pyramiden eine Querschnittsfläche, die einem Viertel ihrer Grundfläche entspricht. Wie ist die Situation in $\frac{1}{3}$-Höhe bzw. $\frac{2}{3}$-Höhe?

b) Begründe die folgende Verallgemeinerung von a) mithilfe zentrischer Streckung: Jede zur Standebene parallele Ebene schneidet die beiden Pyramiden in gleich großen Flächen.

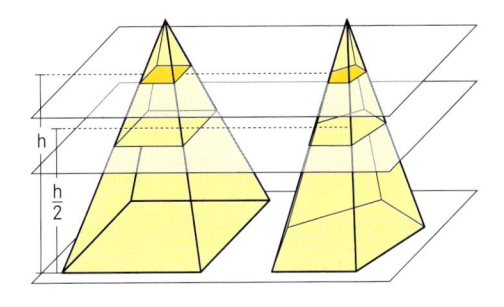

c) Stelle dir nun anstelle der jeweiligen Schnittflächen sehr dünne Scheiben der beiden Pyramiden vor. Begründe damit, dass die beiden Pyramiden *gleiches Volumen* haben. Dieses Vorgehen wurde vom italienischen Mathematiker BONAVENTURA CAVALIERI (1598–1647) noch allgemeiner formuliert:

Satz von Cavalieri*: *Wenn zwei Körper auf einer Ebene stehen und von jeder dazu parallelen Ebene in zwei gleich großen Flächen geschnitten werden, dann haben sie dasselbe Volumen.*

Begründe diesen Satz.

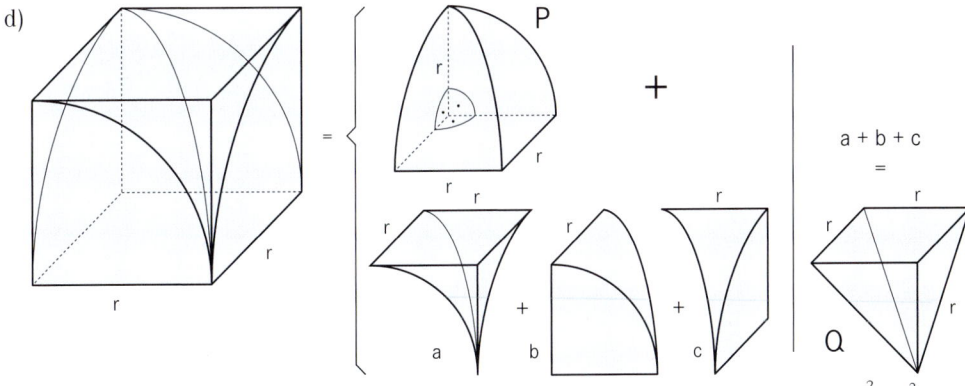

d) Begründe mit dem Satz von Cavalieri, dass die „Pyramide" P das Volumen $V = \frac{2}{3} \cdot r^3$ hat. Wende dabei den Satz auf Q und auf den Restkörper „Würfel vermindert um P" an.

---

* Dieser Satz war schon dem Chinesen ZU XUAN bekannt, der im sechsten Jahrhundert lebte (vgl. auch Unterkapitel **4.3**, **A1**).

4.2 Spitze! – Pyramiden und Kegel

Ausstiege

A1

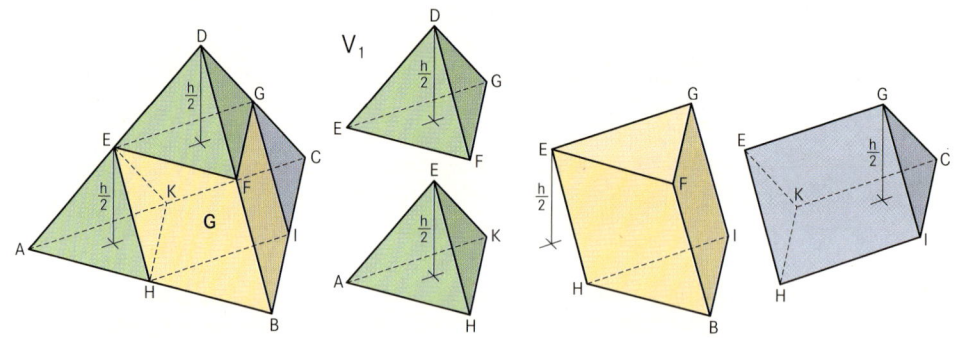

Die Berechnung des Volumens V des großen Tetraeders lässt sich auf die Berechnung des Volumen V_1 des kleineren Tetraeders zurückführen, denn es gilt: $V = \frac{G \cdot h}{4} + 2 \cdot V_1$, wobei G die Grundfläche des großen Tetraeders ist.

a) Begründe diese Gleichung.
b) Wiederhole die Überlegung für den kleinen Tetraeder. Leite damit die Gleichung
$V = \frac{G \cdot h}{4} + \frac{G \cdot h}{4^2} + 2 \cdot V_2$ her.
c) Begründe $V = \frac{G \cdot h}{3}$ mithilfe von $1 + \frac{1}{4} + \frac{1}{4^2} + \frac{1}{4^3} + \ldots = \frac{4}{3}$.

A2 Beim Zerlegen eines Würfels L (lifang) hat der chinesische Mathematiker Liu Hui die Körper Q (qiandu), Y (yangma) und B (bienuan) betrachtet.

a) Stelle möglichst viele Gleichungen zwischen den Volumina von L, Q, Y und B auf. Baue passende Modelle.
b) Untersuche, welche deiner Gleichungen gültig bleiben, wenn du statt eines Würfels einen beliebigen Quader zerlegst.
c) Die Abbildung unten zeigt Teile B und Y eines Quaders. Beide Körper werden in mehreren Stufen zerlegt.
Begründe $A + g + h = 2 \cdot (a + b)$.

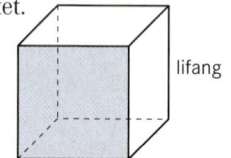

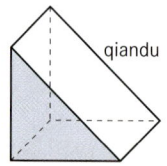

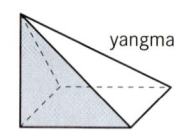

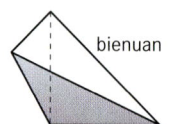

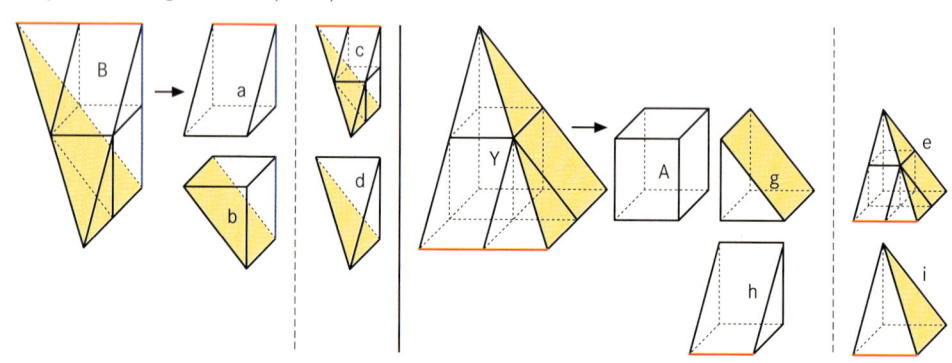

d) Für das Verhältnis von c zu e (bzw. d zu f) kannst du die Überlegung von c) wiederholen. Was folgt daraus für das Verhältnis der Volumina von B und Y insgesamt?
e) Erläutere: Aus d) folgt die Formel $V = \frac{G \cdot h}{3}$ für das Volumen der Pyramide Y im Quader.

In einer Urne verhalten sich die Anzahlen der schwarzen, weißen und roten Kugeln wie 1 : 2 : 4. Wie groß ist die Wahrscheinlichkeit bei dreimaligem Ziehen mit Zurücklegen (I) drei rote; (II) mindestens eine rote; (III) ebenso viele weiße wie schwarze zu ziehen?

4.3 Besser geht's nicht! – Kugeln

Einstiege

E1 Eine Halbkugel mit dem Radius 1 dm ist in vier gleich dicke Scheiben zerlegt worden. Zur Volumenbestimmung wurde jede Scheibe durch einen gleich hohen Zylinder ersetzt. 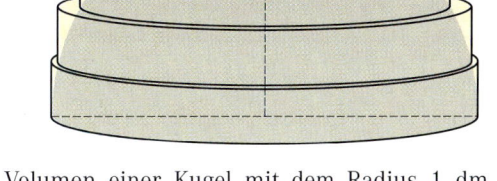 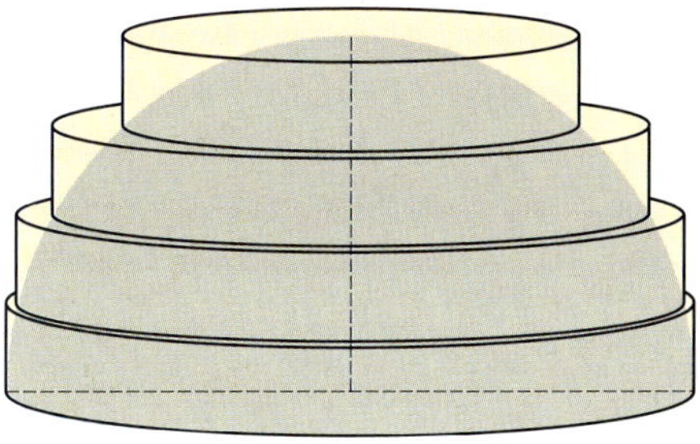
a) Die Summe der Scheibenvolumina ist etwas größer als das Volumen der Halbkugel. Berechne diese Summe.
b) Versuche das Volumen der Halbkugel noch genauer zu berechnen. Vielleicht kannst du deinen Taschenrechner dazu passend programmieren.
c) Berechne mit dem Ergebnis aus b) das Volumen einer Kugel mit dem Radius 1 dm (2 dm; 3 dm). Welchen Radius hat eine Kugel mit dem Volumen 5 dm³? Versuche eine Regel für beliebige Werte r des Radius aufzustellen.
d) Stelle dir vor, dass die Kugel hohl ist. Berechne das Volumen W der Hohlkugelwand in Abhängigkeit von der Wanddicke x.
Welche geometrische Bedeutung könnte $\frac{W}{x}$ haben?

E2 a) Versucht frühere Ideen zur Kreisflächenberechnung nun auf die Berechnung der Kugeloberfläche oder des Kugelvolumens zu übertragen. Umreißt eure Ideen in Text und Bild. 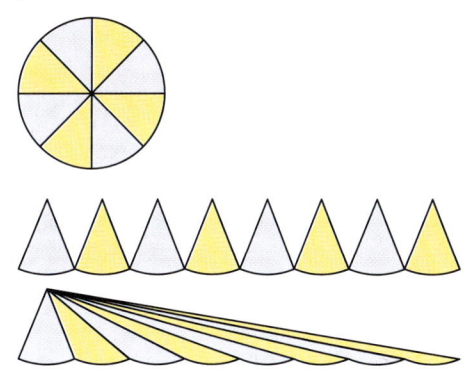
b) Führt den Plan aus a) zur Berechnung der Oberfläche oder des Volumens für eine Kugel vom Radius 1 durch.
c) Prüft euer Ergebnis mithilfe der Formeln $V = \frac{4}{3} \pi r^3$ und $O = 4 \pi r^2$ für das Kugelvolumen V bzw. die Kugeloberfläche O.
d) Für den Flächeninhalt A des Kreises gilt die Gleichung $A = \frac{1}{2} u\, r$. Versucht eine entsprechende Gleichung für das Kugelvolumen zu formulieren. Begründet eure Formel und prüft sie mithilfe der Angaben in c).

E3 In Kapitel 1 wurde ein Globus durch die Breitenkreise in Scheiben unterteilt. Mithilfe dieser Unterteilung könnt ihr einen Globus aus Papier herstellen.
a) Ersetzt die Scheiben durch Kegelstümpfe. Zeichnet Netze für die Kegelstümpfe auf Zeichenkarton. Klebt die Kegelstümpfe zu einem Globus zusammen. Notiert auch die Abmessungen in den Netzen und berechnet daraus einen Näherungswert für den Oberflächeninhalt des Globus. 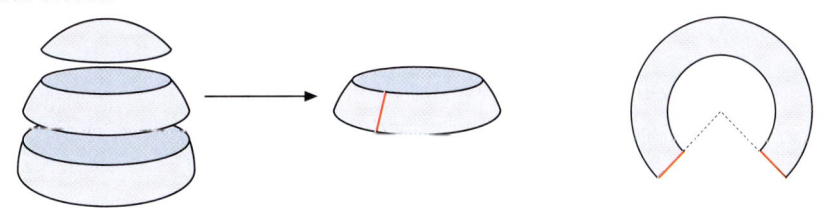
c) Versucht die Oberflächenberechnung zu verbessern, indem ihr die Anzahl der Kegelstümpfe in der Rechnung vergrößert.
d) Berechnet auch das Volumen des Globus. Vergleicht eure Ergebnisse mit denen anderer Gruppen.

4.3 Besser geht's nicht! – Kugeln

Grundwissen

1 *Unbekannte* Flächen- oder Rauminhalte kann man oft auf *bekannte* Flächen- oder Rauminhalte zurückführen. Das Zylindervolumen z. B. lässt sich auf Prismenvolumina zurückführen, das Volumen eines Kegels lässt sich mithilfe der Volumina von Pyramiden berechnen. Dieselbe Strategie lässt sich auch bei der Kugel anwenden:

	Annäherung von Größen der *Kugel* z. B. durch		
Volumen	Polyeder (Würfel, Pyramiden usw.)	Zylinderscheiben	Kegelstümpfe
Oberfläche	Grundflächen von Pyramiden (Dreiecksnetze usw.)	–	Kegelstumpfmäntel

2

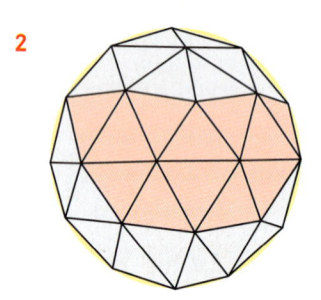

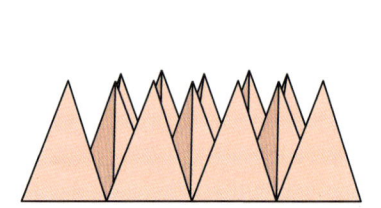

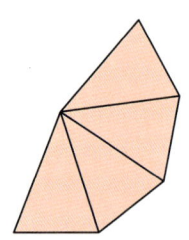

Eine Kugel mit dem Radius r kann durch dreiseitige Pyramiden mit der Höhe r und der Spitze im Mittelpunkt der Kugel beliebig angenähert werden. Daher kann die Oberfläche der Kugel durch die Summe der Grundflächen dieser Pyramiden angenähert werden. Es gilt also:
Eine Kugel mit dem Radius r und der Oberfläche O hat das Volumen $V = \frac{1}{3} \cdot O \cdot r$.

Kugeloberfläche

3 Die Oberfläche einer Halbkugel ist *doppelt* so groß wie die Fläche des Kreises, über dem sie aufgebaut ist. (Eine Begründung wird in Übung **13** gegeben.) Daraus folgt:
Eine Kugel mit dem Radius r hat eine **Oberfläche** mit dem Inhalt

$$O = 4 \cdot \pi \cdot r^2.$$

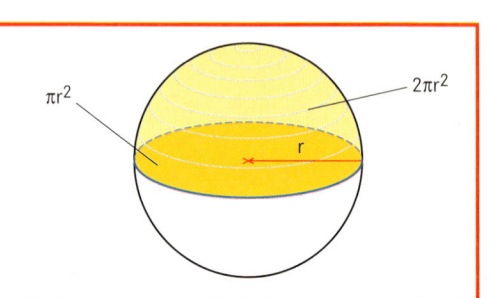

Kugelvolumen

4 Aus $V = \frac{1}{3} \cdot O \cdot r$ und $O = 4\pi \cdot r^2$ ergibt sich:
Eine Kugel mit dem Radius r hat ein **Volumen** von

$$V = \frac{4}{3} \cdot \pi \cdot r^3.$$

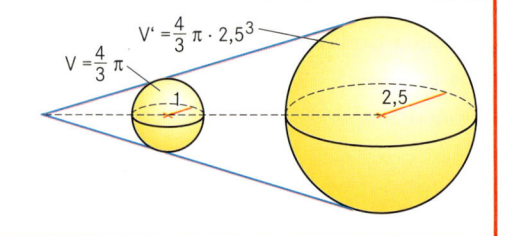

4.3 Besser geht's nicht! – Kugeln

5

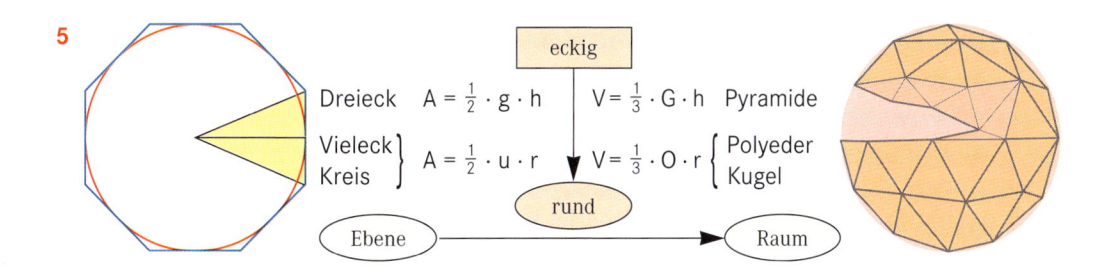

Dreieck $A = \frac{1}{2} \cdot g \cdot h$ → eckig → $V = \frac{1}{3} \cdot G \cdot h$ Pyramide

Vieleck, Kreis $A = \frac{1}{2} \cdot u \cdot r$ → rund → $V = \frac{1}{3} \cdot O \cdot r$ Polyeder, Kugel

Ebene → Raum

Übungen

1 Berechne die fehlenden Größen der Kugel (V: Volumen; O: Oberfläche; r: Radius).
a) r = 9 mm   b) r = 18 mm   c) V = 15 cm³   d) V = 30 cm³   e) O = 100 dm²
f) r = 10^{-12} m   g) r = 6370 km   h) V = 10 l   i) V = $7{,}3 \cdot 10^{-6}$ m³   j) O = 200 cm²

2 Ein kugelförmiger Gasbehälter mit dem Durchmesser 10 m soll gestrichen werden. Die Lackfarbe hat eine Ergiebigkeit von 5 m² pro Liter. Die Farbe kostet 32 Euro pro Liter. Berechne die Materialkosten für die Renovierungsaktion.

3 Welcher Körper verhält sich zum Quadrat wie eine Kugel zum Kreis? Suche nach weiteren Paaren dieser Art.

4 Bei einer Kugel aus reinem Uran 235 nennt man 50 kg die „kritische Masse".
a) Berechne den Mindestdurchmesser einer solchen Kugel. (Dichte von Uran 235: 19,4 g/cm³).
b) Informiere dich darüber, welche Folgen die Überschreitung der kritischen Masse hat.

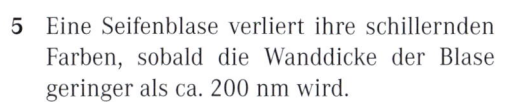

5 Eine Seifenblase verliert ihre schillernden Farben, sobald die Wanddicke der Blase geringer als ca. 200 nm wird.
a) Berechne die Masse einer solchen Seifenblase mit dem Außendurchmesser 15 cm.
b) Welchen Durchmesser hat ein kugelförmiger Wassertropfen mit gleicher Wassermenge?

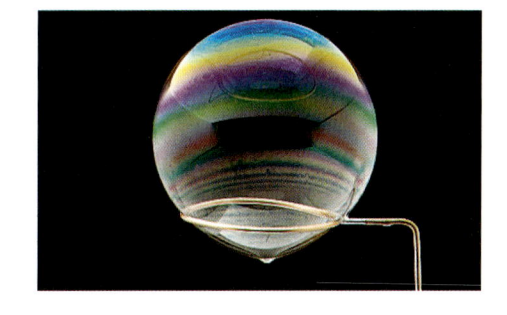

6 Eine Mischung aus Wasser und Öl wird zu einer Emulsion (Majonäse, Vinaigrette, …), wenn es gelingt das Öl in sehr kleine Kugeln zu „zerschlagen". Berechne die Gesamtoberfläche der Ölkugeln beim Aufschlagen von 10 ml Olivenöl, wenn deren Durchmesser im Durchschnitt kleiner als ca. 0,01 mm ist. Stelle selbst eine Emulsion her und bestimme mithilfe eines Mikroskops den Durchmesser der Ölkugeln in der Emulsion.

7 Drei gleichartige kleine Kugeln sind im Inneren einer großen Kugel. Um wie viel Prozent übertrifft das Volumen der großen Kugel die Voluminasumme der drei kleinen mindestens?

8 Kannst du eine Kugel halbieren und vierteln? Beschreibe mehrere Lösungen.

9 Ein Heißluftballon hat einen Durchmesser von 20 m. Die Luftfüllung wird durch einen Gasbrenner erhitzt, sodass sie wärmer ist als die Umgebungstemperatur. Dadurch verringert sich die Dichte der Luft im Ballon auf 0,9 g/dm³. In der Umgebung beträgt die Dichte dagegen 1,2 g/dm³. Wie viel weniger als die umgebende Luft wiegt die Luft im Heißluftballon? Wie viel dürfen die Ballonhülle und der Ballonkorb wiegen, damit der Ballon nicht sinkt? Berechne auch den Flächeninhalt der Ballonhülle.

10 Welchen prozentualen Anteil hat das Volumen der Kugeln am Volumen des Würfels?

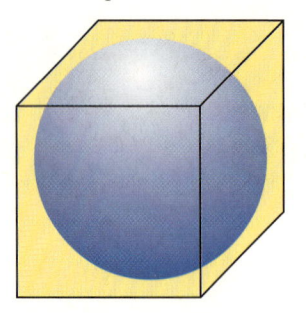

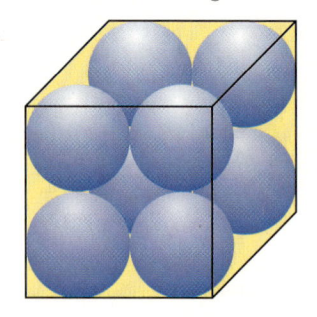

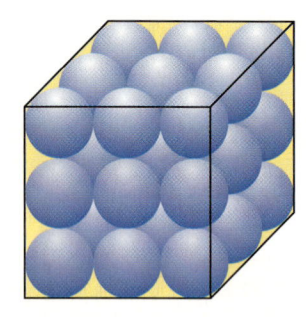

11 Im Land der „viereckigen Eier" sind Donald und seine drei Neffen zum Tode verurteilt worden, weil sie öffentlich runde Kaugummiblasen vorgeführt haben. Sie können ihr Leben retten, indem sie es schaffen würfelförmige Kaugummiblasen zu machen.
  a) Informiere dich über Oberflächenspannung. Erkläre damit, warum es in Wirklichkeit keine würfelförmigen Kaugummiblasen gibt.
  b) Hätten die Neffen bessere Chancen, wenn stattdessen oktaederförmige Blasen gefordert wären? Untersuche entsprechend weitere Körper.

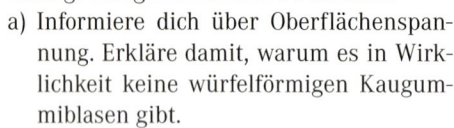

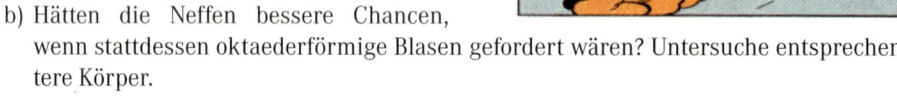

12 Ein Oktaeder mit Seitenlänge 1 dm wird in seinem Inneren von einer Kugel an allen acht Flächen berührt.
Skizziere die Situation und berechne das Volumen der Kugel. Vergleiche mit dem Volumen des Oktaeders. Übertrage die Fragestellung auf andere platonische Körper.

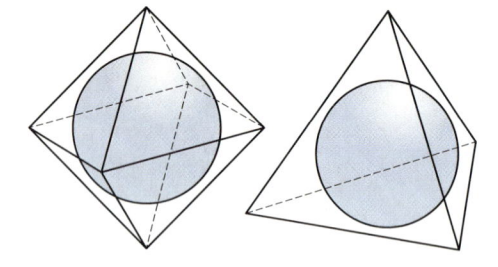

13 Um die Oberfläche einer Halbkugel zu berechnen, kannst du sie durch die Mantelflächen von Kegelstümpfen (vgl. **4.2**) annähern. Die Kegelstümpfe berühren dabei die Kugel von innen.
  a) Die Halbkugel lässt sich z. B. durch Breitenkreise unterteilen. Die Mantelflächen der entstehenden Kegelstümpfe haben den Inhalt $M = 2\pi r^* \cdot h$. Was ist an dieser Formel überraschend? Untersuche.
  b) Für einen in der Kugel liegenden Kegelstumpf (Höhe h; Mantellinie s; Kreisradien r_1, r_2) gilt: $h : s = \frac{r_1 + r_2}{2} : r^*$.
  Begründe diese Gleichung und leite daraus die Formel $M = 2\pi r^* \cdot h$ her.
  c) Eine Halbkugel kannst du dir in sehr viele schmale Scheiben wie in a) zerlegt denken. Begründe daraus die Formel $O = 2\pi r^2$ für den Oberflächeninhalt O einer Halbkugel vom Radius r.

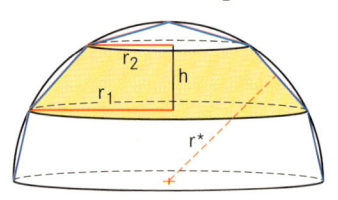

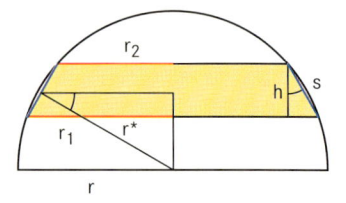

4.3 Besser geht's nicht! – Kugeln

14 Berechne den Rauminhalt des Körpers und seine Oberfläche.

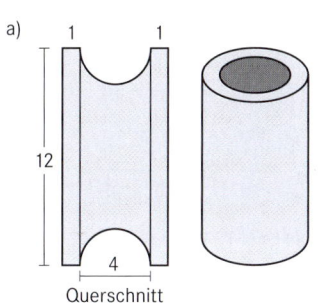

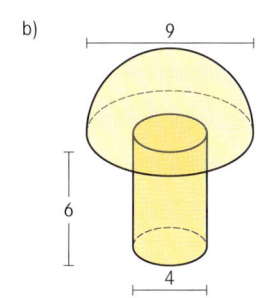

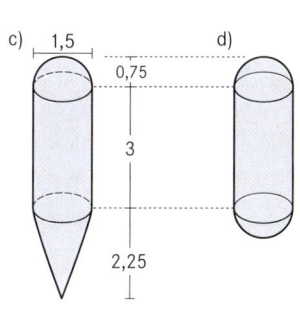

a) 1, 1, 12, 4 Querschnitt
b) 9, 6, 4
c) 1,5, 0,75, 3, 2,25
d)

15 a) Besorgt euch eine Kugel und versucht möglichst viele Punkte gleichmäßig auf der Kugeloberfläche zu verteilen. In der Abbildung ist diese Aufgabe für sechs Punkte durchgeführt. Verbindet eure Punkte auf der Kugel zu einem Netz.
b) Das abgebildete Netz ist ungleichmäßig. Beschreibt genauer, worin die Abweichung besteht. Ist euer Netz aus a) gleichmäßig?
c) Jan behauptet, dass man auf keinen Fall mehr als 20 Punkte gleichmäßig auf einer Kugel unterbringen kann. Hat er Recht?

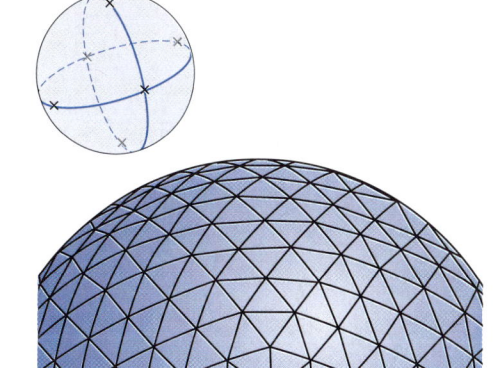

16 Im Jahre 1694 stritten sich Isaac Newton (1643–1727) und David Gregory (1659–1708) darüber, ob um eine innere Kugel herum *zwölf* oder *dreizehn* weitere Kugeln so angeordnet werden können, dass alle die innere Kugel berühren.
a) Stelle dir insgesamt 12 + 1 Kugeln vom Radius 1 im Inneren einer möglichst kleinen umfassenden „Container"-Kugel vor und bestimme deren Radius.
b) Welchen prozentualen Anteil am Volumen der „Container"-Kugel nehmen die 13 in ihr aufbewahrten Kugeln ein?
c) Newton bekam 1953 Recht. Versuche zu erklären, wie Gregory darauf kam, sogar 13 Kugeln zu vermuten.

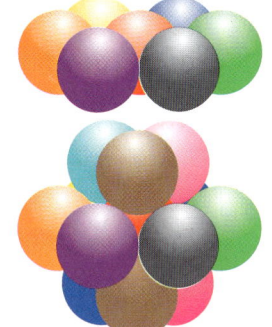

17 In **1** wird angedeutet, dass Zylinderscheiben nicht geeignet sind, um eine Annäherung der Kugeloberfläche durchzuführen. Untersuche, ob das stimmt. Vergleiche auch mit einer entsprechenden Annäherung der Kreisfläche.

18 Archimedes (um 287–212 v. Chr.) war besonders stolz auf seine Entdeckung des Verhältnisses der Volumina von Zylinder und einbeschriebener Kugel. Der griechische Geschichtsschreiber Plutarch (50 – ca. 125 n. Chr.) berichtet, dass Archimedes sich daher zur Dekoration seines Grabmals eine Kugel und einen Zylinder gewünscht habe. Marcus T. Cicero (106–43 v. Chr.) beschreibt in *„Gespräche in Tusculum"* (23. Kapitel), wie er das vergessene Grab des Archimedes entdeckte.
Berechne das Verhältnis der Volumina von Zylinder und einbeschriebener Kugel.

4.3 Besser geht's nicht! – Kugeln

Ausstiege

A1 Eine 1500 Jahre alte Herleitung der Formel für das Kugelvolumen:
a) Die „chinesische Dose" entsteht aus zwei sich durchdringenden Zylindern. Sie umfasst eine Kugel vom Radius r. Berechne das Dosenvolumen mithilfe von Übung **19** in **4.2.**

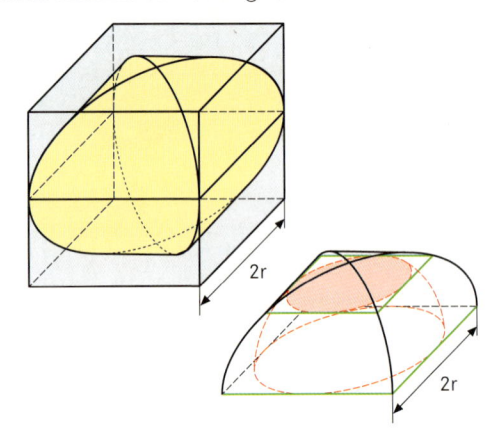

b) Begründe mithilfe des Satzes von Cavalieri (vgl. **4.2,** Übung **20**): Das Volumen der Dose verhält sich zum Volumen der umschlossenen Kugel wie $4:\pi$.
c) Leite mit a) und b) die Formel für das Kugelvolumen aus **4** her.
d) Recherchiere selbst und stelle zusammen, was du in Bibliothek und Internet über die Geschichte der Kugelberechnung findest.

A2 Eine 2200 Jahre alte Herleitung der Formel für das Kugelvolumen:
a) Die obere Waage ist im Gleichgewicht. Versuche dieses Ergebnis durch Wiegen von selbsthergestellten Körpern zu bestätigen.
b) Versuche mit a) eine Formel für das Kugelvolumen aufzustellen.
c) Beschreibe den Zusammenhang zwischen den beiden Waagebildern.
d) Schneide die beiden Körper im zweiten Bild parallel zur Grundfläche auf halber Höhe durch. Welche Größen haben die Schnittflächen?
e) Was ergibt sich, wenn man in anderem Abstand zur Grundfläche schneidet? Verwende deine Ergebnisse und den Satz von Cavalieri (**4.2,** Übung **20**) um b) zu begründen.
f) Der in a)–e) verfolgte Ansatz zur Berechnung des Kugelvolumens geht auf ARCHIMEDES zurück. Verwende diesen Ansatz um zu begründen, dass für das Volumen V eines **Kugelabschnitts** gilt:
$$V = \tfrac{1}{3}\pi \cdot h^2 \cdot (3r - h).$$

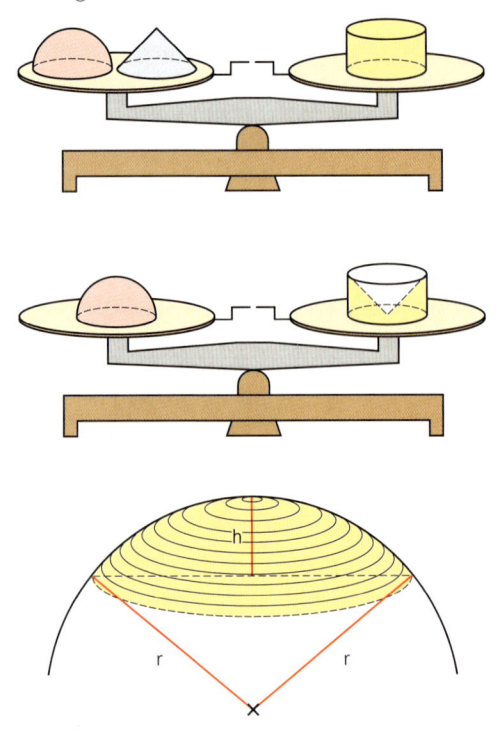

Wie groß ist die Wahrscheinlichkeit für einen Pasch beim Würfeln mit zwei Würfeln?

4.4 Vermischte Übungen

L1 Bestimme den Flächeninhalt und den Umfang der gelben Figur.

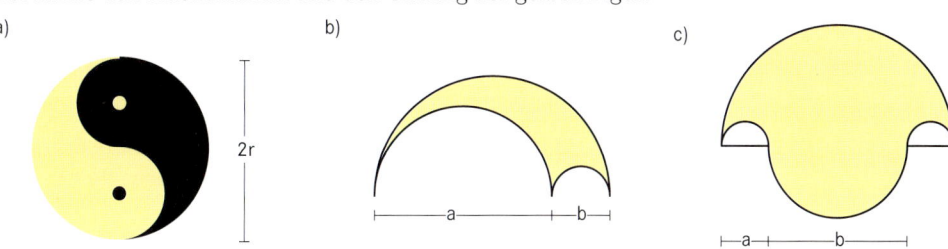

a)   b)   c)

2 Ein Kupferdraht von 30 m Länge mit dem Durchmesser 1 mm soll auf einer 10 cm langen zylindrischen Rolle mit dem Durchmesser 1 cm aufgewickelt werden. Wie viele Windungen sind aufzuwickeln? Erläutere mögliche Ungenauigkeiten deines Rechenansatzes.

L3 Ein Zylinder hat die Grundfläche $1\,m^2$ und die Höhe 1m.
  a) Bestimme den Radius einer Kugel mit demselben Volumen. Welcher Körper hat die größere Oberfläche? Berechne die Werte. Um wie viel Prozent übertrifft der größere den kleineren?
  b) Untersuche ebenso wie in a) einen Würfel an Stelle einer Kugel.

4 Welche Vorteile bzw. Nachteile hat die „dreieckige" Schraube?

5 Begründe: Bei Winkelgrößen gilt für die Umrechnung vom Bogenmaß in das Gradmaß die Umrechnungsformel
„Grad ≈ 60 · Bogenmaß".

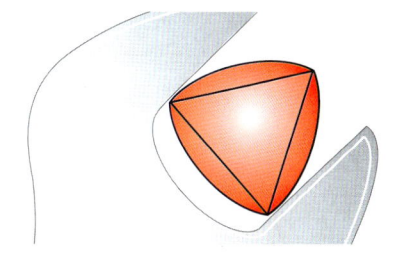

6 Wie viel wiegt die Heliumfüllung eines Ballons mit einem Durchmesser von 30 cm? (Dichte von Helium: $\varrho = 0{,}178\,g/dm^3$). Wie viel darf die Ballonhülle höchstens wiegen, damit der Ballon nicht sinkt? Kann der Ballon steigen, wenn die Ballonhülle 2 g wiegt? Begründe.

L7 Ein 15 cm hoher Messbecher in der Form eines Kegelstumpfes hat einen Grundkreisradius von $r_1 = 8$ cm und eine kreisförmige Öffnung von $r_2 = 12$ cm. Es sollen Markierungen für 125 ml, 250 ml, 500 ml, 750 ml und 1000 ml angebracht werden.
Berechne mithilfe einer Tabelle näherungsweise die Höhen, in denen die Markierungen anzubringen sind.

8 Bei einem Quadrat der Seitenlänge 1 werden die Ecken abgeschnitten.
  a) Berechne den Inhalt des restlichen Achtecks.
  b) Das Quadrat hat einen Inkreis. Betrachte das Achteck als Näherung für den Inkreis und bestimme damit einen Näherungswert für π. Dieses Verfahren findet sich bereits im altägyptischen Rechenbuch „Papyrus-Rhind" (ca. 1700 v. Chr.).
  c) Übertrage das Vorgehen in a) und b) auf einen Würfel.

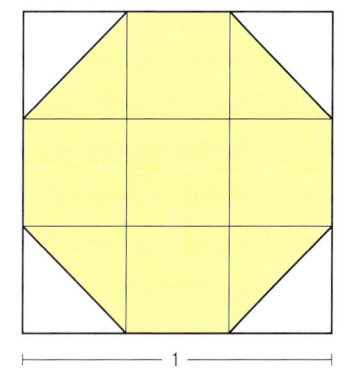

4.4 Vermischte Übungen

9 Berechne den Rauminhalt einer 1-Euro-Münze. Stelle dazu geeignete Messungen an. Bestimme auch die Dichte und Masse der Münze.

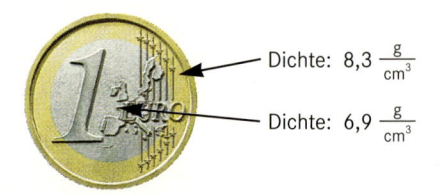

Dichte: $8{,}3 \frac{g}{cm^3}$

Dichte: $6{,}9 \frac{g}{cm^3}$

10 a) Ein Seil wird so um den Äquator gelegt, dass es fest anliegt. Dann wird es verlängert, sodass es überall einen Abstand von 1 mm von der Erdoberfläche hat.
Wie groß ist die Verlängerung x des Seils? Schätze erst und berechne dann (Erdumfang 40 000 km). Berechne x auch für einen Abstand von 2 m.
b) Beantworte die Fragen in a) auch für den Mond (r = 1738 km).
c) Verallgemeinere deine Aussagen auf beliebige Kugeln.
d) Übertrage deine Überlegungen auch auf andere Körper (z. B. Würfel).

L11 Ein **Antiprisma** entsteht, wenn man zwei kongruente regelmäßige n-Ecke und 2n regelmäßige Dreiecke zu einem Körper anordnet.
a) Zeichne je ein Antiprisma zu n = 4 und n = 3 und berechne die zugehörigen Volumina.

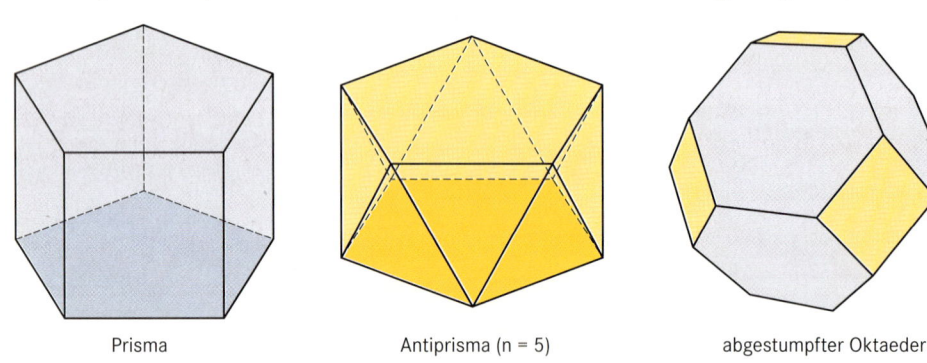

Prisma   Antiprisma (n = 5)   abgestumpfter Oktaeder

b) Vergleiche das Volumen des Antiprismas zu n = 3 bzw. n = 4 mit dem Volumen des Prismas, das für n = 4 entsteht, wenn man n Quadrate anstelle der 2n Dreiecke verwendet.
c) Ein **archimedischer Körper** entsteht, wenn man von einem platonischen Körper Ecken oder Kanten so abschneidet, dass nur regelmäßige Vielecke entstehen und dass an jeder Ecke die zusammenstoßenden Winkel dieselbe Summe ergeben. Aus einem Oktaeder wird so ein archimedischer Körper, bei dem an jeder Ecke ein Viereck und zwei Sechsecke zusammenstoßen. Berechne sein Volumen und seine Oberfläche.

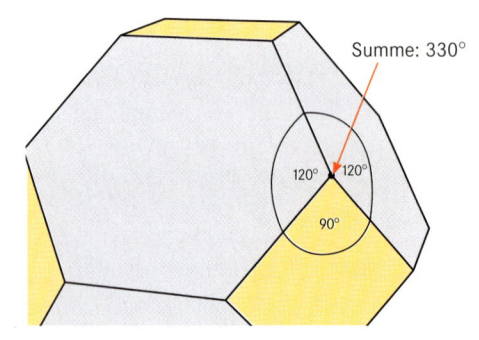

Summe: 330°
120° 120°
90°

d) Suche weitere möglichst einfache der insgesamt 13 archimedischen Körper. Zeichne und berechne sie.
e) Bei einem archimedischen Körper ergeben die Winkel, die an einer Ecke zusammenstoßen, zusammen weniger als 360°. So ergibt sich für den Körper aus c) 90° + 120° + 120° = 330°. Berechne diese Summe für die fünf platonischen Körper und einige archimedische Körper.
f) Untersuche den Zusammenhang zwischen der Winkelsumme in e) und der „Krümmung" des betreffenden Körpers.
Versuche auch einen Zusammenhang zwischen der Winkelsumme und der Eckenanzahl des Körpers herzustellen.

4.4 Vermischte Übungen

13 Beim Pyramidenbau in Ägypten wurden Baumstämme als Rollen zum Transport von Steinquadern eingesetzt.
   a) Sind auch Rollen mit einem Kreisbogendreieck ABC als Querschnittsfläche zum Transport geeignet?
   b) Versuche Kreisbogenvielecke mit anderen Eckenanzahlen zu konstruieren. Sind die gefundenen Figuren als Transportrollen geeignet?
   c) Untersuche ebenso wie in a) die in der unteren Abbildung gezeigte Figur aus sechs Kreisbögen. Berechne auch ihren Umfang.
   Was passiert mit der Figur, wenn man das Verhältnis a : b verändert? Betrachte auch die Sonderfälle a = 0 bzw. b = 0.

L14 a) Das Volumen eines Fahrradschlauchs kann mit der Formel V = $2\pi^2 r^2 R$ berechnet werden. Begründe die Formel (dabei kann es nützlich sein, die Formel anders aufzuschreiben).
   b) Welche Schnittflächen sind bei einem ebenen Schnitt durch einen Ring (**Torus**) möglich? Berechne die Flächeninhalte der Schnittflächen in mindestens zwei Fällen (r = 1 dm; R = 2 dm).
   c) YVON VILLARCEAU entdeckte 1848, dass die Ebenen, die einen Torus in genau zwei Punkten berühren, ihn in zwei Kreisen schneiden. Zeichne eine Seitenansicht der Situation und berechne den Umfang der entsprechenden Kreise.

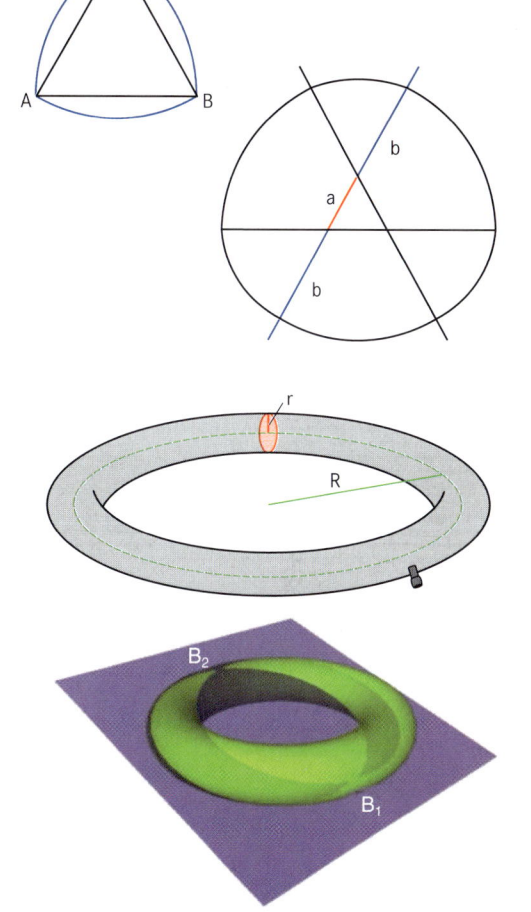

L15 a) Griechische Mathematiker haben versucht zu einem Kreis ein inhaltsgleiches Quadrat nur mit Zirkel und Lineal zu konstruieren. Dieses gelang ihnen nicht. Vielleicht auch deshalb versuchten sie es mit Teilen eines Kreises - den „Möndchen des Hippokrates".

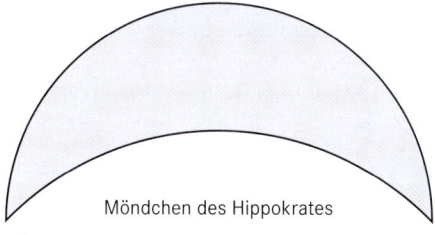

Möndchen des Hippokrates

Diese wurden nach HIPPOKRATES VON CHIOS (um 470–410 v. Chr.) benannt.
Konstruiere diese Fläche, die durch einen Halbkreisbogen und einen Viertelkreisbogen berandet wird.
Konstruiere dazu nur mit Zirkel und Lineal ein Quadrat, das denselben Flächeninhalt hat.

   b) Über 2000 Jahre lang hat man immer wieder versucht den Kreis zu quadrieren. Erst 1882 wurde von FERDINAND VON LINDEMANN überraschenderweise bewiesen, dass das nicht möglich ist. MIKLOS LACZKOVICH hat 1990 nachgewiesen, dass ein Kreis durch *Zerlegung* in ein Quadrat verwandelt werden kann.
   In diesem Gesamtzusammenhang entstand die Redewendung von der **Quadratur des Kreises** als Bezeichnung für eine unlösbare Aufgabe. Stelle deine eigenen Suchergebnisse zum Thema „Quadratur des Kreises" zusammen.

L16 Ein Ausschnitt aus einem Kreisring hat die Breite s und wird durch zwei Kreisbögen mit den Längen b_1 und b_2 begrenzt. Für seinen Flächeninhalt A gilt $A = \frac{b_1 + b_2}{2} \cdot s$.
Untersuche den Zusammenhang mit der Trapezflächenformel und der Formel für die Mantelfläche eines Kegelstumpfes.

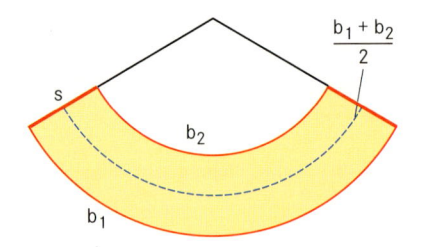

17 Statt mit Vielecken kannst du den Flächeninhalt eines Kreises auch im Koordinatensystem mithilfe von Treppenfiguren bestimmen.
  a) Bestimme den Inhalt der fünfstufigen Treppenfigur aus einer Zeichnung auf Millimeter-Papier.
  b) Der Inhalt des zweiten Rechtecks in der Treppenfigur ist $0{,}2 \cdot \sqrt{1 - 0{,}2^2} \approx 0{,}1958$. Begründe das Ergebnis und berechne die Flächeninhalte der restlichen vier Rechtecke sowie der Treppenfigur insgesamt.
  c) Verdopple die Anzahl der Treppenstufen und wiederhole die Rechnung von b).
  d) Schreibe ein Programm zur Berechnung des Flächeninhalts der Treppenfigur für Stufenzahlen bis 1000. Versuche die Zuverlässigkeit deines Ergebnisses zu schätzen.

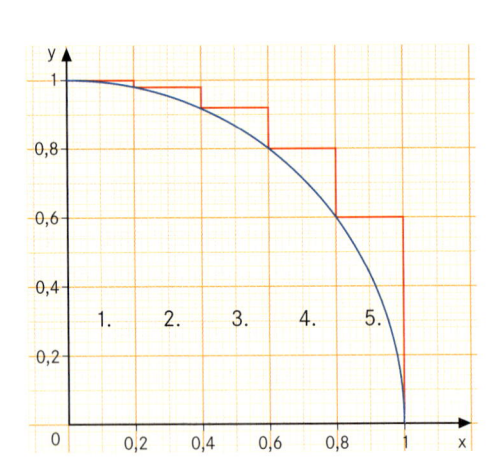

L18 Die Rechtecke der Treppenfigur aus Übung 17 können auch zu Trapezen gestutzt werden.
  a) Zeichne einen Viertelkreis mit dem Radius 10 cm und zeichne zehn Trapeze ein. Berechne den Flächeninhalt der Trapeze und bestimme daraus einen Näherungswert für π.
  b) Programmiere das „Trapezverfahren" auf deinem Taschenrechner. Vergleiche es mit anderen Näherungsverfahren, die du bereits durchgeführt hast.
  c) Der Flächeninhalt der fünf Trapeze in AMCD ist $A_1 = 5 + \sqrt{99} + \sqrt{96} + \sqrt{91} + \sqrt{84} + \frac{1}{2}\sqrt{75}$ und der Inhalt von $\triangle MCD$ ist $A_2 = \frac{5}{2}\sqrt{75}$. Begründe. Berechne daraus näherungsweise den Inhalt des Kreisausschnitts AMD und einen Näherungswert für π. Warum ist dieser Wert für π besser als der aus a)?

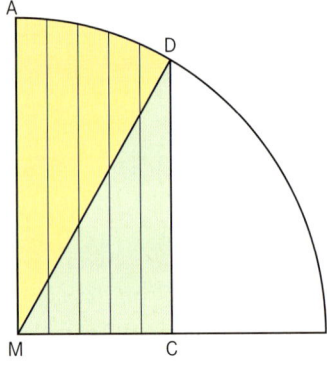

19 Jedes dreiseitige Prisma lässt sich in drei Pyramiden zerlegen.
  a) Begründet, dass die drei Pyramiden dasselbe Volumen haben.
  b) Baut euch Pappmodelle der drei Pyramiden.
  c) Leitet aus a) die Volumenformel für beliebige Pyramiden her.

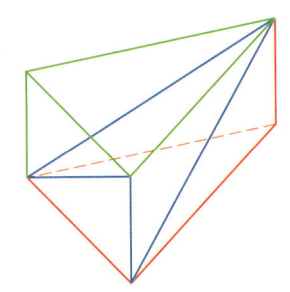

4.5 Zusammenfassung

1 Der Flächeninhalt eines Einheitskreises hat eine bestimmte Maßzahl, die mit **π** bezeichnet wird.
Den Wert von π kann man z. B. durch ein- und umbeschriebene Vielecke wachsender Eckenanzahl beliebig genau einschachteln. Mit wachsender Eckenanzahl ergibt sich
 2 < π < 4
 2,8 < π < 3,3   π ≈ 3,1415...
 3,1 < π < 3,2
  ...

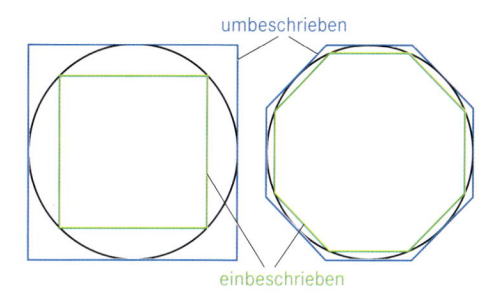

2 Ein Kreis mit dem Radius r hat den **Flächeninhalt**
$$A = \pi r^2$$
und den **Umfang**
$$u = 2 \pi r.$$

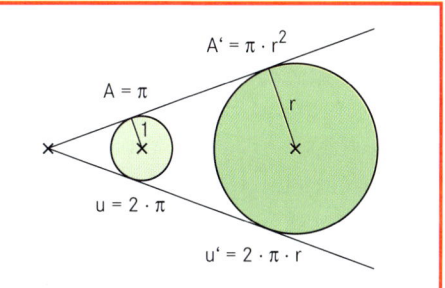

3 Für einen **Kreisausschnitt** mit dem Mittelpunktswinkel φ, der Bogenlänge b und dem Flächeninhalt A gilt:
$$\frac{b}{2\pi r} = \frac{\varphi}{360°} = \frac{A}{\pi r^2}$$

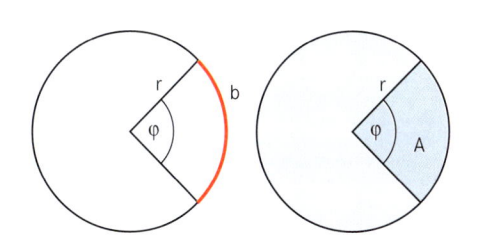

4 Das **Bogenmaß** x eines Winkels gibt an, wie lang der Bogen ist, den dieser Winkel als Mittelpunktswinkel auf dem Einheitskreis ausschneidet. Der Vollwinkel hat also das Bogenmaß 2π, ein rechter Winkel $\frac{\pi}{2}$ usw.

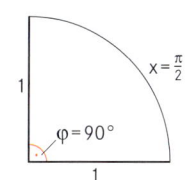

φ	90°	60°	45°
x	$\frac{\pi}{2}$	$\frac{\pi}{3}$	$\frac{\pi}{4}$

$$x = \varphi \cdot \frac{2\pi}{360°} \approx \frac{\varphi}{60°}$$

5

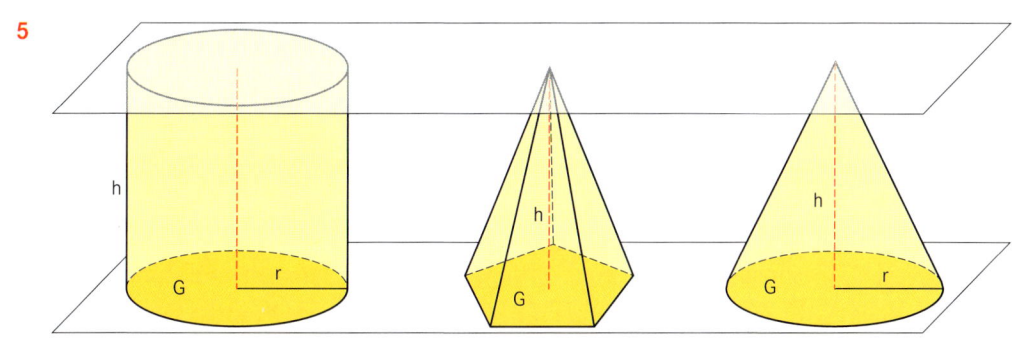

Zylinder: $V = G \cdot h = \pi r^2 h$ **Pyramide:** $V = \frac{1}{3} G \cdot h$ **Kegel:** $V = \frac{1}{3} G \cdot h = \frac{1}{3} \pi r^2 h$

4.5 Zusammenfassung

6 Eine **Kugel** mit dem Radius r hat eine **Oberfläche** mit dem Inhalt

$$O = 4 \pi r^2.$$

Eine Kugel mit dem Radius r hat ein **Volumen** von

$$V = \frac{4}{3} \pi r^3.$$

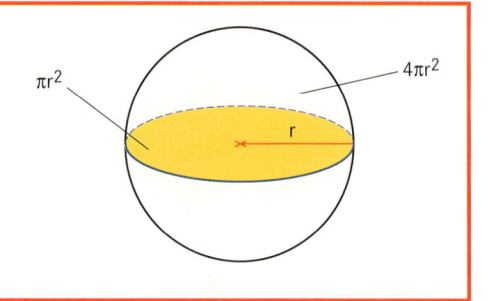

7 Unbekannte Flächen- oder Rauminhalte kann man durch bekannte Flächen- oder Rauminhalte annähern.

Eine Pyramide wird durch Prismen angenähert:

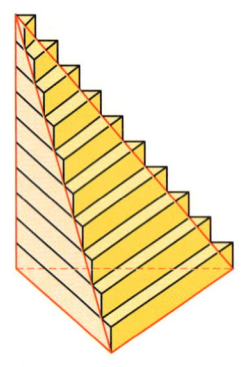

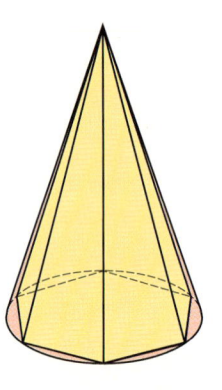

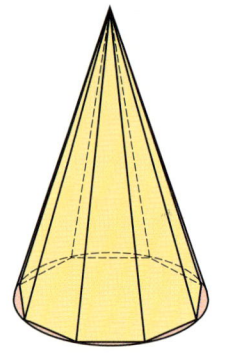

Ein Kegel wird durch Pyramiden angenähert:

Ein Zylinder wird durch Prismen angenähert:

Eine Kugel wird durch Zylinder angenähert:

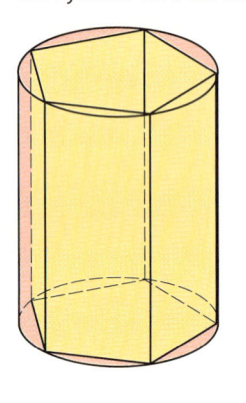

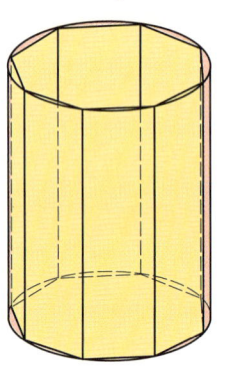

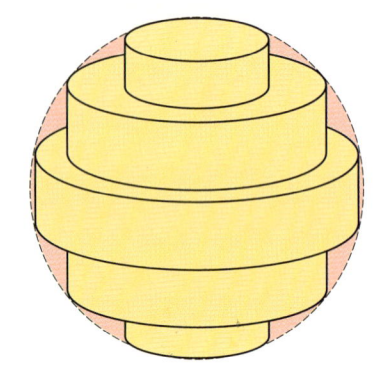

Drei Skatbrüder wollen im Gasthaus die gemeinsame Rechnung bezahlen. Zusammen haben sie 70 Euro bei sich, aber keiner hat so viel, dass er die Rechnung alleine bezahlen kann.
Wenn jedoch der erste zu seinem Geld noch ein Viertel von dem des zweiten hinzunähme, dann könnte er die Rechnung alleine begleichen und wäre danach blank. Ebenso ginge es, wenn der zweite zu seinem Geld noch drei Viertel von dem des dritten oder der dritte zu seinem Geld noch zwei Drittel von dem des ersten hinzunähme.
Wie viel Geld hat jeder einzelne bei sich und wie hoch ist die Rechnung?

4.6 Container und Cluster

1. Zwanzig zylindrische Konservendosen sollen in einem Container mit rechteckiger Grundfläche nebeneinander aufgestellt und verpackt werden **(Container-Packung)**. Der Container soll dabei eine möglichst kleine Grundfläche haben. Besorgt euch Münzen o. ä. um mögliche Anordnungen der Dosen herauszufinden. Bestimmt die kleinstmögliche Grundfläche.

2. Bestimmt für andere Dosenanzahlen die kleinstmögliche Grundfläche. Untersucht dabei insbesondere „Quadratanzahlen". Stellt eure Ergebnisse übersichtlich zusammen und versucht mathematische Fragen und Vermutungen zu euren Ergebnissen zu formulieren. Stellt euch eigene Fragen in der Art von **1** und versucht sie zu beantworten.

3. Packt man Orangen oder andere Körper in eine Folie oder ein möglichst eng anliegendes Netz, dann erhält man **Cluster-Packungen**.

   Bei Cluster-Packungen liegen die verpackten Körper so, dass jeder mindestens einen anderen berührt.
   Zeichnet mögliche Cluster-Packungen von vier Kreisen in der Ebene bzw. von vier Kugeln im Raum. Welche von ihnen benötigt am wenigsten Flächen- bzw. Rauminhalt?
   Untersucht anstelle von vier auch andere Anzahlen von Kreisen bzw. Kugeln.

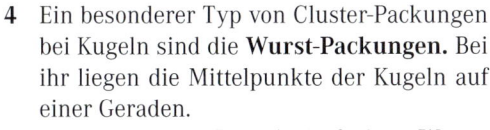

4. Ein besonderer Typ von Cluster-Packungen bei Kugeln sind die **Wurst-Packungen**. Bei ihr liegen die Mittelpunkte der Kugeln auf einer Geraden.
   Untersucht den Raumbedarf einer Wurst-Packung im Vergleich zur „quadratischen" Packung für 4, 9, 16, ... Kugeln.

5. Stellt weitere Informationen zu Packungsproblemen aus Bibliothek und Internet zusammen (mögliche Stichworte: Wurstpackung, Kugelpackung, KEPLER, Kristallgitter, ...)

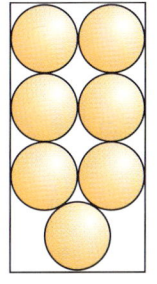

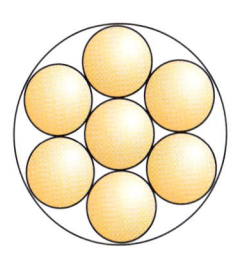

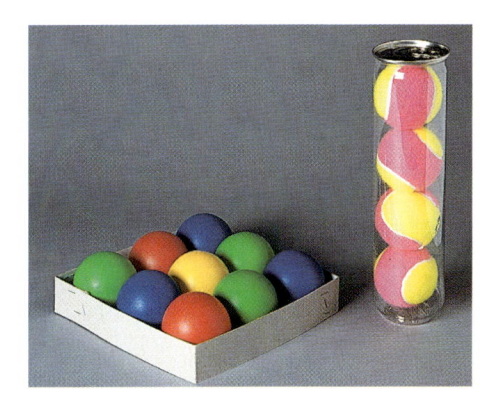

5 Trigonometrie

5.1 Das tangiert jeden – Winkelfunktionen am rechtwinkligen Dreieck

Einstiege

E1 a) Das rotierende Blaulicht eines stehenden Krankenwagens gleitet die Häuserreihe entlang. Wie bewegt sich der Lichtstrahl? Versuche das nachzuahmen.

b) Stelle dich mit einer Taschenlampe vor die Klassenraumwand und leuchte senkrecht auf die Wand. Drehe dich nun langsam und gleichmäßig um dich selbst, wobei du die Lampe starr vor dich hältst. Wie bewegt sich der Lichtfleck auf der Wand?

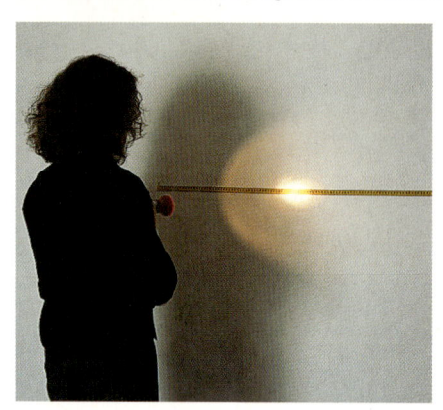

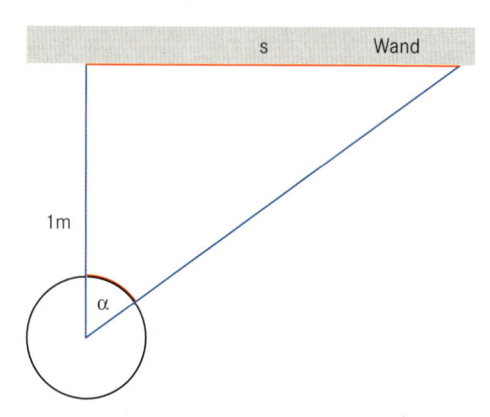

c) Führe das gleiche Experiment auf einem langen Flur durch: Du stehst in der Mitte zwischen beiden Wänden und drehst dich um 360°. In welchen Winkelbereichen scheint der Strahl zu rasen?

d) Bestimmt den Zusammenhang Winkel α – Lichtfleckweg s möglichst genau. Bildet mehrere Arbeitsgruppen und vergleicht anschließend eure Ergebnisse.

e) Bei größeren Winkeln reicht die Länge der Wand nicht mehr aus. Wenn ihr den Abstand zur Wand verringern würdet, könntet ihr weitermessen. Wie kann man die so erhaltenen Längen auf den alten Abstand umrechnen?

f) Um Längen für Winkel über 90° zu erhalten, müsste das Experiment in einen Flur mit zwei langen Wänden verlegt werden. Wie könnte man die Wertetabelle ohne weitere Messung sinnvoll ergänzen?

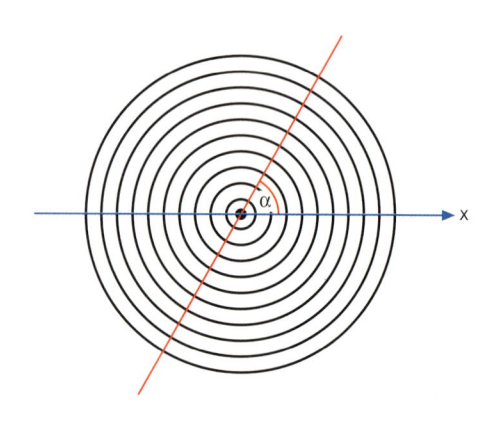

E2

a) Versuche mit einem Plot-Programm den Strahlenkranz einer Dartscheibe durch eine Schar geeigneter Geraden darzustellen.

b) Legt man auf der Scheibe den Strahl in die positive x-Richtung als Anfangsstrahl fest, so kann man für jeden weiteren Strahl den Winkel α zum Anfangsstrahl angeben. Die zugehörigen Geradensteigungen m hast du soeben bestimmt. Schreibe für die Zuordnung $\alpha \mapsto m$ eine Wertetabelle auf und zeichne den Graphen. Gib genäherte Zwischenwerte an.

5.1 Das tangiert jeden – Winkelfunktionen am rechtwinkligen Dreieck

E3 a) Die untergehende Sonne wirft immer längere Schatten. Erstelle mithilfe einer Zeichnung, eventuell mit einem Geometrieprogramm, eine Tabelle, die dir zur Sonnen„höhe" α die Schattenlänge s einer 10 m hohen Fichte angibt. Bestimme s durch Ausmessen für möglichst viele Winkel zwischen 0° und 90° in gleichmäßigen Abständen von 5°.

b) Zur Messung der Sonnenhöhe α ist ein Baum wie in a) eigentlich schlecht geeignet. Man benutzte früher einen senkrecht aufgestellten Stab, den Gnomon[1], wie man ihn heute noch an Sonnenuhren sieht. Wie ändert sich deine Tabelle aus a), wenn der Stab 1 m lang ist? Mit dieser Tabelle kann man durch Messung der Schattenlänge die Sonnenhöhe angeben. Wie groß ist die Höhe bei einer Schattenlänge von 1,32 m?
Stellt euch gegenseitig ähnliche Aufgaben.
Wie kann man Zwischenwerte in der Tabelle annähernd genau bestimmen?

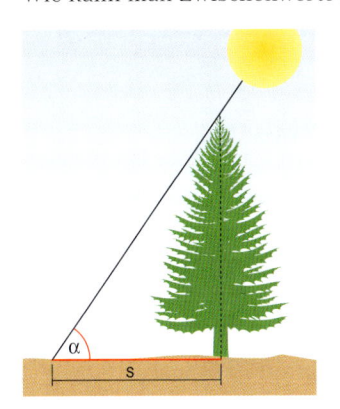

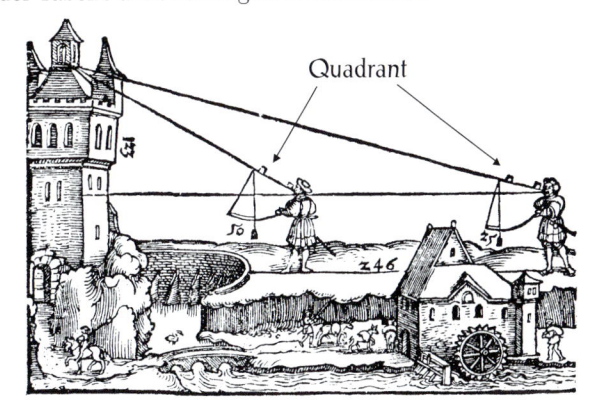

c) Auch für Messungen auf der Erde kann man die Tabelle verwenden. Bestimmt auf ähnliche Art wie im Bild die Höhe des nächstgelegenen Kirchturms oder eines anderen Objekts. Zur Messung des Höhenwinkels wurde jahrhundertelang ein sehr einfaches, aber genaues Gerät, der **Quadrant,** benutzt. Baut ihn selbst und probiert ihn aus.

d) Winkelmessgeräte wurden schon von den Ägyptern, Babyloniern und Griechen beim Pyramiden- und Tempelbau und in der Schifffahrt zur Messung von Sonnen- und Sternenhöhen benutzt. Der griechische Gelehrte KLAUDIOS PTOLEMAEUS (ca. 100–178 n. Chr.) beschreibt einen Höhenwinkelmesser, der aus einem Vollkreis mit Visier besteht, und erklärt dann, dass für die Praxis schon ein Quadrant, ein Viertelkreis, genügt. TYCHO BRAHE, ein berühmter dänischer Astronom, hat im 16. Jahrhundert einen Mauerquadranten benutzt, der mit einer Genauigkeit von einer Bogenminute[2] ablesbar war. Schätze den Radius aus der Abbildung; wie viele Zentimeter auf dem Mauerbogen entsprechen einer Bogenminute?

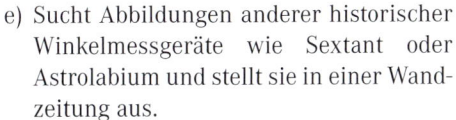

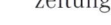

e) Sucht Abbildungen anderer historischer Winkelmessgeräte wie Sextant oder Astrolabium und stellt sie in einer Wandzeitung aus.

---
[1] gnomos (griech.): der Zeiger
[2] Gradunterteilung: 60 Bogenminuten sind ein Grad.

5.1 Das tangiert jeden – Winkelfunktionen am rechtwinkligen Dreieck

Grundwissen 1

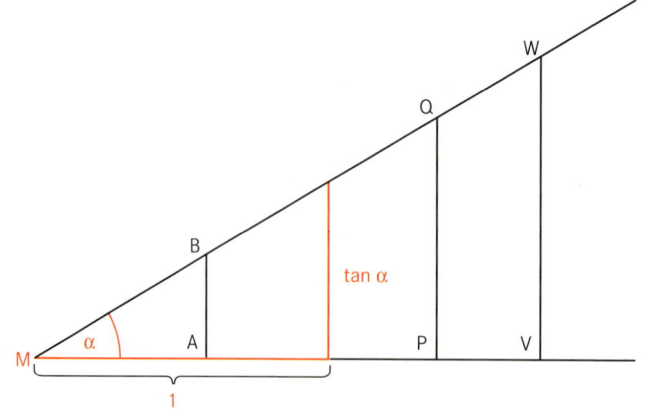

Die zentrische Streckung eines rechtwinkligen Dreiecks ändert das Kathetenverhältnis nicht:

$$\frac{\overline{AB}}{\overline{MA}} = \frac{\overline{PQ}}{\overline{MP}} = \frac{\overline{VW}}{\overline{MV}}$$

Tangens

> In jedem rechtwinkligen Dreieck mit Winkel α heißt der Quotient aus Gegenkathete und Ankathete der **Tangens**[1] von α, kurz **tan α**.
>
> $$\tan \alpha = \frac{\text{Gegenkathete von } \alpha}{\text{Ankathete von } \alpha}.$$

2 Ist die Ankathetenlänge 1, so hat die Gegenkathete die Länge tan α.
Es ist tan 0° = 0 und tan 45° = 1; tan 90° ist nicht definiert. Nähert sich α an 90°, wird tan α beliebig groß (vgl. **A 1**a).

3 Kennt man die Werte für tan α, die man aus Tabellen oder dem Taschenrechner (Taste [TAN]) entnehmen kann, so kann man damit Vermessungsaufgaben lösen.

> Der Weg der Zahnradbahn bei Mürren in der Schweiz hat eine Steigung von 28°; auf der Karte ist eine Länge von 2540 m eingetragen. Die Bahn startet in einer Höhe von 1650 m. In welcher Höhe liegt die Bergstation?
> Das Steigungsprofil kann man sich als rechtwinkliges Dreieck mit Steigungswinkel 28° vorstellen, dessen Ankathete die gegebene Länge und dessen Gegenkathete die gesuchte Höhe ist.
>
> Dann ist tan 28° = $\frac{\text{Höhe}}{2540 \text{ m}}$, also
>
> Höhe = tan 28° · 2540 m ≈ 1351 m.
> Die Bergstation liegt also in ca. 3000 m Höhe.

Beim Umgang mit dem Taschenrechner ist zu beachten, dass der richtige Eingabemodus, nämlich [DEG][2], für das Winkelmaß eingestellt ist. Man kann das mit tan 45° (= 1) testen.

---

[1] tangere (lat.): berühren
[2] degree (engl.): Grad

3 Bei den Graphen linearer Funktionen, deren Steigung positiv ist, stellt der Tangens einen Zusammenhang zwischen dem Winkel zur x-Achse und der Steigung dar.

> Ist der Winkel zwischen Gerade und x-Achse 50°, so ist
> $$\tan 50° = \frac{\text{Gegenkathete}}{\text{Ankathete}} = \text{Steigung} \approx 1{,}2$$

Diesen Zusammenhang benutzt man, um tan α auch für Winkel über 90° oder negative Winkel einen Wert zuzuordnen.

> Ist α der Winkel zwischen positiver x-Achse und Gerade und m die Geradensteigung, so ist
> **tan α = m.**

α = 149° ergibt tan 149° ≈ –0,6, denn die Gerade mit der Gleichung y = –0,6 x schließt mit der positiven x-Achse den Winkel 149° ein.
Ebenso schließt sie natürlich auch den Winkel –31° oder 149° + 180° = 329° ein.

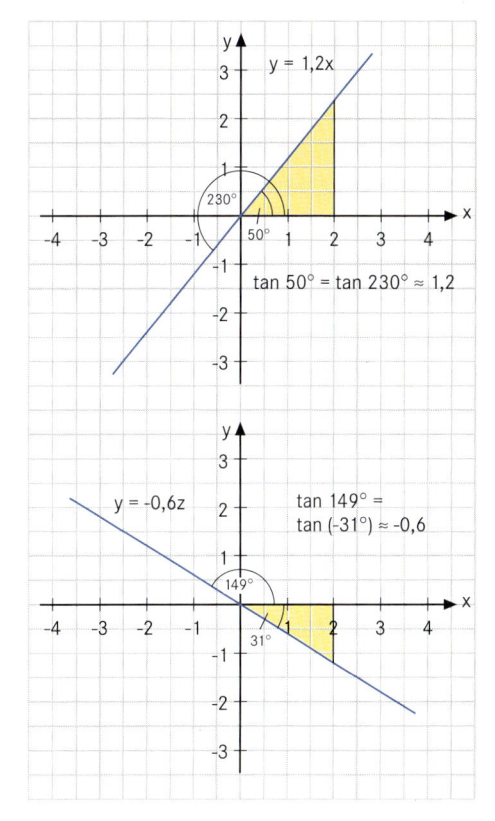

Damit ergeben sich folgende Symmetrieeigenschaften des Tangens:
$$\tan(\alpha - 180°) = \tan \alpha$$
$$\tan(\alpha + 180°) = \tan \alpha$$
$$\tan(-\alpha) = -\tan \alpha$$

Tangensfunktion

> Die Zuordnung α ↦ tan α heißt **Tangensfunktion**.
> Für die Winkel 90°, 270°, 450°, ... sowie für –90°, –270°, ... ist tan α nicht definiert.

4 Der Graph der Tangensfunktion mit der Gleichung y = tan α hat z. B. für α = 90° eine Lücke. Dort „schmiegt" sich die Kurve an die Senkrechte mit α = 90° an. Die Lücke wiederholt sich in Abständen von 180°. Die Senkrechten sind Asymptoten an den Graphen von tan α.

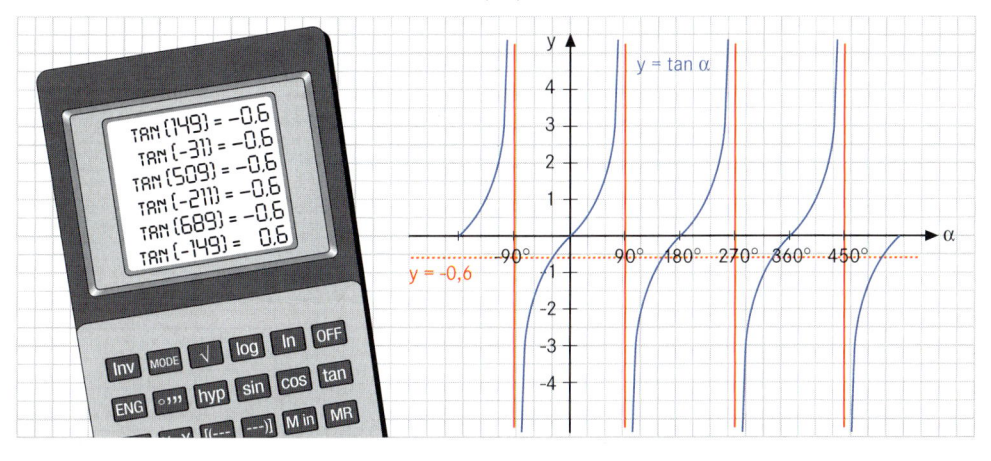

5 Aus Unterkapitel **1.2** ist bekannt:
cos α und sin α sind die Koordinaten eines Punktes auf dem Einheitskreis um den Ursprung. Diese Koordinaten bilden Ankathete und Gegenkathete zum Winkel α in einem rechtwinkligen Dreieck mit Hypotenuse 1.
Verändert man den Kreisradius, der in dem Dreieck der Hypotenuse entspricht, so ändern sich die Kathetenlängen im gleichen Verhältnis.

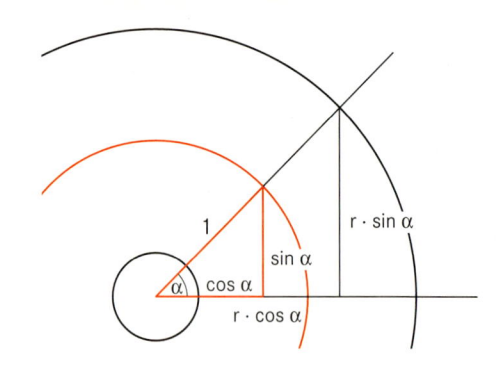

In jedem rechtwinkligen Dreieck gilt für Winkel α zwischen 0° und 90°:

$$\sin \alpha = \frac{\text{Gegenkathete}}{\text{Hypotenuse}} \quad \text{und} \quad \cos \alpha = \frac{\text{Ankathete}}{\text{Hypotenuse}}.$$

---

6 Kennt man, zum Beispiel mithilfe des Taschenrechners, die Werte von sin α und cos α, kann man damit wie beim Tangens trigonometrische Aufgaben lösen.[1]

> Bauabfälle sollen mit dem Förderband in den Container transportiert werden. Der Anstellwinkel soll 15° nicht überschreiten.
> Wie lang muss das Band mindestens sein?
> In dem roten rechtwinkligen Dreieck gilt:
> $\sin 15° = \frac{2\,m}{s}$, also $s = \frac{2\,m}{\sin 15°} \approx 7{,}73\,m$.
> Das Förderband sollte ca. 8 m lang sein. 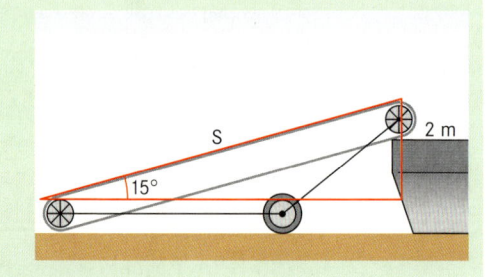
>
> Umgekehrt: Das vorhandene Förderband hat 12 m Länge.
> Wie groß ist der Anstellwinkel, wenn 50 cm vom Band überstehen sollen?
> Der Ansatz lautet nun: $\sin \alpha = \frac{2\,m}{11{,}5\,m}$. Mit der Umkehrtaste ([2ND] oder [SHIFT]) liefert der Taschenrechner für [sin⁻¹] $\left(\frac{2}{11{,}5}\right)$ den zugehörigen Winkel: $\alpha \approx 10{,}02°$.
> Das Band hat also einen Anstellwinkel von etwa 10°.

Winkelfunktion
trigonometrische Funktion

7 Die drei Funktionen sin, cos und tan nennt man **Winkelfunktionen** oder **trigonometrische Funktionen**.
Aus den Definitionen ergibt sich die Beziehung:

$$\tan \alpha = \frac{\sin \alpha}{\cos \alpha} \quad (\alpha \neq 90°; 270°; \dots)$$

Übungen

1 Übertrage die Tabelle in dein Heft und fülle sie ohne Benutzung des Taschenrechners aus.

α	0°	30°	45°	60°	90°	120°	135°	150°	180°
sin α									
cos α									
tan α									

---

[1] tri (griech.): drei; gonos (griech.): der Winkel, die Ecke, das Knie; metros (griech.): das Maß

5.1 Das tangiert jeden – Winkelfunktionen am rechtwinkligen Dreieck

2 Bestimme die Funktionswerte. Runde auf zwei Nachkommastellen. Erkläre, warum du manchmal dieselben Werte erhältst oder Werte, die sich nur durch ein Vorzeichen unterscheiden.
  a) $\tan 37°$ b) $\cos 37°$ c) $\sin 37°$ d) $\tan 89{,}9°$
  e) $\sin 0{,}5°$ f) $\sin 30°$ g) $\cos 0{,}1°$ h) $\cos 89{,}5°$
  i) $\tan 143°$ j) $\sin 323°$ k) $\cos 78{,}5°$ l) $\sin 45°$

3 Bestimme zu dem folgenden Funktionswert alle Winkel im Bereich von 0° bis 360°. Runde auf halbe Grad.
  a) $\sin \alpha = 0{,}2$ b) $\tan \alpha = 10$ c) $\cos \alpha = 0{,}2$ d) $\tan \alpha = 3{,}14$
  e) $\tan \alpha = 1000$ f) $\sin \alpha = 0{,}7071$ g) $\sin \alpha = 1$ h) $\cos \alpha = 0$
  i) $\cos \alpha = 0{,}85$ j) $\tan \alpha = 2{,}718$ k) $\tan \alpha = 0{,}1$ l) $\sin \alpha = -1$

4 Löse auf eine Nachkommastelle genau.
  a) $\sin 12° = u$ b) $\sin \alpha = 0{,}1234$ c) $\tan \beta = 6{,}9$ d) $\cos 54{,}321° = v$
  e) $\tan 71{,}5° = w$ f) $\sin 75{,}24° = x$ g) $\cos \gamma = 0{,}001$ h) $\tan \delta = 25$
  i) $\cos \varepsilon = 0{,}33$ j) $\cos 3{,}14° = y$ k) $\tan 0{,}50 = z$ l) $\sin \varphi = 0{,}8$

5 Was meinst du dazu?

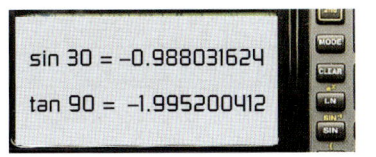

Aljas Taschenrechner: $\sin 30 = -0{,}988031624$; $\tan 90 = -1{,}995200412$

Fabians Taschenrechner: $\tan 90$ ERROR; $\sin^{-1}(2)$ ERROR

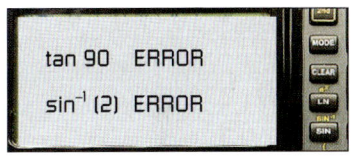

6 Die Taschenrechnerfunktion $\boxed{\sin^{-1}}\ \alpha$ liefert nicht den Kehrwert $\frac{1}{\sin \alpha}$, sondern Werte der umgekehrten Zuordnung $\sin \alpha \mapsto \alpha$ (vergleiche Unterkapitel **2.4**).
  a) Stelle für die Funktionen $\boxed{\sin^{-1}}$, $\boxed{\cos^{-1}}$ und $\boxed{\cos^{-1}}$ Wertetabellen auf und zeichne die Graphen*.
  b) Diese Graphen sind Teile der an der Winkelhalbierenden y = x gespiegelten Graphen der Sinus-, Kosinus- bzw. Tangensfunktion. Erkläre, warum man mit den Taschenrechnerwerten nur einen Teil dieser Graphen erhält.

7 a) Bestimme in dem Dreieck PQR die Winkel α und β auf drei verschiedene Arten.
  b) Zeichne ein anderes rechtwinkliges Dreieck und miss die Seitenlängen. Berechne daraus die Winkel und kontrolliere dein Ergebnis.

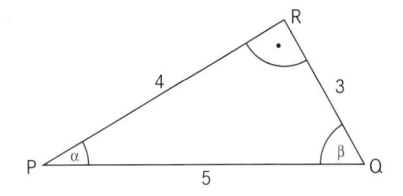

8 Ein rechtwinkliges Dreieck hat die Katheten a und b und die Hypotenuse c. Berechne die fehlenden Winkel und Seitenlängen. Runde sinnvoll.
  a) $\alpha = 56°$; $a = 15$ cm   b) $b = 0{,}8$ cm; $c = 1$ cm   c) $\beta = 67{,}4°$; $c = 13$ cm
  d) $a = 1{,}1$ km; $b = 750$ m   e) $b = 1{,}729$ m; $\alpha = 28{,}9°$ f) $c = 8{,}10$ dm; $\alpha = 41°$

9 a) Ein Dreieck hat die Maße $a = 5{,}2$ cm, $\alpha = 45°$ und $b = 6{,}5$ cm. Zeichne beide Lösungen und berechne jeweils h_c.
  b) Bestimme jeweils die Maße der beiden anderen Winkel.

10 a) Begründe die Formel für den Flächeninhalt eines Dreiecks, in dem b, c und α gegeben sind: $A = \frac{1}{2} \cdot c \cdot b \cdot \sin \alpha$.
  b) Gilt diese Formel auch, wenn α ein stumpfer Winkel ist?
  c) Nenne die analogen Formeln, die einen anderen Dreieckswinkel benutzen.

---
* Die zu diesen Graphen gehörenden Umkehrfunktionen heißen Arkussinus-, Arkuskosinus- bzw. Arkustangensfunktion (von lat. arcus, Bogen), kurz arcsin, arccos, arctan.

5.1 Das tangiert jeden – Winkelfunktionen am rechtwinkligen Dreieck

11 a) Von einem Drachen sind die Maße a = 3,3 cm, d = 5,5 cm und e = 7 cm bekannt. Berechne die Innenwinkel und die Länge von f.
b) Begründe an einer Zeichnung: Kennt man bei einer Raute die Länge beider Diagonalen, kann man die Seitenlänge und die Innenwinkel errechnen.
c) Aus welchen Maßen kann man beim Trapez und beim Parallelogramm die Höhe errechnen?

12 a) In der Kreisbogenfigur (erinnere dich an **1.3**) sind r = 4 cm und α = 72° bekannt. Berechne alle anderen Maße.
b) In den Kreis soll ein regelmäßiges Zehneck eingezeichnet werden. Wie lang sind die Seiten?
c) Suche eine Formel, mit der man zu gegebenem Radius die Kantenlänge eines einbeschriebenen regelmäßigen n-Ecks berechnen kann.

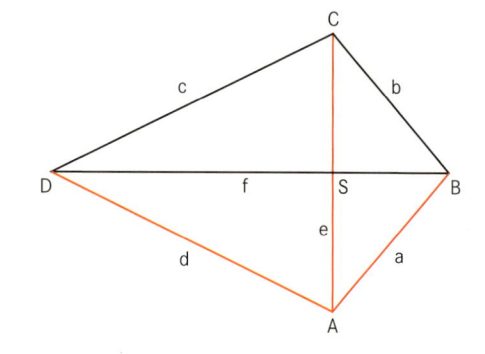

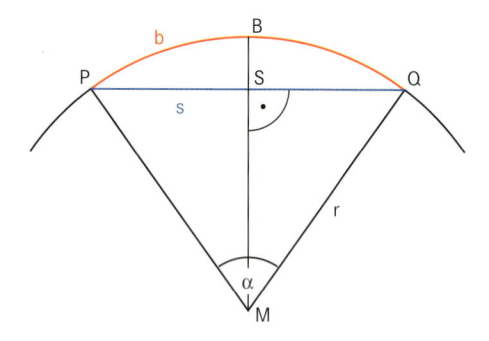

13 a) Beide Abbildungen zeigen Rollstuhlrampen. Schätze geeignete Längen so genau wie möglich und berechne die Steigungswinkel der Rampen.
b) „Rollstuhlgängige Anlagen", die Rollstuhlfahrer mit eigener Kraft bewältigen können, dürfen höchstens 5° bis 7° Steigung haben. Wie lang muss ein rollstuhlgängiger Aufgang zu einer Fußgängerbrücke über eine Schnellstraße sein? Wie kann man das platzsparend realisieren?

14 Eine steil abfallende rechteckige Wiese DEFG mit einem Hangwinkel α = 24° ist 80 m breit und 125 m lang.
Auf einer Landkarte wird die Wiese so abgebildet, wie sie senkrecht von oben gesehen wird. Der Maßstab der Karte ist 1 : 10 000.
a) Welche Fläche hat die senkrechte Projektion DEF'G' auf der Karte?
b) Miriam behauptet: „Wenn die Wiese bei gleicher Fläche andere Randmaße hat, ändert sich die Größe der Kartenfläche." Hat sie Recht?
c) Wie würde die Projektion aussehen, wenn die Wiese kreisförmig wäre?

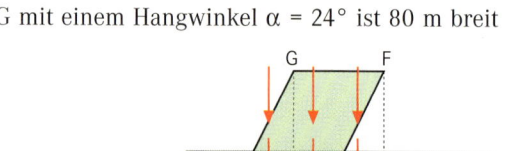

15 ALBRECHT DÜRER (1471 – 1528) hat in seinem Buch *„Underweysung der messung mit dem zirckel un richtscheyt"* Vorschläge gemacht, wie man die Schrift an einer Säule mit der Höhe vergrößern muss, damit sie, von unten gesehen, gleich groß erscheint.
a) Erläutere die Konstruktion. Entwirf auf Din-A4-Papier einen eigenen Text mit der gleichen Technik.
b) Eine 4 m hohe Litfaßsäule ist in voller Höhe mit einem Plakat beklebt. Die Schriftgröße in Augenhöhe beträgt 10 cm. Wie groß müssten Buchstaben an der Oberkante der Säule sein, damit sie in 2 m Abstand mit dem gleichen Sehwinkel gesehen werden?
c) Wie ändert sich die Größe, wenn man auf 1 m herantritt?

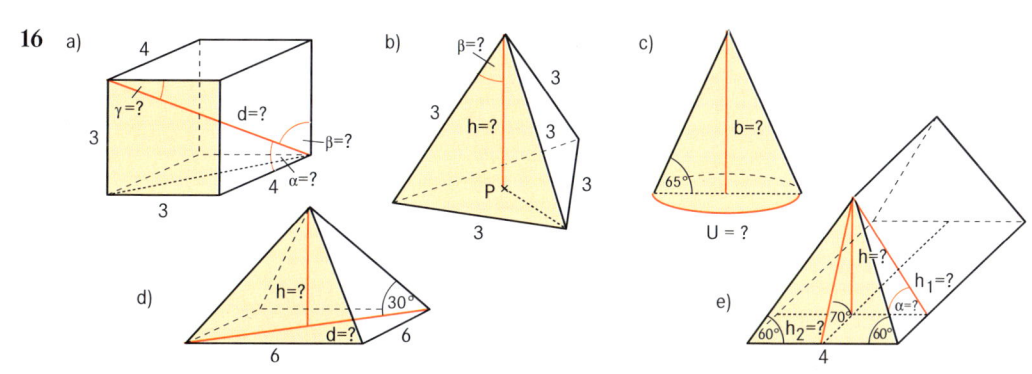

16

Früher hast du die gesuchten Maße (rot) nur zeichnerisch bestimmen können. Berechne sie nun, indem du geeignete Dreiecke herausgreifst.

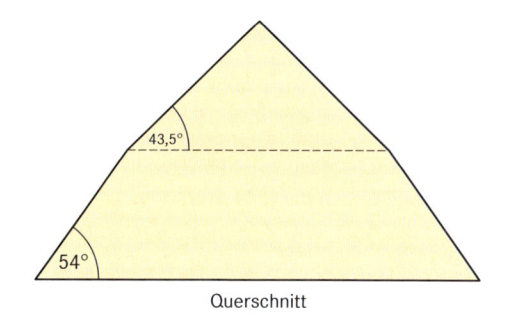

17

Querschnitt

Die Knickpyramide des SNOFRU (ca. 2670–2620 v. Chr.) im ägyptischen Dahshur ist in einer Höhe von 35 m nochmals abgewinkelt, weil ihre Erbauer vermutlich einen Einsturz befürchteten. Die Pyramide hat einen quadratischen Grundriss mit 190 m langen Kanten. Berechne ihr Volumen.

18 Ein Hausdachgiebel hat die Form eines gleichschenkligen Dreiecks. Die Dachneigung beträgt 20°. Kann man auf dem Dachboden aufrecht stehen, wenn das Haus 10 m breit ist?

19

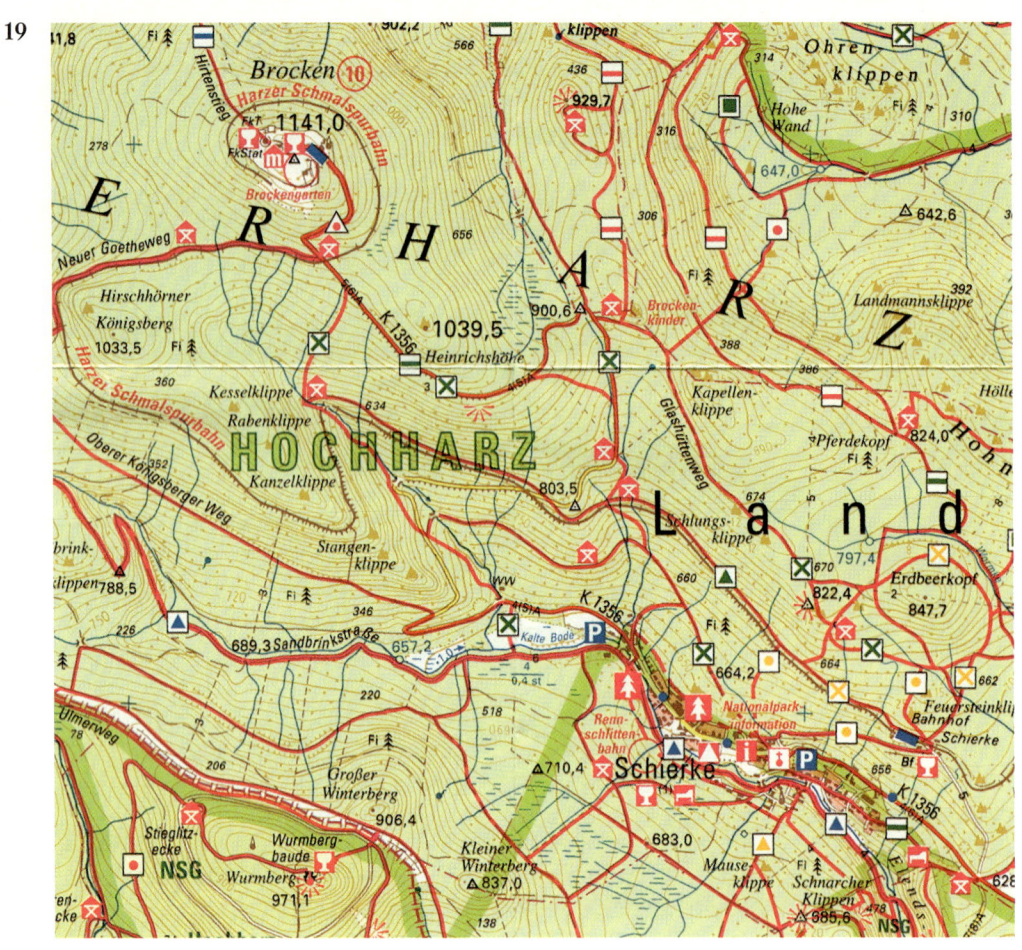

Topografische Karte 1 : 50 000

a) Teilt den Verlauf der Brockenbahn (Harzer Schmalspurbahn) von Schierke aus in mehrere sinnvolle Abschnitte auf und bestimmt für jeden Abschnitt möglichst genau den durchschnittlichen Steigungswinkel.

b) Zur Belebung des Tourismus soll ein weiteres Gleis auf den südlich gelegenen Wurmberg führen. Plant eine geeignete Trasse, bestimmt die Steigungswinkel und berechnet die wahre Streckenlänge.

20 a) Touristen nähern sich der Freiheitsstatue meistens mit dem Fährboot von Manhattan aus. Carolin schießt im Abstand von 200 m ein Foto vom Oberdeck der Fähre. Die Kamera befindet sich dabei etwa 6,50 m über der Wasserfläche. Die Statue ist 46,50 m hoch und steht auf dem Fundament genau so hoch über der Wasserfläche. Berechne den Sehwinkel, unter dem die Statue eingefangen wird.

b) Carolin würde auf dem Rückweg gern die Statue unter einem möglichst großen Sehwinkel fotografieren. Stelle den Zusammenhang zwischen Abstand und Sehwinkel tabellarisch und grafisch dar und bestimme annähernd den optimalen Abstand. Er lässt sich auch exakt konstruieren.

21 Erkläre die Formel h = ℓ · sin α (linkes Bild) und finde selbst Formeln, die F_H (Abtrieb) und F_N (Andruck) aus der Gewichtskraft F_G des Springers berechnen.

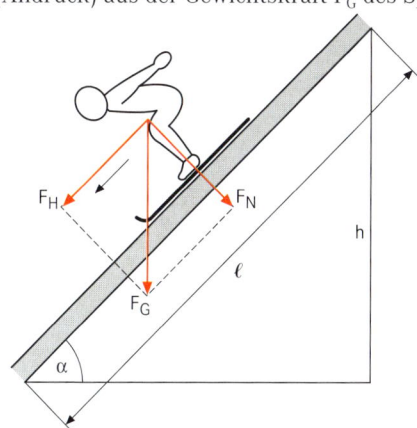

22 a) Für eine sturzfreie Kurvenfahrt (rechtes Bild) ist ein Gleichgewicht von Kräften nötig. Physikalische Überlegungen ergeben dafür die Bedingung: $\tan\alpha \approx \frac{v^2}{10\frac{m}{s^2}\cdot r}$. Dabei ist v die gefahrene Geschwindigkeit (in $\frac{m}{s}$) und r der Kurvenradius in m.
b) Stelle für die Kurvenradien r = 10 m und r = 100 m eine Tabelle über den richtigen Neigungswinkel α zu verschiedenen Geschwindigkeiten auf. Ist ein Radius r = 10 m bei Tempo 100 km/h fahrtechnisch möglich?

23 Von der Erde aus erscheinen Sonne und Mond ungefähr gleich groß; ihre Entfernung kann man nicht beurteilen. Schon ARISTARCH* interpretierte die Sonnenfinsternis richtig, nämlich als einen Vorgang, bei dem sich der Mond zwischen Erde und Sonne „schiebt". Er hatte eine geniale Idee wenigstens das Verhältnis der Abstände beider Himmelskörper zur Erde zu bestimmen. Bei Halbmond maß er α = 87°. 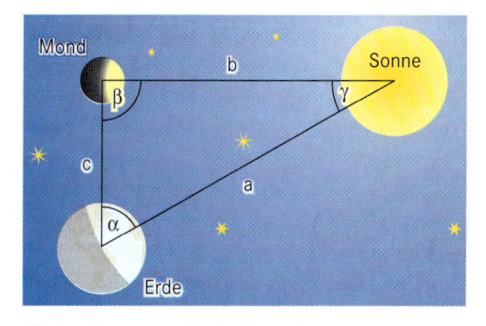
a) Berechne daraus das Abstandsverhältnis c : a. Schreibe es auch als Bruch.
b) Moderne Messungen von α ergeben 89,85°. Wie ändert sich der Bruch?

Ausstiege

1 a) Untersuche den Zahlenbereich deines Taschenrechners beim Rechnen mit Winkelfunktionen. Welches ist zum Beispiel die größte Zahl, die dein Taschenrechner als Tangens eines Winkels anzeigt? Suche weitere „Rekorde".
b) Für kleine positive Winkel, gemessen in Bogenmaß (Rechnermodus [RAD]), gilt: sin α ≈ α ≈ tan α. Überprüfe, für welches Winkelintervall das mit einer Genauigkeit von 1 % (0,1 %; 5 %) zutrifft.

2 Schreibe ein Programm, das dir zu irgend zwei Maßen eines rechtwinkligen Dreiecks die anderen Maße berechnet. Versuche auch nicht eindeutige oder falsche Angaben, z. B. die Eingabe eines stumpfen Winkelmaßes, durch eine Fehlermeldung abzufangen.

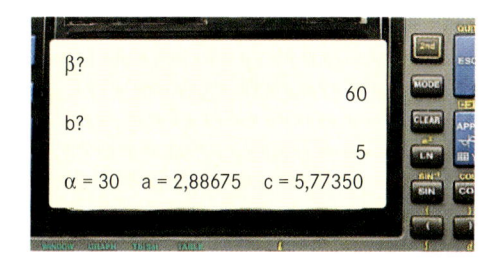

---

* griechischer Astronom, um 310–230 v. Chr.

5.2 Dreiecksverhältnisse – Winkelsätze am Dreieck

Einstiege

E1 a) Ein Dreieck wird mit Licht, das parallel zur Seite c einstrahlt, auf eine Wand senkrecht zu c projiziert (Abb. links). Wie sieht der Schatten des Dreiecks aus? Eine Linie gleicher Länge kennst du aus dem Innern des Dreiecks. Wie heißt sie?
Suche Formeln, mit denen man die Länge der Schattenlinie aus a, b, c, α, β oder γ berechnen kann.

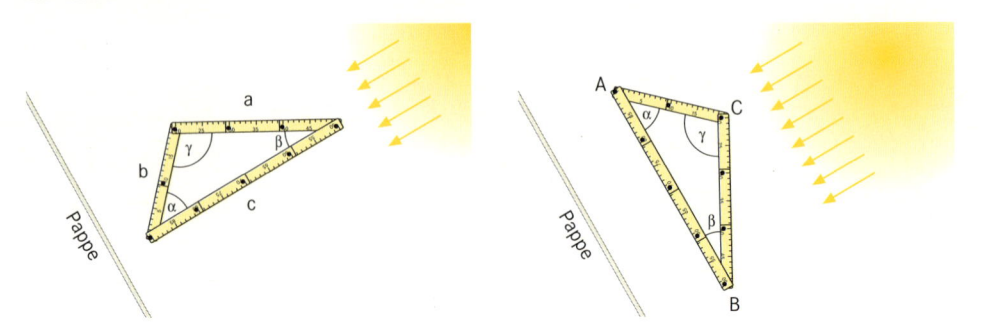

b) Wird das Dreieck senkrecht zu c beleuchtet, ergeben die Schattenlängen p_a von a und p_b von b zusammen c. (Man nennt diese Linien **senkrechte Projektionen** von a bzw. b auf c.) Berechne p_a und p_b mithilfe von a und β bzw. b und α, sodass du eine Formel für c erhältst, in der a, b, α und β vorkommen. Stelle entsprechende Formeln auch für die Seiten a und b auf.

c) Mit Formeln wie in a) und b) kannst du, wenn z. B. a = 5,2 cm, b = 4,7 cm und β = 37° bekannt sind, alle anderen Seitenlängen und Winkel berechnen. Kontrolliere durch Zeichnung.

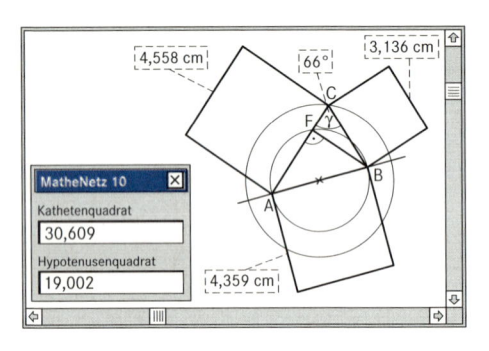

E2 Suche nach einer „Pythagorasgleichung" für beliebige Dreiecke. Experimentiere dazu mithilfe eines Geometrieprogramms.
Ein Tipp: Beachte die Werte des Produkts $\overline{AC} \cdot \overline{FC}$.
Bearbeite auch **E1** oder **E3**.

E3 a) Wenn du in 30 m Abstand hinter dem Turm stehst (s. Bild), kannst du die Spitze des Turms von Pisa unter 65° anvisieren. Stünde der Turm senkrecht, könntest du die Höhe berechnen. Er ist aber um 4,5° zu dir hin geneigt. Schaffst du es trotzdem?

b) Aus a) weißt du, dass die Turmlänge etwa 55 m beträgt. Bei der Sanierung in den 90er Jahren wurde der Turm mit einem langen Drahtseil nach vorne gesichert. Wie lang wäre das Seil, wenn es an der Zinne und in 100 m Abstand auf dem Boden befestigt worden wäre?

5.2 Dreiecksverhältnisse – Winkelsätze am Dreieck

Grundwissen

1 Die Kongruenzsätze (SSS, SSW usw.) sagen aus, unter welchen Bedingungen ein Dreieck eindeutig konstruierbar ist. Um das Dreieck konstruieren zu können, genügt im Allgemeinen die Kenntnis von drei Größen; mindestens eine dieser Größen muss dabei eine Länge sein. Aus einer sorgfältigen Konstruktion kann man dann die fehlenden Größen *ablesen*.

Die Kenntnis der trigonometrischen Funktionen ermöglicht nun die *Berechnung* aller fehlenden Größen. Das kann, besonders wenn der Taschenrechner hilft, die Bestimmung beschleunigen und die Genauigkeit erhöhen.

2 Von einem Dreieck ABC sind zum Beispiel die Größen b = 5,7 cm, α = 36° und β = 61° bekannt. Wie lang ist a?
In rechtwinkligen Dreiecken kennt man trigonometrische Beziehungen. Deshalb zerlegt man ABC mithilfe der Höhe h_c in zwei rechtwinklige Teildreiecke ADC und DBC, die die in der Aufgabe genannten Größen enthalten. Außerdem haben sie die Höhe h_c als gemeinsame Strecke.
h_c lässt sich in beiden Dreiecken aus den bekannten Größen berechnen:

$\sin \alpha = \frac{h_c}{b}$, damit: $h_c = b \cdot \sin \alpha$;

$\sin \beta = \frac{h_c}{a}$, damit: $h_c = a \cdot \sin \beta$

Gleichsetzen: $b \cdot \sin \alpha = a \cdot \sin \beta$

Umstellen: $a = \frac{b \cdot \sin \alpha}{\sin \beta}$

Maße einsetzen:

$a = \frac{5{,}7 \text{ cm} \cdot \sin 36°}{\sin 61°} \approx 3{,}83 \text{ cm}$

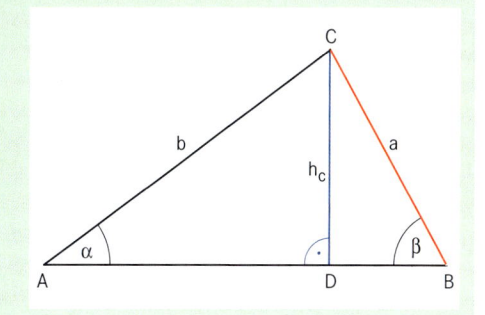

3 Die Formel $b \cdot \sin \alpha = a \cdot \sin \beta$ gilt für jedes Dreieck.
Damit sie einprägsam ist, schreibt man sie oft in der Form $\frac{\sin \alpha}{a} = \frac{\sin \beta}{b}$.
Entsprechend gilt: $\frac{\sin \alpha}{a} = \frac{\sin \gamma}{c}$.

> In einem beliebigen Dreieck mit den Seiten a, b und c und den gegenüberliegenden Winkeln α, β und γ gilt:
>
> $$\frac{\sin \alpha}{a} = \frac{\sin \beta}{b} = \frac{\sin \gamma}{c} \quad \text{(Sinussatz)}$$

Sinussatz

Daraus folgt: Der größere Winkel liegt stets der größeren Seite gegenüber.
Der Satz gilt nicht nur für spitzwinklige, sondern auch für stumpfwinklige Dreiecke (siehe Übung **15**).

4 Betrachtet man eine der rechtwinkligen Dreieckshälften von ABO, erkennt man:
$\sin \gamma = \frac{\frac{c}{2}}{r} = \frac{c}{2r}$, also: $2r = \frac{c}{\sin \gamma}$.
Analog ist der doppelte Umkreisradius auch gleich den Quotienten $\frac{a}{\sin \alpha}$ und $\frac{b}{\sin \beta}$.

> Ist r der Umkreisradius des Dreiecks ABC, so gilt:
>
> $$2r = \frac{a}{\sin \alpha} = \frac{b}{\sin \beta} = \frac{c}{\sin \gamma}$$

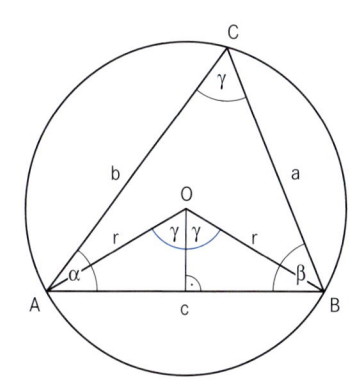

5 Der Sinussatz eignet sich zur Bestimmung der fehlenden Größen im Dreieck, sofern mindestens eines der Paare (Winkel; gegenüberliegende Seite) und eine weitere Größe bekannt sind. Sind aber zum Beispiel die drei Seiten gegeben und die Winkel unbekannt, ist er nicht brauchbar. Man muss einen anderen Zugang finden.

> Bei einem Dreieck sind die Seiten a = 5,5 cm, b = 4,15 cm und c = 6,3 cm bekannt; der Winkel γ soll berechnet werden.
> Wiederum teilt man das Dreieck ABC in zwei geeignete rechtwinklige Dreiecke ABD und DBC (vergleiche **2**), wobei in einem der gesuchte Winkel γ liegt. Für beide Dreiecke kann man den Satz des Pythagoras benutzen.
>
> $c^2 = h_a^2 + (b-x)^2$ und $a^2 = h_a^2 + x^2$
> $h_a^2 = c^2 - (b-x)^2$ und $h_a^2 = a^2 - x^2$
>
> Gleichsetzen: $c^2 - (b-x)^2 = a^2 - x^2$
> $c^2 - b^2 + 2bx - x^2 = a^2 - x^2$
> $c^2 - b^2 + 2bx = a^2$
>
> Es ist $x = a \cdot \cos \gamma$,
> also $c^2 - b^2 + 2b \cdot a \cdot \cos \gamma = a^2$
> Auflösen: $\cos \gamma = \frac{c^2 - a^2 - b^2}{-2ab}$;
> Einsetzen: $\cos \gamma \approx 0{,}17$, also $\gamma \approx 80{,}2°$.

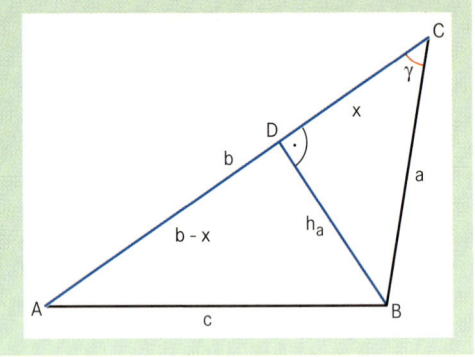

6 Schreibt man die Gleichung $c^2 - b^2 + 2ab \cdot \cos \gamma = a^2$ in der Form $c^2 = a^2 + b^2 - 2ab \cdot \cos \gamma$, fällt die Ähnlichkeit zum Satz des Pythagoras auf.
Für den Fall γ = 90° ist das „Störglied" (−2ab · cos γ) null und damit verschwunden.
Übrig bleibt der Satz des Pythagoras.

Kosinussatz

> In einem beliebigen Dreieck mit den Seiten a, b, und c und dem Winkel γ, der c gegenüber liegt, gilt: $\quad c^2 = a^2 + b^2 - 2ab \cdot \cos \gamma$ **(Kosinussatz)**

Wie beim Sinussatz kann man mit anderen Höhen als Hilfslinien zwei weitere entsprechende Formeln gewinnen. Dazu braucht man nur die in der Formel vorkommenden Größen entsprechend zu vertauschen. Dann gilt auch:
$$b^2 = a^2 + c^2 - 2ab \cdot \cos \beta \quad \text{und} \quad a^2 = b^2 + c^2 - 2ab \cdot \cos \alpha.$$
Der Satz des Pythagoras ist ein Spezialfall des Kosinussatzes.

7 Für Sinus, Kosinus und Tangens gibt es viele weitere nützliche Formeln, die man in Formelsammlungen findet.
Ähnlich wie bei den Potenzen gibt es Formeln für die Summe und die Differenz zweier Winkel. Diese Formeln heißen aus historischen Gründen **Additionstheoreme**.
Zwei davon lauten:

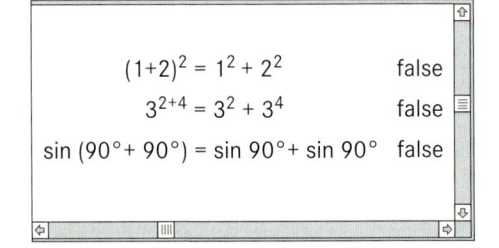

$(1+2)^2 = 1^2 + 2^2$ false
$3^{2+4} = 3^2 + 3^4$ false
$\sin(90° + 90°) = \sin 90° + \sin 90°$ false

Additionstheoreme

> $\sin(\alpha + \beta) = \sin \alpha \cdot \cos \beta + \sin \beta \cdot \cos \alpha$
> $\cos(\alpha + \beta) = \cos \alpha \cdot \cos \beta - \sin \alpha \cdot \sin \beta$

Hinweise für mögliche Begründungen finden sich in **A1** d).

5.2 Dreiecksverhältnisse – Winkelsätze am Dreieck

Übungen

1 Berechne die fehlenden Seiten und Winkel des Dreiecks ABC. Konstruiere das Dreieck um deine Rechnungen zu kontrollieren.
a) a = 36 cm;   β = 72°;   γ = 55°
b) a = 5 cm;   b = 2 cm;   α = 70°
c) b = 5 cm;   c = 8 cm;   α = 65°
d) a = 38 cm;   b = 15 cm;   c = 47 cm
e) a = 5,5 cm;   b = 8,2 cm;   c = 6,8 cm
f) a = 7,1 cm;   c = 11,3 cm;   β = 60,5°
g) b = 2 dm;   c = 0,8 dm;   b = 117°
h) c = 2,4 cm;   α = 53°;   β = 104°

2

$a^2 = 15^2 + 10^2 - 2 \cdot 15 \cdot 10 \cdot \cos 25°$
$a \approx 7{,}3$
$\dfrac{\sin \beta}{15} = \dfrac{\sin 25°}{7{,}3}$
$\sin \beta \approx 0{,}868$, also $\beta \approx 60{,}3°$

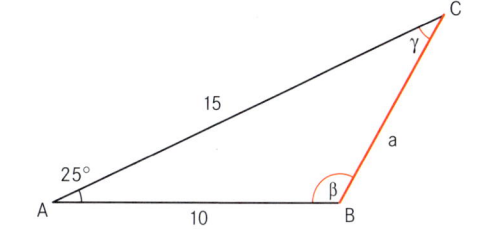

Stimmt das? Zeichne und erkläre.

3 Berechne die Größe der Seiten, Winkel und Fläche eines Parallelogramms aus den Diagonalen $\overline{AC}$ = 7,6 cm, $\overline{BD}$ = 4,4 cm und dem von ihnen eingeschlossenen Winkel ε = 105°.

4 Berechne die Länge der Diagonalen $\overline{AC}$ und $\overline{BD}$ in einem Trapez ABCD mit a = 6,4 cm, b = 5,5 cm, α = 69° und β = 50°.

5 Ein Deich ist 5,5 m hoch und an der Deichkrone 7 m breit. An der Seeseite hat er eine Neigung von 14°, an der Binnenseite eine Neigung von 26°.
a) Wie breit ist die Deichsohle?
b) Wie groß ist die Querschnittsfläche?

6 a) Zur Bestimmung eines Winkels ist die Benutzung des Sinussatzes rechnerisch einfacher als die des Kosinussatzes. Allerdings liefert der Kosinus für Winkel zwischen 0° und 180° genau eine Lösung, der Sinus jedoch zwei, von denen man die richtige herausfinden muss. Entwerft bei einem Viereck zu verschiedenen Aufgabenstellungen, auch mit Diagonalen, einen Lösungsplan mit möglichst geringem Berechnungsaufwand.
b) Schreibt ein Programm, das beim Dreieck für jede Eingabe von drei Maßen alle anderen Winkel und Seitenlängen berechnet. Versucht auch Eingaben durch eine Fehlermeldung abzufangen, die zu keiner Lösung führen, wie zum Beispiel die Angabe einer Seite, die länger als die beiden anderen zusammen ist.

7 Ein Schiff peilt ein Leuchtfeuer aus Position A unter α = 43° zur Fahrtrichtung und nach einer Fahrtstrecke von 7,5 Seemeilen von B aus unter β = 25° zur Fahrtrichtung an. In welchem Abstand hat das Schiff die Landnase mit dem Leuchtfeuer passiert?

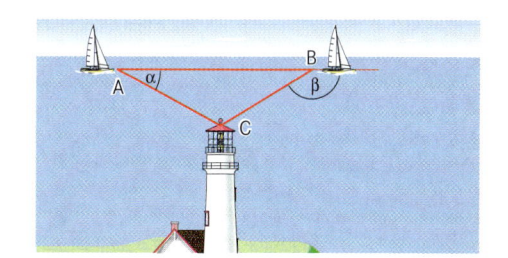

8 Ein Tunnel für eine Eisenbahnlinie soll durch einen Berg hindurchgeführt werden. Von einem Punkt S am Berghang aus kann man beide geplanten Tunneleingänge A und B anvisieren. Mit einem Tachymeter[*] werden von dem Baubüro die Entfernungen $\overline{AS}$ = 736 m, $\overline{BS}$ = 535 m und der Winkel ∢ BSA = 53,4° gemessen. Skizziere die Situation und berechne die Tunnellänge.

---

[*] Ein Tachymeter ist ein elektronisches Messgerät, das horizontale und vertikale Winkel und Distanzen messen kann. Die Messgenauigkeit beträgt etwa 0,0001° bzw. 1 mm pro km Distanz.

5.2 Dreiecksverhältnisse – Winkelsätze am Dreieck

9 Ein Keil wird mit einer Kraft F in einen Baumstamm getrieben. Für welche Winkel α sind die Druckkräfte D, die den Stamm spalten sollen, größer als F?
Berechne die Winkel, für die D = 2 · F und D = 10 · F gilt. Vergleiche deine Ergebnisse mit üblichen Keil- und Axtformen.

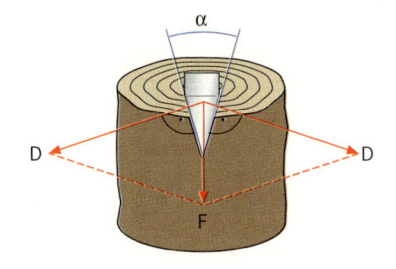

10 Bei einem Fahrrad sind Kettenblätter und Ritzel durch die Kette straff verbunden. Ermittle bei einem Fahrrad mit Nabenschaltung sorgfältig die Radien der Zahnräder und den Abstand ihrer Mittelpunkte.
Bestimme die Kettenlänge.
Überprüfe dein Ergebnis durch eine geeignete Schätzung.

11 Ein fauler Vermessungsingenieur bestimmt eine Turmhöhe x ohne irgendeinen Winkel zu messen: Auf einem Blatt Papier skizziert er die Richtung α, unter der er die Turmspitze von irgendeinem Punkt A aus sieht. Nun faltet er den Winkel 90° − α und geht soweit auf den Turm zu (B), dass er die Spitze unter 90° − α sieht. Zuletzt faltet er 2α und geht solange vorwärts (C), bis er den Turm unter 2α erblickt. Werden die Längen wie in der Zeichnung benannt, so berechnet sich x aus $x^2 = (b + \frac{3a}{2}) : (b + \frac{a}{2})$. Begründe.

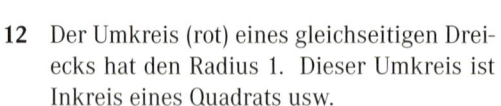

12 Der Umkreis (rot) eines gleichseitigen Dreiecks hat den Radius 1. Dieser Umkreis ist Inkreis eines Quadrats usw.
a) Konstruiere die Figur mit einem Zeichenprogramm.
b) Berechne die Länge der Dreiecksseite und der Quadratseite.
c) Wie berechnet sich aus der Seitenlänge einer Figur die der nächstgrößeren?
d) Wird der Umfang der Figuren beliebig groß?

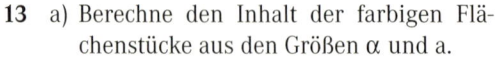

13 a) Berechne den Inhalt der farbigen Flächenstücke aus den Größen α und a.
b) Für welche Maße sind die Flächenstücke gleich groß?

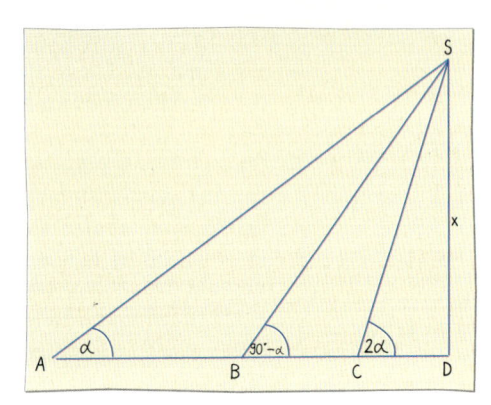

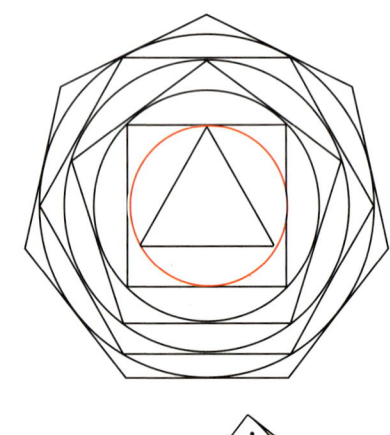

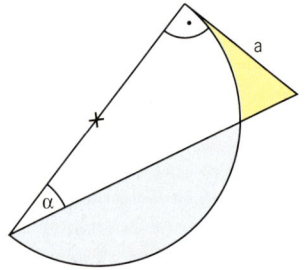

14 Ein Parallelogramm hat die Seiten a und b; e und f sind die Diagonalen. Beweise mithilfe des Kosinussatzes: $2 \cdot (a^2 + b^2) = e^2 + f^2$.
Was besagt die Formel, wenn das Parallelogramm ein Quadrat ist? Welche weiteren Sonderfälle gibt es? Was besagt die Formel für sie?

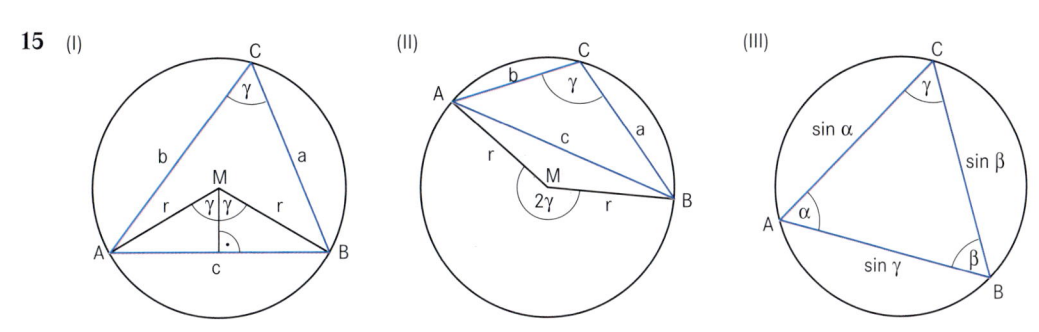

15 (I)   (II)   (III)

a) An einer Abbildung wie (I) wurde in **4** der Zusammenhang zwischen Umkreisradius und Sinussatz für spitze Winkel γ begründet. Begründe die Aussage für stumpfe Winkel an Bild (II).

b) Welchen Durchmesser hat demnach der Kreis in Abbildung (III)? Beschreibe, wie man die Funktion α ↦ sin α mithilfe dieser Abbildung definieren könnte.

16 Begründe: $\sin(2\alpha) = 2 \cdot \sin\alpha \cdot \cos\alpha$.
(Tipp: Verwende den Sinussatz für das Dreieck RMP).

17 Verteilt euch beliebig im Klassenzimmer oder auf dem Schulhof. Jeder zeigt mit dem Finger auf den ihm Nächststehenden. Warum zeigen auf keinen mehr als fünf Finger?

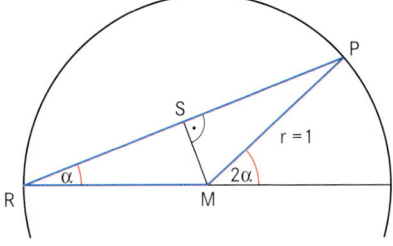

18 Man hat eine Schnur, die genau 1 m länger als der Erdumfang ist. Man legt sie um den Äquator und zieht sie an einer Stelle so weit wie möglich von der Erdoberfläche ab. Wie weit kann man abheben?
(Tipp: Beschreibe die Schnurlänge auf zwei verschiedene Arten und bestimme daraus näherungsweise α. Mit α lässt sich h berechnen.)

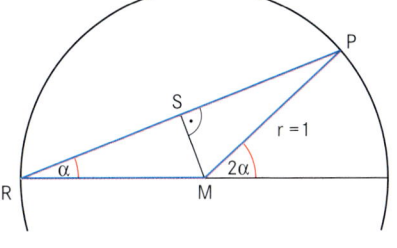

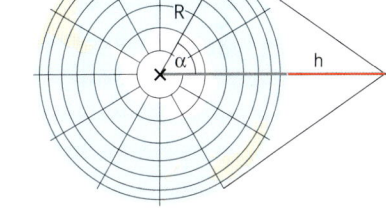

19 a) Bestimme den Winkel zwischen der Raumdiagonalen und der in den Würfel eingezeichneten Fläche. Zeichne dazu eine geeignete Hilfsfigur.

b) Erfinde ähnliche Aufgaben und lasse sie von deinen Nachbarinnen oder Nachbarn lösen.

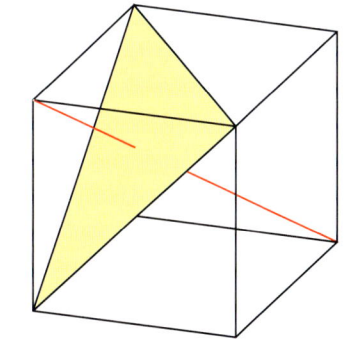

20 a) Wie lang wird die Hülle der „Wurzelspirale", bis ihre Drehung 360° überschreitet?
b) Stelle den Zusammenhang zwischen Zentrumswinkel und Radius grafisch dar.

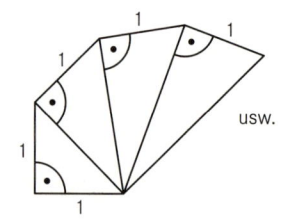

21 Wenn du deine ausgestreckten Hände über dem Kopf zusammenschlägst, formen die Arme von der horizontalen bis zur vertikalen Lage in jeder Stellung ein gleichschenkliges Dreieck. Welches dieser Dreiecke hat den größten Flächeninhalt? (Beachte **5.1**, Übung **10**.)

22 Es lässt sich $c^2 = a^2 + b^2 - 2bc \cdot \cos \gamma$ umformen zu $c^2 = a \cdot (a - b \cdot \cos \gamma) + b \cdot (b - a \cdot \cos \gamma)$. Stelle den Kosinussatz in dieser Form als Beziehung zwischen einem Quadrat und zwei Rechtecksflächen an dem Dreieck ABC dar. Zeichne zur Hilfe die Höhen h_a und h_b ein.

Ausstiege

A1 Viele Computeranimationen zeigen Drehungen. Wie berechnet der Computer die Koordinaten des gedrehten Punktes?

a) Im einfachsten Fall liegen die Punkte auf den Koordinatenachsen. Bestimme zu P (x|0) und Q (0|y) die Koordinaten von P' und Q' nach einer Drehung um α bzw. β. Überprüfe dein Ergebnis für P (5|0), Q (0|3), α = 30° und β = 45°.

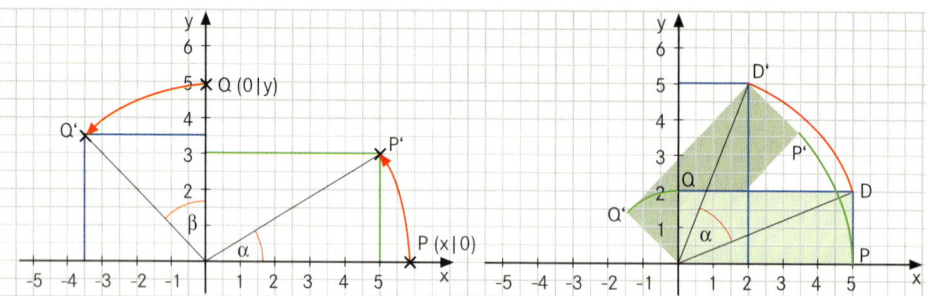

b) Bestimme nun die Bildkoordinaten eines Punktes D (x|y) in beliebiger Lage. Überlege dazu, wie sich die Bildkoordinaten von D aus den Bildkoordinaten der Lotfußpunkte P und Q von D auf den Achsen zusammensetzen.

c) Schreibe ein Programm, das eine sich beschleunigende Kreisbewegung zeichnet. Zum Beispiel könnte ein Punkt P zunächst um 1°, dann P' um 2°, P'' um 3° usw. gedreht werden. Du kannst auch eine andere Animation, die Drehungen darstellt, entwerfen.

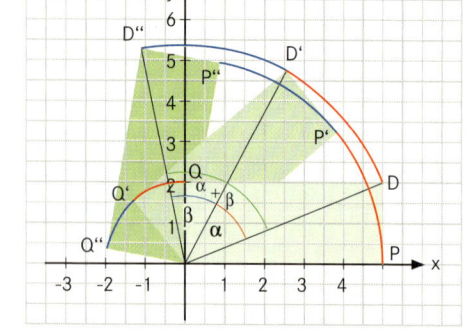

d) Beweise die Additionstheoreme (vgl. **7**), indem du wie in b) die Koordinaten von D'' aus denen von D auf zwei verschiedene Arten bestimmst:
 (I) indem du D um α nach D' drehst und dann D' um β nach D'';
 (II) indem du D um (α + β) direkt nach D'' drehst.

5.3 Ganz schön vermessen – Vermessungskunde

Einstiege

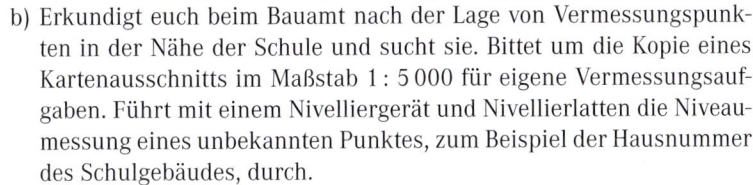

E1
a) Was ist das für ein Stein? Findet ihr einen solchen in eurer Umgebung? Wie wird er eingegraben? (Nicht ausgraben!)
b) Erkundigt euch beim Bauamt nach der Lage von Vermessungspunkten in der Nähe der Schule und sucht sie. Bittet um die Kopie eines Kartenausschnitts im Maßstab 1 : 5 000 für eigene Vermessungsaufgaben. Führt mit einem Nivelliergerät und Nivellierlatten die Niveaumessung eines unbekannten Punktes, zum Beispiel der Hausnummer des Schulgebäudes, durch.
c) Fragt beim zuständigen Katasteramt eurer Region, wo in der nächsten Zeit Vermessungen vorgenommen werden, die ihr euch zusammen mit der Klasse anschauen könnt. Ihr könnt euch auch bei einer Baufirma erkundigen.

E2

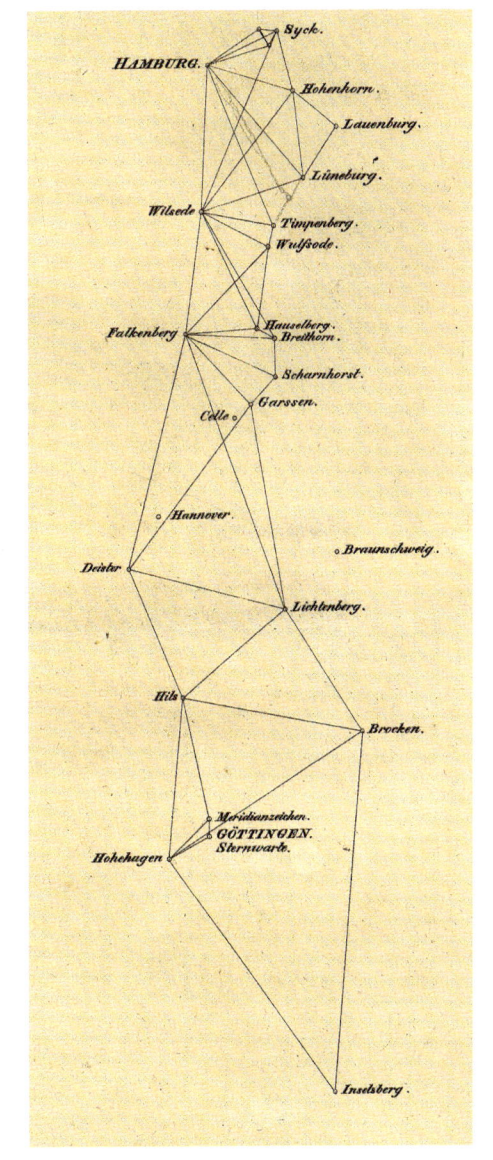

CARL FRIEDRICH GAUSS (1777–1855) hat 1820 die Neuvermessung des Königreiches Hannover begonnen und mit einer außerordentlichen Genauigkeit durchgeführt. (Nach dem heutigen Stand der Messtechnik betrug seine durchschnittliche Ungenauigkeit der Lagekoordinaten bei Längen von 30 bis 80 km weniger als 30 cm.)

a) Von zwei Standorten aus, deren Höhe über NN und deren Abstand bekannt ist, werden jeweils die Höhe und die Abstände zu einem dritten Punkt bestimmt. Schreibe einen Bericht darüber, welche Messungen und Rechnungen vorgenommen werden müssen.
b) Führt selbst entsprechende Messungen in eurer Umgebung mit einem Winkelmessgerät (Theodolit), einem Maßband und einer Nivellierlatte möglichst sorgfältig durch. Versucht dabei, die Messfehler durch mehrfache Messungen zu verringern.
c) Heutzutage wird statt des Theodoliten häufig das Tachymeter (vgl. **5.2**) benutzt. Findet heraus, auf welche Art diese Geräte messen und welche Vorteile diese Messtechnik hat.

5.3 Ganz schön vermessen – Vermessungskunde

E3 a) Sucht im Internet nach einem der Begriffe: Goniometrie, Theodolit, Landesvermessung, Gauß-Krüger-Koordinaten, GPS, Markscheidewesen, Amsterdamer Pegel. Wählt interessante Texte und Abbildungen, auch aus der Geschichte, für eine gemeinsam zu erstellende Wandzeitung aus.

b) Sucht im Internet Informationen über eines der Vermessungsverfahren: Nivellieren, Entfernungsmessung, Höhenmessung, Einschneiden. Stellt eurer Klasse das Verfahren in einem Referat vor.

Grundwissen

1 Als französische Geometer im 17. Jahrhundert feststellten, dass der Rhein im Vergleich zu früheren Messungen rund 200 km kürzer ist, bemerkte Ludwig XIV. mit Galgenhumor: „Messieurs, ich sehe mit Bedauern, dass Ihre genauen und kostspieligen Messungen mich ein gutes Stück des Reiches gekostet haben."

Seit Jahrtausenden versuchen die Menschen, die Lage wichtiger Punkte sowie die Maße von Flächen, Längen und Höhen möglichst genau zu bestimmen. Mithilfe einer Vielzahl technischer Geräte kann man heute die Erdkoordinaten eines Punktes mit Zentimetergenauigkeit festlegen. Damit lassen sich zum Beispiel Baumaschinen punktgenau steuern oder Autos mit elektronischen Navigationssystemen leiten (vgl. **1.6**).

2 Die Trigonometrie bietet die mathematischen Hilfsmittel für die Geodäsie, die Vermessungskunde der Erde. **Triangulation** nennt man in der Geodäsie folgendes Verfahren: Ausgehend von bekannten Lagepunkten bestimmt man die Lage neuer Punkte durch Winkelmessungen in Dreiecken. Heute wendet man vielfach die Methode der **Trilateration** an: Anstatt der Dreieckswinkel werden Dreiecksseiten gemessen. In Vermessungsgebieten bis zur Größe 10 km x 10 km wird die Erdkrümmung nicht berücksichtigt (siehe Übung **7**).

3 Horizontale Vermessungen, so genannte Lagemessungen, dienen zur Herstellung von Landkarten. In geneigtem Gelände werden also nicht die wahren Maße, sondern die der senkrechten Projektion auf die als eben angesehene Erdoberfläche bestimmt (vgl. **5.1**, Übung **14**).

Vorwärtseinschneiden
Die Methode des **Vorwärtseinschneidens** verwendet man, um ein Dreiecksnetz bekannter Punkte durch Neupunkte, die unzugänglich sein können, zu verdichten.

Mit zwei bekannten Punkten A (30|30) und B (110|60) soll die Lage eines dritten Punktes P bestimmt werden. Gemessen werden $\alpha = 55{,}24°$ und $\beta = 59{,}61°$.

1. Schritt: $\tan \delta = \dfrac{y_B - y_A}{x_B - x_A}$; $\delta = 20{,}6°$

2. Schritt: $\overline{AB}^2 = (y_B - y_A)^2 + (x_B - x_A)^2$, also $\overline{AB} = 85{,}44$

3. Schritt: $\dfrac{\overline{AP}}{\sin \beta} = \dfrac{\overline{AB}}{\sin(180° - (\alpha + \beta))}$ (Sinussatz); also: $\overline{AP} = 81{,}22$

4. Schritt: $x_P = x_A + \overline{AP} \cos(\alpha + \delta) = 49{,}9$
$y_P = y_A + \overline{AP} \sin(\alpha + \delta) = 108{,}8$

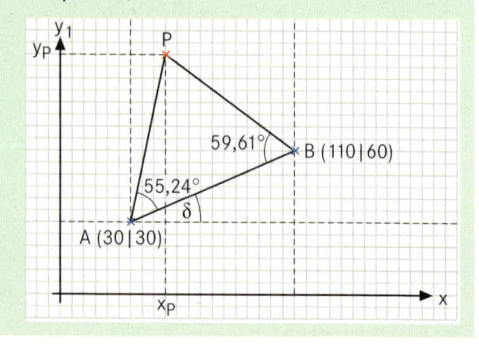

5.3 Ganz schön vermessen – Vermessungskunde

Rückwärtseinschneiden

4 Bei schwierigen Geländebedingungen kann es notwendig oder sinnvoll sein, die Koordinaten eines neuen Standpunktes P von P aus durch Richtungsmessungen zu drei koordinatenmäßig bekannten Punkten A, B und C zu bestimmen. Dieses Verfahren heißt **Rückwärtseinschneiden.**

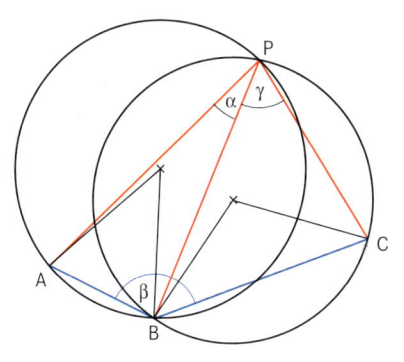

zur zeichnerischen Lösung

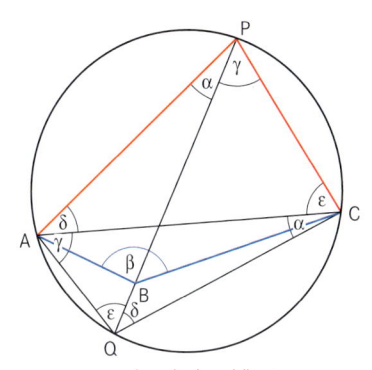

zur rechnerischen Lösung

Für eine *zeichnerische* Lösung konstruiert man im Dreieck ABC zu den Strecken AB und BC nach dem Umfangswinkelsatz für α bzw. γ Kreise, die sich in P schneiden. Für die *Rechnung* benutzt man auf dem Umkreis von ACP den Hilfspunkt Q (Verlängerung von PB). Man kann Q rechnerisch als Vorwärtsschnitt über A und C bestimmen; damit sind die Winkel δ und ε bekannt und P wird als weiterer Vorwärtsschnitt über A und C berechenbar (siehe Übungen **7** und **8**).

5 Das genaueste Verfahren zur Höhenbestimmung ist das **Nivellement**[1] (linkes Bild). Es ist sehr leicht zu handhaben, allerdings muss das Nivelliergerät sorgfältig justiert werden. Man nennt das „Horizontierung". Eine gute Methode zur Horizontierung ist das Anvisieren einer Schlauchwaage. Das ist ein durchsichtiger, mit Wasser gefüllter Schlauch, dessen Enden hochgehalten werden. Seine beiden Wasserspiegel liegen immer auf gleichem Niveau.

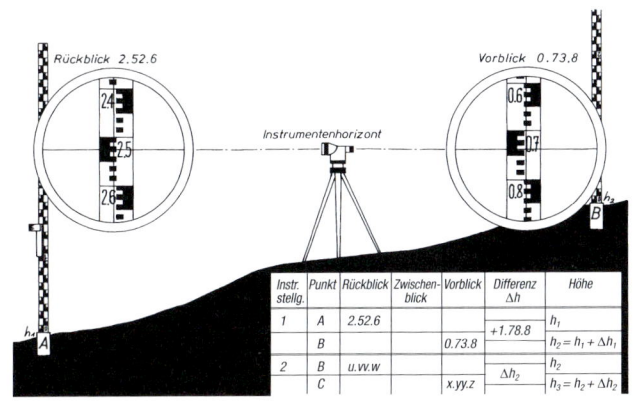

Instr. stellg.	Punkt	Rückblick	Zwischenblick	Vorblick	Differenz Δh	Höhe
1	A	2.52.6				h_1
	B			0.73.8	+1.78.8	$h_2 = h_1 + \Delta h_1$
2	B	u.vv.w			Δh_2	h_2
	C			x.yy.z		$h_3 = h_2 + \Delta h_2$

trigonometrische Höhenmessung

Ist das Nivellement unwirtschaftlich oder nicht anwendbar, zum Beispiel bei einer Turmhöhenbestimmung, wird die **trigonometrische Höhenmessung** (rechtes Bild) angewandt. Die Messung findet in einer Ebene durch den Messpunkt statt, die senkrecht zu dem als eben angenommenen Nullniveau der Erde steht. Die Horizontalentfernung e bestimmt man entweder durch ein Maßband oder durch trigonometrische Messung.

Misst man α_1 und α_2, so errechnet sich die Turmhöhe h_1 nach der Formel $h_1 = e \cdot (\tan \alpha_2 - \tan \alpha_1)$.

Bei großen Zielweiten oder bei Messungen mit hoher Genauigkeit muss man bei der Berechnung des Höhenunterschiedes den Einfluss der Erdkrümmung und der Lichtbrechung durch die Erdatmosphäre mit berücksichtigen.

---

[1] Ein Messverfahren, bei dem mit senkrecht stehenden Maßstäben (Nivellierlatten) und einem Nivelliergerät, mit dem man horizontal visieren kann, gearbeitet wird.

Übungen

1 Fußpunkt und Fackelspitze der Freiheitsstatue in New York werden aus 95,51 m Abstand unter den Winkeln 26,08° und 44,39° zur Horizontalen anvisiert. Die Messungenauigkeit beträgt 0,01 m bzw. 0,01°. Welche Höhe ergibt sich daraus für die Statue mindestens bzw. höchstens?

2 In einem horizontalen Koordinatensystem haben zwei Punkte die Koordinaten A (-325 | -162) und B (481 | 89). Der unzugängliche Punkt P wird von A aus anvisiert unter ∢ BAP = 45,7° und von B aus unter ∢ PBA = 55,4°.
Berechne die Koordinaten von P und seinen Abstand zu A und zu B.

3 Die Breite eines Flusses soll von einer Uferseite aus gemessen werden. Überlege, welche Messungen dazu notwendig sind, und schreibe einen Bericht (mit Skizze) darüber für das „Handbuch der Vermessungskunde".

4 a) Markiert in einem geeigneten Gelände (Wiese) ein Vermessungsdreieck durch Einschlagen von Holzpflöcken in Abständen von etwa 40 bis 50 m.
b) Messt alle Winkel und Seiten, bei unebenem Gelände auch die Höhenunterschiede. Berechnet nach den trigonometrischen Formeln alle Maße aus anderen Maßen und vergleicht die berechneten mit den gemessenen Werten.
c) Liegen die Dreieckspunkte nicht auf derselben Höhe, müssen die Schrägstrecken rechnerisch auf die Horizontale reduziert werden. Wie groß ist die Abweichung?

5 Die Entfernung zwischen zwei Kirchtürmen K_1 und K_2 soll bestimmt werden ohne die Straße zu verlassen. Gemessen werden α, β, γ, δ und a.
a) Schreibe eine Gebrauchsanweisung, die angibt, wie $\overline{K_1K_2}$ berechnet werden kann.
b) Berechne $\overline{K_1K_2}$ für a = 473,4 m; α = 88,1°; β = 27,8°; γ = 63,2° und δ = 136,6° (bzw. für a = 2685 m; α = 77,9°; β = 43,1°; γ = 36,1° und δ = 111,4°).

6 a) Aus alten chinesischen und griechischen Schriften ist das „Insel im Meer"-Problem überliefert. Wie kann man die Felsenhöhe messen ohne die Insel zu betreten? Beschreibe eine trigonometrische Lösung.
b) In einem Abstand von 100 m misst man die Erhebungswinkel α = 80° und β = 75°. Wie hoch ist der Felsen?
c) Wie stark ist die Abweichung, wenn die Winkelmessung bzw. die Längenmessung 5 % Ungenauigkeit hat?
d) Nenne andere, möglicherweise ungenauere Lösungsmöglichkeiten, die ohne trigonometrische Rechnungen auskommen.

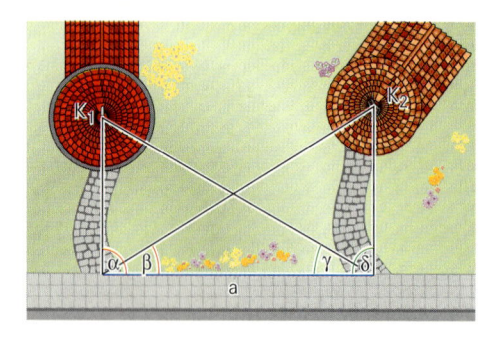

7 Laut Grundwissen **2** wird die Erde für Gebiete bis zu einer Größe von 10 km x 10 km als eben angesehen. Wie groß ist bei einer Länge von 10 km auf der Erdoberfläche die durch diese Vereinfachung entstehende Abweichung bei einer Höhenmessung?

8 a) Berechnet die Entfernungen von P nach A, B und C.
   b) Schreibt ein Programm, das euch nach Eingabe der Daten die gesuchten Entfernungen berechnet.
   c) Die Längenangaben haben Metergenauigkeit, die Winkel wurden auf Zehntel Grad genau bestimmt. Untersucht, zu welchen Abweichungen dies bei den Ergebnissen führt.
   d) Wie sollte man die Bezugspunkte A, B und C wählen, damit die Ungenauigkeiten relativ klein bleiben?

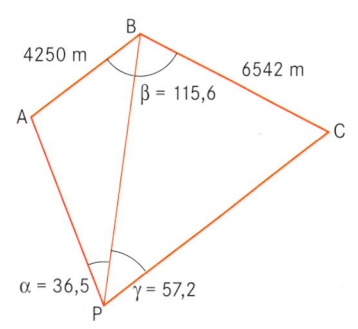

9 Bei der im Grundwissen **4** beschriebenen Lösungsmethode zum Rückwärtseinschneiden entsteht das Problem des „gefährlichen Kreises", wenn A, B, C und P auf einem Kreis liegen. Erläutere das Problem und schlage eine andere Lösung vor.

10 Deutsche und französische Vermessungsingenieure rechnen nicht mit der Gradunterteilung des Vollkreises in 360 Grad (abgekürzt „°"), sondern mit einer Unterteilung in 400 Neugrad (abgekürzt „gon"), die du auf den meisten Taschenrechnern mit GRAD einstellen kannst.
Diese Einteilung ist dem Dezimalsystem angepasst:
Der Viertelkreis hat 100 gon.
Für Bruchteile eines herkömmlichen Grads benutzt man nicht nur die Unterteilung in Zehntel und Hundertstel, sondern auch in 60stel, genannt Minuten, abgekürzt „ ' ", und in 3600stel, genannt Sekunden, abgekürzt „ '' ". Auch heute ist diese Bezeichnung in der Optik und Astronomie gebräuchlich.

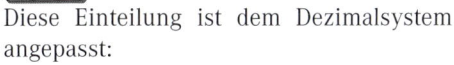

$3{,}25° = \left(3\tfrac{1}{4}\right)° = 3° + \left(\tfrac{15}{60}\right)° =$ 3 Grad 15 Minuten $= 3°\ 15'$

$25{,}12° = 25° + \left(\tfrac{7}{60}\right)° + \left(\tfrac{12}{3600}\right)° =$ 25 Grad 7 Minuten 12 Sekunden $= 25°\ 7'\ 12''$

Für diese Umrechnung gibt es auf Taschenrechnern die Umrechnungstaste ° ' ''.

Übertrage die Tabelle in dein Heft und ergänze die Lücken.

	α	β	γ	δ	ε	ζ	η	ι	κ	λ
Grad (dezimal)	90°	36,21°							0,01°	
Grad (° ' '')			1° 39'		1''					76° 48' 36''
Neugrad				25 gon			256 gon			
Bogenmaß						1,2		$\tfrac{\pi}{6}$		

Bestimme $f(x) = h(g(x))$ und skizziere den Graphen. Wo liegen die Nullstellen von f?
a) $g(x) = 1 + x$ b) $g(x) = x^3$ c) $g(x) = \sin x$ d) $g(x) = x^2$ e) $g(x) = -x$ f) $g(x) = 2x$
   $h(x) = \sqrt{x}$ $h(x) = |x|$ $h(x) = x^2$ $h(x) = \sin x$ $h(x) = 2x$ $h(x) = \tfrac{1}{4}$

Ausstiege

A1 a) CARL FRIEDRICH GAUSS hat bei seiner Vermessung des Königreiches Hannover überprüft, ob die Erdkrümmung seine Längenmessungen beeinflusst.

„Dreiecke" aus Großkreisen auf einer Kugeloberfläche haben nicht notwendig die Winkelsumme 180°; die Abweichung hängt von der Größe des Dreiecks ab. Die Winkelsumme im größten Dreieck des Vermessungsbereiches von GAUSS betrug 180°15". Das lag im Bereich seiner Messungenauigkeiten und gab keinen Aufschluss über einen Einfluss der Kugelgestalt.

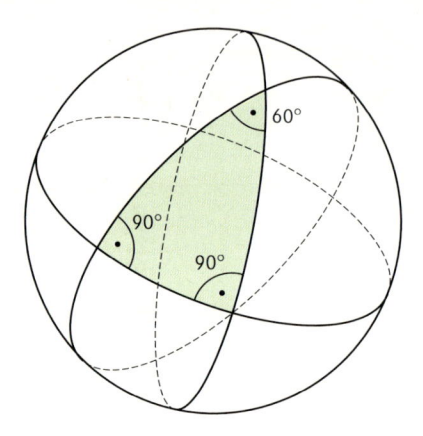

Berechne, welcher Längenunterschied bei der Distanzmessung von Göttingen bis Hamburg-Altona (I) auf der Erdkugel und (II) geradeaus (Tunnelmessung) zu erwarten ist. Göttingen und Altona liegen etwa auf dem gleichen Längenkreis.

Ist der Unterschied geringer als die von Vermessungsämtern festgelegte maximal zulässige Abweichung für eine Strecke s (in Meter) von $0{,}006 \cdot \sqrt{s} + 0{,}02$?

b) Es gibt drei Arten von Messabweichungen:
  (I) Grobe Abweichungen entstehen durch falsche Bedienung der Messgeräte, falsches Zählen oder Ablesen.
  (II) Systematische Abweichungen treten durch baubedingte Fehler der Messgeräte, zum Beispiel ein zu kurzes Längenmaß, auf.
  (III) Zufällige Abweichungen können durch die Unzulänglichkeit der menschlichen Sinne, durch die Grenze der Genauigkeit bei der Herstellung der Instrumente oder durch die Änderung der äußeren Bedingungen während der Messung verursacht werden.

Mache Vorschläge, wie man diese Abweichungen so gering wie möglich halten und die Genauigkeit von Messungen steigern kann.

A2 In Kapitel **1** wurde der sphärische Abstand auf der Erdkugel zwischen zwei beliebigen Orten A und B konstruiert.

Überlege, wie der Winkel φ zwischen Ort A – Erdmittelpunkt M – Ort B aus dem euklidischen Abstand und dann mit dem Winkel φ der gesuchte sphärische Abstand aus den Längen- und Breitenkoordinaten von A und B und dem Erdradius *berechnet* werden kann.

Schreibe einen Bericht, der anhand einer Bilderserie den Berechnungsweg erklärt. Bestimme als Beispiel die Entfernung zwischen Hamburg und New Orleans.

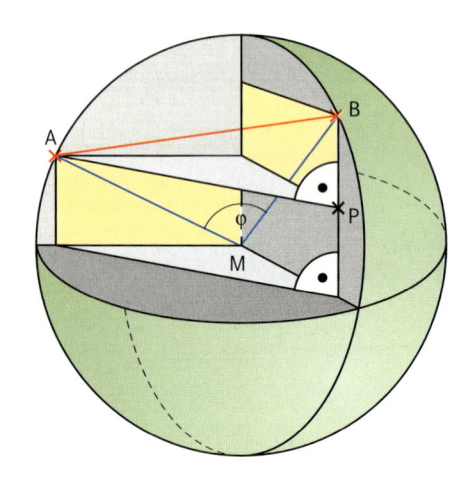

Der Tunnel zwischen Frankreich und England (vgl. Übung **19** in **1.4**) ist fertig gestellt – wie wäre es nun mit einem Tunnel zwischen Europa und Amerika, z. B. von Paris nach New York? Der sphärische Abstand beträgt ungefähr 7000 km. Wie lang wäre der Tunnel? Wie viel Prozent des Weges könnte man durch den Tunnel sparen?

5.4 Vermischte Übungen

L1 Berechne die übrigen Seiten und Winkel eines rechtwinkligen Dreiecks ($\gamma = 90°$).
a) b = 3,4 cm; β = 28,5°
b) a = 7,0 cm; β = 43,2°
c) c = 5,24 cm; α = 65,2°
d) a = 6,15 m; b = 2,27 m
e) b = 4,8 dm; c = 63 cm
f) a = 43,5 mm; α = 20,3°
g) a = 9,5 cm; h_C = 6,1 cm
h) h_C = 1,98 dm; β = 65,2°
i) c = 53,4 cm; h_C = 26,5 cm

L2 Berechne auf möglichst einfachem Weg die fehlenden Seiten und Winkel des Dreiecks. Beachte, dass es mehrere Lösungen geben kann.
a) a = 4,5 cm; b = 6,2 cm; c = 3,6 cm
b) a = 27 mm; b = 23 mm; γ = 40,7°
c) b = 1,4 dm; c = 2,1 dm; γ = 22°
d) a = 7,5 cm; α = 33,7°; β = 79,2°
e) a = 3,45 m; c = 22 dm; γ = 25,8°
f) a = 53 mm; c = 10,3 cm; γ = 122°
g) a = 4,8 cm; s_a = 6,9 cm; s_c = 4,2 cm
h) a = 6,1 cm; b = 8,3 cm; s_b = 6,5 cm

L3 a) Die Diagonalen eines Rechtecks sind 8,25 cm lang; sie schneiden sich in einem Winkel von 36,5°. Berechne die Seitenlängen.
b) Ein Rechteck hat den Flächeninhalt A = 729 m²; eine Seite ist 54 m lang. Berechne die andere Seitenlänge und die Winkel zwischen den Diagonalen.
c) Ein gleichschenkliges Trapez hat die Maße 4,6 cm (Schenkel), 8,5 cm und 5,7 cm. Berechne die Höhe und die Winkel.
d) Ein Drachen hat die Seitenlängen 3,25 dm und 8,15 dm; eine Diagonale ist 5,45 dm lang. Berechne die Winkel und die Länge der anderen Diagonalen.

L4 Wie hoch steht die Sonne, wenn dein Schatten deiner halben (doppelten) Größe entspricht?

L5 Lena sagt zu ihrer Freundin: „Bei den Bremer Stadtmusikanten sieht der Hahn besonders klein aus, weil sich unser Blickwinkel nach oben verkleinert. Er müsste sicher 20 % größer als in Wirklichkeit sein, um normal groß zu wirken." Stimmt das?

L6 Wenn du deine Arme waagerecht ausstreckst, entspricht der Abstand deiner Hände etwa deiner Körpergröße. Hebst du die Arme an, verringert sich der Abstand. Bei welchem Winkel ist er halb so groß?

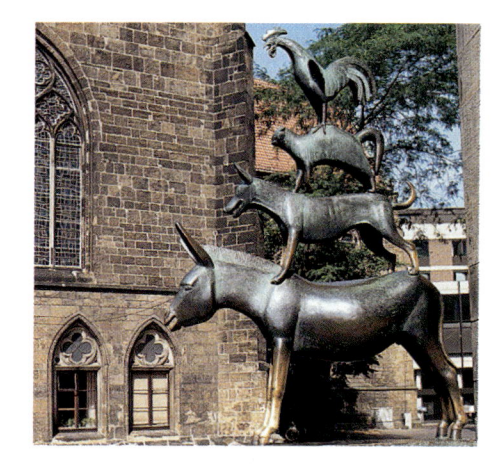

L7 a) Bestimme die Steigungswinkel.
b) Beschreibe eine Messung, mit der du und ein Partner die Angaben überprüfen könntet.

L8 a) Berechne für r = 8 cm und s = 12 cm den Umfangswinkel α und den Abstand von M zu s.
b) Beschreibe, wie man aus zwei der Größen r, s und α jeweils die dritte errechnen kann.

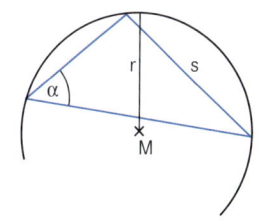

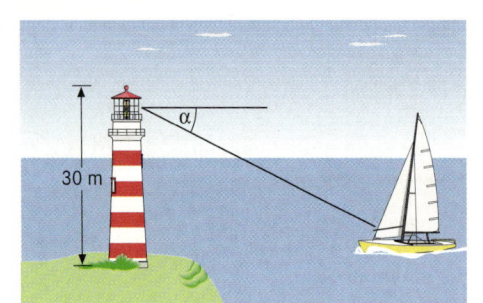

9 Stelle deinem Partner zu den Abbildungen Fragen mit konkreten Zahlen, die dieser durch trigonometrische Rechnung beantworten muss.

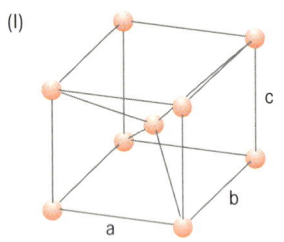

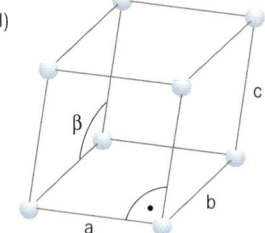

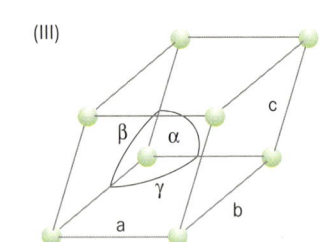

10 Bei kristallinen Festkörpern sind die Atome in starren Gittern angeordnet, die aus verschiedenen, jeweils für den Stoff typischen Elementargittern völlig regelmäßig aufgebaut sind. Bei den drei dargestellten Elementargittertypen ist $a = 1{,}35 \cdot 10^{-8}$ cm, $b = 0{,}96 \cdot 10^{-8}$ cm und $c = 2{,}08 \cdot 10^{-8}$ cm. Berechne
a) die Längen und Winkel zu dem mittleren Atom in (I);
b) die Raumhöhe des schräg nach hinten geneigten „Quaders" ($\beta = 110°$) in (II);
c) die Raumhöhe des nach rechts und hinten schräg stehenden „Parallelflachs" sowie Breite und Höhe aller Seitenflächen ($\alpha = 81°$; $\beta = 105°$; $\gamma = 119°$) in (III).

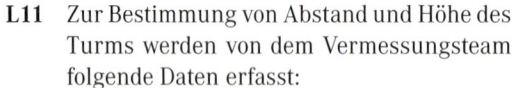

L11 Zur Bestimmung von Abstand und Höhe des Turms werden von dem Vermessungsteam folgende Daten erfasst:
Höhe (Standort A): 54,02 m
Höhe (Standort B): 61,38 m
Instrumentenhöhe A: 1,42 m
Instrumentenhöhe B: 1,50 m
Horizontalabstand: $\overline{AB'} = 53{,}06$ m;
$\alpha = 81{,}925°$; $\beta = 80{,}430°$.
Die Instrumente und der Turm stehen ungefähr in einer Linie.

L12 Für das amtliche Verzeichnis sollen die horizontalen Koordinaten eines neuen Punktes N durch Vorwärtseinschneiden von zwei bekannten Punkten
A (54 715,48 | 23 434,87) und
B (54 937,21 | 22 534,01) aus berechnet werden. Dazu werden die Winkel
$\alpha = 53{,}7881°$ und $\beta = 63{,}7577°$ gemessen. Löse das Problem rechnerisch und zeichnerisch.

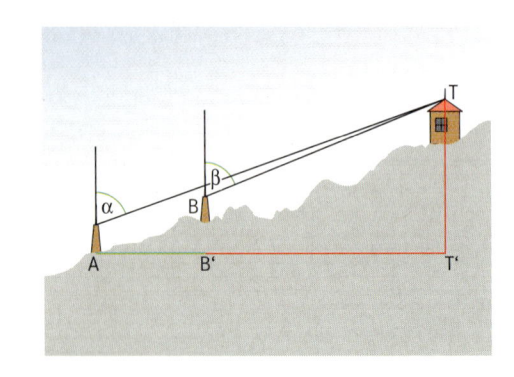

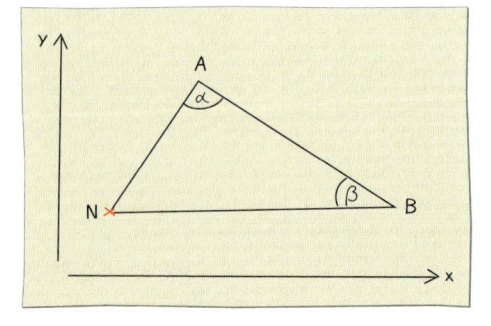

5.4 Vermischte Übungen

13 Ein Brett mit der Länge L liegt auf einer Halbröhre und hat festen Kontakt mit dem Boden. Schiebt man die Kontaktstelle an die Röhre heran, ändert sich der horizontale Überhang U des Brettes.
Bestimme eine Formel für U, wobei R, L und α bekannt sind. Ermittle mit einem grafikfähigen Rechner möglichst genau die Stelle des maximalen horizontalen Überhangs.

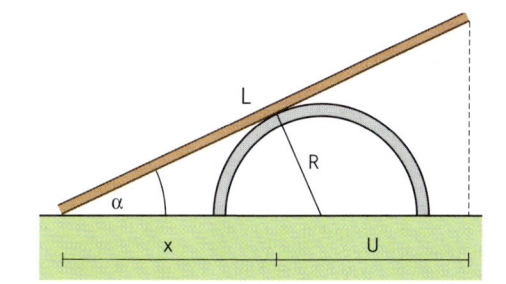

14

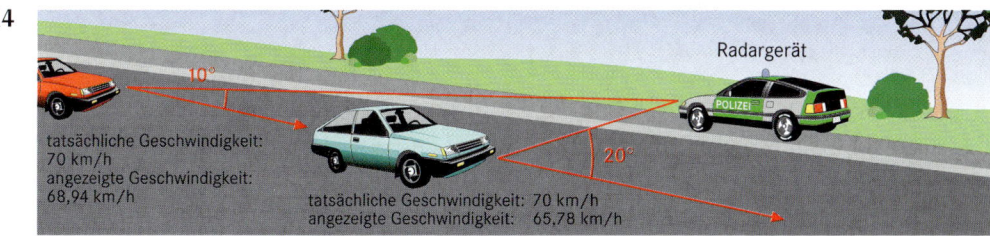

tatsächliche Geschwindigkeit: 70 km/h
angezeigte Geschwindigkeit: 68,94 km/h

tatsächliche Geschwindigkeit: 70 km/h
angezeigte Geschwindigkeit: 65,78 km/h

Wird ein stationär aufgestelltes Radarmessgerät auf ein bewegtes Ziel gerichtet, entsteht ein „Kosinuseffekt", der die reflektierte Frequenz um den Kosinus des Winkels zwischen Radargerät und Ziel erniedrigt. Deshalb versucht die Polizei, das Messauto dicht am Straßenrand zu parken und die Messung weit voraus vorzunehmen.
a) Erkläre den Effekt und die Gegenmaßnahmen.
b) Berechne die gemessene Geschwindigkeit bei einem Winkel von 10° (von 20°), wenn die tatsächliche Geschwindigkeit 100 km/h betrug.

15 Welche Länge muss die Stütze eines Konzertflügels haben, damit sie den Deckel möglichst sicher abstützt und dieser in einem günstigen Abstrahlungswinkel zum Publikum steht? (Breite des Flügels ca. 1,50 m.) Überprüfe deine Ergebnisse an einem Instrument.

16 Ein aufgeregter Bauer kommt zu Beginn der jährlichen Nilfluten in ein altägyptisches Vermessungsbüro und möchte sofort die Uferlänge seiner dreieckigen Ackerfläche vermessen haben. Wenn sie überflutet wird, will er schnellstmöglich eine Entschädigung für die Flutzerstörungen an der Böschung beantragen. Unglücklicherweise besteht der Uferrand aus einem undurchdringlichen Schilfgürtel, sodass der Ingenieur die Grenze $\overline{AC}$ am Wasserrand nicht ausmessen kann.
Mühsam schneidet er die Grenzsteine A und C frei, damit sie von B aus sichtbar sind. 
Er braucht von A nach B 1000 Schritte und von C nach B 300 Schritte. Mit seinem Quadranten misst er $\sphericalangle$ CBA = 37,5°. Nun wäre die Rechnung kein Problem (wie?), doch dummerweise liegt der Papyrus mit den nützlichen Tabellen im Büro.
Der Bauer will aber noch vor Ort eine präzise Auskunft. Der Ingenieur, der seiner Zeit etwas voraus ist, hat die Additionstheoreme im Kopf und weiß: sin 30° = 0,5.
Wie findet er (mit Kreide und Schiefertafel) eine Näherungslösung?

17 Eine Schlossschraube mit konstantem Durchmesser ist 3 cm lang, 4 mm dick und hat 25 Windungen. Wie lang ist die Schraubenlinie und unter welchem Winkel steigt sie?

5.5 Zusammenfassung

1 Die Funktionen $\alpha \mapsto \sin \alpha$, $\alpha \mapsto \cos \alpha$ und $\alpha \mapsto \tan \alpha$ heißen **trigonometrische Funktionen**. Ihre Werte finden sich als Koordinaten von Punkten auf dem Einheitskreis.

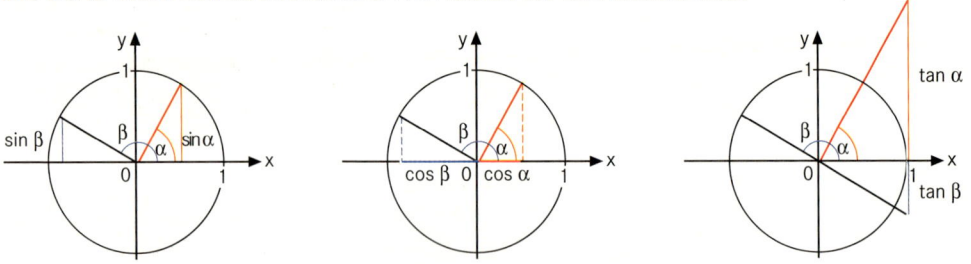

tan ist für Winkel wie $-90°$; $270°$; ... nicht definiert.

2 Im rechtwinkligen Dreieck gilt:

$$\sin \alpha = \frac{\text{Gegenkathete}}{\text{Hypotenuse}}; \quad \cos \alpha = \frac{\text{Ankathete}}{\text{Hypotenuse}}; \quad \tan \alpha = \frac{\text{Gegenkathete}}{\text{Ankathete}}$$

3 Das Winkelmaß wird meistens in Grad (DEG) oder in Bogenmaß (RAD) angegeben.
Umrechnung: $\frac{\text{Grad}}{360°} = \frac{\text{Bogenmaß}}{2\pi}$.

4 Die trigonometrischen Funktionen haben charakteristische Graphen:

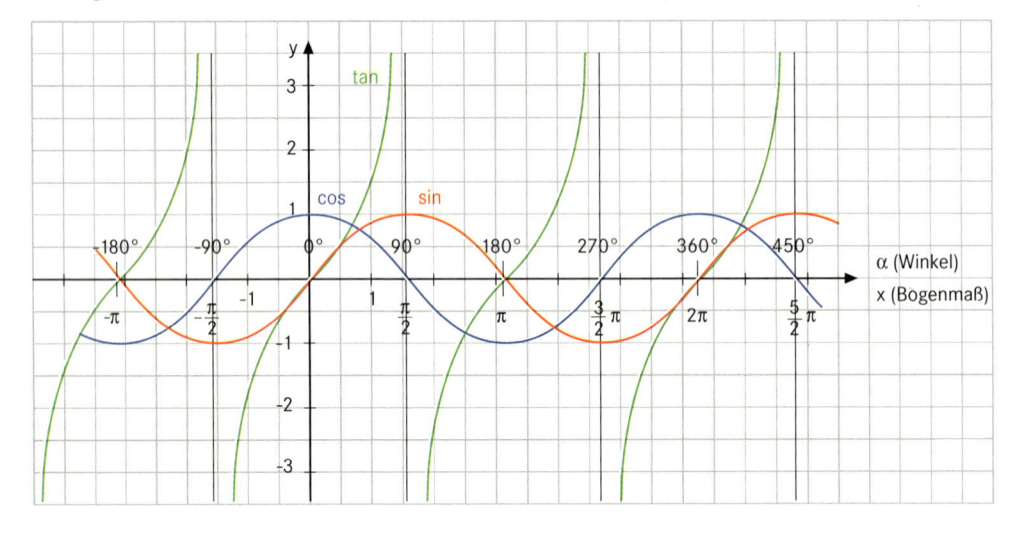

5 Beziehungen zwischen den Funktionswerten:
$\sin \alpha = \cos(\alpha - 90°)$; $\sin(-\alpha) = -\sin \alpha$; $\cos(-\alpha) = \cos \alpha$; $\tan(-\alpha) = -\tan \alpha$;
$\sin^2 \alpha + \cos^2 \alpha = 1$ („**trigonometrischer Pythagoras**"); $\sin 2\alpha = 2 \cdot \sin \alpha \cdot \cos \alpha$.

Sinussatz: $\quad \frac{\sin \alpha}{a} = \frac{\sin \beta}{b} = \frac{\sin \gamma}{c}$

Kosinussatz: $a^2 = b^2 + c^2 - 2bc \cdot \cos \alpha$; $b^2 = a^2 + c^2 - 2ac \cdot \cos \beta$; $c^2 = a^2 + b^2 - 2ab \cdot \cos \gamma$

Mit diesen Formeln kann man alle Vermessungsaufgaben, die früher zeichnerisch gelöst wurden, nun rechnerisch lösen.

5.6 Trigonometrie im Weltraum

1 Im Altertum konnte ARISTARCH nur die *Verhältnisse* der Abstände zwischen Erde, Mond und Sonne angeben (vgl. **5.1,** Übung **23**). Auf der Erde konnte er keine genügend große Basis für eine trigonometrische Berechnung ausmessen. Dies gelang erst im 18. Jahrhundert.
Für zwei Beobachter an verschiedenen Orten der Erde scheint der Mond vor dem Hintergrund der sehr viel weiter entfernten Fixsterne zur gleichen Zeit an etwas verschiedenen Positionen zu stehen. Diese scheinbare Verschiebung nennt man **Parallaxe**.
Die französischen Astronomen JOSEPH LALANDE und NICOLAS LACAILLE bestimmten 1752 die Mondentfernung durch Ermittlung des Parallaxenwinkels π. Sie wählten für die Messungen die Städte Berlin und Kapstadt, die fast auf dem gleichen Längenkreis liegen. Bei Vollmond bestimmten sie genau um Mitternacht die Zenitabstände* desselben Mondrandes. 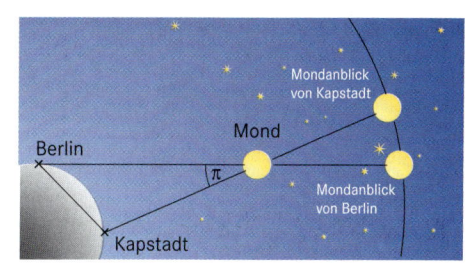
Berlin: Zenitabstand ζ_B = 41°15'44'' (unterer Mondrand);
Kapstadt: Zenitabstand ζ_K = 46°33'37'' (oberer Mondrand).
Fertigt eine geeignete Skizze zu der Messung an, beschafft euch die notwendigen geographischen Daten und berechnet die Entfernung des Mondes.

2 Venus zeigt als innerer Planet ebenso wie der Mond verschiedene Beleuchtungsphasen. Man kann also mit dem Fernrohr Neu-, Halb- und Vollvenus beobachten.
Ist der Abstand Erde-Sonne bekannt, kann man durch ein geeignetes Foto die Winkel α und β bestimmen und die Entfernung R von der Venus zur Sonne berechnen.

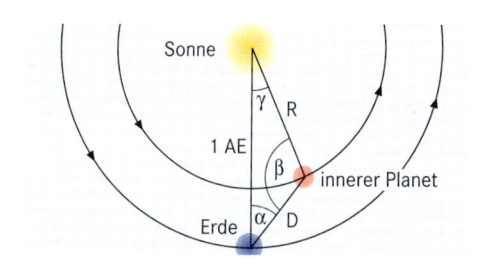

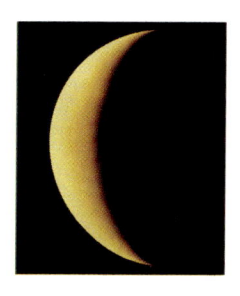

a) Schreibt eine gut verständliche Erklärung, wie man aus der Breite a der beleuchteten Venussichel, dem Venusradius r und der Messung von α die Entfernung R bestimmen kann.
b) Die Auswertung eines Venusfotos ergab für r = 5,8 mm eine maximale Sichelbreite von a = 3,0 mm. Zur Zeit der Aufnahme betrug α = 39°. Berechnet R und auch den Abstand D zur Erde. Vergleicht die Genauigkeit von R mit einem Literaturwert. Welche Venusphase ist für eine möglichst genaue Bestimmung günstig?

3 Mit zwei Mondaufnahmen zur gleichen Zeit von verschiedenen Standorten aus kann man den Parallaxenwinkel vor dem Hintergrund der viel weiter entfernten und deshalb scheinbar unverrückten Fixsterne bestimmen. Diskutiert, wie man vorgehen muss.
Wenn eure Schule über ein astronomisches Fernrohr verfügt und ihr per Internet eine interessierte Partnerschule findet, führt die Messung und Auswertung selbst durch.
Die zweite Schule sollte einen ausreichenden Abstand (mehrere hundert Kilometer) in Nord-Süd-Richtung haben.
Veröffentlicht das Ergebnis in einer Präsentation.

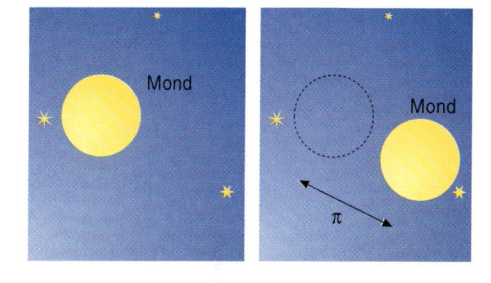

---
* Zenitabstand = Winkel zur Lotrichtung

6 Wachstum und Rekursion

6.1 Es darf gern etwas mehr sein – Lineares, quadratisches und exponentielles Wachstum

Einstiege

E1 Die sieben Zeilen aufeinander folgender Funktionswerte bilden jeweils den Anfang einer Zahlenfolge. Man kann sie nach einfachen Regeln fortsetzen.

n	0	1	2	3	4	5	6	7	8
$f_1(n)$				5	7	9	11	13	15
$f_2(n)$	500	550	605	665,5	732,05				
$f_3(n)$			2560	1280	640	320	160		
$f_4(n)$			0	3	8	15	24	35	
$f_5(n)$	0	0	6	24	60	120			
$f_6(n)$		7,5	9	10,5	12	13,5			
$f_7(n)$	1000	1002	1006	1012	1020	1030			

a) Könnt ihr entdecken, wie man in den einzelnen Folgen jeweils zur nächsten Zahl kommen kann? Vervollständigt die Tabelle.
b) Schreibt die von euch gebildeten Vorschriften auf. Wie groß ist das fünfzigste Folgeglied, wenn ihr nach eurer Vorschrift weiterrechnet?
c) „Bequemer" ist es, wenn man jedes Folgeglied *direkt* ausrechnen kann. Versucht mit Funktionstypen der Art $f(n) = an + b$ oder $f(n) = n^2 + bn + c$ oder $f(n) = a \cdot b^n$ weiterzukommen. Durch geschickte Wahl von a und b kann man für sechs der sieben Folgen passende Funktionsgleichungen dieser Art finden. Rechnet damit jeweils das fünfzigste und hundertste Glied der Folgen aus.
d) Für eine der Folgen passt keiner der unter c) genannten Funktionstypen. Sucht einen passenden anderen Typ.
e) Erfindet selbst ähnliche Aufgaben und tauscht sie mit anderen aus.

E2 Der Hauptgewinner eines Fernsehquiz muss sich nach zwei Minuten Bedenkzeit für eine der Varianten entscheiden:
  (I) Er erhält zwei Jahre lang jeden Monat 1000 Euro.
  (II) Er erhält einmalig 1000 Euro und jeden Monat 20% Zinsen auf die Summe, die bis dahin angespart ist.
  (III) Er erhält 24 Monate lang Geld. Zuerst 100 Euro, im zweiten Monat 200 Euro, dann 300 Euro usw.
  (IV) Er erhält zwei Jahre lang wöchentlich Geld und zwar nach der folgenden Regel: Die ersten zwei Wochen nur jeweils einen Cent, dann jedoch in jeder Folgewoche so viel, wie er in den beiden vorangegangenen Wochen insgesamt bekam, also 2 Cent in der dritten Woche, dann 3 Cent, dann 5 Cent usw.

a) Entscheidet euch ebenso schnell.
b) Rechnet alle Gewinnvarianten nach. Stellt die am Monatsende jeweils angesammelten Beträge für den gesamten Zweijahreszeitraum in einer Tabelle zusammen.
c) Skizziert in einem Koordinatensystem die Gewinnverläufe in den zwei Jahren.
d) Wie viel käme jeweils heraus, wenn alle Gewinnvarianten über 20 Jahre liefen?
e) Für einige der Gewinnvarianten kann man Möglichkeiten zur Schnellberechnung (Formeln) angeben. Damit ist es mühelos möglich, den jeweiligen Betrag für beliebige Laufzeiten anzugeben. Entwickelt solche Formeln.

E3 Alle Muster kann man in Gedanken endlos fortsetzen.

(I)

(II)

(III)

(IV)

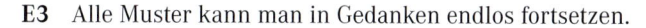

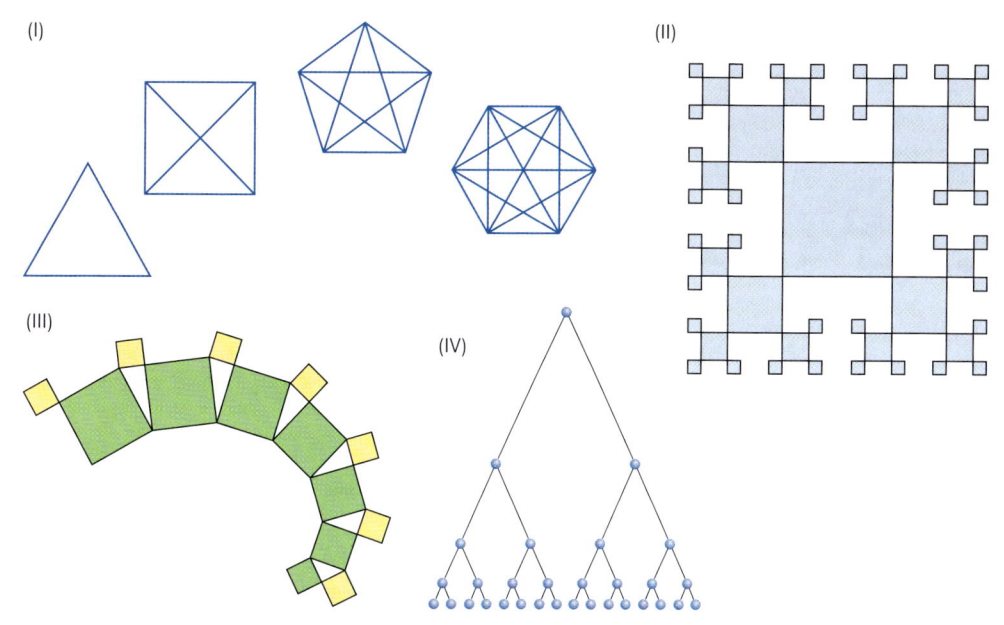

a) Lege zu den „wachsenden Mustern" passende, präzise und möglichst einfache Bildungsgesetze fest.
b) In jedem Muster ändern sich von Schritt zu Schritt viele verschiedene Größen, z.B.
 (I) die Anzahl der Diagonalen, der Teilflächen, der Schnittpunkte, ...;
 (II) die Anzahl der neuen und die Gesamtanzahl der Quadrate, der Umfang, die Fläche, ...;
 (III) die Fläche des neu hinzukommenden Quadrats, der Umfang der Gesamtfigur, ...;
 (IV) die Höhe der Figur, die Anzahl der hinzukommenden Kanten, die Fläche des Umdreiecks, ...

Untersuche den Verlauf möglichst vieler dieser und anderer Größen. Gibt es „vom Wesen her" ähnliche Verläufe?

E4 Aus Schachteln kann man in verschiedener Art „Pyramiden" bauen. Wir nehmen an, dass sich die Last gleichmäßig auf die untere Reihe verteilt.
a) Wie hoch kann man bauen, wenn jede Schachtel mit ihrem zehnfachen Eigengewicht belastet werden darf?
Wie viele Schachteln braucht man?
b) Dieselbe „Pyramidenart" kann man aus Ziegelsteinwürfeln mit 10 cm Kantenlänge bauen.
Nimm an, sie könnten das 100000fache ihres Eigengewichts tragen. Wie hoch kann man bauen?
c) Kommt man höher, wenn man in der rechts skizzierten Art „räumlichere" Stufenpyramiden baut?
d) Fallen dir noch ganz andere Stapelmethoden ein (mit denen man vielleicht noch höher bauen kann)?

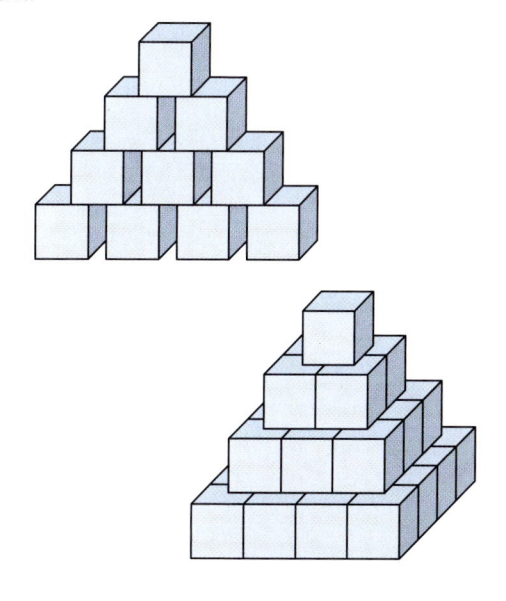

6.1 Es darf gern etwas mehr sein – Lineares, quadratisches und exponentielles Wachstum

Grundwissen

lineares Wachstum

1 In Wertetabellen zu **linearem Wachstum** ist die **Folge der Differenzen** konstant. Es kommt also bei jedem Schritt derselbe Zuwachs hinzu.

n	0	1	2	3	4	5	6	7	8
f(n)	5	7	9	11	13	15	17	19	21
Diff.		2	2	2	2	2	2	2	2

Durch $f(0) = 5$ und $f(n+1) = f(n) + 2$ sind alle Werte der Tabelle festgelegt. Die Wertepaare einer linearen Wachstumsfunktion im Koordinatensystem liegen auf einer Geraden.

rekursiv Die **rekursive** Beschreibung der im Beispiel vorgegebenen Folge kann man auch so in Worte fassen:

Ausgangsbestand = 5
neuer Bestand = alter Bestand + 2

explizit Man kann zur Festlegung auch eine **explizite** Funktionsvorschrift angeben:
$f(n) = 2n + 5$

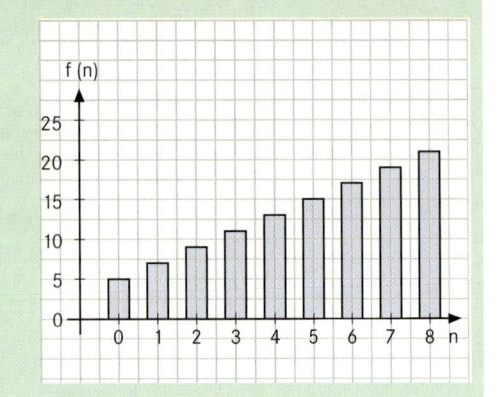

> Bei linearem Wachstum wird bei jedem Schritt dieselbe Zahl m addiert. Lineares Wachstum kann *rekursiv* durch die Gleichung $f(n+1) = f(n) + m$ beschrieben werden.
> Durch $f(n) = mx + b$ ist eine *explizite* Beschreibung gegeben.
> Bei negativem m spricht man von linearer Abnahme.

quadratisches Wachstum

2 In Wertetabellen zu **quadratischem Wachstum** wächst die erste Differenzenfolge linear und die **zweite Differenzenfolge** ist konstant. Der Zuwachs nimmt bei jedem Schritt also um denselben Betrag zu.

n	0	1	2	3	4	5	6	7	8
f(n)	1	2	5	10	17	26	37	50	65
1. Diff.		1	3	5	7	9	11	13	15
2. Diff.			2	2	2	2	2	2	2

Durch die drei ersten Werte ist die erste Differenzenfolge und damit auch die untersuchte Folge festgelegt. Man kann sie rekursiv in beide Richtungen fortsetzen (vgl. Übung **7**). Eine explizite Funktionsvorschrift kann man sich auf verschiedene Weisen aus der Wertetabelle beschaffen (vgl. Übung **8**). Hier ergibt sich $f(n) = 1 \cdot n^2 + 1$.
Dass der Zuwachs immer *steigt*, macht sich in der grafischen Darstellung durch eine Linkskrümmung bemerkbar.

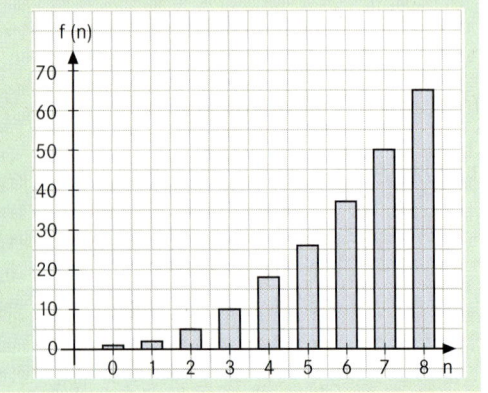

> Bei quadratischem Wachstum wächst die erste Differenzenfolge der Ausgangsdaten linear. Die zweite Differenzenfolge ist daher konstant. Quadratisches Wachstum kann explizit durch die Gleichung $f(n) = an^2 + bn + c$ beschrieben werden.

6.1 Es darf gern etwas mehr sein – Lineares, quadratisches und exponentielles Wachstum

exponentielles Wachstum

3 Bei **exponentiellem Wachstum** kann man z.B. an eine Kapitalanlage mit Zinseszins oder an eine Kettenreaktion denken. Charakteristisch ist, dass bei jedem Schritt mit derselben Zahl, dem **Wachstumsfaktor** q, *multipliziert* wird, d. h. die **Folge der Quotienten** ist konstant.
Kurz: neuer Bestand = alter Bestand · Wachstumsfaktor.

n	0	1	2	3	4	5	6	7	8
f(n)	8	12	18	27	40,5	60,75	91,13	136,69	205,03
Faktor		· 1,5	· 1,5	· 1,5	· 1,5	· 1,5	· 1,5	· 1,5	· 1,5

Man kann ebensogut sagen, dass sich der nächste Wert in der Tabelle jeweils dadurch ergibt, dass man den aktuellen Wert um p = 50 % erhöht.
Den konstanten *prozentualen Zuwachs* von Wert zu Folgewert nennt man die **Wachstumsrate** p. Die Wachstumsrate ist also ein Prozentsatz. Bei einer Wachstums*rate* von 50 % ist der Wachstums*faktor* 1,5. Man erhält den Wachstums*faktor* q also dadurch, dass man zur Wachstums*rate* 1 addiert: q = p + 1.
Für die rechtsstehende Grafik wurde die Folge auch nach links ergänzt. Dazu *teilt* man bei jedem Schritt durch den Wachstumsfaktor q = 1,5.

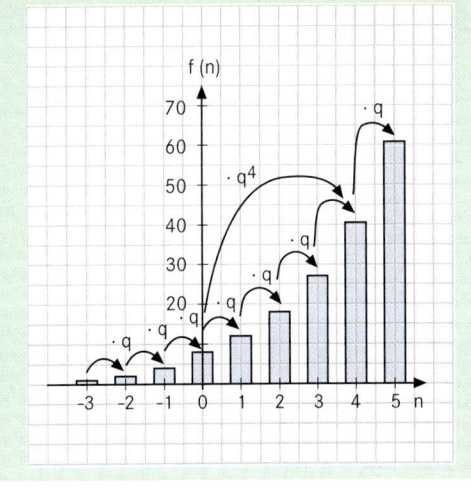

> Bei exponentiellem Wachstum wird bei jedem Schritt mit demselben positiven Faktor q multipliziert. Für Faktoren kleiner als 1 spricht man auch von exponentieller Abnahme.
> Durch f(0) = Startwert und f(n + 1) = q · f(n) kann exponentielles Wachstum *rekursiv* beschrieben werden. Eine *explizite* Beschreibung ist $f(n) = f(0) \cdot q^n$.
> Man bezeichnet q als Wachstumsfaktor und p = q − 1 als Wachstumsrate.

4 Bei der Darstellung der drei Wachstumstypen wurde davon ausgegangen, dass man sich für „schrittweise" Veränderungen interessiert. Schüttet man beispielsweise jede Sekunde einen Wassereimer mit 5 Litern Inhalt in ein Schwimmbecken, so wächst die Wassermenge in „treppenartigen Sprüngen". Lässt man das Becken jedoch kontinuierlich durch eine Leitung mit der „Stromstärke" *l* = 5 Liter pro Sekunde volllaufen, steigt die Wassermenge **stetig**. Der zeitliche Verlauf der Füllmenge wird dann durch eine Gerade beschrieben. Auch dann kommt bei jedem Schritt von einer Sekunde stets dasselbe hinzu. Darüber hinaus kommt aber auch z.B. bei jedem Schritt von 0,2 Sekunden dasselbe hinzu.

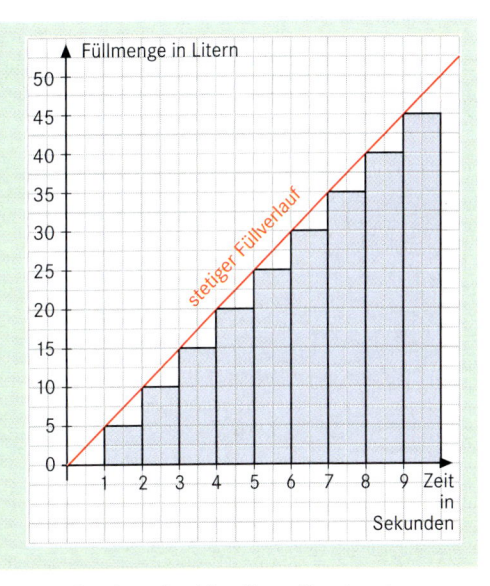

Alle obigen Aussagen zu den drei Wachstumstypen sind auf stetige Vorgänge übertragbar.

6.1 Es darf gern etwas mehr sein – Lineares, quadratisches und exponentielles Wachstum

Übungen

1. Ein Prospektverteiler kann zwischen zwei Angeboten wählen.
   Erstens: Zwanzig Euro Grundlohn und fünf Cent pro verteiltem Prospekt.
   Zweitens: Zehn Euro Grundlohn und neun Cent pro verteiltem Prospekt.
   Ab welcher Stückzahl rentiert sich die zweite Variante?

2. Am ersten Tag frisst das Krümelmonster drei Kekse, am zweiten schon elf. Der Hunger nimmt zu, also beschließt es an allen folgenden Tagen doppelt so viele Kekse wie am Vortag minus der Kekszahl des vorvorherigen Tages zu verputzen.
   a) Wie viele Kekse frisst es am tausendsten Tag?
   b) Wie sind die Verhältnisse, wenn es mit zwei und fünf Keksen startet?
   c) Probiere auch andere Startwerte. Entwickle eine kleine Theorie zur Rolle der Startwerte.

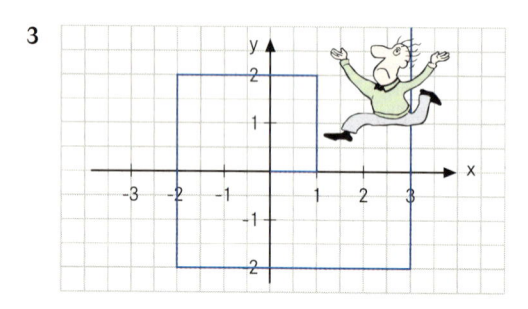

3. Im Koordinatensystem spielt sich ein Drama ab: Meyer springt im Viereck.
   Und zwar so:
   Er startet im Ursprung und springt dann einen Meter nach rechts, zwei Meter nach vorn, drei Meter nach links, vier Meter nach hinten, fünf Meter nach rechts, sechs Meter nach vorn usw.
   Wo ist er nach tausend Sprüngen?

4. Auf einer Autobahn fährt ein Auto mit konstanter Geschwindigkeit (z.B. mithilfe eines Tempomats). Um 15 Uhr passiert es Kilometerstein 125, um 19 Uhr Kilometerstein 565.
   Wo war es um 16:30 Uhr? Wann hat es Kilometerstein 0 passiert?

5. Beim Kauf ist die dünne Kerze 30 cm lang, die dicke nur 10 cm. Die Brenndauer der dicken Kerze beträgt drei Stunden, die der dünnen nur eine Stunde. Die Kerzen werden gleichzeitig angezündet.
   a) Stelle die Kerzenlängen abhängig von der Brennzeit im Koordinatensystem dar.
   b) Wann sind die Kerzen gleich lang?
   c) Wann ist die dicke dreimal so lang wie die dünne?
   d) Man könnte meinen, dass die Kerzen dieselbe Brenndauer haben müssen, da der dreifachen Länge eine dreifache Dicke gegenübersteht. Was meinst du?

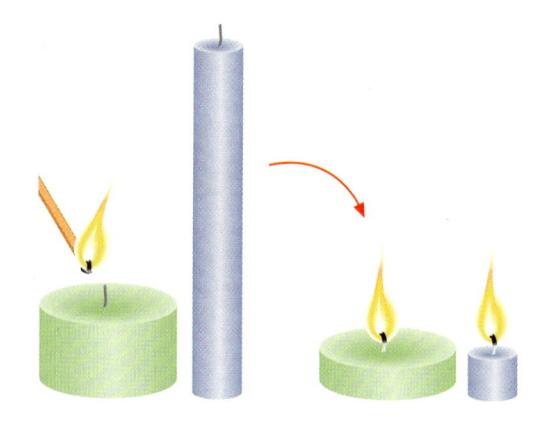

Wieso zeigt der Taschenrechner ERROR, wenn man $\log(-0{,}5)$ eingibt?

6.1 Es darf gern etwas mehr sein – Lineares, quadratisches und exponentielles Wachstum 171

6 Wie tief ist der Brunnen? Für nicht allzu große Tiefen kann die Falldauer eines Gegenstands darüber Auskunft geben. Die Tabelle gibt für verschiedene Fallzeiten t (in Sekunden) die Tiefe h (in Metern) an:

t	0	1	2	3	4	5
h	0	5	20	45	80	125

a) Welche Tiefe ergibt sich für t = 6?
b) Ein Fehlschluss: Mit einer Stoppuhr misst man t = 2,5. Die Falltiefe liegt also genau in der Mitte zwischen 20 und 45 Meter. Warum ist das falsch? Wie ist es wirklich?
c) Wie lange dauert ein Sprung vom Zehnmeterbrett?
d) Gib für beide Richtungen der Zuordnung Falldauer – Falltiefe eine Formel an.

7 Rechts steht eine Wertetabelle zu quadratischem Wachstum.
a) Setze die Tabelle bis n = 10 nach rechts fort.
b) Von der 10 und der 19 ausgehend kommt man – ohne „Umweg" über die Differenzenfolgen – auch so zur 30:
$2 \cdot 19 - 1 \cdot 10 + 2 = 30$.
Prüfe, ob das an allen Stellen entsprechend funktioniert.
c) Die Rekursion aus b) kann man so schreiben: $f(n) = 2 \cdot f(n-1) - 1 \cdot f(n-2) + 2$.
Jetzt soll untersucht werden, welche Effekte durch kleine Abwandlungen ausgelöst werden. Man kann an drei Stellen „drehen". Verfolge für die Anfangswerte -2 und 3 das Wachstum der Funktionswerte, wenn die Rekursionsformel variiert wird.
(I) $f(n) = 3 \cdot f(n-1) - 1 \cdot f(n-2) + 2$;
(II) $2 \cdot f(n-1) - 2 \cdot f(n-2) + 2$;
(III) $2 \cdot f(n-1) - 1 \cdot f(n-2) + 4$.
d) Welche der in Teil c) vorgegebenen Variationen führt auf quadratisches Wachstum und was ergibt sich bei den anderen? Entwickle eine kleine Theorie zu diesem Problemfeld. Dazu ist es sicherlich erforderlich noch weitere eigene Variationen durchzuprobieren.

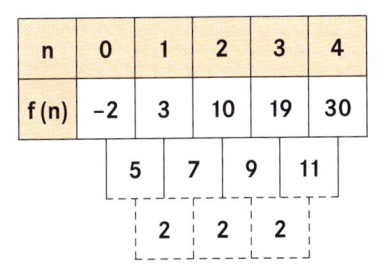

n	0	1	2	3	4
f(n)	-2	3	10	19	30

mit Differenzen 5, 7, 9, 11 und zweiten Differenzen 2, 2, 2.

8 Zur Wertetabelle aus Übung 7 kann man sich auf ganz verschiedene Weisen eine explizite Funktionsvorschrift beschaffen:
(I) Man subtrahiert in der Wertetabelle stellenweise n^2. Übrig bleibt eine „reduzierte Tabelle". Das ist eine Wertetabelle zu linearem Wachstum. Die zugehörige Funktionsvorschrift wird bestimmt und zu n^2 addiert.

n	0	1	2	3	4
f(n) − n²	-2	2	6	10	14

(II) Man weiß ja, dass die Funktionsvorschrift auf alle Fälle so geschrieben werden kann: $f(n) = n^2 + an + b$. Man muss also a und b so wählen, dass die Funktionsvorschrift auf die Startwerte „passt", d.h. $f(0) = -2$ und $f(1) = 2$ muss sichergestellt sein. Durch diese Bedingung sind a und b festgelegt.
a) Führe beide Verfahren durch. Das Verfahren (II) lässt sich ausweiten. Wie?
b) Erstelle selbst eine Wertetabelle zu quadratischem Wachstum, tausche mit deinem Nachbarn und versuche „seine" Funktionsvorschrift herauszubekommen.

9 Private Kreditvermittler können teuer werden. Rechts ist der Schuldenverlauf bei einem Wucherzinssatz von 25 % dargestellt.
a) Erstelle für die Jahre 0; 1; ...; 12 eine Wertetabelle.
b) Wie lange dauert es, bis die Schulden 100 000 Euro übersteigen?
Hinweis: Das kannst du leicht durch schrittweises Weiterrechnen mit dem Taschenrechner herausfinden. Eleganter ist es aber eine Gleichung aufzustellen und diese zu lösen. Beantworte die Frage mithilfe beider Methoden.
d) Wenn die in einem Jahr neu hinzukommenden Zinsen das zur Rückzahlung verfügbare Einkommen übersteigen, steigt die Schuld trotz Tilgung immer weiter an. Wann tritt dieser Fall bei einem Rückzahlvolumen von 2400 Euro pro Jahr ein?

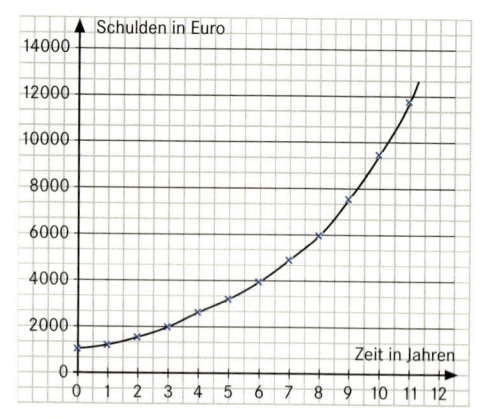

10 In größeren Partyrunden kommt es leicht zu Verwirrung, wenn jeder mit jedem anstoßen will. Wie oft erklingen die Gläser, wenn zehn Gäste miteinander anstoßen möchten? Wie ist es bei der doppelten, dreifachen usw. Anzahl?

11 Frau Reich legt ihr Kapital bei der Bank an. Sie bekommt einen Zinssatz von 5 % pro Jahr. Nach einem halben Jahr hat sie es sich anders überlegt und holt ihr Geld wieder ab.
a) Begründe, dass der Zinssatz pro Halbjahr etwa 2,47 % betragen müsste.
b) Die Bank gibt 2,5 %, da 2,5 die Hälfte von 5 ist. Rechne nach: Wenn man pro Halbjahr 2,5 % Zinsen gutgeschrieben bekommt, entspricht das einem Zinssatz von 5,0625 %.
c) Der Effekt von b) wird noch deutlicher, wenn man jeden Monat ein Zwölftel des Jahreszinses gutgeschrieben bekommt. Experimentiere auch mit noch kürzeren Zeitabschnitten.

12 Bei langfristigen Sparverträgen zahlt man monatlich einen gewissen Betrag ein und erhält Zinsen auf die jeweils schon vorhandene Summe. Bei einer Sparrate von 100 Euro beträgt das Kapital zu Beginn des ersten Monats also K(1) = 100 Euro.
Bei 3 % Zinsen sind zu Beginn des zweiten Monats natürlich mehr als 200 Euro auf dem Konto, denn man bekommt Zinsen. Die Bank rechnet so: K(2) = 100 · 1,0025 + 100.
a) Wie kommt der Faktor 1,0025 wohl zustande und was ist daran eigentlich falsch?
b) Hier soll so gerechnet werden, wie Banken es tun. Erstelle eine Rekursionsformel für den Wertverlauf des Sparvertrags.
c) Verfolge den Wertverlauf über zehn Jahre.
d) Wie stark ist der „Zinseszinseffekt"? Vergleiche den Wertverlauf mit einem zinseszinsfreien Wertverlauf.
e) Variiere die „Randbedingungen", stelle die Wertverläufe auch grafisch dar.

	A	B	C	D
1	Rate	100	100,00	1319,68
2	Prozentsatz	3	200,25	1422,98
3			300,75	1526,54
4			401,50	1630,35
5			502,51	1734,43
6			603,76	1883,76
7			705,27	1943,36

6.1 Es darf gern etwas mehr sein – Lineares, quadratisches und exponentielles Wachstum

13 Bakterienpopulationen vermehren sich in einer Petrischale oft verblüffend schnell. Es werden Verdoppelungszeiten von nur 15 Minuten beobachtet.
   a) Wie lange dauert es, bis aus einem Bakterium 10^{12} Bakterien geworden sind?
   b) Die in a) genannte Bakterienzahl wiegt ungefähr ein Gramm. Nach welcher Zeit ist daraus ein Kilogramm geworden?
   c) Wie groß wäre die Bakterienmasse nach 24 Stunden? Vergleiche sie mit der Erdmasse ($6 \cdot 10^{24}$ kg).
   d) Was könnte mit dem „Geltungsbereich eines Modells" gemeint sein?

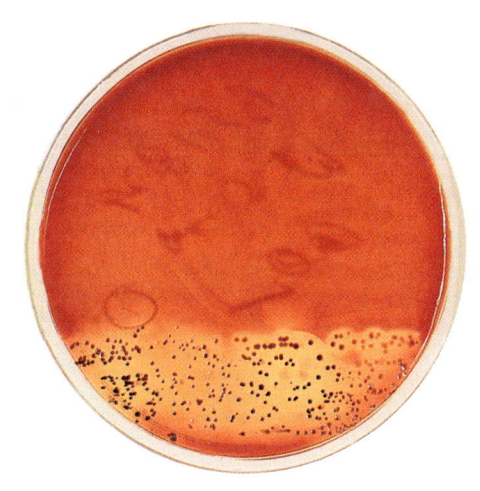

14 „Unter diesen 50 Schlüsseln sollte sich genau ein Paar gleicher Schlüssel befinden", sagt der Kommissar zu seinem Assistenten und legt ihm 50 Sicherheitsschlüssel auf den Tisch. Der Assistent soll das prüfen.
   a) Wie viele Zweiervergleiche sind schlimmstenfalls erforderlich?
   b) Wie wächst die unter a) berechnete Anzahl bei Verdoppelung, Verdreifachung usw. der Schlüsselanzahl?
   c) Wie viele Vergleiche sind allgemein für n Schlüssel schlimmstenfalls erforderlich?

15 Durch die Kreisdarstellung ist jedermann leicht davon zu überzeugen, dass die unendlich fortsetzbare Summation

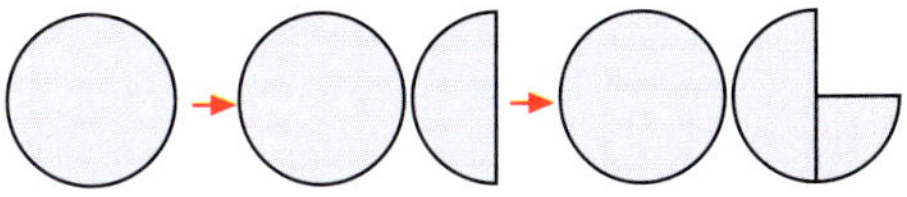

$$S(n) = 1 + \frac{1}{2} + \frac{1}{4} + \frac{1}{8} + \frac{1}{16} + \ldots + \left(\frac{1}{2}\right)^n$$

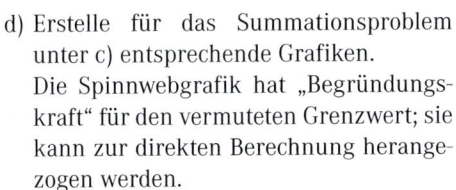

niemals über 2 hinausführt (aber der 2 beliebig nahe kommt).
Die untere Grafik entsteht durch eine „geometrische Interpretation" der Rekursionsformel
$S(n + 1) = \frac{1}{2} S(n) + 1$.
Dieser Diagrammtyp wird mitunter auch als **„Spinnwebgrafik"** bezeichnet*.
   a) Wie entsteht die Rekursionsformel?
   b) Erkläre die Spinnwebgrafik.
   c) Probiere mit dem Taschenrechner: Gegen welchen Grenzwert „läuft" die Summation
   $$S(n) = 1 + \frac{1}{3} + \left(\frac{1}{3}\right)^2 + \ldots + \left(\frac{1}{3}\right)^n$$
   vermutlich?
   d) Erstelle für das Summationsproblem unter c) entsprechende Grafiken.
   Die Spinnwebgrafik hat „Begründungskraft" für den vermuteten Grenzwert; sie kann zur direkten Berechnung herangezogen werden.
   Wie kann man vorgehen? 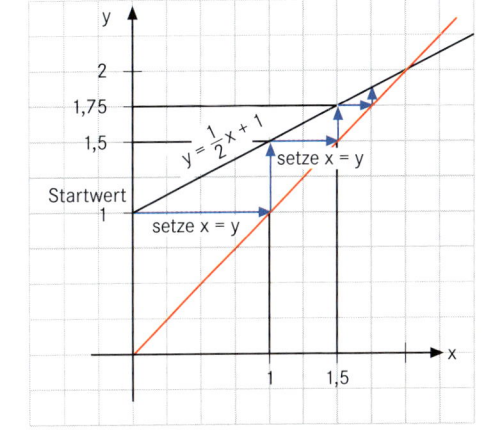
   e) Nicht nur für $\frac{1}{3}$, sondern auch für andere Zahlen q lässt sich das „unendliche Summationsproblem"
   $S = 1 + q + q^2 + q^3 + \ldots$ so lösen.
   Entwickle eine Lösungsformel. Was muss über q vorausgesetzt werden?

---
* Bei anderen Randfunktionen entstehen durch dieses Vorgehen spinnennetzartige Grafiken.

16 Bis heute kennt niemand eine Regel, wie man von einer bekannten Primzahl zur nächsten kommt. Die Aufeinanderfolge wirkt chaotisch. Man kann sich fragen, wie viele Primzahlen unter den ersten 10, 100, 1000, 10000 usw. natürlichen Zahlen vorkommen: Bis 10 sind es vier, bis 100 sind es fünfundzwanzig, ... Ein Computerprogramm liefert die folgende Tabelle.

Uns interessiert hier der Wachstumstyp. Versuche ein Wachstumsgesetz zu konstruieren, das möglichst gut zu den gegebenen Daten passt. Bestimme damit die nächsten drei Anzahlen. Als „Qualitätsprobe" kann die prozentuale Abweichung der von dir vorhergesagten Anzahlen von den exakten Größen $P(10^9) = 50\,847\,534$ und $P(10^{10}) = 455\,052\,512$ dienen.

n	P (n)
10	4
100	25
1000	168
10000	1229
100000	9592
1000000	78498
10000000	664579

17 Versuche zur Helligkeitswahrnehmung des Menschen haben ergeben, dass die gerade eben wahrnehmbare Erhöhung der Helligkeit immer einem gewissen Prozentsatz der aktuellen Helligkeit entspricht (Weber-Fechner'sches Gesetz, vgl. Unterkapitel **2.2, A1**).

Ist ein Raum z.B. durch vier Kerzen erhellt, nimmt man bei drei zusätzlichen Kerzen noch keine Helligkeitszunahme wahr. Man bemerkt erst dann einen „Sprung", wenn die Zahl der Kerzen um 150%, also auf das 2,5fache wächst. Von diesen zehn Kerzen ausgehend, bemerkt man erst bei 25 Kerzen den nächsten subjektiv gleich großen „Helligkeitssprung".

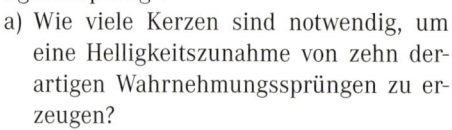

a) Wie viele Kerzen sind notwendig, um eine Helligkeitszunahme von zehn derartigen Wahrnehmungssprüngen zu erzeugen?

b) Die Anzahl der Wahrnehmungssprünge nennt man die subjektive Helligkeitszunahme. Berechne für 100, 200, 1000 und 2000 Kerzen die subjektive Helligkeitszunahme. Gib auch eine allgemeine Formel an.

c) Die Helligkeiten der Sterne werden in Größenklassen eingeteilt. Auch hier spielt der genannte Faktor eine Rolle. Informiere dich über diese Zusammenhänge.

18 Legt man jeden 1. Januar die Rate R = 2000 Euro an, so sind im „Jahr 2" bei dreiprozentiger Verzinsung bereits $K(2) = 2000 \cdot 1{,}03$ Euro + 2000 Euro auf dem Konto.

a) Berechne den Wertverlauf dieses Ratensparens für die ersten zehn Jahre.

b) Begründe: $K(10) = 2000 \cdot (1{,}03^9 + 1{,}03^8 + 1{,}03^7 + ... + 1{,}03 + 1)$. Was gilt allgemein?
Hinweis: Es gibt verschiedene „Denkwege" für eine Begründung. Man kann sich z.B. überlegen, wie lange die *einzelnen* Jahresraten jeweils insgesamt verzinst werden. Eine andere Möglichkeit ist es, sich an der in a) benutzten Rekursionsformel zu orientieren.

c) In Formelsammlungen findet man zum **Ratensparen:** $K(n) = R \cdot \dfrac{q^n - 1}{q - 1}$

 (I) Rechne die in a) gewonnenen Ergebnisse mit der Formel nach.
 (II) Bestätige durch Rechnung: $K(10) - K(9) = R \cdot q^{10}$. Verallgemeinere die Beziehung.
 (III) Das Ergebnis aus (II) soll zusammen mit der Summation aus b) zur Begründung der Sparformel verwendet werden.

19 „Bei jedem Schritt halbieren" wird durch exponentielles Wachstum mit dem Faktor $\frac{1}{2}$ beschrieben. Will man mit einem Fotokopierer von einem DIN A-Format auf das nächstkleinere gehen, so stellt man ihn aber auf 71%. Wie kommt dieser Wert zustande?

6.1 Es darf gern etwas mehr sein – Lineares, quadratisches und exponentielles Wachstum

20 Durch $f(n) = 2n^2 + 3n - 4$ wird quadratisches Wachstum beschrieben. Gib eine explizite Darstellung der ersten Differenzenfolge. Untersuche auch selbstgewählte Ausgangsgleichungen um zu klären, wie man die explizite Darstellung der ersten Differenzenfolge ganz einfach aus der Ausgangsgleichung bestimmen kann.

Ausstiege

A1 Die Tabelle gibt Auskunft über die ungefähre Tageslänge in Norddeutschland in der genannten Woche. Ein Umrechnungsbeispiel: 8,4 Stunden bedeuten 8 Stunden und 24 Minuten.

Januar		Februar		März		April		Mai		Juni	
Woche	„Länge"	Woche	„Länge"	Woche	„Länge"	Woche	„Länge"	Woche	„Länge"	Woche	„Länge"
1	8	6	9,6	10	11,5	14	13,2	19	15,3	23	16,4
2	8,2	7	10	11	11,9	15	13,7	20	15,7	24	16,57
3	8,5	8	10,5	12	12,3	16	14,1	21	16	25	16,6
4	8,8	9	10,9	13	12,8	17	14,5	22	16,3	26	16,57
5	9,2					18	15				

Juli		August		September		Oktober		November		Dezember	
Woche	„Länge"	Woche	„Länge"	Woche	„Länge"	Woche	„Länge"	Woche	„Länge"	Woche	„Länge"
27	16,5	32	15,3	36	13,6	41	11,4	45	9,6	49	8,3
28	16,3	33	14,9	37	13,2	42	10,9	46	9,2	50	8
29	16	34	14,5	38	12,7	43	10,5	47	8,9	51	7,9
30	15,9	35	14	39	12,3	44	10	48	8,5	52	7,9
31	15,6			40	11,8						

a) Der Verlauf der Tageslänge über ein Jahr ist im Schaubild links skizziert.
Rechts ist ein grobes, aus Geradenstücken zusammengesetztes Modell zu sehen. Es ist so gemacht, dass es für die erste, 25. und 52. Woche genau stimmt.
Was ergibt sich jeweils für die Zwischenwerte? Formuliere das Modell mit Rekursion und gib eine explizite Formel für die Tageslängen an.

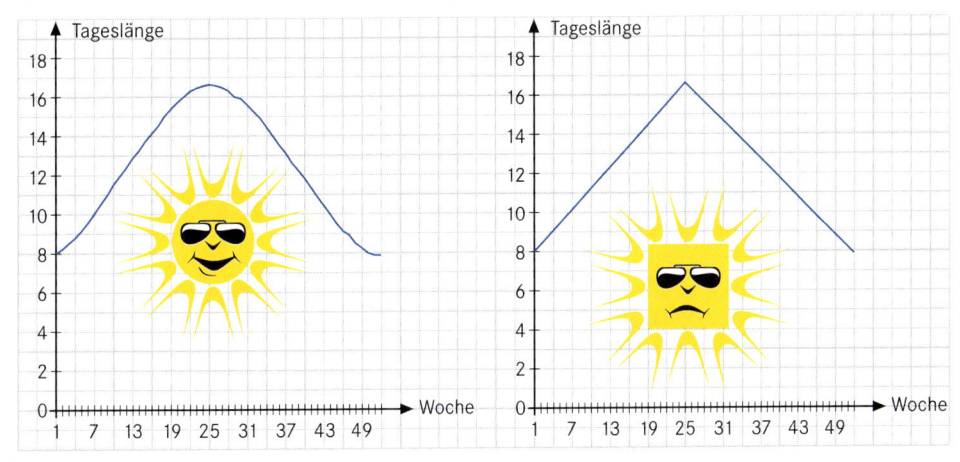

b) Das benutzte Modell ist nicht besonders gut. Welche prinzipiellen Fehler hat es? Es ergeben sich Abweichungen. Wie groß ist der maximale Fehler in Minuten? Wie groß ist der durchschnittliche Fehler?

c) Entwickle ein möglichst gutes quadratisches Wachstumsmodell für den Zeitraum von der zwölften bis zur sechsunddreißigsten Woche. Was könnte prinzipiell besser als bei dem linearen Ansatz sein? Wie groß ist der maximale Fehler deines Modells? Wie groß ist der durchschnittliche Fehler?

d) Siehst du weitere Funktionstypen, die (vielleicht besser) auf die Situation passen? Entwickle mit diesen bessere Modelle (vgl. Kapitel 7).

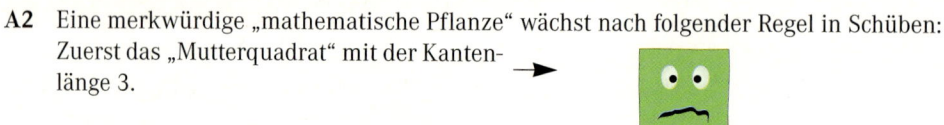

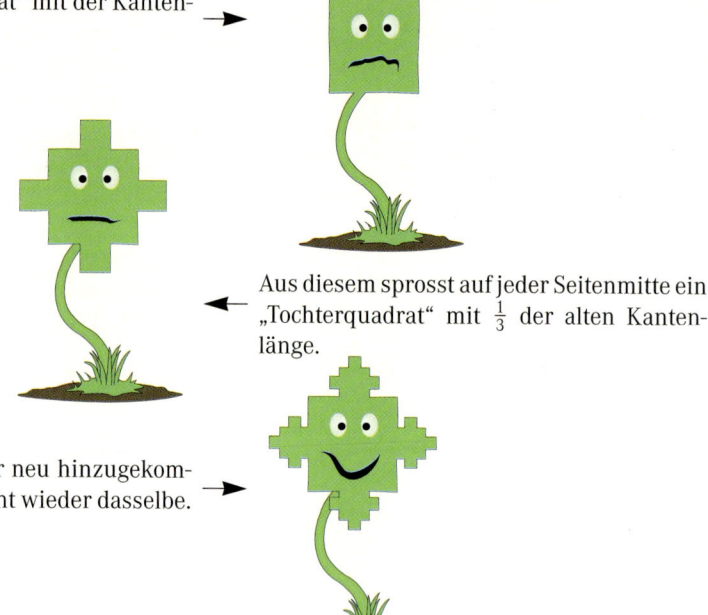

A2 Eine merkwürdige „mathematische Pflanze" wächst nach folgender Regel in Schüben: Zuerst das „Mutterquadrat" mit der Kantenlänge 3.

Aus diesem sprosst auf jeder Seitenmitte ein „Tochterquadrat" mit $\frac{1}{3}$ der alten Kantenlänge.

Auf den Seitenmitten der neu hinzugekommenen Quadrate geschieht wieder dasselbe.

Dieser Prozess setzt sich „ewig" fort. Wir haben so eine Art „wucherndes geometrisches Unkraut" vor uns. Wie gefährlich wird es unserem „mathematischen Garten", wenn es in alle Ewigkeit weiterwächst? Wird es noch Platz für andere Dinge lassen oder wird es unendlich groß (schließlich kommt ja immer etwas hinzu)?
Untersuche den Wachstumsverlauf des Umfangs, des Durchmessers, der Eckenanzahl, des Flächeninhalts und weiterer Größen der Figur.

A3 Gesucht ist eine Formel für die Summe der Quadratzahlen. Ausgehend von der Beobachtung, dass die Differenzenfolge von $f(n) = n^3$ quadratisch wächst, kann man sie finden.

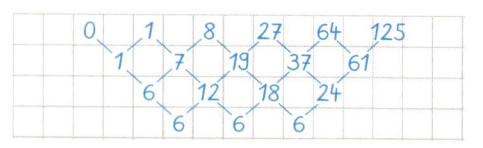

```
0     1     8     27    64    125
   1     7    19    37    61
      6    12    18    24
         6     6     6
```

Die 125 ergibt sich durch die Summation $1 + 7 + 19 + 37 + 61$. Die einzelnen Summanden sind alle von derselben Gestalt, nämlich: $n^3 - (n-1)^3 = 3n^2 - 3n + 1$.
Also kann man folgendermaßen weiterrechnen und umstellen:

$$5^3 = (3 \cdot 1^2 - 3 \cdot 1 + 1) + (3 \cdot 2^2 - 3 \cdot 2 + 1) + \ldots + (3 \cdot 5^2 - 3 \cdot 5 + 1)$$
$$5^3 = 3 \cdot (1^2 + 2^2 + \ldots + 5^2) - 3 \cdot (1 + 2 + \ldots + 5) + (1 + 1 + \ldots + 1)$$

$$1^2 + 2^2 + \ldots + 5^2 = \frac{1}{3} \cdot 5^3 + \underbrace{(1 + 2 + \ldots + 5)}_{\frac{5 \cdot (5+1)}{2}} - \frac{5}{3}$$

a) Rechts steht eine „Schnellberechnung" für die linke Seite. Prüfe nach, dass auf beiden Seiten dasselbe herauskommt.
b) Wie berechnet man mithilfe derselben Idee $1^2 + 2^2 + \ldots + 20^2$ schnell?
c) Wie lautet die gesuchte Formel $f(n)$ für das allgemeine Summationsproblem?
d) Löse das Summationsproblem $f(n) = 1^3 + 2^3 + 3^3 + \ldots + n^3$ auf die gleiche Art.
e) Wie kann man sich weiter „nach oben hangeln"?

6.2 Mal hört der Spaß auf – Beschränktes Wachstum

Einstiege

E1 Das 3 x 3-Ausgangsquadrat wird Schritt für Schritt eingefärbt. Jede Seite wird gleichsinnig im Verhältnis q = 1 : 2 geteilt. Der „Überhang" des Ausgangsquadrates über das Inquadrat wird eingefärbt. Dieser Prozess wird sinngemäß mit dem jeweils neu entstandenen Inquadrat fortgesetzt.
  a) Der gefärbte Anteil wächst. Erstellt eine Tabelle für die ersten fünf Figuren, aus welcher der gefärbte und der ungefärbte Anteil ersichtlich wird.
  b) Gebt Rekursionsformeln für den gefärbten und den ungefärbten Anteil an.
  c) Welcher Anteil ist nach 100 Schritten noch nicht gefärbt?
  d) Entwickelt explizite Wachstumsformeln für die Anteile.
  e) Wie lautet die Wachstumsformel für q = 1 : 1?

E2 Der Bottich ist porös. Eine Sisyphusarbeit: Karl-Otto rennt mit einem Eimer hin und her und schüttet in Abständen von einer Minute 10 Liter in den Behälter. Leider sickert umso mehr Wasser durch die Wandung, je weiter der Bottich bereits gefüllt ist. Während Karl-Otto hin und her läuft verliert der Behälter wieder 30 % seines eben noch vorhandenen Inhalts.
  a) Erstelle eine Tabelle und eine Grafik für die ersten zehn Minuten.
  b) Wird der Behälter je voll? Falls nicht, wo ist die Grenze?
  c) Beschreibe den Vorgang durch eine Rekursionsformel.
  d) Variiere die Vorgaben. Untersuche dabei auch, was sich ergibt, falls der Vorgang mit einem vollen Behälter gestartet wird.

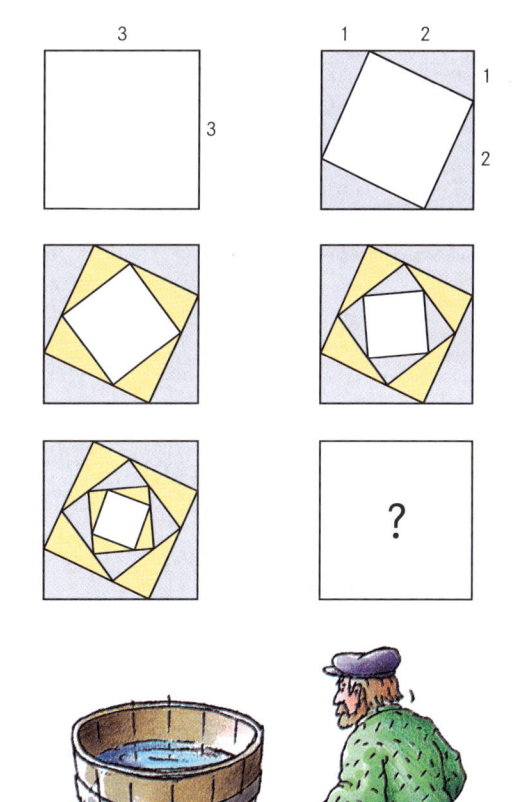

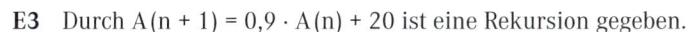

E3 Durch $A(n+1) = 0{,}9 \cdot A(n) + 20$ ist eine Rekursion gegeben.
  a) Untersuche den Verlauf der Größe $A(n)$ für verschiedene Startwerte $A(0)$.
  b) $A(n+1) = A(n) + 0{,}1 \cdot (200 - A(n))$ ist eine andere Schreibweise für dieselbe Rekursion. Welchen Vorteil bietet diese Umformung?

---

  a) Wo muss auf einem zylindrischen Bierglas (Innenradius 5 cm; Höhe 10 cm) die Marke für 0,5 Liter angebracht werden?
Gib eine Funktionsgleichung für die Funktion Füllhöhe ↦ Flüssigkeitsmenge V an.
  b) Löse die Aufgabe entsprechend, wenn das Gefäß die Form eines auf die Spitze gestellten Kegels mit Grundkreisradius 5 cm und Höhe 10 cm hat.

6.2 Mal hört der Spaß auf – Beschränktes Wachstum

Grundwissen 1 Für manche Wachstumsvorgänge ist eine von der Sache gegebene Obergrenze offensichtlich.

In einer großen Stadt sind schätzungsweise 10 000 Haushalte für den Kauf eines neuen Elektrogerätes zu gewinnen (solche Vorhersagen machen Marktforschungsinstitute). Im ersten Monat werden 1500 Geräte abgesetzt, d. h. 15 % der Kapazität wird ausgeschöpft. Der Hersteller kalkuliert, dass dieser prozentuale Anteil an den noch nicht ausgestatteten Haushalten auch in den Folgemonaten realisiert wird.
Im nächsten Monat kaufen nach dieser einfachen Kalkulation also 1275 Haushalte ein solches Gerät (15 % von 8500). Die Rekursion $A(n + 1) = A(n) + 0{,}15 \cdot (10\,000 - A(n))$ prognostiziert den skizzierten Verlauf. Die Kalkulation des Herstellers basiert auf einer besonders einfachen mathematischen Modellannahme.

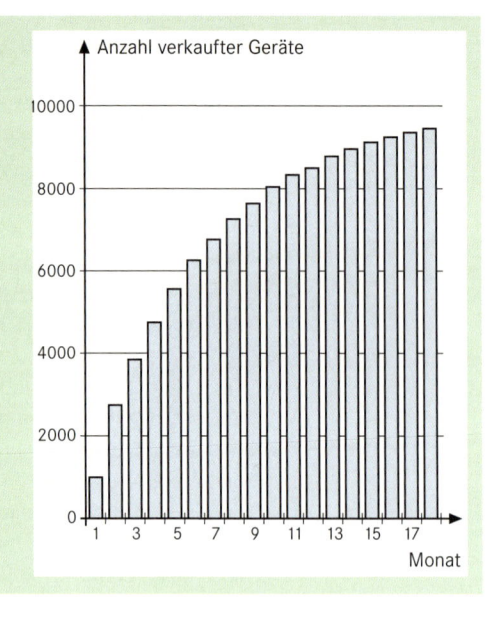

beschränktes Wachstum 2 Man spricht von **beschränktem Wachstum**, wenn zwei Bedingungen erfüllt sind:
 (I) Der Wachstumsprozess ist durch eine Grenze G nach oben begrenzt.
 (II) Bei jedem Wachstumsschritt ist der Zuwachs Z stets derselbe prozentuale Anteil der noch nicht genutzten Kapazität $G - A(n)$, d.h. $Z = q \cdot (G - A(n))$, mit $0 < q < 1$.
Zunächst wird davon ausgegangen, dass der Startwert unter G liegt.

Beschränktes Wachstum kann *rekursiv* und *explizit* beschrieben werden.

rekursiv: $A(n + 1) = A(n) + q \cdot (G - A(n))$
explizit: $A(n) = G - G \cdot (1 - q)^n$

Bei der rekursiven Beschreibung wird davon ausgegangen, dass $A(0) = 0$ gilt. Es gibt auch für beliebige andere Startwerte Formeln (vgl. Übungen **4** und **5**).

3 Multipliziert man den Rekursionsterm in **2** aus und stellt ihn um, so ergibt sich:
$$A(n + 1) = (1 - q) \cdot A(n) + q \cdot G$$
Das Modell „passt" nun auch auf anders geartete Beispiele.

Einem See fließen 5 Millionen Kubikmeter Wasser pro Jahr zu. Durch Verdunstung verliert er pro Jahr 20 % seiner Wassermasse: $A(n+1) = 0{,}8 \cdot A(n) + 5 \cdot 10^6$.
Rechts ist der Verlauf für verschiedene Startwerte zu sehen.
Der See „strebt" die stabile Größe G an, bei der Zufluß (5 Mio. m³) und Abgabe (0,2 · G) gleich groß sind.
Man erhält $G = 25\,000\,000$ also als Lösung der Gleichung $0{,}2 \cdot G = 5\,000\,000$.
Innerhalb dieses Modells sind auch Startwerte, die über der Grenze G liegen, sinnvoll. Dann wird aus dem Wachstumsprozess ein Schrumpfungsprozess.

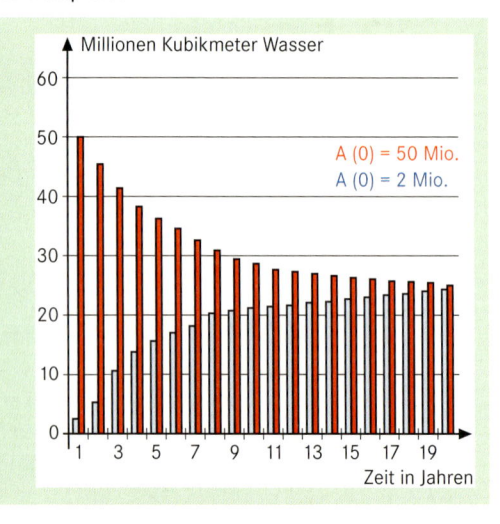

6.2 Mal hört der Spaß auf – Beschränktes Wachstum

Übungen

1 Eine Stiftung nimmt jedes Jahr 12 000 Euro an Beiträgen und Spenden ein. Am 31. Dezember 2001 beträgt das Stiftungsvermögen f(0) = 5000 Euro.
Um Rücklagen zu bilden beschließt die Stiftung, zu jedem Jahresanfang nur genau 60 % des vorhandenen Vermögens auszugeben.
a) Wie entwickelt sich das Stiftungsvermögen in den nächsten fünf Jahren? Stelle den Verlauf auch grafisch dar.
b) Das Stiftungsvermögen wächst. Wird es beliebig groß?
c) Die Stiftung erhält am Ende des Jahres 2006 eine Erbschaft von 30 000 Euro. Wie wirkt sich das auf die weitere Entwicklung des Vermögens aus?

2 Badewasser kühlt mit der Zeit ab. Dieser Vorgang ist aber nicht linear. Die Abkühlungsgeschwindigkeit hängt von der Differenz zur Außentemperatur ab.
Hier soll angenommen werden, dass die Temperaturdifferenz alle 15 Minuten um 10 % schrumpft.
Die Ausgangstemperatur beträgt T(0) = 40 °C und die Umgebungstemperatur 20 °C.
a) Erstelle eine Tabelle und eine Verlaufsgrafik für die ersten zwölf Viertelstunden.
b) Wie lange dauert es, bis die Temperatur auf unter 21 °C gefallen ist?

3 Die Rekursion $A(n + 1) = c \cdot A(n) + k$ kann je nach Wahl des Startwertes $A(0)$ und der Konstanten ganz unterschiedliche Wachstumsvorgänge beschreiben.
Zwei Möglichkeiten sind hier durch je zwei Diagramme unterschiedlichen Typs skizziert.

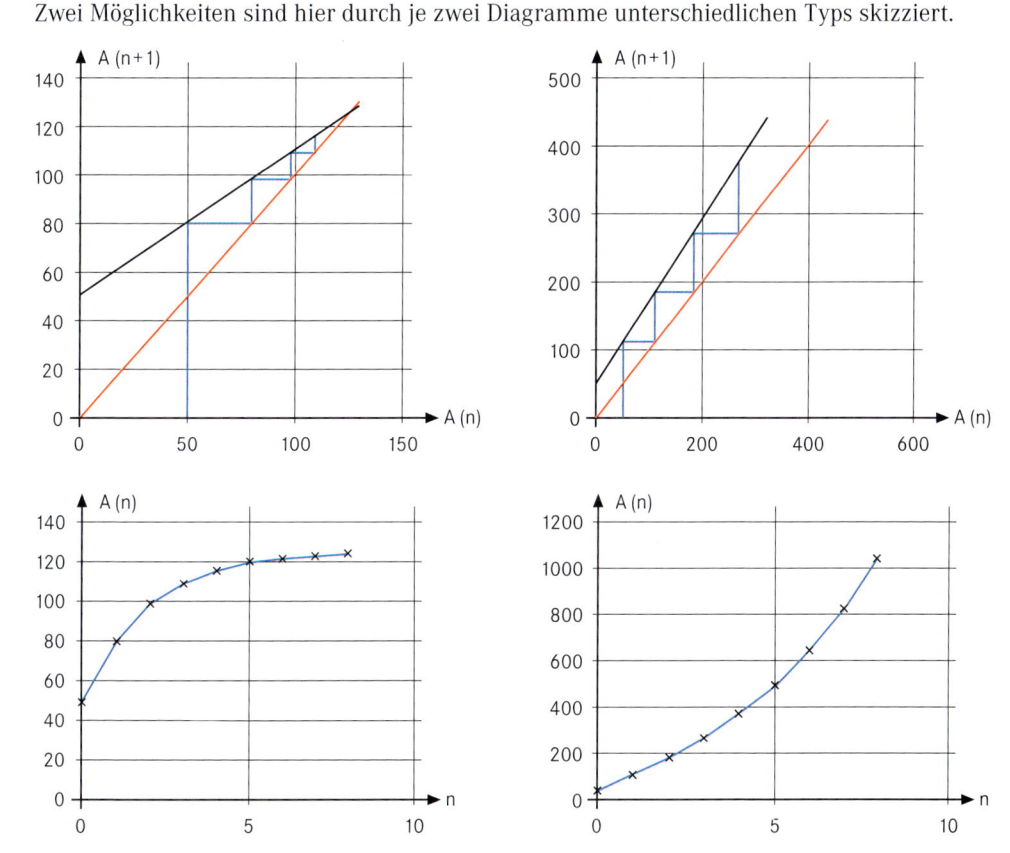

a) Untersuche die verschiedenen durch die Rekursion beschriebenen Wachstumstypen (es gibt noch andere als die skizzierten). Kombiniere dabei A(0) mit c und k auf alle möglichen Weisen für $A(0) \in \{50; 100\}$, $c \in \{0{,}75; 1{,}25\}$, $k \in \{5; 20; -10\}$.
b) Welche Werte könnten bei den beiden Beispielen gewählt worden sein?

4 Bei einem Schulfest will eine Klasse 500 Lose verkaufen. Zehn Schüler der Klasse sind nacheinander jeweils eine halbe Stunde mit dem Verkauf beauftragt. Im Vorjahr hat man die Erfahrung gemacht, dass der Verkauf umso schwieriger wird, je mehr Lose bereits verkauft wurden. Es hat sich herausgestellt, dass jeder Schüler cirka zehn Prozent der von ihm übernommenen Lose noch verkaufen kann.
  a) Wie viele Lose verkaufen die einzelnen Schüler? Erstelle eine Tabelle mit ganzzahlig gerundeten Werten.
  b) Die Gesamtzahl der am Ende der n-ten Schicht verkauften Lose kann durch die Rekursion $A(n) = A(n-1) + q \cdot (G - A(n-1))$ schrittweise berechnet werden. Wie müssen G und q gewählt werden?
  c) Wann wird die „90 %-Marke" überschritten?
  d) Die Anzahl der noch nicht verkauften Lose schrumpft exponentiell. Wie lautet die Rekursionsformel? Gib auch eine explizite Darstellung an.
  e) Wie kann man die Anzahl der am Ende der n-ten Schicht verkauften Lose explizit berechnen?

5 Eine Rekursionsformel beschreibt eine „mathematische Rückkopplung": Der neu errechnete Wert wird der Eingangswert für den nächsten Schritt. 
Für beschränktes Wachstum gilt:
  (I) $x_{neu} = q \cdot x_{alt} + r$;
  (II) setze $x_{alt} = x_{neu}$;
  (III) beginne von vorn.
Für den Startwert $x_0 = 1$; $q = 0{,}9$ und $r = 1$ kann man sich eine explizite Darstellung für x_n verschaffen. Dabei kann man einen „merkwürdigen Dreh" anwenden, der dir z.B. bei der Behandlung von periodischen Dezimalbrüchen schon begegnet sein kann:
Multipliziere die Gleichung mit q, um sie danach „von sich selbst abzuziehen".

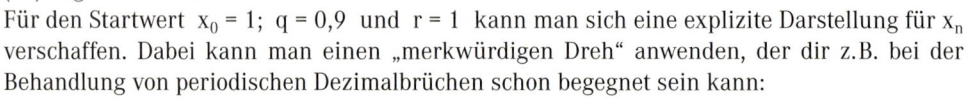

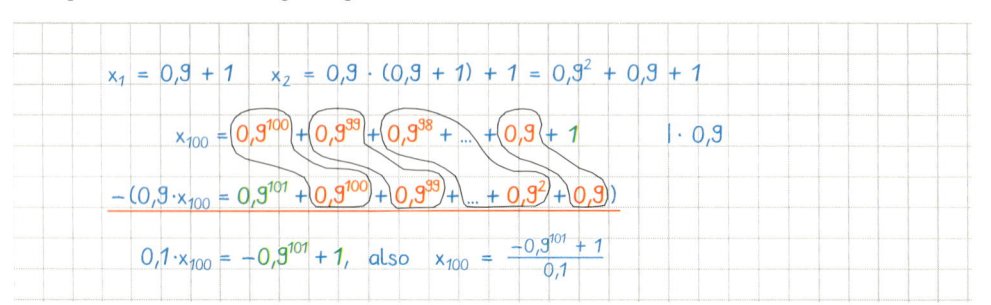

$x_1 = 0{,}9 + 1 \quad x_2 = 0{,}9 \cdot (0{,}9 + 1) + 1 = 0{,}9^2 + 0{,}9 + 1$

$x_{100} = 0{,}9^{100} + 0{,}9^{99} + 0{,}9^{98} + \ldots + 0{,}9 + 1 \quad | \cdot 0{,}9$

$- (0{,}9 \cdot x_{100} = 0{,}9^{101} + 0{,}9^{100} + 0{,}9^{99} + \ldots + 0{,}9^2 + 0{,}9)$

$0{,}1 \cdot x_{100} = -0{,}9^{101} + 1$, also $x_{100} = \dfrac{-0{,}9^{101} + 1}{0{,}1}$

  a) Rechne x_{100} aus.
  b) Die Methode funktioniert natürlich nicht nur für x_{100}, sondern immer. Man kann für x_n eine Formel angeben. Berechne (spaßeshalber) auch x_1 nach dieser Formel. Probiere weiter. Was ergibt sich für x_{200} (x_{1000}; x_{2000})? Ganz offensichtlich läuft die Zahlenfolge gegen eine Grenze.
  c) Der Startwert $x_0 = 1$ und der Zuwachs $r = 1$ sollen bleiben, $q = 0{,}25$ (0,5; 0,8) wird variiert. Gegen welche Grenze wächst die Folge nun? Was lässt sich allgemein sagen?
  d) Variiere auch die anderen Größen. Erweitere deine „kleine Theorie" aus c).

6 Durch die abgewandelte Rekursionsformel $A(n+1) = A(n) + \dfrac{q}{G} \cdot (G - A(n))^2$ wird ebenfalls eine Spielart begrenzten Wachstums modelliert.
Untersuche für $A(0) = 10$, $q = 0{,}2$ und $G = 100$ den Wachstumsverlauf.
Vergleiche diesen mit dem Verlauf beim „normalen" beschränkten Wachstum.

6.2 Mal hört der Spaß auf – Beschränktes Wachstum

Ausstiege

A1 Peter spielt mit seinem Geometrieprogramm. Er hat zu einem gegebenen Dreieck den Umkreis konstruiert. „Na," denkt er, „viel Kreisfläche wird von dem Dreieck ja nicht gerade bedeckt, schade. Aber wenn ich einen Punkt greife und ihn auf der Kreislinie verschiebe kann ich einen größeren Teil der Kreisfläche überdecken."

a) Wohin schiebt er den Punkt um den *größtmöglichen* Zuwachs zu erhalten?

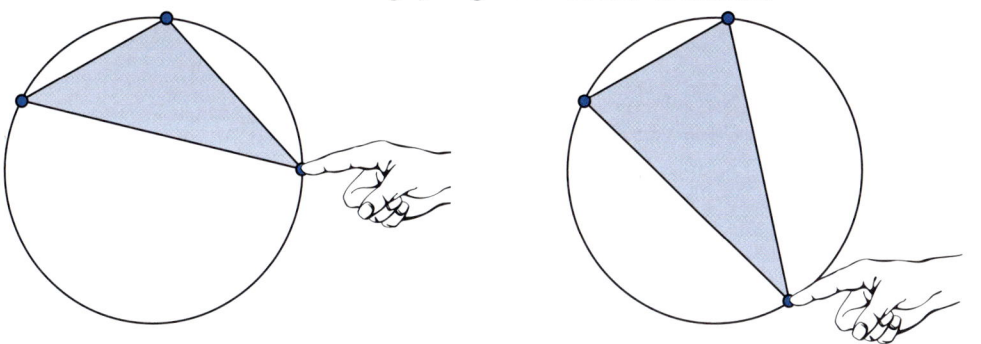

b) „Das lässt sich ja noch weiter verbessern", sieht er und verschiebt die nächste Ecke. „Hm, so ganz optimal sieht das immer noch nicht aus", er kratzt sich nachdenklich am Kopf und verschiebt wieder eine Ecke zur „besten Stelle." „Da soll einer schlau draus werden" wundert er sich und fragt sich: „Findet der Verbesserungsprozess jemals ein Ende?"

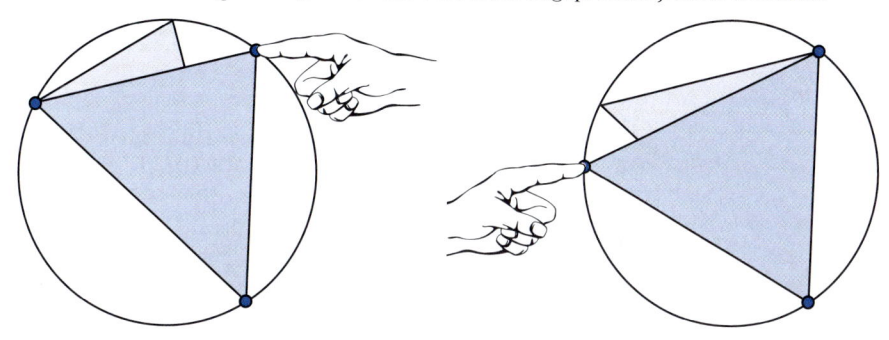

c) Er greift nun zu Papier und Bleistift und versucht die folgenden Fragen zu klären:
Gibt es überhaupt „unverbesserliche Dreiecke" und – wenn ja – kommt man mit dem oben beschriebenen Verfahren dahin?

d) Versuche die so entstehende Dreiecksfolge „mathematisch" zu beschreiben.

A2 Je voller das Gefäß ist, desto mehr Wasser fließt pro Sekunde ab (weil der Bodendruck steigt). Bei konstantem (!) Inhalt V = 200 Liter würden 30 Liter Wasser pro Sekunde abfließen. Bei konstantem Inhalt V = 100 Liter nur halb so viel, also 15 Liter. Nimm an, dass die Größen proportional zueinander sind. Dann gilt allgemein:
Abflussstärke = $\frac{\text{Pegelstand}}{200} \cdot 30$ (Liter pro s).
Zur Zeit t = 0 sind 20 Liter im Gefäß. Die Zustromstärke beträgt 10 Liter pro Sekunde.

a) Wie entwickelt sich der Inhalt in den nächsten zwölf Sekunden, wenn man annimmt, dass die Abflussstärke immer über eine Sekunde konstant ist?

b) Die unter a) gemachte Annahme ist falsch, da sich die Abflussstärke *ständig* ändert. Wie kann man zu genaueren Vorhersagen kommen? Rechne genauere Modelle durch.

6.3 Achtung S-Kurve, Schleudergefahr – Logistisches Wachstum

Einstiege

E1 Man kann die Ausbreitung einer Infektionskrankheit durch folgendes Experiment simulieren:

1. Schritt: Man markiert in einem 6 x 6 Rasterquadrat ein Feld mit einer 1.

2. Schritt: Dann wird durch zweimaliges Würfeln ein weiteres Feld bestimmt (durch Zeile und Spalte). Dies wird mit einer 2 markiert. Es gilt nun auch als „infiziert", die Felder hatten „Kontakt".

3. Schritt: Für jedes nun bereits infizierte Feld wird durch zweimaliges Würfeln ein weiteres Feld bestimmt und mit einer 3 markiert. Trifft man dabei auf ein bereits infiziertes Feld, so passiert gar nichts.

Das wird sinngemäß fortgesetzt.

a) Führe den beschriebenen Prozess solange durch, bis alle Felder „infiziert" sind. Protokolliere den Verlauf. Was beobachtest du?

b) Suche Aspekte einer wirklichen Infektionsepidemie, welche durch die Spielregel berücksichtigt werden, und solche, die unberücksichtigt bleiben.

c) Wie kann man durch die Hinzunahme eines Münzwurfs die hundertprozentige Ansteckungswahrscheinlichkeit bei Kontakt auf 50 % reduzieren?

d) Schreibe ein Computerprogramm, welches das Spiel für größere Felder simuliert. Dabei kannst du dich an der unten vorgegebenen Struktur orientieren.

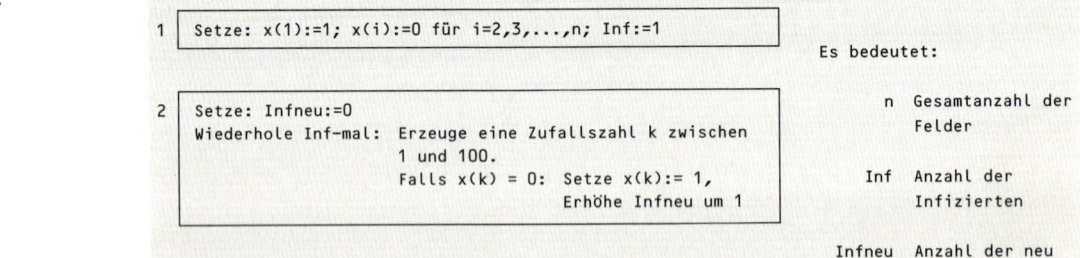

```
1   Setze: x(1):=1; x(i):=0 für i=2,3,...,n; Inf:=1

2   Setze: Infneu:=0
    Wiederhole Inf-mal:  Erzeuge eine Zufallszahl k zwischen
                         1 und 100.
                         Falls x(k) = 0: Setze x(k):= 1,
                                         Erhöhe Infneu um 1

3   Setze: Inf:=Inf+Infneu, Drucke Infneu aus und gehe zu 2.
```

Es bedeutet:
n   Gesamtanzahl der Felder
Inf   Anzahl der Infizierten
Infneu   Anzahl der neu hinzukommenden Infizierten

Experimentiere mit dem Programm. Wähle eine Feldgröße n und führe die Simulation mehrmals durch. Notiere jeweils den Verlauf und berechne einen „mittleren Verlauf".

e) Der anfängliche „Infektionsverlauf" gehorcht einem sehr einfachen Gesetz. Welchem?

f) Jemand schlägt ein einfacheres Modell vor: Inf(k) bezeichnet die Anzahl der nach dem k-ten Schritt Infizierten, z. B. 6. Dann sind offensichtlich 36-Inf(k) – also 30 – Felder nicht infiziert. Die Chance, dass irgendein infiziertes Feld ein gesundes infiziert, beträgt also $\frac{(36 - \text{Inf}(k))}{36}$, das sind im Beispiel fünf Sechstel. Daher werden die sechs infizierten Felder im durchschnittlichen Verlauf nur $6 \cdot \frac{5}{6}$ neue Felder infizieren, also 5 statt 6.

Allgemein gilt also: $\text{Inf}(k+1) = \text{Inf}(k) + \text{Inf}(k) \cdot \frac{n - \text{Inf}(k)}{n}$

Rechne den durchschnittlichen Infektionsverlauf mithilfe dieses Modells durch. Ergeben sich Unterschiede zu deinen vorher bestimmten Mittelwerten?
Wenn ja, findest du eine Erklärung?

g) Experimentiere mit Abänderungen des Modells.

E2 Auf einer unbewohnten kleinen Insel wird im Jahre 1990 eine seltene, vom Aussterben bedrohte Vogelart wiederangesiedelt. Eine große Tageszeitung berichtet:

Bestandsentwicklung:

Jahr	1990	1991	1992	1993	1994	1995
Tiere	50	100	200	390	770	1500

Explosive Entwicklung!
Kann der Mensch überhaupt erfolgreich in die Natur eingreifen? Daß selbst gutgemeinte Naturschutzprojekte zur Bedrohung der Natur werden können, mußte ein Wissenschaftlerteam von der Universität Quakenbrück erfahren. Die ausgesetzten Vögel vermehren sich explosionsartig und bedrohen andere konkurrierende Arten. Im Jahr 2000 muß mit 50000 Vögeln gerechnet werden.
(1. 3. 1996)

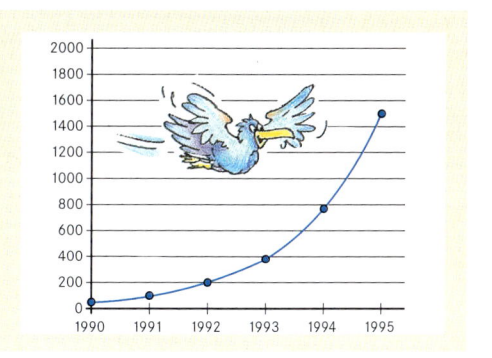

a) Wie kommt die Zeitung auf diese Zahl? Was sagt das Modell für das „Jahr 20" voraus?
b) Die Entwicklung ab 1996 verläuft jedoch so: 2800; 4860; 7500; 10160.

Situation bleibt kritisch!
Die schlimmsten Befürchtungen sind zwar nicht eingetreten (wir berichteten), aber die Lage bleibt dramatisch. Die Bestandsvermehrung hat sich in den letzten zwei Jahren auf einen stabilen Zuwachs von ca. 2400 Tieren pro Jahr eingependelt. Wenn das so weitergeht, muss man in 10 Jahren mit 30 000 Tieren rechnen. Es wird höchste Zeit, gegen diese Entwicklung einzuschreiten.
(27. 2. 2000)

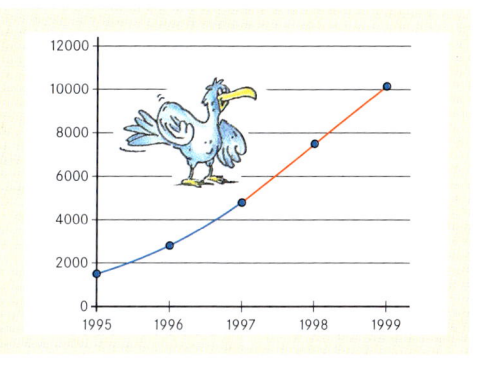

Welches Wachstumsmodell benutzt die Zeitung jetzt? Was ergibt sich für das Jahr 2040?
c) Ab dem Jahr 2000 verläuft die Entwicklung aber wieder ganz anders: 11 130; 11 250; 11 250; 11 260; 11 255; 11 255; 11 260; 11 250. Die Zeitung berichtet:

Sterben die Vögel aus?
Das Vogelprojekt (wir berichteten) droht zu scheitern. Die Wachstumsrate sinkt. Im Jahre 2001 lag sie nur noch knapp über einem Prozent. Im Jahr 2007 hat sie sogar einen negativen Rekordwert angenommen. Der wohlgemeinte menschliche Eingriff in die Natur ist missglückt. Wenn der Trend bleibt, werden die Vögel aussterben.
(30. 1. 2008)

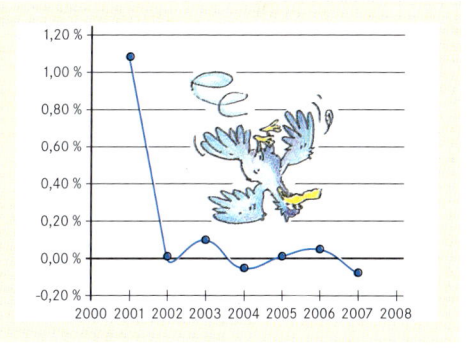

Wie kommen die Werte zustande? Warum wird wohl diese Form der Darstellung gewählt? Berechne die Zuwachsraten über den gesamten Zeitraum.
d) Stelle den Entwicklungsverlauf über den gesamten Zeitraum grafisch dar. Suche (bio-)logische Erklärungen für die Kurvenform. Entwickle ein mathematisches Wachstumsmodell und experimentiere mit dem Taschenrechner. Versuche den vorgegebenen Verlauf möglichst nur mithilfe einer Rekursionsformel nachzubilden.

6.3 Achtung S-Kurve, Schleudergefahr – Logistisches Wachstum

Grundwissen

1 Hier wird das Anwachsen eines Fischbestands mit einem besonders einfachen Modell beschrieben. Das Modell berücksichtigt nur sehr offenkundige Zusammenhänge.

Für Fischbestände gibt es sicherlich eine durchschnittliche Wachstumsrate. In diesem Fall wird p = 20 % pro Monat angenommen. Bei unbegrenztem Raum- und Nahrungsangebot würde der Bestand exponentiell nach der Rekursion
$$A(n + 1) = A(n) \cdot (1 + 0{,}2)$$
zunehmen.
Ressourcen sind aber in der Regel begrenzt. Wenn in dem Revier nur Platz für 12 000 Fische ist, muss die Wachstumsrate bei Annäherung an diese Grenze sinken. Eine besonders einfache mathematische Modellierung ist es, wenn man annimmt, dass die Wachstumsrate entsprechend der Verkleinerung des Restplatzes sinkt. Bei einem „Restplatz" von drei Viertel, also 9 000 von 12 000, beträgt sie dann also 15 %.
Allgemein heißt das:
$$A(n + 1) = A(n) \cdot \left(1 + 0{,}2 \cdot \frac{12\,000 - A(n)}{12\,000}\right).$$
Rechts ist der Wachstumsverlauf nach diesem Modell wiedergegeben. Dabei wurde A(0) = 100 angenommen.

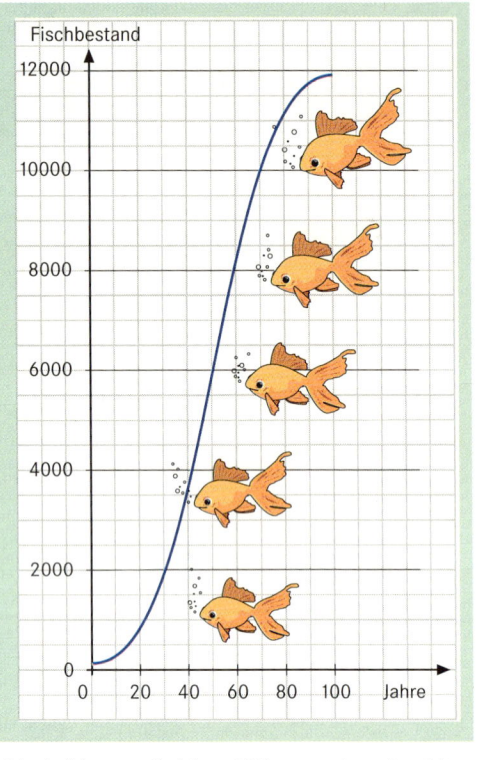

Einen Wachstumsprozess, der durch ein solches Modell in vernünftiger Näherung beschreibbar ist, nennt man **logistisches Wachstum**[*].

logistisches Wachstum

2 Man spricht von logistischem Wachstum, wenn folgende Annahmen gemacht werden:

(I) Ohne Kapazitätsbeschränkung würde die Größe exponentiell mit einer positiven Wachstumsrate p, also nach der Rekursionsgleichung $A(n + 1) = A(n) \cdot (1 + p)$ wachsen.

(II) Es gibt eine nicht überschreitbare maximale Grenze G. Dies hat zur Folge, dass die Wachstumsrate entsprechend dem Bruchteil der noch ungenutzten Kapazität mit dem „Verkleinerungsfaktor" $\frac{G - A(n)}{G} = 1 - \frac{A(n)}{G}$ reduziert wird.

Die resultierende Wachstumsrate r ist: $\quad r = p \cdot \left(1 - \frac{A(n)}{G}\right)$

Mit dem Wachstumsfaktor 1 + r ergibt sich die rechtsstehende Rekursion. $\quad A(n + 1) = A(n) \cdot \left[1 + p \cdot \left(1 - \frac{A(n)}{G}\right)\right]$

3 (I) Durch die Anfangsgröße A(0), die Kapazität K und die Wachstumsrate p ist der gesamte Verlauf festgelegt.

(II) Für $A(n) = \frac{1}{2} G$ ergibt sich der höchste Zuwachs (Übungen **5** und **6**).

(III) Ist A(n) = G fast erreicht, so ergibt sich fast die Wachstumsrate „0".

(IV) Das Modell kann für große Wachstumsraten „völlig aus dem Rahmen laufen" (vgl. **A1**).

(V) Solange A(n) deutlich kleiner als G ist, wächst die Größe annähernd exponentiell mit dem Wachstumsfaktor 1 + q.

---

[*] frz. Logis = Haus; das Wachstum wird durch die Größe der Behausung begrenzt.

6.3 Achtung S-Kurve, Schleudergefahr – Logistisches Wachstum

4 „Metamathematisches":
Wachstum ist in der realen Welt immer nach oben begrenzt. Die Bevölkerungszahl z. B. kann weder ewig exponentiell noch linear wachsen, irgendwann ist schlicht kein Platz oder keine Nahrung mehr vorhanden. Ähnliches gilt für viele andere Bereiche auch.
Das hier vorgestellte Modell wurde von dem belgischen Mathematiker PIERRE-FRANCOIS VERHULST (1804–1849) entwickelt. Natürlich ist auch dieses Modell kein genaues Abbild des „wirklichen Lebens", so etwas gibt es nicht, aber einige Vorgänge lassen sich mit seiner Hilfe ganz gut verstehen und – in Grenzen – vorhersagen.

Übungen

1 Eine Population von Taufliegen (Drosophila) in einem Terrarium zählt 120 Tiere. Der Bestand wächst an den beiden Folgetagen auf 151 und dann auf 188 Tiere. Es wird geschätzt, dass die Population auf höchstens 2000 Tiere anwachsen kann.
  a) Für die Entwicklung soll logistisches Wachstum angenommen werden. Gib eine mögliche Rekursionsgleichung an.
  b) Berechne und skizziere den weiteren Entwicklungsverlauf für die nächsten 30 Tage.

2 Durch $A(0) = 10$; $A(1) = 12$; $A(2) = 14$ ist der Anfang einer Datenreihe logistischen Wachstums gegeben.
  a) Bestimme die Wachstumsgrenze G und die Wachstumsrate p.
  b) Bestimme die nächsten drei Folgewerte.

3 Durch den Startwert $A(0) = 24$ und $A(n + 1) = A(n) \cdot \left[1 + 0{,}2 \left(1 - \frac{A(n)}{G}\right)\right]$ ist ein logistischer Wachstumsverlauf vorgegeben.
  a) Berechne die nächsten fünf Folgewerte.
  b) Der Startwert soll nun nur die Hälfte, also $A(0) = 12$ betragen. Wie muss man die Rekursion abwandeln, damit sich auch für alle anderen Folgewerte wieder jeweils die Hälfte der unter a) berechneten Werte ergibt?
  c) Man kann alle Bestände der Ausgangsdatenreihe durch 600 dividieren. Dadurch erhält man die **relative Bestandsgröße** $R(n)$. Der maximale Grenzbestand hat dann die Größe 1 = 100 %. Wie lautet die Rekursionsgleichung für diese Datenreihe?

4 Mithilfe einer Spinnwebgrafik (vgl. **6.1**, Übung **15**) kann man den Verlauf logistischen Wachstums näherungsweise grafisch bestimmen. Man braucht also nicht zu rechnen. Das geht so:
Für die maximale relative Bestandgröße $G = 100\%$ und $p = 0{,}8$ erhält man die Rekursionsgleichung $R(n + 1) = R(n) \cdot [1 + 0{,}8 \cdot (1 - R(n)] = -0{,}8 \cdot (R(n))^2 + 1{,}8 \cdot R(n)$.
Den Folgewert eines Bestands x erhält man durch Einsetzen in $f(x) = -0{,}8x^2 + 1{,}8x$.
Man geht also zunächst vom Startwert $x = A(0) = 0{,}2$ senkrecht nach oben. Dort findet man den Folgewert $A(1) = y = 0{,}328$.
Um $A(2)$ zu finden „macht man $A(1)$ zu x" und wiederholt das Verfahren.
  a) Zeichne die Parabel auf Millimeterpapier und führe das Verfahren durch. Rechne die ersten Werte nach.
  b) Bei anderen Wachstumsraten ergeben sich andere Parabeln.
  Begründe, dass alle derartigen Parabeln durch $P(1|1)$ gehen.

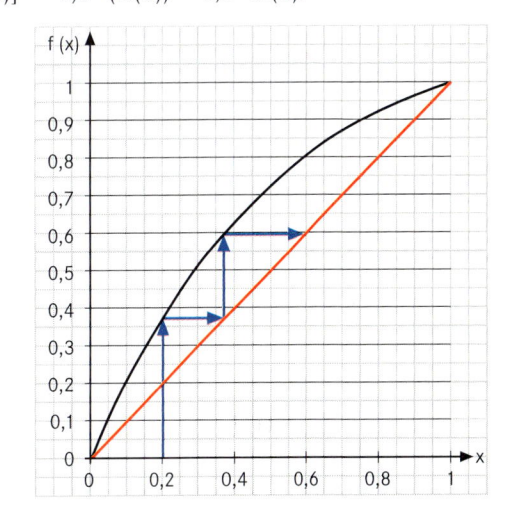

5 Zu Beginn einer Grippeepidemie sind in einer Kleinstadt mit 50 000 Einwohnern 120 Menschen erkrankt. Am zweiten Tag kommen 60 Erkrankungen hinzu und am dritten Tag zählt man 88 Neuerkrankte. Aus anderen vergleichbaren Städten ist bekannt, dass man damit rechnen muss, dass insgesamt 20 % der Einwohner erkranken werden. Die örtlichen Behörden wollen den mutmaßlichen Verlauf vorausberechnen.
  a) Warum ist die Wahl des logistischen Wachstumsmodells vernünftig?
  b) Stelle die Rekursionsgleichung für das Ausbreitungsmodell der Grippe auf. Berechne die sich hieraus ergebende Anzahl Infizierter für die ersten 20 Tage und skizziere den Verlauf.
  c) An welchem Tag ist der Zuwachs der Anzahl Infizierter am größten?
  d) An welchem Tag ist der prozentuale Zuwachs der Anzahl Infizierter am größten?
  e) Für den fünften Tag sagt das Modell eine Gesamtanzahl von 727 Erkrankten voraus. In Wirklichkeit sind jedoch nur 511 Personen erkrankt. Es soll nach wie vor davon ausgegangen werden, dass der tägliche Wachstumsfaktor 1,5 beträgt. Finde durch Probieren heraus, wie viele Einwohner vermutlich insgesamt erkranken werden.

6 Im logistischen Wachstumsmodell kann der *Zuwachs* von $A(n)$ auf $A(n+1)$ sehr einfach rekursiv berechnet werden. Man findet: Zuwachs = $A(n) \cdot p \cdot \left(1 - \frac{A(n)}{G}\right)$.
  Diese Gleichung wird etwas umgestellt: Zuwachs = $\frac{p}{G} \cdot x \cdot (G - x)$.
  $A(n)$ wurde außerdem mit „x" bezeichnet. Nun werden sicherlich Erinnerungen wach. Man sieht, dass man es mit einer Parabel zu tun hat.
  a) Wähle $p = 0{,}2$ und $G = 600$. Für welches x ist der Zuwachs maximal und wie groß ist er dann?
  b) Wähle $A(0) = 20$ und alles wie unter a). Nach wie vielen Schritten ist der Zuwachs am größten?
  c) Bei einer Infektionskrankheit wird nach anfänglichen Zuwachssteigerungen eine Abnahme des Zuwachses beobachtet. Der Maximalwert an Neuerkrankten betrug 20 000. Der anfängliche Wachstumsfaktor lag bei $p = 1{,}1$ (1,3). Mit wie vielen Erkrankten muss insgesamt gerechnet werden?
  d) Lassen sich einige Ergebnisse auf beliebige Fälle verallgemeinern („Formeln basteln")?

7 Die Wachstumsrate der Informierten bei „Von-Mund-zu-Mund-Propaganda" kann versuchsweise durch logistisches Wachstum beschrieben werden.
  a) Einiges spricht dafür dieses Modell zu wählen. Zähle mögliche Gründe auf.
  b) Es gibt aber auch gewichtige Gründe, die dagegen sprechen. Nenne einige.

8 Im Internet findet man die Gesamtzahl der in der Schweiz neu gemeldeten „positiven" HIV-Testergebnisse von 1987 bis 2000 (Jahreseinzelwerte, nicht summiert):
  1807; 1660; 1956; 1871; 2144; 1909; 1600; 1389; 1019; 923; 834; 657; 603; 580.
  a) Untersuche mithilfe des Computers, wie gut sich die Ausbreitung der Infektion durch ein logistisches Wachstumsmodell beschreiben lässt.
  b) Probiere, ob sich der Werteverlauf durch Abänderungen des Modells noch besser nachzeichnen lässt.
  c) Recherchiere selbst ähnliche Daten und versuche auch diese durch ein logistisches Modell zu beschreiben.

Die Mittelpunkte zweier Zahnräder mit den Durchmessern 5 cm und 9 cm sind 20 cm voneinander entfernt.
Über die beiden Räder läuft eine straff gespannte Kette.
Wie lang ist sie?

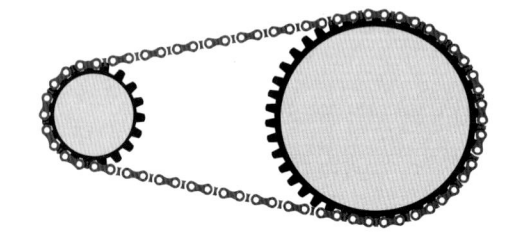

6.3 Achtung S-Kurve, Schleudergefahr – Logistisches Wachstum

9 Bastian sammelt Überraschungseier. Leider kann man ihren Inhalt von außen nicht feststellen. Er kauft jede Woche drei Eier und hofft die 50 verschiedenen enthaltenen Figuren irgendwann einmal vollständig zu haben.
  a) Für die Zahl der verschiedenen in seinen Besitz gelangten Figuren liegt kein logistisches Wachstum vor. Warum nicht?
  b) Welcher Aspekt ähnelt dennoch den Gegebenheiten beim logistischen Wachstum?
  c) Gib eine Rekursion für das Wachstum der Anzahl verschiedener Figuren an und berechne den Verlauf dieser Größe.

10 Eine Größe A(n) wächst nach der Rekursionsgleichung
$A(n+1) = A(n) \cdot \left(2 - \frac{A(n)}{G}\right)$.
  a) Begründe, dass die Größe logistisch wächst. Wie groß wäre die Wachstumsrate bei unbegrenzten Ressourcen?
  b) Rechts ist für $A(0) = 20$ und $G = 100$ der Anfang des Wachstumsverlaufs in einer Spinnwebgrafik dargestellt.
  Übertrage die Graphen von
  $f(x) = x \cdot (2 - x)$ und $g(x) = x$
  in dein Heft und konstruiere den Verlauf der Größe möglichst genau. Rechne dann nach, wie genau du es geschafft hast.

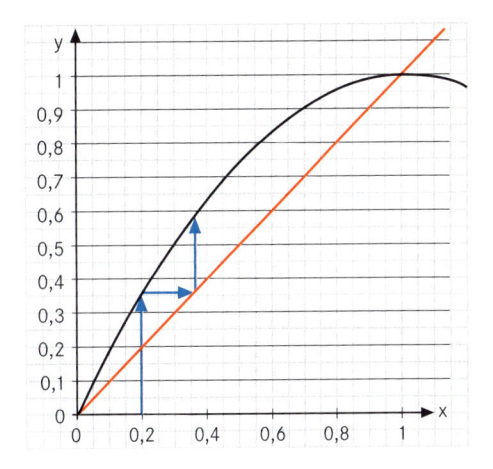

11 In einem Fischzuchtbassin befinden sich zunächst 800 Fische. Zu Beginn ist mit einer Wachstumsrate von 60 % pro Jahr zu rechnen. Die Obergrenze wird von der Züchterin bei 8 000 Fischen veranschlagt.
  a) Wie entwickelt sich der Bestand vermutlich, wenn man keine Fische entnimmt?
  b) Wie viele Fische kann die Züchterin jedes Jahr entnehmen, wenn sie den Ausgangsbestand konstant halten will?
  c) Wie viele Fische könnte die Züchterin jedes Jahr entnehmen, wenn sie die ersten zwei Jahre keinen Fisch verkauft und von da an den Bestand konstant halten will?
  d) Wie lange muss sie warten, wenn sie jedes Jahr 2000 Fische verkaufen möchte, ohne dadurch auf lange Sicht den Bestand zu ruinieren?
  e) Sie möchte die nächsten zehn Jahre insgesamt möglichst viele Fische verkaufen. Wie soll sie sich verhalten?

12 Bei logistischem Wachstum mit einer Vermehrungsrate von $p = 50\%$ und einem Bestand, der unter dem maximal möglichen Bestand G liegt, kann es nicht zur „Überbevölkerung" kommen. Für alle Bestände $A(n) < G$ ist auch $A(n+1) = A(n) \cdot \left(1 + 0{,}5 \cdot \frac{G - A(n)}{G}\right) < G$.
  a) Beweise die Behauptung. (Tipp: Bezeichne A(n) in der Ungleichung mit x).
  b) Bei hohen Vermehrungsraten kann man in der Natur beobachten, dass es bei einer Art zur Überbevölkerung kommt. Im logistischen Wachstumsmodell ist das erst ab einer hohen Grenze für die Wachstumsrate möglich. Wo liegt diese Grenze?
  c) Konstruiere Beispiele, bei denen die Vermehrungsrate aus b) deutlich überschritten wird (mit dem Computer oder per Hand mit Spinnwebgrafiken).
  Verfolge den Bestandsverlauf. Hier können sehr merkwürdige Dinge passieren.

6.3 Achtung S-Kurve, Schleudergefahr – Logistisches Wachstum

Ausstiege

A1 Durch $R(n+1) = (1+p) \cdot R(n) - p \cdot (R(n))^2$ ist für die relative Bestandsgröße $R(n)$ logistisches Wachstum vorgegeben (vgl. Übung **4**).

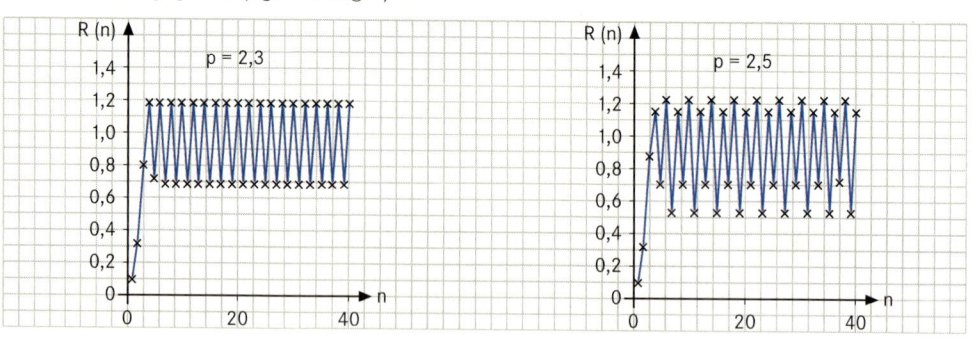

a) Erzeuge dieselben Grafiken mithilfe eines Tabellenkalkulationsprogramms.

b) Die Grafiken zeigen nicht die übliche Verlaufsform logistischen Wachstums. Der Grund liegt in den hohen Wachstumsraten. Erkläre den Zusammenhang.

c) Konstruiere die zugehörigen Spinnwebgrafiken (am besten „per Hand").

d) Variiere von $p = 2{,}55$ ausgehend die Wachstumsrate zunächst schrittweise um $0{,}01$ nach unten bzw. oben. Beobachte den Verlauf von $R(n)$. Was stellst du fest?

e) Es sieht so aus, als würden sich beide skizzierten Verläufe auf Perioden einpendeln (vgl. Kapitel 7). Für $p = 2{,}3$ vermutet man die Periodenlänge 2 und für $p = 2{,}55$ sieht es nach einer Periodenlänge 4 aus (das ist aber falsch). Mit einem einfachen „Trick" kann man die Periodenlänge leicht untersuchen:

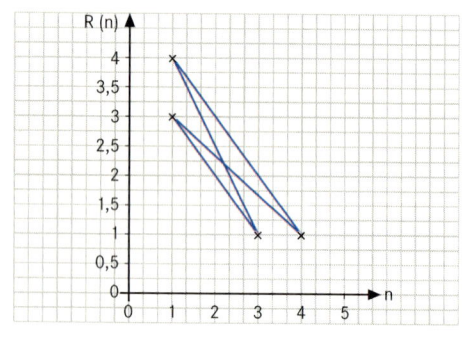

Man fasst dazu je zwei aufeinanderfolgende Werte als Koordinaten eines Punktes der Ebene auf und verbindet diese fortlaufend. Die periodische Zahlenfolge 1; 4; 1; 3; 1; 4; 1; 3; 1 usw. ergibt dann einen geschlossenen Streckenzug. Diese Darstellung ist mit einem Tabellenkalkulationsprogramm sehr leicht zu erzeugen. Man setzt die Wertefolge zweimal nebeneinander. Die zweite Wertefolge versetzt man um eine Zelle nach unten, dann stehen die gewünschten Koordinaten nebeneinander. Natürlich ist darauf zu achten, dass man im Diagramm den nichtperiodischen „Vorlauf" weglässt. Untersuche mithilfe dieses Verfahrens, welche Periodenlängen für verschiedene p möglich sind.

f) Mithilfe eines kleinen Computerprogramms kann man das Wachstumverhalten für verschiedene p gleichzeitig untersuchen. Man trägt dazu über p auf der x-Achse z.B. die zweiten 1 000 sich ergebenden Rekursionswerte als y-Werte auf.

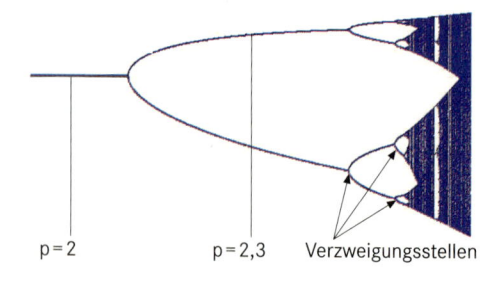

Der Grafik entnimmt man, dass sich die Rekursionswerte für $p = 2$ auf *einen* festen Wert einpendeln und für $p = 2{,}3$ *zwei* verschiedene Werte vorkommen (Periodenlänge 2). Die Grafik wird als „Feigenbaum-Diagramm" bezeichnet[*].

Entwickle ein entsprechendes Computerprogramm und bestimme die Verzweigungsstellen des Feigenbaumdiagramms.

---

[*] Nach dem Mathematiker MITCHELL J. FEIGENBAUM, der sich in den siebziger Jahren mit Aspekten der Chaos-Theorie beschäftigte.

6.4 Vermischte Übungen

L1 In der Tiefsee ist es dunkel, denn Wasser absorbiert Licht. Nach einer „Faustformel" nimmt die Intensität pro Meter um 75 % ab.
  a) Wie viel der ursprünglich eingestrahlten Intensität ist in 50 Meter Wassertiefe noch vorhanden? Rechne auf zwei Wegen: schrittweise und direkt.
  b) In welcher Tiefe ist die Intensität auf ein Millionstel der ursprünglichen Intensität gesunken? Auch hier soll schrittweise und direkt gerechnet werden.

L2 Durch die jährliche Teuerungsrate p verliert Geld an Kaufkraft. In Deutschland gab es oft Inflationsraten um ca. 2 %.
  a) Wie viel ist das Geld dann nach zehn Jahren noch wert?
  b) Wie lange dauert es, bis unser Geld nur noch die Hälfte (ein Viertel) wert ist?

L3 Bei der Einnahme eines bestimmten Antibiotikums ist es erforderlich, dass eine Woche lang jederzeit mindestens 5 mg des Wirkstoffs im Blut sind, damit die Erreger keine resistenten Stämme entwickeln können. Der Körper baut das Medikament so ab, dass die Restmenge sich jede Stunde um 5 % reduziert.
  a) Der Patient nimmt alle zwölf Stunden 13 mg ein. Wie viel Wirkstoff ist am Ende der ersten zwölf Stunden noch im Blut?
  b) Wie viel Wirkstoff ist zu Beginn und zum Ende des zweiten zwölfstündigen Zeitraums im Blut?
  c) Untersuche den weiteren Verlauf der Wirkstoffmenge zu Beginn und am Ende der folgenden zwei zwölfstündigen Abschnitte.
  d) Wie lange dauert es bei regelmäßiger Einnahme von 5 mg, bis die gewünschte Konzentration nicht mehr unterschritten wird?
  e) Eine zu hohe Konzentration des Wirkstoffs ist auch nicht gesund. Besser ist es, wenn der Patient alle sechs Stunden eine kleinere Dosis zu sich nimmt. Wie muss diese bemessen sein, damit ab der dritten Einnahme die gewünschte Konzentration nicht mehr unterschritten wird?

L4 Der Durchmesser eines ausgewachsenen Stammes einer Baumart liegt bei 1,2 m. Ein Setzling mit dem Durchmesser $D(0) = 0{,}02$ m wächst die ersten Jahre jeweils um 50 %. Diese Wachstumsrate nimmt allerdings bei Annäherung an die Obergrenze ständig ab.
  a) Welches Wachstumsmodell kann zur Beschreibung verwendet werden?
  b) Was ergibt sich nach diesem Modell für die nächsten zehn Jahre?
  c) Wie lange dauert es, bis der Baum zu 90 % ausgewachsen ist?
  d) Bei welchem Durchmesser ist die Zunahme am größten?

L5 Schulze und Müller liegen im Wettkampf. Beide haben 300 000 Haare auf dem Kopf. Schulze fallen jeden Tag 100 Haare aus, Müller verliert jeden Tag 0,1 % seiner restlichen Haare. Sieger ist, wer zuerst weniger als 1000 Haare auf dem Kopf hat.
  a) Müller geht klar in Führung. Wie groß ist sein Vorsprung nach einem Monat?
  b) Wer wird Sieger?

L6 Auf dem Tisch stehen zwei Gläser mit je einem Liter Inhalt. Im linken Glas sind 20 g Salz gelöst, das andere enthält Süßwasser. Vom linken Glas werden 0,2 Liter ins rechte Glas geschüttet, dann wird umgerührt und 0,2 Liter werden zurückgeschüttet.
a) Wie groß ist nun der Salzgehalt in beiden Gläsern?
b) Der Vorgang wird viermal wiederholt. Wie viel Salz ist danach in den beiden Gläsern?
c) Gib Rekursionsgleichungen für die Salzmengen in beiden Gläsern an.
d) Welche Art Wachstum liegt jeweils vor?
e) Wie lange dauert es, bis sich die Salzmengen um weniger als 1 g unterscheiden?

L7 Wenn man ein Blatt Papier geeignet faltet und dann alle vier Außenecken abschneidet, entsteht das abgebildete „Deckchen" aus sechzehn Feldern mit neun Löchern.
a) Für eine gewisse „Falt- und Schneidefolge" ergibt sich für die Anzahl der Löcher die Folge 1; 3; 9. Wie muss man falten?
b) Die in a) genannte Folge legt die Vermutung nahe, dass die nächste Lochzahl 27 ist. Was meinst du dazu?
c) Formuliere Wachstumsgesetze für verschiedene Faltfolgen.

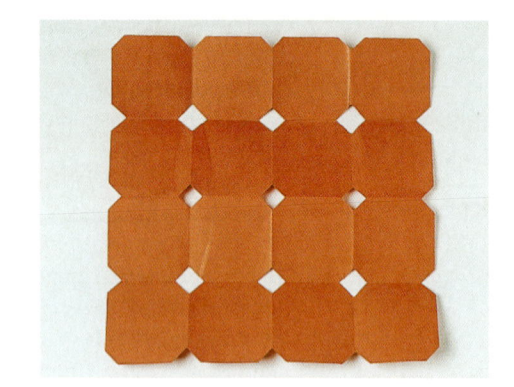

L8 Der Anfang einer Zahlenfolge ist gegeben: $A(0) = 2$, $A(1) = 3$, $A(2) = 4$.
a) Setze die Folge linear fort.
b) Setze die Folge passend zu logistischem Wachstum fort. Gegen welche Obergrenze streben die Werte?
c) Es ist unmöglich, dass die drei Folgewerte innerhalb einer Wertefolge zu quadratischem oder beschränktem Wachstum vorkommen. Warum geht das nicht?

L9 Bei der Bewirtschaftung eines Waldes sollte man jährlich nur so viel abholzen, wie nachwächst. Für eine bestimmte Holzart wird pro Hektar mit einer maximal möglichen Bestandsgröße von 200 t Holz gerechnet.
Die Bestandsentwicklung wird mit logistischem Wachstum kalkuliert:
$A(n+1) = A(n) \cdot \left[1 + 0{,}2 \cdot \left(1 - \frac{A(n)}{50000}\right)\right]$.
Der Ausgangsbestand beträgt 40 t.
a) Wie viel darf jährlich abgeholzt werden, wenn sich der Bestand innerhalb eines Jahres regenerieren soll?
b) Der Förster wartet zunächst ein Jahr. Wie viel darf er dann jährlich abholzen? Nach welcher Zeit hat er das verlorene Jahr aufgeholt?
c) Bei welchem Bestand könnte er jährlich die größte Ausbeute erzielen? Nach wie vielen Jahren ist diese Bestandsgröße erreicht?

L10 Die Gefährlichkeit eines Autounfalls ist natürlich von der Geschwindigkeit abhängig. In der Regel wird das Anwachsen des Risikos mit zunehmender Geschwindigkeit aber stark unterschätzt.
Die folgende Tabelle gibt wieder, aus welcher Höhe man frei fallen müsste, um mit derselben Geschwindigkeit aufzuschlagen.

Geschwindigkeit in km/h	10	20	30	50	100	120	150
Fallhöhe in m	0,4	1,5	3,5	9,7	39	56	87

a) Welches Wachstumsmodell „passt" auf die (gerundeten) Werte?
b) Welche Fallhöhen gehören zu den Geschwindigkeiten 200 km/h und 240 km/h?

6.4 Vermischte Übungen

11 Linear, quadratisch, beschränkt, exponentiell oder logistisch? Jede der Datenreihen gehört zu einem der genannten Wachstumstypen.

(I)	40	21	13,4	10,36	9,14	8,66	8,46	8,39	8,35	8,34
(II)	4	5	8	13	20	29	40	53	68	85	104
(III)	12	14	16	18	20	22	24	26	28	30	32
(IV)	8	9,92	11,92	13,85	15,55	16,93	17,97	18,70	19,19	19,50	19,69
(V)	40	44	47,20	49,76	51,81	53,45	54,76	55,81	56,64	57,32	57,85
(VI)	4	4,40	4,84	5,32	5,86	6,44	7,09	7,79	8,57	9,43	10,37

a) Welches Wachstum liegt jeweils vor?
b) Gib mögliche Rekursionsgleichungen für die Werteverläufe an.
c) Gib für alle Datenreihen (bis auf die zum logistischen Wachstum gehörige) explizite Formeln für die Werteverläufe an.

12 Ein Blick in den Sternenhimmel zeigt, dass nicht alle Sterne gleich hell sind. Der griechische Astronom HIPPARCHOS VON NICAEA (um 150 v. Chr.) teilte die Helligkeit der Sterne in sechs Größenklassen ein. Die hellsten Sterne bildeten die erste Klasse und die gerade noch sichtbaren Sterne die sechste Klasse.
Neuere physikalische Messungen haben gezeigt, dass die wahre Intensität von Größenklasse zu Größenklasse ca. auf das 2,5fache wächst. Was unserem Auge als eine Klasse heller erscheint ist also – physikalisch gesehen – ca. 2,5-mal so hell. Das Wort Größenklasse wird in der Astronomie mit „mag" (von lat. magnitudo) abgekürzt.

a) Wie groß ist der Intensitätsunterschied zwischen den hellsten mit dem bloßen Auge wahrnehmbaren Sternen am Nachthimmel gegenüber den schwächsten sichtbaren Sternen?

b) In jüngerer Zeit wurden die Größenklassen ausgeweitet. Um z. B. auch Sonne und Mond einsortieren zu können, musste man sogar negative Größenklassen zulassen. Der Vollmond gehört in die Größenklasse –13 mag[*] und die Sonne erreicht ca. –27 mag.
Wie viele Sterne der Größenklasse 1 leuchten zusammen so hell wie der Vollmond? Wie viele Vollmonde würden so hell wie die Sonne leuchten?

c) Das menschliche Auge ist ungeheuer anpassungsfähig. In einer hellen Vollmondnacht kann man lesen. Auf welchen Prozentsatz der Sonnenintensität stellt sich das menschliche Auge dabei ein?

d) Mit modernen Teleskopen werden Sterne der Größenklasse 30 mag sichtbar. Wie viele solcher Sterne leuchten zusammengenommen ebenso hell wie der schwächste gerade noch ohne Hilfsmittel sichtbare Stern?

e) Zehn Sterne der Größenklasse 3 mag stehen dicht nebeneinander. In welcher Größenklasse liegt ihre „Leuchtsumme"?

f) Ähnliche Zusammenhänge wie hier gibt es auch bei der Schallwahrnehmung des Menschen. Vergleiche mit **6.1,** Übung 17, sowie mit **A1** in Unterkapitel **2.2.**

---

[*] Astronomen würden -13^m schreiben. Um Verwechslungen mit dem „normalen Potenzieren" auszuschließen, wird diese Schreibweise hier nicht benutzt.

6.5 Zusammenfassung

1 Zur mathematischen Beschreibung realer Wachstumsvorgänge sind verschiedene Modelle gebräuchlich. Die Modelle sind kein genaues Abbild der Wirklichkeit, so etwas gibt es nicht. Man versucht durch mathematische Modelle die realen Verhältnisse in einem gewissen Rahmen überschaubar und berechenbar zu machen.
Dazu müssen Vereinfachungen vorgenommen werden.
Die innermathematischen Zusammenhänge sind exakt, aber die „Nahtstelle zur Wirklichkeit" wird um so kritischer, je komplexer der modellierte Bereich ist oder je weiter die Prognose in die Zukunft greift. Daher müssen die Aussagen eines Modells hinsichtlich wirklicher Vorgänge von Fall zu Fall kritisch geprüft werden.

2 Die Übersicht gibt für verschiedene Wachstumstypen rekursive und explizite Darstellungen an. Die Wachstumsgröße wird einheitlich mit $A(n)$ bezeichnet, $A(0)$ ist die Anfangsgröße.

Beschreibung	Formeln
Lineares Wachstum: Bei jedem Schritt kommt derselbe Zuwachs m hinzu.	explizit: $A(n) = A(0) + m \cdot n$ rekursiv: $A(n+1) = A(n) + m$
Quadratisches Wachstum: Die erste Differenzenfolge wächst linear, die zweite ist konstant.	explizit: $A(n) = a \cdot n^2 + b \cdot n + c$ rekursiv: nicht üblich
Exponentielles Wachstum: Bei jedem Schritt wird mit demselben Faktor q multipliziert.	explizit: $A(n) = A(0) \cdot q^n$ rekursiv: $A(n+1) = A(n) \cdot q$
Beschränktes Wachstum: Bei jedem Schritt wird derselbe Bruchteil des Restplatzes (= Differenz zur Obergrenze) aufgefüllt.	explizit: $A(n) = G - (G - A(0)) \cdot (1-q)^n$ rekursiv: $A(n+1) = A(n) + q \cdot (G - A(n))$
Logistisches Wachstum: Die Wachstumsrate schrumpft bei Annäherung an den Grenzbestand.	explizit: zu kompliziert rekursiv: $A(n+1) = A(n) \cdot \left[1 + p \cdot \left(\frac{1 - A(n)}{G}\right)\right]$

3 Die Grafik zeigt charakteristische Verläufe.

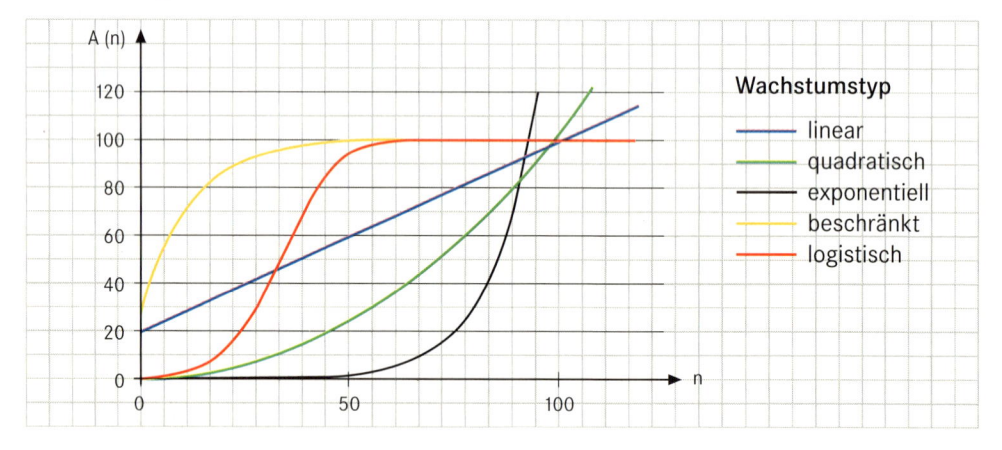

4 Die Anpassung der Modelle an konkret vorgegebene Wachstumsverläufe erfordert die Festlegung der Bestimmungsgrößen (beim logistischen Wachstum: G und p; beim quadratischen Wachstum: a, b und c usw.). Diese können sich aus der Sache selbst ergeben oder mittels einer oder mehrerer Gleichungen aus bekannten Beständen zu bekannten Zeiten errechnet werden.
Innerhalb der Modelle kann man mit der Rekursionsgleichung für jeden bekannten Bestand den folgenden Bestand errechnen („sich weiterhangeln") oder mittels der expliziten Gleichung den Bestand zu einem beliebigen Zeitpunkt direkt ausrechnen.

6.6 Räuber-Beute-Modelle

Es wird immer offensichtlicher, dass die Folgen von Eingriffen in die Biosphäre kaum vorhersagbar sind. Eine vollständige Modellierung dieses eng vernetzten Systems ist unmöglich. Man kann aber für Teilbereiche stark vereinfachte Modelle konstruieren, die bei der Erklärung von Beobachtungen hilfreich sein und – mit Vorsicht – für Prognosen eingesetzt werden können. Hier soll ein einfaches Räuber-Beute-System modelliert werden.

Wir gehen von einem Teich mit Raub- und Beutefischen aus. Mit B(n) wird der aktuelle Bestand der Beutefische und mit R(n) der der Räuber bezeichnet, wobei n für die Anzahl der Monate steht. Die dargestellte Modellierung geht davon aus, dass man sich für die monatliche Bestandsentwicklung interessiert.

Für B(n) liegt – ohne Räuber – logistisches Wachstum vor: $B_{n+1} = B_n \cdot \left(1 + p \cdot \left(1 - \frac{B_n}{G}\right)\right)$.

Die Räuber fressen aber in jedem Zyklus einige Beutefische. Klar ist, dass umso mehr Beutefische gefressen werden, je mehr Räuber da sind und je mehr Beutefische es gibt. Hier soll davon ausgegangen werden, dass die Zahl der gefressenen Fische proportional zu beiden Beständen ist. Die Proportionalitätskonstante wird mit f bezeichnet.

Die Rekursion für B_{n+1} spiegelt diese Überlegungen wieder. Für die Räuber kann man sich durch ähnliche Überlegungen die Rekursion für R_{n+1} beschaffen.

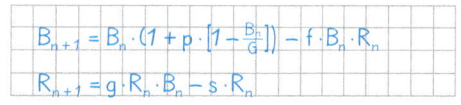

$$B_{n+1} = B_n \cdot (1 + p \cdot [1 - \frac{B_n}{G}]) - f \cdot B_n \cdot R_n$$
$$R_{n+1} = g \cdot R_n \cdot B_n - s \cdot R_n$$

Die Bestandsentwicklungen sind miteinander verzahnt. Die Konstanten stehen für p = Vermehrungsrate der Beutefische; f und g = Proportionalitätsfaktoren; G = Grenzbestand der Beutefische; s = Sterberate der Raubfische.

1 Vorbereitungen: Erläutert die Rekursion für R(n). Welche Aspekte der Wirklichkeit berücksichtigt das Modell, welche nicht? Die Grafiken zeigen einen Systemverlauf. Seht ihr (bio-)logische Gründe für das „versetzte Schwingen"?
Bildet die grafischen Darstellungen mithilfe einer Tabellenkalkulation nach.
Hier ist: p = 0,4; f = 0,002; g = 0,004; s = 0,02 und B(n) = 200 und R(n) = 50.

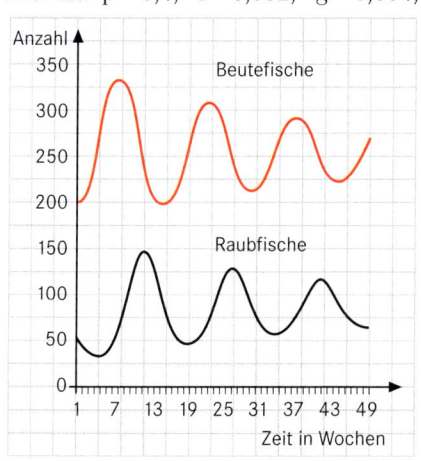

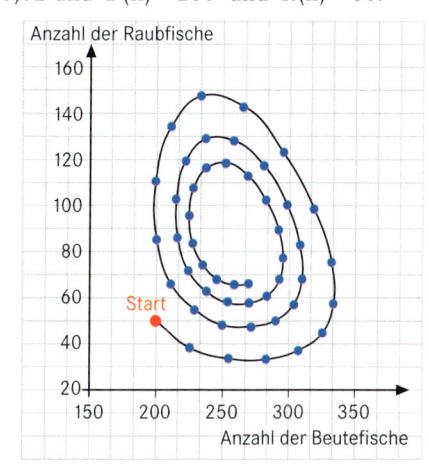

2 Hauptuntersuchung:
 (I) Variiert die Einflussgrößen. Sucht qualitativ verschiedene Verlaufsformen. Informiert euch, ob entsprechendes in der Natur vorkommt.
 (II) Erweitert das Modell. Baut mindestens einen nichtberücksichtigten Aspekt in die Rekursionsgleichungen ein. Untersucht die Auswirkungen.

3 Sucht nach Informationen zu: VOLTERRA, Jäger-Beute-Modelle und Schweinezyklus.

7 Periodische Prozesse und Funktionen

7 Immer wieder – Periodische Prozesse und Funktionen

Einstiege

E1 Ein Riesenrad mit einem Durchmesser von 12 m dreht sich in 20 Minuten einmal herum. Die Aufhängung P einer bestimmten Gondel ist an der tiefsten Stelle etwa 2 m über dem Erdboden.

a) Beschreibe die Höhe des Punktes P über dem Erdboden in Abhängigkeit von der Zeit. Gib eine passende Funktionsgleichung an und zeichne den zugehörigen Graphen.

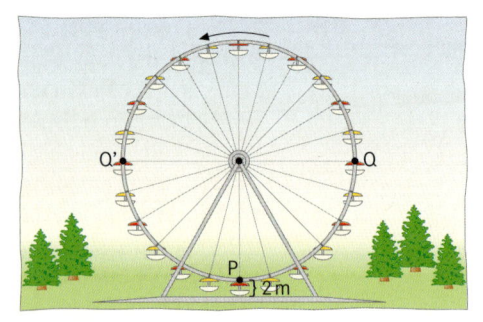

b) Was ändert sich an der Funktion bzw. am Graphen, wenn
   (I) der Abstand des Punktes vom Drehpunkt des Rades;
   (II) die Geschwindigkeit des Rades;
   (III) die Höhe der Aufhängung des Rades geändert wird?

c) Skizziere die Graphen der Funktionen, die die Bewegung der Aufhängungspunkte der Gondel Q' bzw. Q im Vergleich zum Aufhängepunkt P beschreiben.

d) Zur Bewegung von Gondeln an verschiedenen Riesenrädern gehören folgende Graphen:

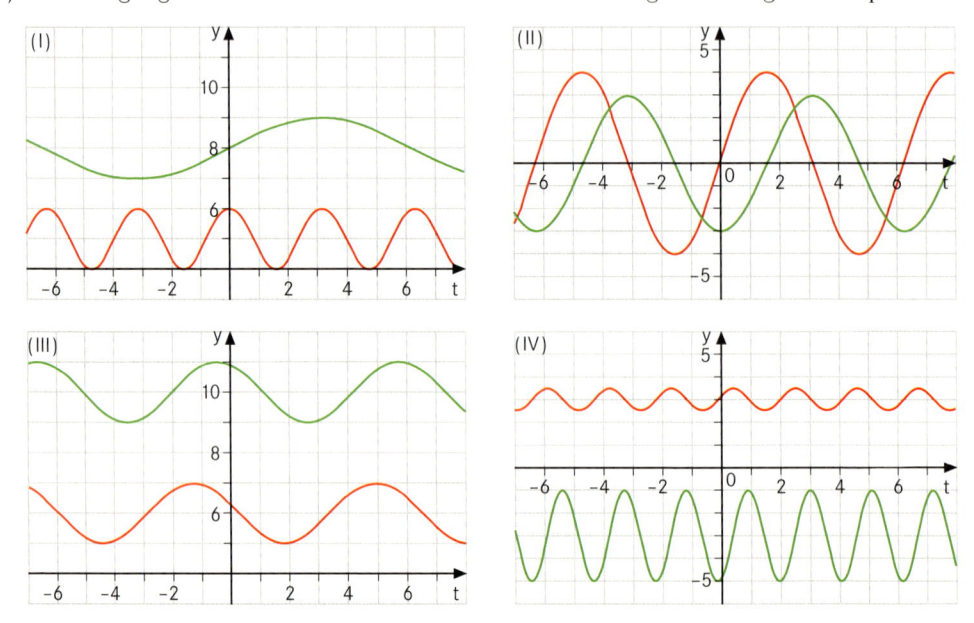

Gib Funktionsgleichungen an, die zu den Graphen passen.
Welche Daten eines Riesenrades (Durchmesser; Lage des Drehpunkts; Drehgeschwindigkeit) können jeweils dazu passen?
Begründe deine Überlegungen.

E2 a) Lasse die Graphen der Sinus- und Kosinusfunktion zeichnen.

b) Zeichne ebenso die Graphen der Funktion $f: x \mapsto a \cdot \sin(bx + c) + d$ jeweils für verschiedene Zahlen a, b, c und d. Vergleiche diese mit dem der Sinusfunktion.
Untersuche entsprechend $g: x \mapsto a \cdot \cos(bx + c) + d$ und vergleiche mit der Kosinusfunktion.

c) Nutze dein Programm zum Zeichnen eines Graphen wie in b) und zeige ihn deinem Nachbarn. Er hat nun die Aufgabe eine Funktionsgleichung zu finden, die deinen Graphen „reproduziert".

E3 a) Wechselspannung im Oszilloskop   Ebbe und Flut in Casablanca

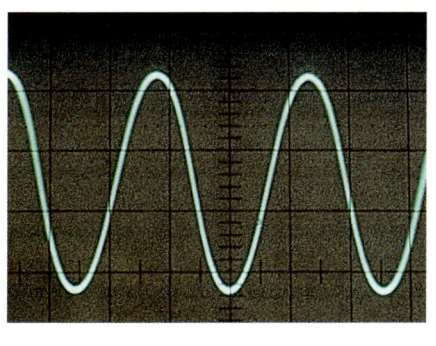

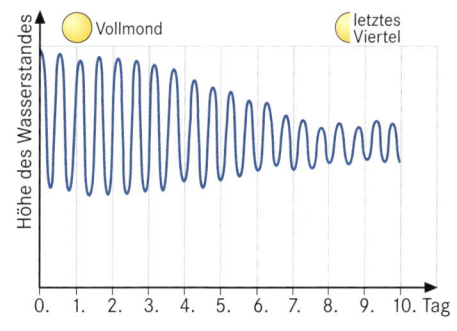

Herzrhythmus (EKG)   Sonnenaktivität

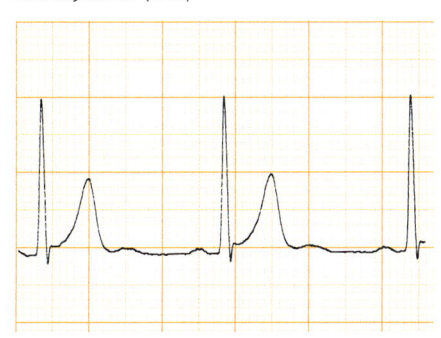

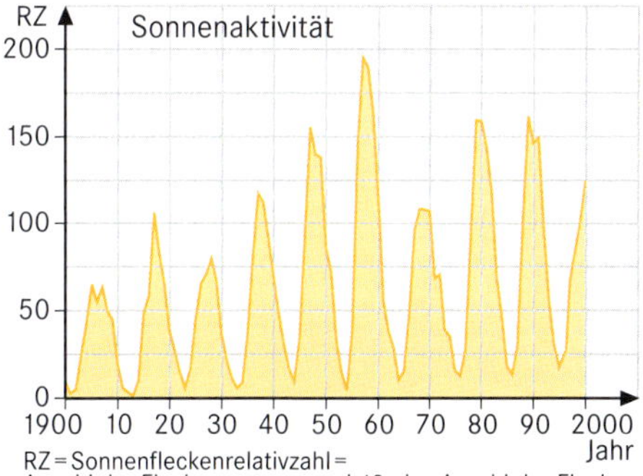

RZ = Sonnenfleckenrelativzahl = Anzahl der Fleckengruppen mal 10 plus Anzahl der Flecken

(I) Betrachtet die Graphen und versucht sie zu interpretieren. Informiert euch ggf. über die zugrunde liegenden Vorgänge. Sucht insbesondere nach Gemeinsamkeiten der Graphen.

(II) Sucht nach ähnlichen Prozessen in eurer Umwelt. Sofern nicht gegeben, stellt auch diese Vorgänge grafisch dar.

(III) Vergleicht diese grafischen Darstellungen insbesondere mit Graphen von Sinus- und Kosinusfunktionen. Wann und warum „passen" solche Funktionen besonders gut? Wann und warum ist das nicht der Fall?

b) (I)   (II)

(III)   (IV)

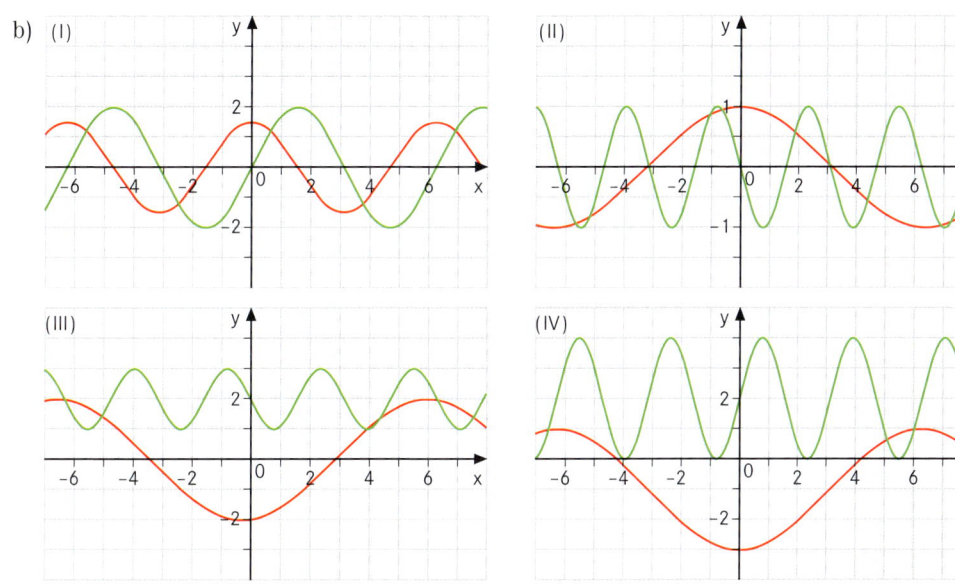

Sucht für die abgebildeten Graphen Funktionsterme wie $a \cdot \sin(bx + c) + d$ bzw. $e \cdot \cos(fx + g) + h$, bei denen die zugehörigen Graphen möglichst gut zu (I)–(IV) passen.

7 Immer wieder – Periodische Prozesse und Funktionen

Grundwissen

periodischer Prozess

1 Bei einem periodischen Prozess wiederholen sich bestimmte Vorgänge immer wieder.

> (I) Die Erde rotiert (in Bezug auf die Sonne) in 24 Stunden einmal um ihre eigene Achse und wandert in einem Jahr einmal um die Sonne. Damit hängen z. B. die sich wiederholenden Phasen von Tag und Nacht, die täglichen und über das Jahr verteilten Temperaturschwankungen an einem Ort und die regelmäßige Folge der Jahreszeiten zusammen.
> (II) Bei Lebewesen wiederholen sich Herzschläge, Atemzüge, Wach- und Schlafphasen immerzu.
> (III) In der Musik kehren oft gewisse Motive oder Rhythmen immer wieder.

2 Bei vielen periodischen Prozessen ändert sich eine bestimmte messbare Größe (z. B. Auslenkung eines Pendels) regelmäßig mit der Zeit, d. h. nach immer denselben Zeitabschnitten kommen die gleichen Werte vor. Solche Prozesse lassen sich durch **periodische Funktionen** beschreiben.

periodische Funktion

Periode

> Unter einer periodischen Funktion versteht man eine Funktion f, zu der es (mindestens) eine von null verschiedene Zahl p gibt, sodass $f(x + p) = f(x)$ für alle x aus der Definitionsmenge von f. Die *kleinste positive* Zahl p mit dieser Eigenschaft heißt **Periode** von f.

Hat eine periodische Funktion die Periode p, so geht ihr Graph bei Verschiebung um die Strecke p (oder Vielfache davon) entlang der x-Achse in sich über.

trigonometrische Funktionen

3 **Sinus** und **Kosinus** sind wichtige Beispiele periodischer Funktionen. Es gilt u. a.:

> $\sin(x + 2\pi) = \sin(x)$ und $\cos(x + 2\pi) = \cos(x)$.
> Die Periode der Sinus- und der Kosinusfunktion ist 2π (x in Bogenmaß).

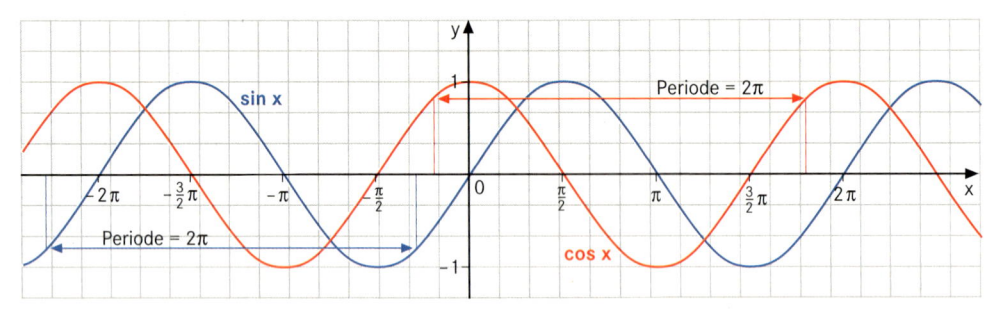

4 Die roten und grünen Graphen in den folgenden Abschnitten des Grundwissens können aus dem Graphen der Sinusfunktion durch geeignete Abbildungen gewonnen und durch $f(x) = a \cdot \sin(bx + c) + d$ beschrieben werden. In der Physik findet man statt dessen oft $f(t) = A \cdot \sin(\omega \cdot (t + \delta)) + d$. In den dort üblichen Bezeichnungen für die auftretenden Parameter drückt sich deren physikalische Bedeutung z. B. bei Schwingungsvorgängen aus. Man nennt $|A| = |a|$ **Amplitude***, $|\omega| = |b|$ **Kreisfrequenz** (vgl. Übung **5**) und $\delta = \frac{c}{b}$ **Phase** (auch Phasen*verschiebung*).

Amplitude
Kreisfrequenz
Phase

5 *Verschiebung parallel zur y-Achse:*

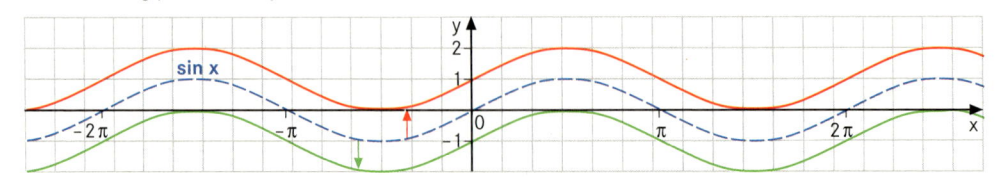

Verschiebung des blauen Graphen parallel zur y-Achse ergibt: um eine Einheit *nach oben* den roten und um eine Einheit *nach unten* den grünen Graphen. Also passen $\sin(x) + 1$ bzw. $\sin(x) - 1$.

---

* amplitudo (lat.) = Weite; Größe

6 *Streckung senkrecht zur x-Achse:*

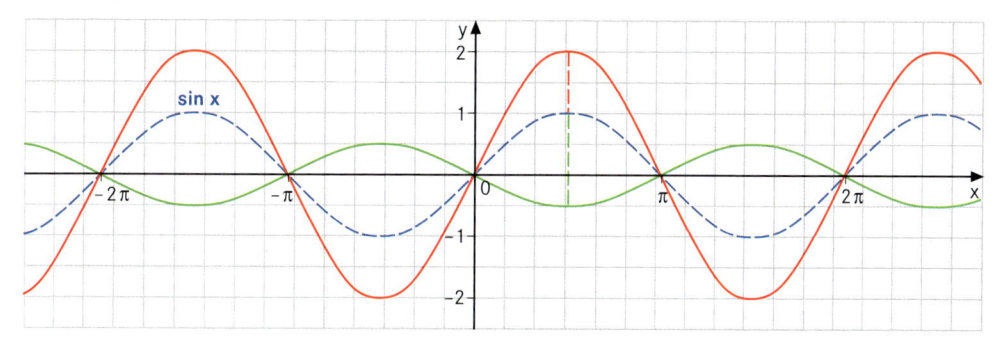

Den roten Graphen erhält man, indem man alle y-Werte des blauen mit 2 multipliziert. Also passt $2 \cdot \sin(x)$. In diesem Fall ist $a = 2$ ($b = 1$; $c = d = 0$), die Amplitude ist 2.
Der grüne Graph hat da Maxima, wo der blaue Minima hat und umgekehrt. Diese sind nur halb so hoch bzw. tief wie bei der Sinusfunktion. Es passt $-\frac{1}{2} \cdot \sin(x)$. Die Amplitude ist $|a| = 0{,}5$.

7 *Verschiebung parallel zur x-Achse:*

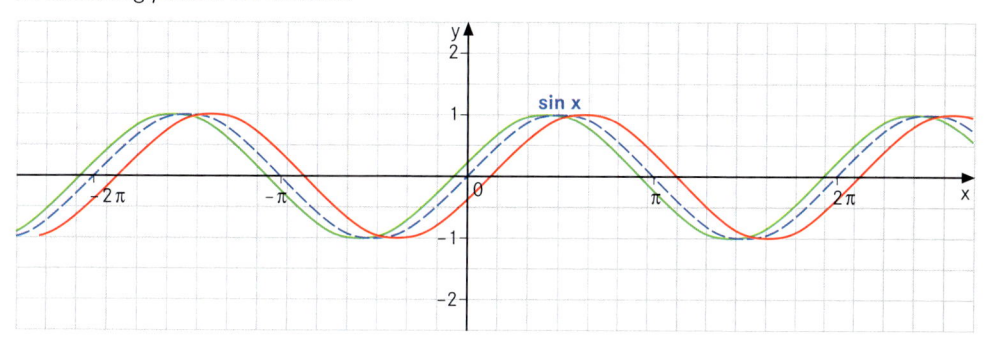

Eine Verschiebung um 0,2 Einheiten *nach links* überführt den blauen in den grünen Graphen. Damit passt $\sin(x + 0{,}2)$. Es ist $c = 0{,}2$ ($a = b = 1$; $d = 0$), die Phase ist 0,2.
Man erhält den roten Graphen, indem man den blauen um 0,4 Einheiten *nach rechts* verschiebt. Dann passt $\sin(x - 0{,}4)$. Hier ist die Phase $-0{,}4$.

8 *Streckung senkrecht zur y-Achse:*

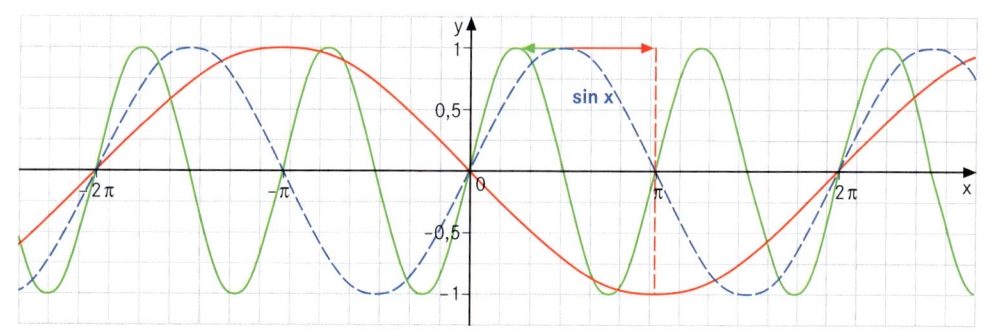

Der grüne Graph schwingt „2-mal so oft" wie der blaue. Es passt $\sin(2x)$ ($= -\sin(-2x)$).
Der rote Graph „macht" eine halbe Schwingung, wenn der blaue eine ganze „macht". Dabei fängt er in 0 auf der „anderen" Seite der x-Achse an. Es erweist sich so, dass $-\sin(\frac{1}{2}x) = \sin(-\frac{1}{2}x)$ (siehe auch Übung **14**) passt. Die Kreisfrequenz ist $\frac{1}{2}$.
Der grüne Graph entsteht durch Stauchung des blauen um den Faktor $\frac{1}{2}$, der rote durch Streckung des blauen um den Faktor -2.

9 *Kombination von Abbildungen:*

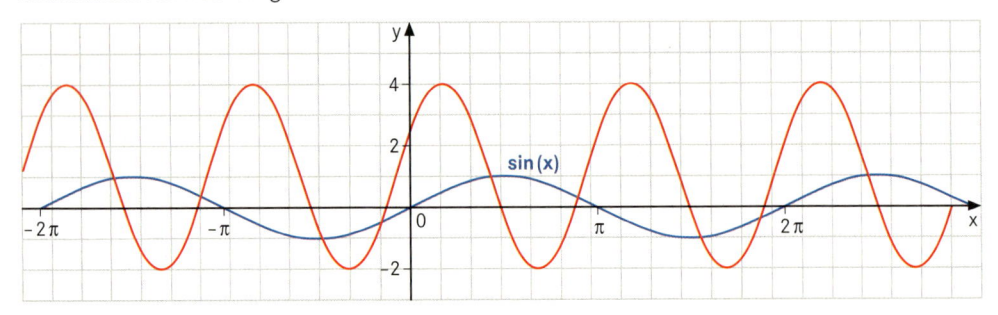

Den roten Graphen kann man durch Kombination folgender Abbildungen aus dem blauen „herstellen":

Art der Abbildung	symbolisch	Auswirkung im Funktionsterm
Streckung um den Faktor 3 (= Amplitude) entlang der y-Achse	↑↓	3 · sin (bx + c) + d
Stauchung um den Faktor 2 (= Kreisfrequenz) entlang der x-Achse	→←	a · sin (2x + c) + d
Verschiebung parallel zur x-Achse um $\frac{0{,}5}{b} = \frac{1}{4}$ (= Phase) Einheiten nach links	←	a · sin (bx + 0,5) + d
Verschiebung parallel zur y-Achse um 1 Einheit nach oben	↑	a · sin (bx + c) + 1

Es passt hier also g(x) = 3 · sin (2x + 0,5) + 1.

10 Es gibt noch andere periodische Funktionen als die trigonometrischen Funktionen.

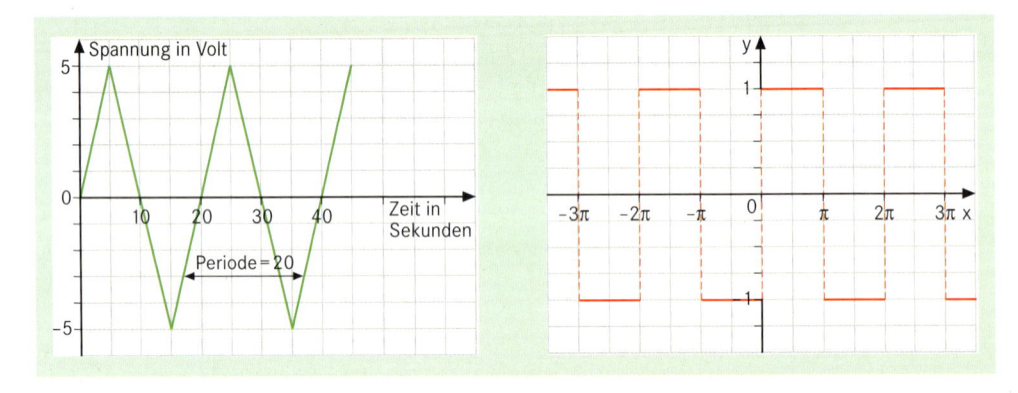

Übungen

1 a) Können folgende Prozesse periodisch sein? Gib ggf. passende Bedingungen dafür an oder erkundige dich:
  (I) Lauf eines Automotors;
  (II) Lauf einer Pleuelstange bei einer alten Dampflokomotive;
  (III) Überschwemmungen des Nils;
  (IV) Dürrezeiten in Afrika;
  (V) Erdbeben in Amerika.
b) Nenne drei andere periodische Prozesse und begründe, warum sie periodisch sind.

7 Immer wieder – Periodische Prozesse und Funktionen

2 a) Begründe ohne die Graphen zu zeichnen, dass durch folgende Terme periodische Funktionen beschrieben werden. Bestimme Periode, Amplitude, Kreisfrequenz und Phase.

(I) $3 \cdot \sin(4x)$ (II) $-3 \cdot \sin(4x)$ (III) $3 \cdot \sin(-4x)$

(IV) $-3 \cdot \sin(-4x)$ (V) $-\frac{1}{3} \cdot \sin\left(-\frac{1}{4}x\right)$ (VI) $3 \cdot \sin(x+4)$

(VII) $5 \cdot \sin(-2x)$ (VIII) $5 \cdot \sin(x-2)$ (IX) $-7 \cdot \sin(3\pi \cdot x)$

(X) $-8 \cdot \sin\left(\frac{\pi}{2}x\right) + 2$ (XI) $2 \cdot \sin(3x+2)$ (XII) $\frac{1}{2} \cdot \sin\left(\frac{1}{3}x - \frac{1}{4}\right)$

(XIII) $\pi \cdot \sin(\pi x) + \pi$ (XIV) $\frac{\pi}{2} \cdot \sin\left(-\frac{3\pi}{2}x + \frac{5\pi}{2}\right)$ (XV) $\sin(2\pi \cdot \sin(x))$

b) Zeichne die Graphen der Funktionen aus a) im Intervall $[0; 2\pi]$.

3 a) Gegeben sind Funktionen $x \mapsto a \cdot \sin(bx + c) + d$. Setze nacheinander $a = 4$; $0{,}25$; -3. Dabei soll jedesmal $b = c = d = 1$ sein. Bearbeite so die folgenden Aufgaben.
(I) Gib die zugehörige Funktionsgleichung, Periode, Amplitude, Kreisfrequenz und Phase an.
(II) Zeichne die zugehörigen Graphen.
(III) Durch welche Verschiebung, Stauchung oder Streckung kann man sich diesen Graphen aus dem der Sinusfunktion hergestellt denken?
b) Setze an Stelle von a nun b (bzw. c; d) = 4; 0,25; –3 und die anderen Koeffizienten jeweils 1.

4 Benutze die gleichen Beispielzahlen wie in Übung **3**. Zeichne dafür jeweils den Graphen der Funktion $x \mapsto a \cdot \cos(bx + c) + d$ und überlege, durch welche Abbildung man ihn aus dem der Kosinusfunktion herstellen kann. Gib auch zu diesen Funktionen die Amplitude, Periode, Kreisfrequenz und Phase an.

5 In einem Koordinatensystem bewegt sich ein Punkt P mit konstanter Geschwindigkeit gegen den Uhrzeigersinn auf einem Kreis um den Ursprung mit dem Radius $r = 1$ cm. In einer zehntel Sekunde wandert er einmal um den Kreis.
Ein anderer Punkt Q wandert dort ebenfalls in gleicher Richtung und ist dabei doppelt so schnell. Zur Zeit $t = 0$ sind P und Q in $(1 | 0)$.
a) Gib für die x-Koordinate von P und Q in Abhängigkeit von der Zeit geeignete Gleichungen $x_P(t) = \ldots$ sowie $x_Q(t) = \ldots$ an. Zeichne die zugehörigen Graphen in ein neues Koordinatensystem für mindestens einen vollen Umlauf von P.
b) Wie hängen die Umlaufzeiten beider Punkte mit der jeweiligen Kreisfrequenz zusammen?
c) Unter der **Frequenz** einer Schwingung versteht man die Anzahl der Schwingungen pro Sekunde. Wie hängen Umlaufzeit, Kreisfrequenz und Frequenz zusammen?

6 a) Begründe, dass durch folgende Terme periodische Funktionen beschrieben werden. Bestimme Periode, Amplitude, Kreisfrequenz und Phase.

(I) $2 \cdot \cos(2x)$ (II) $\frac{1}{2} \cdot \cos\left(\frac{1}{2}x\right)$ (III) $\cos(-x)$ (IV) $-\cos(-x)$

(V) $-3 \cdot \cos(4x+5) + 6$ (VI) $6 \cdot \cos(\pi x)$ (VII) $-5 \cdot \cos\left(3\frac{\pi}{2}x\right)$ (VIII) $-3\pi \cdot \cos(3x + \pi)$

b) Zeichne die Graphen der Funktionen aus a) im Intervall $[0; 2\pi]$.

7 Bestimme Periode, Amplitude, Kreisfrequenz und Phase der Funktion und skizziere (ohne Rechnerhilfe) ihren Graphen über mindestens eine Periode.
a) $3 \cdot \sin(x)$ b) $-3 \cdot \sin(x)$ c) $\sin(3x)$ d) $\sin(-3 \cdot x)$ e) $\cos(x+3)$
f) $\cos(x-3)$ g) $\sin(x+\pi)$ h) $-\cos\left(x - \frac{\pi}{2}\right)$ i) $-0{,}5 \cdot \sin(-x-1) + 2$ j) $\cos(\pi x)$

Betrachte die Grafik: Was könnte sie darstellen?

Inga

8 Bestimme Periode, Amplitude, Kreisfrequenz und Phase der Funktion, die durch den Term festgelegt ist. Lasse mit Rechnerhilfe ihren Graphen über mindestens eine Periode zeichnen.

a) $3 \cdot \sin(2x - \pi)$

b) $3 \cdot \cos(2x - \frac{\pi}{2})$

c) $-2 \cdot \sin(3x + \frac{\pi}{2})$

d) $3 \cdot \cos(2\pi x + 5) + 2$

e) $2 \cdot \sin(3x - 3\frac{\pi}{2}) + 5\pi$

f) $\sin(4\pi x - 6\pi) - 2\pi$

g) $-4 \cdot \cos(-4x - 4\pi) - 4$

h) $5 \cdot \frac{\pi}{2} \cdot \cos(\frac{2}{\pi}x + \frac{3}{2}\pi) + 5$

i) $|\sin(x)|$

9 Zeichne den roten und den grünen Graphen in dein Heft. Sie sollen durch $a \cdot \cos(bx + c) + d$ beschrieben werden. Es sind passende Zahlen für a; b; c bzw. d gesucht (Achtung, mehrere Lösungen sind möglich!). Der Vergleich mit der Kosinusfunktion (blau) kann helfen (vgl. **4–9**).

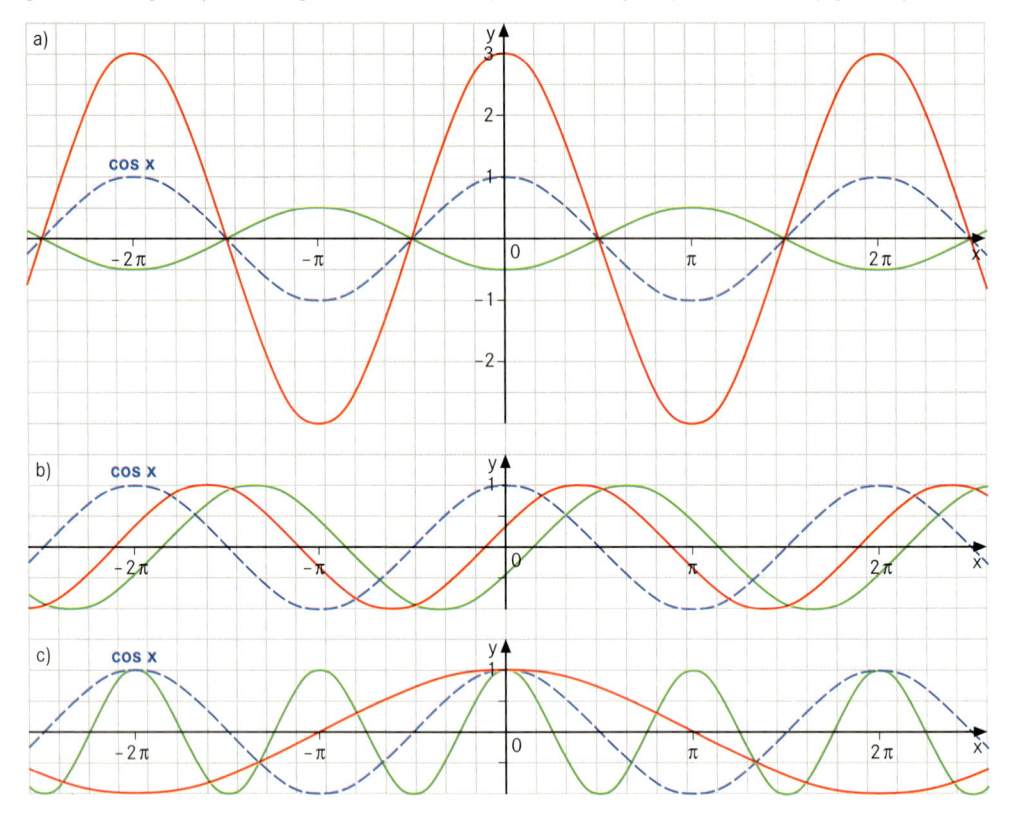

10 a) Können folgende Schaubilder Graphen periodischer Funktionen sein? Begründe.
(I) gedämpfte Schwingung (II) Sägezahnschwingung (III) Rechteckschwingung

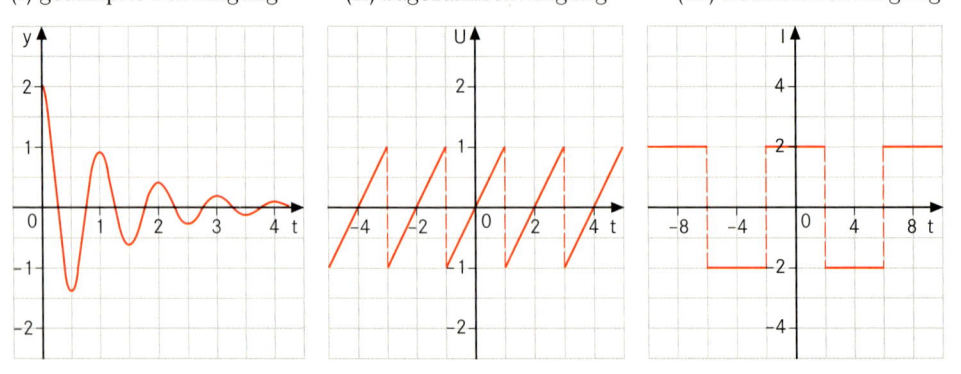

b) Versuche jeweils eine Funktionsgleichung anzugeben, die den Graphen beschreibt.

7 Immer wieder – Periodische Prozesse und Funktionen

11 Ein Punkt bewegt sich auf dem Zahlenstrahl im Intervall von 0 bis 1. Er startet in 0, wandert dann bis zur 1, kehrt anschließend wieder zurück bis zur 0 und wiederholt sodann seine Wanderung in gleicher Weise. Auf der x-Achse soll die Länge l des gesamten Weges abgetragen werden, den der Punkt seit Beginn seiner Wanderung zurückgelegt hat; auf der y-Achse sein jeweiliger Abstand s von der Null.
  a) Zeichne den Graphen der zugehörigen Funktion f: $l \mapsto s$. Ist f periodisch? Gib ggf. die Periode von f an und begründe.
  b) Setze für a; b; c und d nacheinander die Werte 1; 2; 3; ... ein, untersuche die Funktion und interpretiere ihren Graphen.
  (I) $l \mapsto a \cdot f(s)$ (II) $l \mapsto f(b \cdot s)$ (III) $l \mapsto f(s + c)$ (IV) $l \mapsto f(s) + d$.
  c) Gib eine passende Funktionsgleichung zu dem Graphen an.

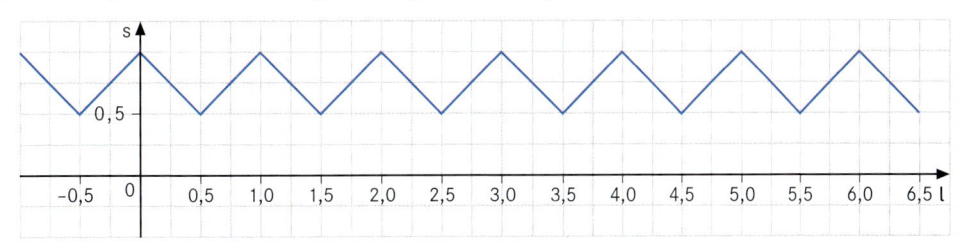

12 Gib eine Funktion an, die zu dem Graphen passen kann.

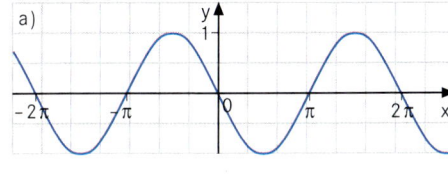

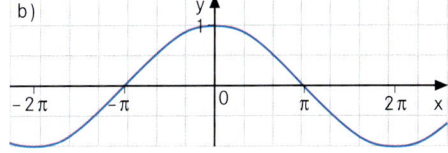

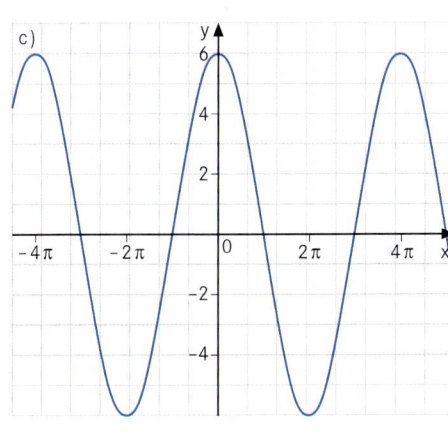

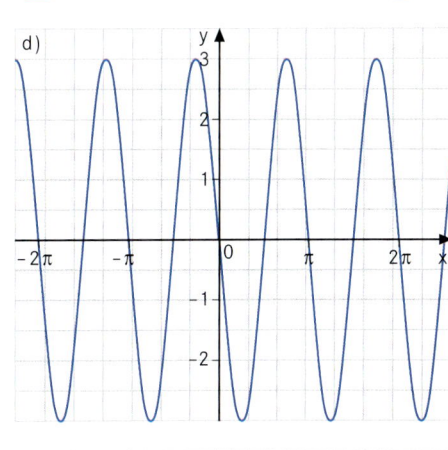

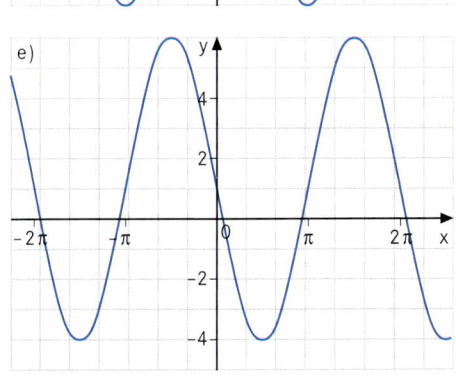

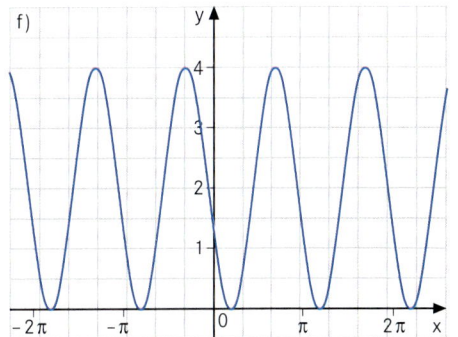

13 Welcher Funktionsterm kann zu welchem Graphen passen?

a) $2 \cdot \sin(x)$ b) $\sin(\pi x)$ c) $2 \cdot \cos\left(\frac{\pi}{2}x\right)$ d) $-2 \cdot \sin(3\pi x)$ e) $2 \cdot \sin\left(\frac{x}{2}\right)$

f) $-2 \cdot \cos\left(\frac{x}{2}\right)$ g) $-\cos(\pi x)$ h) $\sin\left(-\frac{1}{2}\pi x\right)$ i) $\cos(x + 4\pi)$ j) $-\frac{1}{2} \cdot \sin(2x)$

k) $\frac{1}{2} \cdot \cos\left(\frac{1}{2}\pi x\right)$ l) $-\sin(-x)$ m) $-2\sin(-x)$ n) $\cos(-x)$ o) $\cos\left(-\pi x + \frac{\pi}{2}\right)$

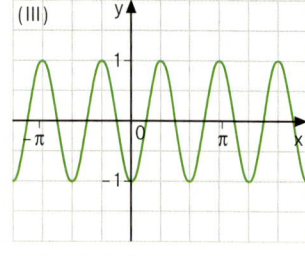

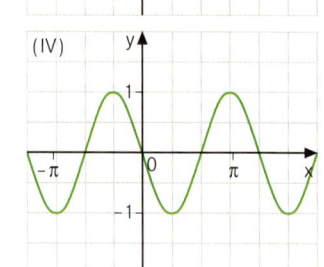

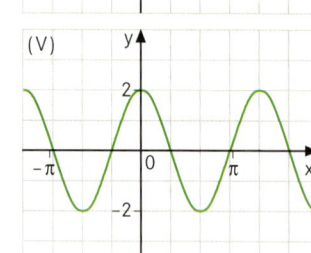

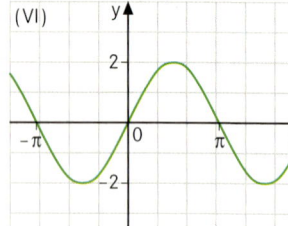

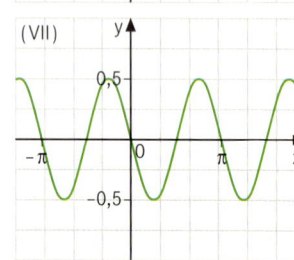

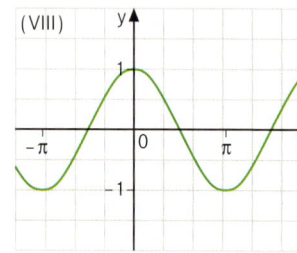

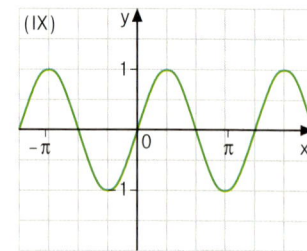

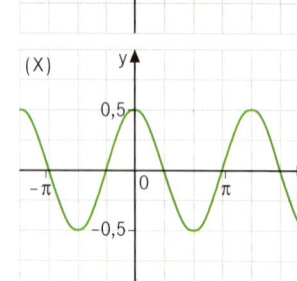

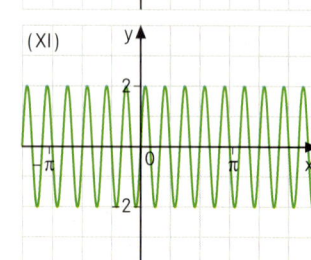

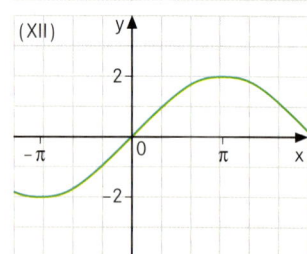

14 Stimmt die Gleichung immer? Begründe.
Für den Fall, dass die Gleichung richtig ist, kann man sich diesen Sachverhalt ggf. auch durch Untersuchung von entsprechenden Funktionsgraphen, klar machen. Beschreibe.
Überführe – sofern möglich – den einen Graphen durch passende Abbildungen in den anderen und gib die Abbildung an. Begründe deine Aussage.

a) $\sin(x) = -\sin(-x)$ b) $\sin(-x) = -\sin(x)$ c) $-\cos(-x) = \cos(x)$ d) $\cos(x) = -\cos(x)$

e) $\cos(-x) = \cos(x)$ f) $\cos(x) = \sin\left(x + \frac{\pi}{2}\right)$ g) $\cos(x) = -\sin(x + \pi)$ h) $\sin(x) = -\cos\left(x + \frac{\pi}{2}\right)$

15 Zeichne mithilfe deines GTR den Graphen zu verschiedenen Funktionen $x \mapsto a \cdot \sin(bx + c) + d$ bzw. $x \mapsto a \cdot \cos(bx + c) + d$. Zeige deinem Nachbarn nur den Graphen und lasse ihn hierzu eine passende Gleichung sowie die zugehörige Periode angeben. Diese soll er dann mithilfe seines Rechners überprüfen.

7 Immer wieder – Periodische Prozesse und Funktionen

16 Untersuche wie in **4–9** die Funktionen $x \mapsto a \cdot \tan(bx + c) + d$. Lasse dir insbesondere die Graphen zeichnen und bestimme ggf. Periode, Amplitude, Kreisfrequenz und Phase. Begründe deine Feststellungen.

17 Kann der Prozess periodisch sein? Nenne ggf. passende Bedingungen.
  a) Ein Pendel schwingt. b) Eine Wassersäule schwingt in einem U-Rohr.

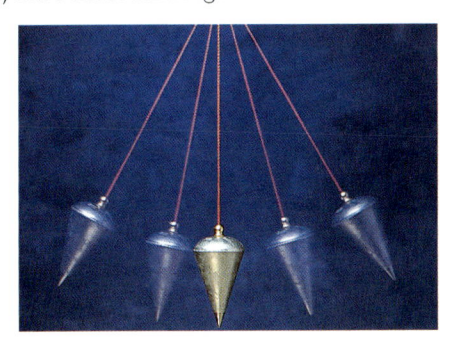

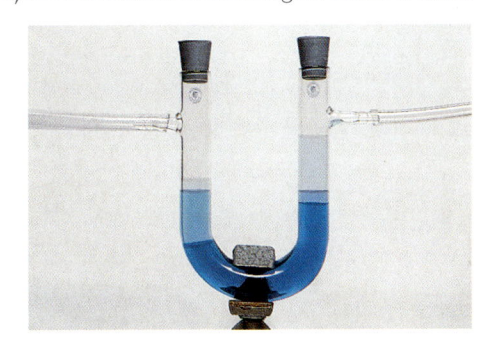

  c) Die Länge von Tag und Nacht im Verlaufe eines Jahres.
  d) Die Entwicklung von Börsenkursen.
  e) Die Niederschlagsmenge über das Jahr an einem bestimmten Ort.
  f) Die Temperaturschwankungen über den Tag (über das Jahr) an einem bestimmten Ort.
  g) Die Heizkosten eines Haushalts in Hannover über mehrere Jahre. Erkundige dich ggf.

18 Es wird eine neue Funktion **Kotangens** (Abkürzung cot) definiert durch $\cot x = \frac{\cos x}{\sin x}$; $\sin x \neq 0$.
  a) Zeichne den Graphen dieser Funktion im Intervall $[-2\pi; 2\pi]$.
  b) Bestimme den größtmöglichen Definitionsbereich von cot.
  c) Untersuche diese Funktion auf Periodizität.
  d) Bestimme ggf. Phase und Amplitude.
  e) Vergleiche die Kotangens- mit der Tangensfunktion. Suche nach Gemeinsamkeiten und Unterschieden.
  f) Untersuche für verschiedene Werte der Koeffizienten a, b, c und d die Funktion $x \mapsto a \cdot \cot(bx + c) + d$, indem du entsprechende Graphen zeichnest und ggf. Periode, Amplitude und Phase bestimmst.
  g) Suche nach weiteren Beziehungen zwischen cot und den bislang bekannten trigonometrischen Funktionen tan, sin und cos. Begründe diese.

19 Was versteht man unter dem Begriff „Zeit"? Versuche, Zusammenhänge zwischen diesem Begriff und periodischen Prozessen herauszufinden. Schreibe über deine Ergebnisse einen kleinen Aufsatz (ca. $\frac{1}{2}$ DIN A-4-Seite).

20 Stellt die euch bisher bekannten Zusammenhänge (u. a. ausgedrückt in Gleichungen) zwischen sin, cos und tan zusammen und sucht nach möglichst vielen weiteren.
Begründet eure Ergebnisse.

21 Gib mindestens zwei verschiedene Funktionen mit der Periode π (3π; $\pi + 1$; $\frac{\pi}{2}$; $\frac{2}{\pi}$; 1) an.

22 Zeichne den Graphen der periodischen Funktion f und gib ihre Periode an (ggT = größter gemeinsamer Teiler; l. Z. v. = letzte Ziffer von):
  a) (I) f: $n \mapsto$ ggT(n; 6)   (II) f: $n \mapsto$ ggT(n; 10)   (III) f: $n \mapsto$ ggT(n; 2)   (IV) f: $n \mapsto$ ggT(n; 5)
  b) (I) f: $n \mapsto$ l. Z. v. 5^n (II) f: $n \mapsto$ l. Z. v. 4^n (III) f: $n \mapsto$ l. Z. v. 2^n (IV) f: $n \mapsto$ l. Z. v. 6^n
  (V) f: $n \mapsto$ l. Z. v. 7^n

23 a) Wandle die Stammbrüche $\frac{1}{2}$; $\frac{1}{3}$; ...; $\frac{1}{9}$; $\frac{1}{10}$ in Dezimalzahlen um. Welche sind periodisch und warum?

b) Untersuche (ggf. mit Rechnerunterstützung) Stammbrüche mit größerem Nenner. Falls noch nicht geschehen, versuche jetzt die Frage aus a) zu beantworten.

c) Untersuche nun die Dezimalbruchentwicklung von $\frac{1}{7}$ genauer. Ordne deren Ziffern a, b, c, ..., z in einem Kreis an. Verfahre entsprechend mit der Dezimalbruchentwicklung von $\frac{2}{7}$; $\frac{3}{7}$; $\frac{4}{7}$; $\frac{5}{7}$ und $\frac{6}{7}$ und vergleiche. Was fällt dir auf?

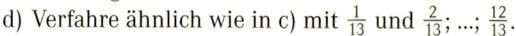

d) Verfahre ähnlich wie in c) mit $\frac{1}{13}$ und $\frac{2}{13}$; ...; $\frac{12}{13}$.

e) Untersuche die Dezimalbruchentwicklung weiterer Stammbrüche mit Primzahlen als Nenner, insbesondere ihre Periodenlänge und „Ringstruktur".

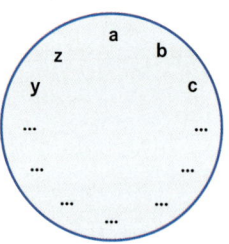

f) $(\sqrt{2} - 1) \cdot (\sqrt{2} + 1) = 1$, also $\sqrt{2} = 1 + \dfrac{1}{1 + \sqrt{2}} = 1 + \dfrac{1}{2 + \dfrac{1}{1 + \sqrt{2}}} = 1 + \dfrac{1}{2 + \dfrac{1}{2 + \dfrac{1}{1 + \sqrt{2}}}}$ usw. Setze fort.

Vergleiche mit periodischen Dezimalbrüchen. Untersuche weitere Kettenbrüche.

24 Es gibt Leute, die behaupten, dass sich der „Biorhythmus" eines gesunden Jugendlichen durch die Gleichung $P = 100 \cdot \sin(\omega t)$ erfassen lässt. Hierbei soll P das Potenzial einer Person zur Zeit t sein, wobei t das Alter der Person (in Tagen gemessen) ist.

Durch Messungen sollen sich folgende Perioden zu bestimmten Potenzialen ergeben haben:
 (I) physisches Potenzial: Periode 23 Tage;
 (II) emotionales Potenzial: Periode 28 Tage;
 (III) intellektuelles Potenzial: Periode 33 Tage.

a) Bestimme für jedes Potenzial die Kreisfrequenz ω und interpretiere sie.

b) Zeichne zu allen drei Funktionen ihren Graphen über mindestens eine Periode.

c) Wann ist man in jeder Hinsicht 100%ig fit?

d) Beschreibe auf dieser Grundlage dein physisches, emotionales und intellektuelles Potenzial für die nächsten 35 Tage.

e) In welchen zeitlichen Abständen geht jemand mit einem Wachpotenzial bzw. „Schlafrhythmus" von 25 Stunden zur gleichen Zeit schlafen? Zeichne den Graphen dieser Funktion.

f) Setze dich mit den hier genannten Annahmen kritisch auseinander.

25 In Frankfurt am Main hat man ab April 1999 über zwei Jahre die Stunden mit Tageslicht notiert. Hierbei hat man die Tageslichtstundenanzahl L in Abhängigkeit von der Anzahl der vergangenen Tage t dargestellt:

Tage t	0	91	182	274	365	456	548	639	730
L(t)	14	19	14	9	14	19	14	9	14

Versuche an diese Daten eine Funktion der Form $L(t) = a \cdot \sin(bx + c) + d$ möglichst gut anzupassen. Bestimme die Koeffizienten a, b, c und d so genau, wie dir sinnvoll erscheint. Überprüfe dein Ergebnis kritisch auf Tauglichkeit.

---

a) Zwei konzentrische Kreise mit den Radien r und R bilden einen Kreisring. Wie lang ist eine Sehne des äußeren Kreises, die den inneren Kreis berührt?

b) Wie groß ist der Flächeninhalt eines Kreises, der die „Berührsehne" aus a) als Durchmesser hat? Wie groß ist der Flächeninhalt des Kreisringes? Vergleiche.

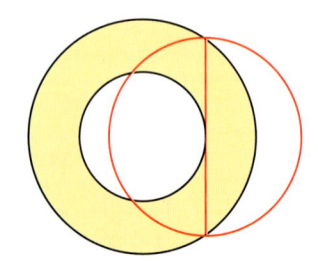

7 Immer wieder – Periodische Prozesse und Funktionen

26 a) Ein Punkt P wandert gegen den Uhrzeigersinn auf den Seiten eines Quadrates, dessen Mittelpunkt Ursprung eines Koordinatensystems ist. Seine y-Koordinate (rot) wird in einem neuen Koordinatensystem in Abhängigkeit von dem Winkel α (gemessen in Bogenmaß) abgetragen.
Fertige eine entsprechende Zeichnung an und vervollständige den Graphen für einen vollständigen Umlauf des Punktes.

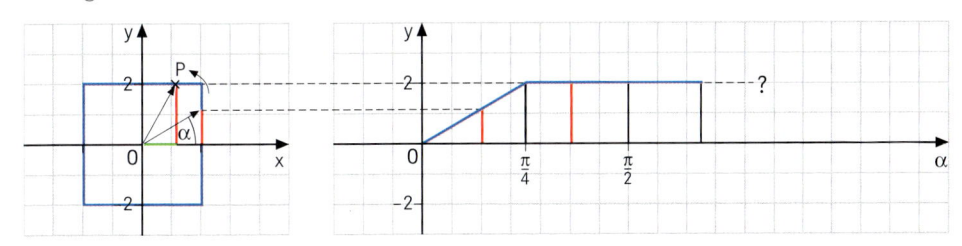

b) Untersuche, ob der Graph als der einer periodischen Funktion interpretiert werden kann und bestimme ggf. die Periode.

c) Trage nun entsprechend in einem neuen Koordinatensystem die x-Koordinate (grün) des wandernden Punktes ein und verfahre wie in b).

d) Vergleiche die Graphen aus a) und c) mit denen trigonometrischer Funktionen, suche insbesondere nach Gemeinsamkeiten und Unterschieden.

27 a) Verfahre wie in Übung **26** a)–c) mit

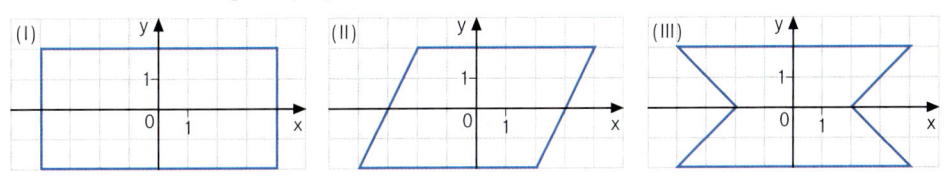

b) Verfahre ebenso mit einem gleichseitigen Dreieck (einem regelmäßigen n-Eck).

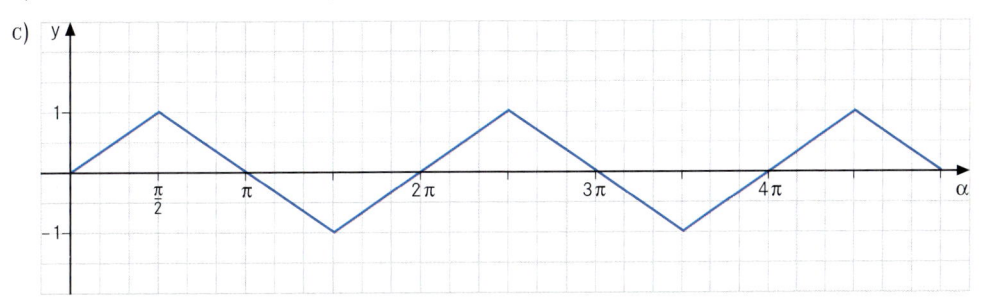

c)

Suche zu dem Graphen nach einem passenden Vieleck, bei dem ein umlaufender Punkt diesen Graphen erzeugt. Gibt es mehrere Lösungen?

d) Gegeben ist nun die Figur rechts, auf der wiederum ein Punkt wandert. Was für ein Graph entsteht? Bestimme ggf. die Periode. Vergleiche mit der Sinus- und Kosinusfunktion wie in **26** d).

e) Die Graphen der trigonometrischen Funktionen kann man durch die Koordinaten eines Punktes erzeugen, der mit konstanter Geschwindigkeit auf dem Einheitskreis wandert. Können diese Graphen auch durch Wanderungen eines Punktes auf einer anderen Figur erzeugt werden? Begründe, d. h. gib ggf. mindestens eine solche an und zeichne dann wie in **26** a).

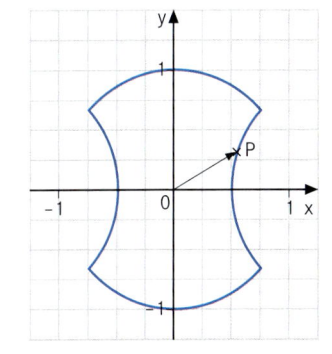

28 Es sollen Autorennen auf folgenden Bahnen stattfinden:

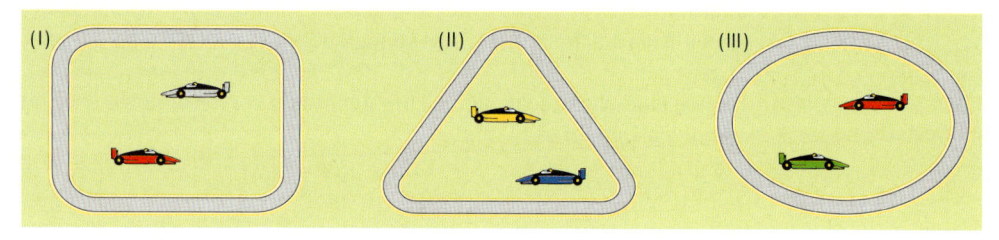

a) Skizziere dazu mögliche Geschwindigkeits-Zeit-Diagramme, wenn jeweils mit der maximal möglichen Geschwindigkeit gefahren wird.
b) Ein Rennwagen fährt auf den Rennstrecken wie in a) beschrieben. Kann es sich bei diesem Vorgang um einen periodischen Prozess handeln und bei den in a) skizzierten Graphen um die von periodischen Funktionen? Nenne ggf. zusätzlich notwendige Voraussetzungen. Gib (soweit sinnvoll) passende Funktionsgleichungen sowie die Periode an.
c) Es soll nun auf den skizzierten Rundkursen ein zweites (bei (I) und (II) zusätzlich ein drittes) Auto fahren, das sich mit genau der gleichen Geschwindigkeit jeweils genau eine (enge) Kurve hinter dem Vorgänger befindet. Bearbeite auch hierfür entsprechend die Teile a) und b).
d) Die Graphen sollen Geschwindigkeits-Zeit-Diagramme eines Rennwagens auf einem geschlossenen Kurs darstellen. Gib zu jedem Diagramm mindestens zwei dazu passende, deutlich verschiedene Rundstrecken an.

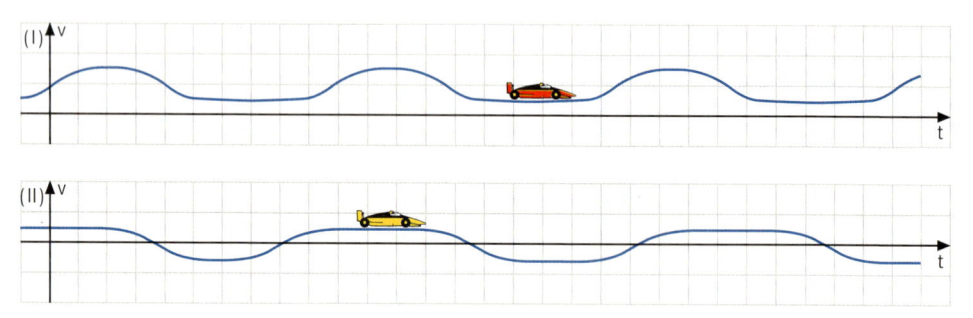

29 a) Die Quersumme von 364 ist $Q(364) = 3 + 6 + 4 = 13$. Die Quersumme von 13 ist $Q(13) = 4$. Die Quadratquersumme von 364 ist $Q_2(364) = 3^2 + 6^2 + 4^2 = 9 + 36 + 16 = 61$; $Q_2(61) = 6^2 + 1^2 = 36 + 1 = 37$; $Q_2(37) = 9 + 49 = \ldots$ Wie geht es hier weiter? Wie sieht es bei anderen Ausgangszahlen aus? Was hat das Ganze mit periodischen Prozessen zu tun?
b) Untersuche nun Quersummen mit höheren Potenzen.

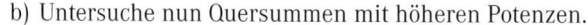

30 Erkundigt euch über die Entstehung von Ebbe und Flut. Die Flut ist besonders hoch (Springflut), wenn Sonne, Erde und Mond nahezu auf einer Geraden liegen (warum?). Wie oft ist das im Jahr durchschnittlich der Fall? Beachtet hierbei, dass es unterschiedliche Definitionen für die Umlaufzeit des Mondes um die Erde gibt (warum?).
Untersucht, ob es sich dabei um einen periodischen Prozess handeln kann.

7 Immer wieder – Periodische Prozesse und Funktionen

31 a) Im Sternbild des Perseus steht der „Stern" Algol, der regelmäßig seine Helligkeit verändert. Hierbei handelt es sich eigentlich um ein System aus zwei Sternen (Doppelsternsystem), bei dem ein schwächerer Stern um einen helleren wandert (genauer: Beide wandern um ihren gemeinsamen Schwerpunkt.). Bei diesem System schauen wir von der Erde aus fast genau seitwärts auf die Kante der Bahnen. So kommt es zu wechselseitigen Bedeckungen. Daher nennt man solche Sternsysteme auch Bedeckungsveränderliche. Hierbei kommt es vor, dass nicht nur der schwächere den helleren Stern (Situation A), sondern auch der hellere den schwächeren Stern (Situation B) bedeckt.

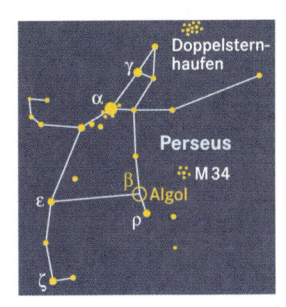

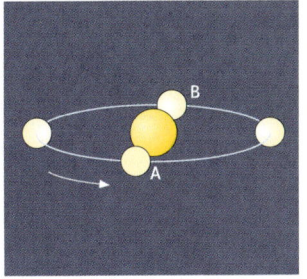

Oftmals sind sich solche Sterne so nahe, dass es zum Materieaustausch zwischen beiden kommt (rechts ist ein solcher Austausch von einem Phantasieplaneten aus dargestellt).
Skizziere eine mögliche „Lichtkurve", indem du nach rechts die Zeit und nach oben die jeweilige geschätzte Helligkeit des Gesamtsystems abträgst.

b) Nebenstehend findest du die Daten für eine Lichtkurve der Bedeckungsveränderlichen λ (lambda) Tauri, die man durch mehrere Messungen erhalten hat. Skizziere und charakterisiere ein Mehrfachsternsystem, das dazu passen könnte. Die scheinbare Helligkeit wird in Größenklassen angegeben (siehe z. B. Unterkapitel **6.4**, Übung **12**).

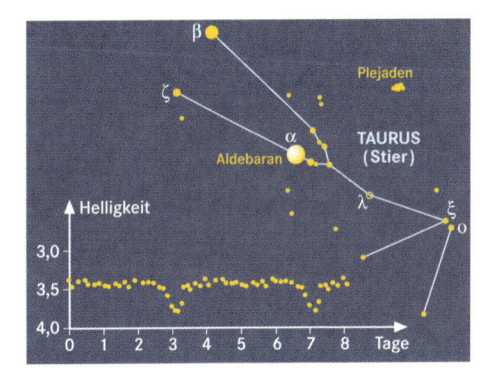

32 Wir nehmen an: Die Sonne ist im Ursprung eines rechtwinkligen Koordinatensystems. Um sie bewegen sich die Planeten auf (nahezu) kreisförmigen Bahnen. Die Erde ist heute (Zeit t = 0) an der gekennzeichneten Stelle.
Besorge dir für die Venus und die anderen Planeten die zugehörigen Daten für den heutigen Tag. Beschaffe dir auch ihre Umlaufzeiten um die Sonne sowie ihre durchschnittlichen Entfernungen (in Millionen km) von der Sonne.
Stelle nun für die Koordinaten jedes Planeten Gleichungen auf, die seine Position in Abhängigkeit von der Zeit beschreiben.

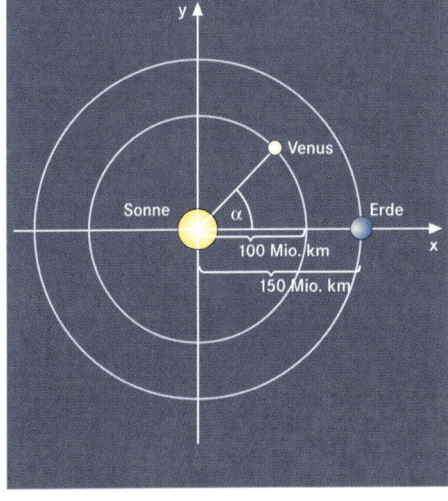

33 a) Die Umkehrfunktion zur Sinusfunktion heißt **Arcussinusfunktion** (arcsin). Die Umkehrfunktion zur Kosinusfunktion wird **Arcuskosinusfunktion** genannt (arccos).
Zeichne die zugehörigen Graphen.
Gib jeweils eine geeignete Definitionsmenge und die dazugehörige Wertemenge an. Untersuche auf Periodizität.

b) Zeichne die Graphen von
    (I) $x \mapsto \arcsin(x)$ (II) $x \mapsto \arcsin(\sin(x))$ (III) $x \mapsto \sin(\arcsin(x))$
    (IV) $x \mapsto \arcsin(\sin(\arcsin(x)))$ (V) $x \mapsto \arccos(x)$ (VI) $x \mapsto \arccos(\cos(x))$
    (VII) $x \mapsto \cos(\arccos(x))$ (VIII) $x \mapsto \arccos(\cos(\arccos(x)))$

c) Untersuche die Funktionen, die zu den Graphen in b) gehören, auf Periodizität.

d) Untersuche mithilfe deines Computers für die Funktionen f aus b) nun Funktionen
$g: x \mapsto a \cdot f(bx + c) + d$ wie in **9**.

e) Verfahre mit tan (ggf. cot) entsprechend.

34 Bearbeite **A1** aus Unterkapitel **6.1**, insbesondere d) unter Nutzung trigonometrischer Funktionen der Art $f: x \mapsto a \cdot \sin(bx + c) + d$.

35 Untersuche den zugehörigen Graphen u. a. auf Periodizität:
a) $\sin(x)$; $\sin(\sin(x))$; $\sin(\sin(\sin x)))$; ...; $\sin(\sin(...(x)...))$;
b) $\cos(x)$; $\cos(\cos(x))$; $\cos(\cos(\cos(x)))$...; $\cos(\cos(...(x)...))$;
c) $\sin(\cos(\tan(...(x)...))$
d) $(\sin x)^r$ nacheinander für $r \in \mathbb{N}$; $r \in \mathbb{Q}\setminus\mathbb{Z}$; $r \in \mathbb{R}\setminus\mathbb{Q}$; $r \in \mathbb{Z}$
e) $(\cos x)^r$ nacheinander für $r \in \mathbb{N}$; $r \in \mathbb{Q}\setminus\mathbb{Z}$; $r \in \mathbb{R}\setminus\mathbb{Q}$; $r \in \mathbb{Z}$
f) $(\sin x)^n \cdot (\cos x)^m$; $n, m \in \mathbb{N}$.

36 Wähle einen von null verschiedenen Wert und drücke auf deinem GTR mehrfach die $\boxed{\text{SIN}}$-Taste ($\boxed{\text{COS}}$-Taste).
Notiere die entstehenden Werte und stelle ihre Entwicklung grafisch dar.
Was stellst du fest? Begründe.

37 a) Jemand hat die Formel
$$\sin(x) + \sin(2x) + \ldots + \sin(nx) = \frac{\sin\left(\frac{n \cdot x}{2}\right) \cdot \sin\left(\frac{(n+1) \cdot x}{2}\right)}{\sin\left(\frac{x}{2}\right)}, \; n \in \mathbb{N} \quad (*)$$
gefunden. Vergleiche mit der Formel für $1 + 2 + \ldots + n$ und suche nach Querverbindungen und möglichen Zugängen zu einer Begründung.

b) Überprüfe (*) für n = 2 (3; ...) dadurch, dass du dir jeweils den Graphen zum entsprechenden Term auf der linken bzw. rechten Seite der Gleichung zeichnen lässt.

c) Ersetze in (*) überall sin durch cos und gehe entsprechend wie in b) vor.
Gib die Eigenschaften der Funktionen bzw. ihrer Graphen an – insbesondere ggf. die zugehörige Periode.

d) Vergleiche die Graphen der in (*) bestimmten Funktionen für große n mit denen anderer trigonometrischer Funktionen.

Übungen mit Lösungen

L38 Bestimme den Wert im Kopf.
a) $\sin 30°$ b) $\cos 60°$ c) $\sin \frac{\pi}{4}$ d) $\tan \pi$ e) $\cos 45°$
f) $\tan \frac{\pi}{4}$ g) $\sin 45°$ h) $\cos 540°$ i) $\sin \frac{5}{2}\pi$ j) $\tan 315°$

L39 Gib möglichst für jede der Winkelfunktionen sin, cos und tan mindestens zwei verschiedene Winkelgrößen in Bogenmaß an, sodass hierfür die angegebene Zahl Funktionswert ist.
a) 1   b) -1   c) 0,5   d) $\frac{-1}{\sqrt{2}}$ e) $\sqrt{3}$ f) $\frac{-\sqrt{3}}{2}$ g) -0,5

L40 a) Begründe ohne die Graphen zu zeichnen, dass durch folgende Terme periodische Funktionen beschrieben werden. Bestimme die Periode, Amplitude und Phase, soweit sinnvoll.

(I) $-2 \cdot \cos(2x)$ (II) $5 \cdot \tan(3x)$ (III) $2 \cdot \sin(-3x)$

(IV) $-3 \cdot \tan(-0,5x)$ (V) $\frac{2}{3} \cdot \cos(-3x + 2) + 1$ (VI) $5 \cdot \tan(-4x + 3) - 2$

(VII) $\frac{3}{4} \cdot \cos(\frac{2}{3}x - \frac{1}{2})$ (VIII) $-3 \cdot \tan(2\pi \cdot x) + 1$ (IX) $-7 \cdot \cos(3\frac{\pi}{2} \cdot x)$

(X) $2 \cdot \sin(3x + 4)$ (XI) $\pi \cdot \cos(2\pi \cdot x - \pi) + \pi$ (XII) $\cos(\pi \cdot \cos(x))$

b) Zeichne die Graphen der Funktionen aus a) über mindestens eine Periode.

L41 Wie könnte die Funktionsgleichung des roten Graphen aussehen?

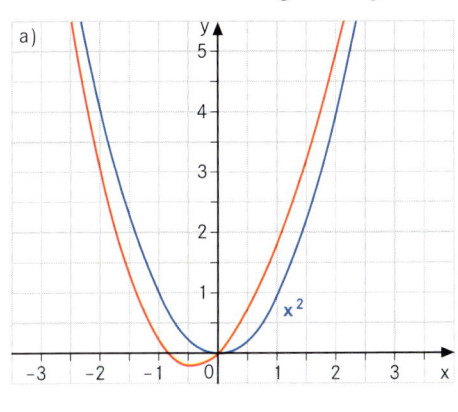

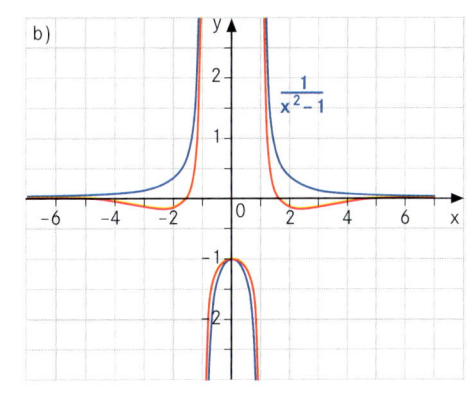

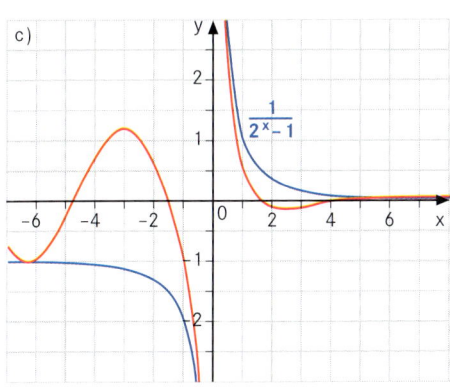

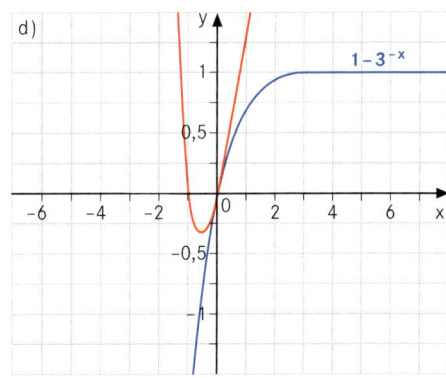

L42 Begründe: Wenn p die Periode einer periodischen Funktion f ist, dann gilt auch $f(x + m \cdot p) = f(x)$ ($m \in \mathbb{Z}$) für alle x aus der Definitionsmenge von f.

---

a) Beschreibe anhand der Kreisdiagramme die Entwicklung des weltweiten Zuckerexports von 1955 bis 1990.

b) Haben die westlichen Industrieländer 1955 oder 1990 mehr Zucker exportiert? Um wie viel Prozent ist der Export der Sowjetunion in diesem Zeitraum gestiegen?

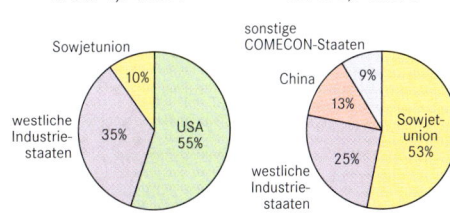

Zuckerexport

1955: 4,7 Mio. t   1990: 6,7 Mio. t

7 Immer wieder – Periodische Prozesse und Funktionen

Ausstiege

A1 a) Ein Synthesizer erzeugt verschiedene Töne, die man z.B. mit einem Mikrofon empfangen und dann mithilfe eines Oszilloskops* auf einem Bildschirm darstellen kann:

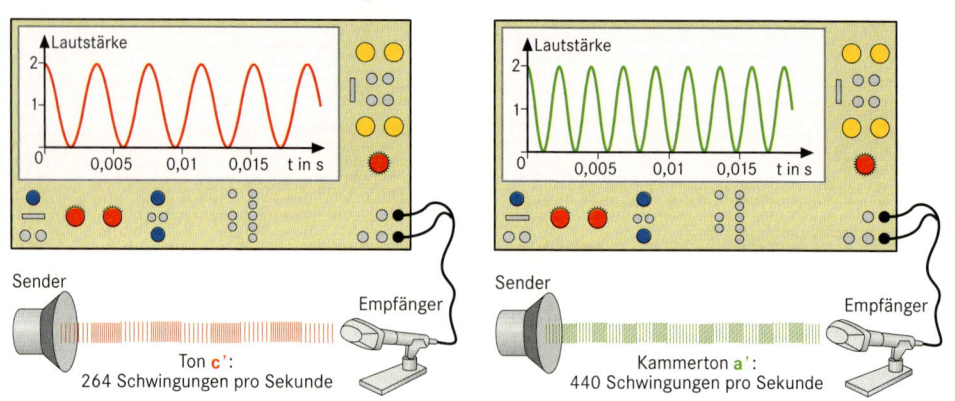

Ton **c'**: 264 Schwingungen pro Sekunde

Kammerton **a'**: 440 Schwingungen pro Sekunde

Die Amplitude der Schwingung ist ein Maß für die *Lautstärke* des Tones, die Frequenz (vgl. Übung **5**) ist ein Maß für die *Tonhöhe*. Lässt man die beiden Töne c' und a' gleichzeitig erklingen, so sieht man auf dem Oszilloskop ungefähr folgendes Bild:

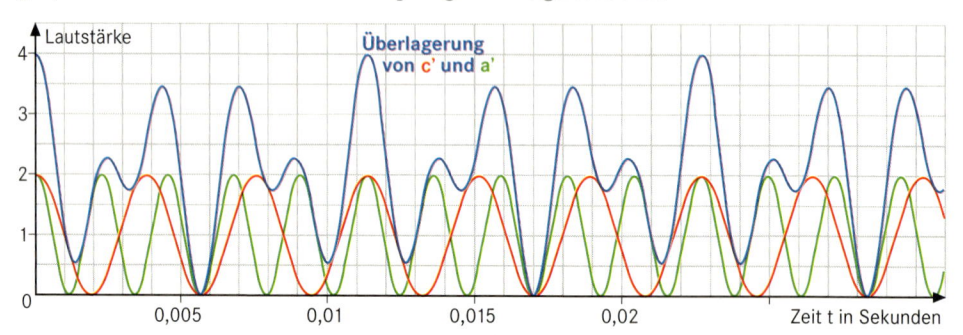

Überlagerung von c' und a'

Gib für alle drei Graphen passende Funktionsgleichungen an.

b) Untersuche $f(x) = \sin(x)$, $g(x) = \frac{1}{2} \cdot \sin(2x)$ und $h(x) = f(x) + g(x)$. Lasse dir die Graphen der Funktionen in dasselbe Koordinatensystem zeichnen und vergleiche. Versuche ggf. Amplitude und Periode von h zu bestimmen.

c) Untersuche wie in b) nun $h(x) = \sin(x) + \frac{1}{3}\sin(3x)$.

d) Gegeben sind die folgenden Graphen. Gib dazu passende Funktionsgleichungen an.

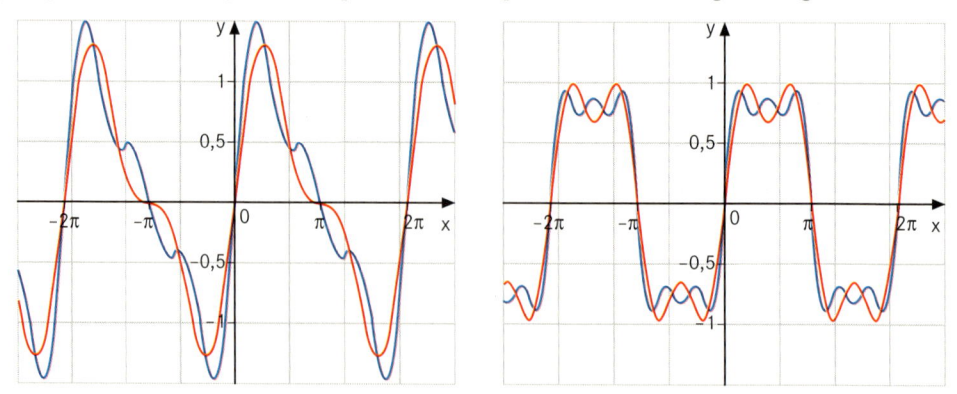

e) Untersuche $\sin(x) + \frac{\sin(2x)}{2} + \frac{\sin(3x)}{3} + \ldots + \frac{\sin(kx)}{k}$ für $k = 5; 6; \ldots$

Verfahre entsprechend mit $\sin(x) + \frac{\sin(3x)}{3} + \frac{\sin(5x)}{5} + \ldots + \frac{\sin((2k-1) \cdot x)}{2k-1}$.

Was passiert, wenn man in den Summen überall den Sinus durch den Kosinus ersetzt?

---

* oscillare (lat.) = schaukeln, schwingen; skopos (gr.) = Späher; Oszilloskop = Gerät, mit dem man Schwingungen sichtbar machen kann.

7 Immer wieder – Periodische Prozesse und Funktionen

f) Gegeben sind die folgenden periodischen Funktionen. Versucht sie durch Summen aus Termen mit trigonometrischen Funktionen wie in c) bzw. e) zu beschreiben.

(I) $f(x) = \begin{cases} 1, \text{ wenn } 2n\pi \leq x \leq (2n+1)\cdot\pi; \\ -1, \text{ wenn } (2n-1)\cdot\pi \leq x \leq 2n\pi; \end{cases} \quad n \in \mathbb{Z}$

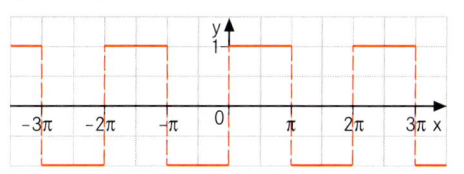

Überzeugt euch davon, dass man mithilfe von $g: x \mapsto \frac{4}{\pi}\cdot[\sin(x) + \frac{\sin(3x)}{3} + \frac{\sin(5x)}{5} + ...]$ (die Koeffizienten durchlaufen die ungeraden Zahlen) den Graphen von f beliebig genau annähern kann, indem man in dem Term schrittweise die Zahl der Summanden erhöht.

(II) Bestimmt zum abgebildeten Graphen eine passende Funktionsgleichung, in der trigonometrische Funktionen der Art $\sin(nx)$ und $\cos(mx)$ vorkommen.

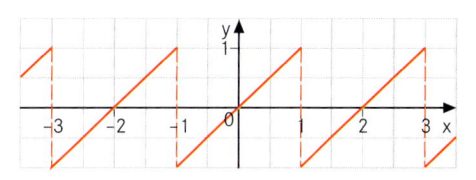

g) Reine Töne (wie bei einem Synthesizer) kommen bei „natürlichen" Musikinstrumenten nicht vor. Man kann „natürliche" Töne aber durch periodische Funktionen beschreiben, die man grundsätzlich aus Sinus- und Kosinusfunktionen zusammensetzen kann.

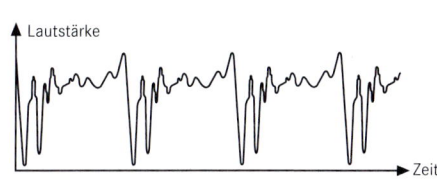

In der Abbildung ist das „Klangprofil" beim Ton C eines Saxophons (links) und einer Klarinette (rechts) zu sehen.
Sucht mit Computerunterstützung nach Funktionen, deren Graphen möglichst gut mit den abgebildeten übereinstimmen.

h) Erzeugt Graphen periodischer Funktionen mit dem Rechner, zeigt sie euren Nachbarn und lasst sie die zugehörige Funktionsgleichung vermuten und ggf. mit Rechnerunterstützung überprüfen. Wechselt euch ab.

i) Der französische Mathematiker Joseph Fourier (1768–1830) fand 1822 heraus, dass sich jede „hinreichend vernünftige" periodische Funktion f mit der Kreisfrequenz b beliebig genau durch eine Summe einfacher trigonometrischer Funktionen annähern lässt, deren Kreisfrequenzen ganzzahlige Vielfache von b sind:
$f(x) \approx a + a_1\cdot\sin(bx) + a_2\cdot\sin(2bx) + a_3\cdot\sin(3bx) + ...$
$\qquad + b_1\cdot\cos(bx) + b_2\cdot\cos(2bx) + b_3\cdot\cos(3bx) + ...$
Auf der Grundlage von Fouriers Entdeckung wurde von Lord Kelvin 1876 eine Maschine entwickelt, mit deren Hilfe man den Prozess von Ebbe und Flut sehr gut analysieren und vorhersagen konnte.
Versucht möglichst Interessantes über Fourier und Kelvin zu erfahren.

A2 a) Löse folgende **trigonometrische Gleichungen** (ohne Computer!) für $0 \leq x \leq 2\pi$.
  (I) $\sin x = 1$ (II) $\cos x = 0$ (III) $-\sin x = 2$
  (IV) $\cos y = \frac{1}{2}$ (V) $\sin z = \frac{1}{\sqrt{2}}$ (VI) $\sin(3x) = \frac{1}{2}$
  (VII) $2\cdot\sin(t) + 2 = \cos(t)^2$ (VIII) $\sin(x)\cdot\cos(x) = \frac{1}{2}$ (IX) $\sin(y) + \cos(y) = 2$

b) Versuche die Gleichungen zunächst grafisch zu lösen:
  (I) $\cos x = x$ (II) $\cos(x^2) = x$ (III) $\cos(x)^2 = x$ (IV) $x = 0{,}9\cdot\sin(x) - 100\cdot\frac{2\pi}{360}$ *

c) Versuche für die Gleichungen aus b) Näherungsverfahren zu entwickeln.

---

* Dieses ist eine spezielle Form der keplerschen Gleichung. Ihre Lösungen benötigt man für die Positionsbestimmung von Planeten und künstlichen Satelliten.

A3 Interpretiert und analysiert die Grafik so weit wie möglich. Versucht Funktionen und Funktionsgleichungen (ggf. mit Rechnerunterstützung) zu finden, deren Graphen sie (oder zumindest Teile) möglichst gut beschreiben.

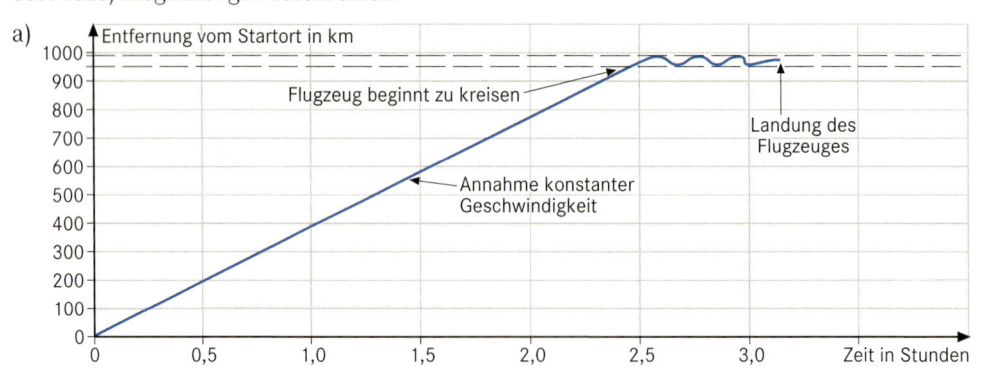

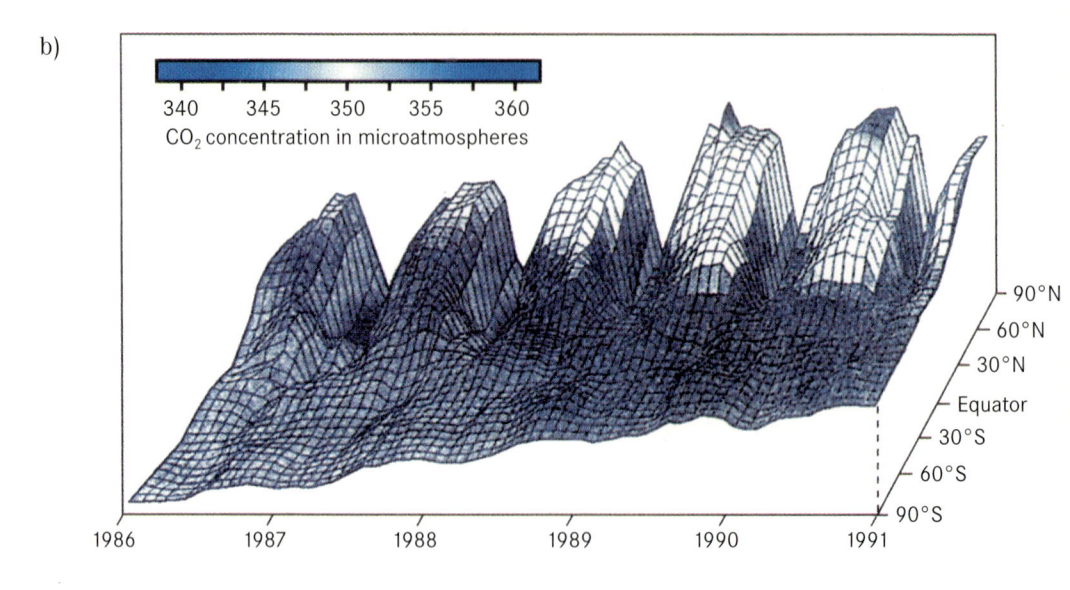

a) *Entfernung vom Startort in km* — Flugzeug beginnt zu kreisen — Landung des Flugzeuges — Annahme konstanter Geschwindigkeit — Zeit in Stunden

b) 340 345 350 355 360 CO_2 concentration in microatmospheres — 90°N, 60°N, 30°N, Equator, 30°S, 60°S, 90°S — 1986 1987 1988 1989 1990 1991

A4 Lara und Nico wollen bislang kennengelernte Funktionen wie z. B. lineare und quadratische, Potenzfunktionen, Logarithmusfunktionen und Exponentialfunktionen sowie auch trigonometrische Funktionen „zusammensetzen" und möglichst viel ohne Rechnung, Zeichnung oder Computereinsatz über den Graphen der neuen, zusammengesetzten Funktion sagen.

  a) Lara: „Nehmen wir z. B. mal $f(x) = x$ und $g(x) = \cos x$. Der Graph von $h(x) = f(x) + g(x)$ sollte sich doch dann weitgehend an den von f „anschmiegen", da die Werte von g ja immer nur zwischen -1 und $+1$ schwanken können, f aber beliebig große und kleine Werte annehmen kann. Es ist auch klar, dass der Graph von h den von f an den gleichen Stellen schneidet, an denen g Nullstellen hat!
  Also ist der Verlauf des Graphen von h doch weitgehend klar!" „Moment mal", sagt Nico „das will ich doch erst einmal näher überprüfen!"
  Was meint ihr? Begründet eure Aussagen und kontrolliert sie ggf. mit dem Rechner.
  Versucht ebenso mit wenig Aufwand Aussagen über die Eigenschaften von $f(x) \cdot g(x)$; $g(x) : f(x)$ und $g\left(\frac{1}{f(x)}\right)$, $f(x) \neq 0$, zu gewinnen und überprüft diese entsprechend.

  b) Setzt ebenso $f(x) = 1{,}3^x$ und $g(x) = \cos x$ zusammen und führt entsprechende Untersuchungen durch.

  c) Führt derartiges „Funktionenbasteln" und entsprechende Untersuchungen mit anderen Typen von Funktionen durch.

Projekt

Die internationale Raumstation (ISS)

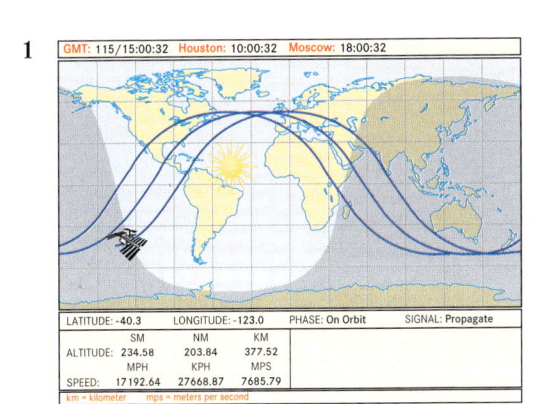

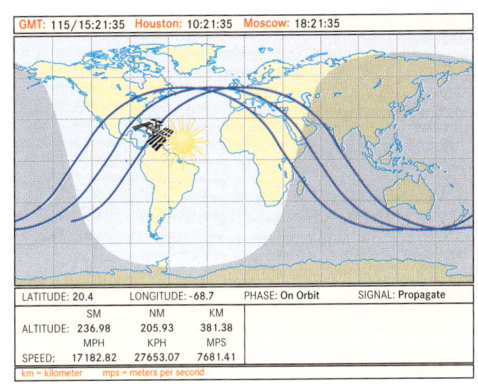

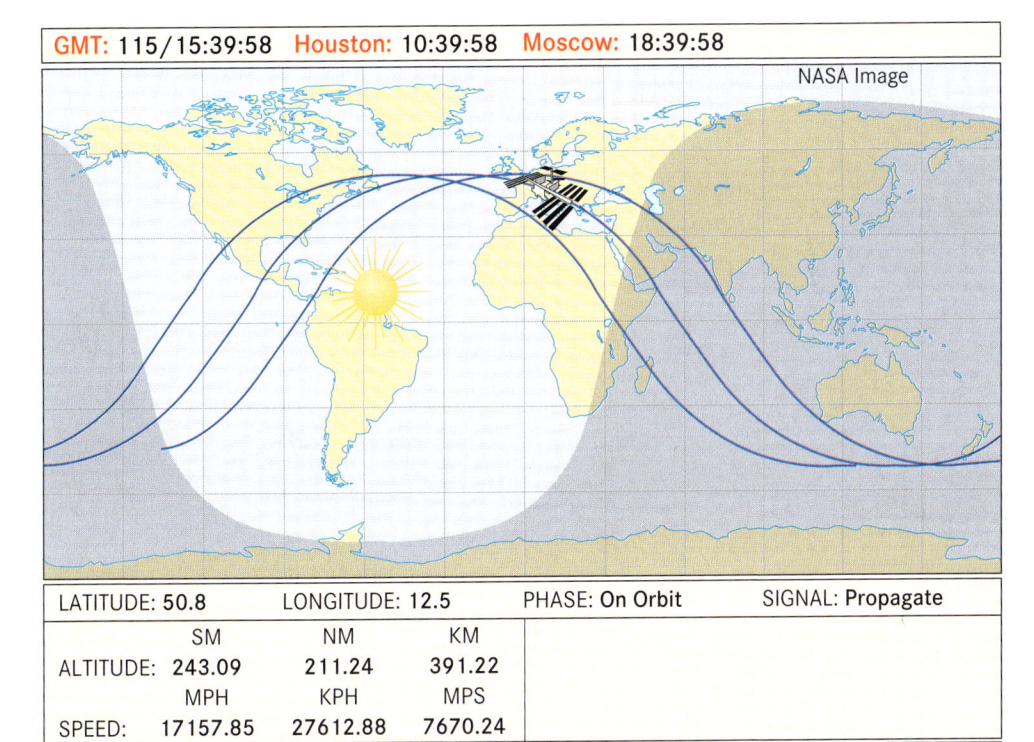

1

a) Interpretiert die abgebildeten Bahnen der „International Space Station" (ISS). Versucht hierfür Gleichungen zu finden, die die Bahnen im Koordinatensystem möglichst gut beschreiben. Überprüft eure Überlegungen mithilfe geeigneter Zeichnungen oder eines Rechners.
b) Informiert euch über den aktuellen Stand der internationalen Raumstation. Welche Missionen dorthin werden gerade durchgeführt, welche sind demnächst geplant?

2 Macht eine Ausstellung über die moderne Weltraumfahrt, in der u. a. berücksichtigt werden könnte:
   (I) mathematische Betrachtungen zur Positionsbestimmung auf der Erde und im Weltraum;
   (II) historische Entwicklung von Weltmodellen sowie deren Vor- und Nachteile;
  (III) Geschichte der Weltraumfahrt;
  (IV) Nutzen und Risiken der (bemannten) Weltraumfahrt.

8 Lernkontrollen

8.1 Orientierung auf der (Erd-)Kugel

Test A

1. Beschreibe, wie auf der Erdkugel der kürzeste Weg zwischen zwei Punkten verläuft.

2. In welchem Erdteil liegt die Stadt mit den geographischen Koordinaten (33° 30' S | 70° 34' W)? Um welche Hauptstadt könnte es sich handeln?

3. St. Petersburg hat ungefähr die geographischen Koordinaten (60° N | 30° O) und Alexandria liegt ungefähr auf (30° N | 30° O). Wie groß ist der sphärische Abstand dieser beiden Städte?

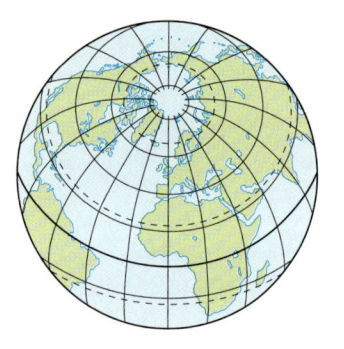

4. Wie groß ist der euklidische Abstand von Hamburg (53°30' N | 10° O) zur Äquatorebene?

5. Welchen Umfang und welchen Radius hat der Breitenkreis 60° N?

6. Bestimme mithilfe einer geometrischen Konstruktion den sphärischen Abstand von Frankfurt/Main (50° N | 8,5° O) und Tokio (35,5° N | 139,7° O).

Test B

1. Bestimme die Werte ohne Taschenrechner.
   a) $\sin 30°$ b) $\cos 120°$ c) $\cos 315°$ d) $\sin 270°$

2. Es gilt $\sin 40° \approx 0{,}64$. Ist dann $\sin 20°$ gleich, größer oder kleiner als 0,32? Begründe die Antwort mithilfe einer Skizze des Graphen der Sinusfunktion.

3. a) Für welche Winkel hat der Sinus und für welche Winkel hat der Kosinus den Wert $\frac{\sqrt{3}}{2}$?
   b) Für welche Winkel haben Sinus und Kosinus den gleichen Wert?

4. Welche Breitenkreise haben einen Umfang von 20000 km?

5. Bestimme die fehlenden Winkelgrößen und Seitenlängen in einem rechtwinkligen Dreieck mit üblicher Bezeichnung und $c = 5$ cm; $\alpha = 36{,}87°$ (Tipp: $\sin 36{,}87° \approx 0{,}6$).

6. Begründe die Formel: $(\sin \alpha)^2 + (\cos \alpha)^2 = 1$.

8.2 Funktionen mit Potenzen

Test A

1. Vereinfache.
   a) $\dfrac{a^3 \cdot a^5}{a^2}$
   b) $\dfrac{a^{-2} \cdot b^6 \cdot a^5}{a^{-3} \cdot b^{-3}}$
   c) $\dfrac{9x^{\frac{1}{2}} \cdot 4y^5 \cdot 6x^7}{2y^{-7} \cdot \sqrt{x}}$
   d) $\sqrt{a^3 \cdot b^5} \cdot \sqrt{a \cdot b}$

2. Löse.
   a) $5^x = 12$
   b) $3^{x-1} = 4$
   c) $(2x + 1)^3 = 27$
   d) $9^{x+2} = 7 \cdot 3^{4x+1}$

3. Gib eine mögliche Funktionsgleichung an.

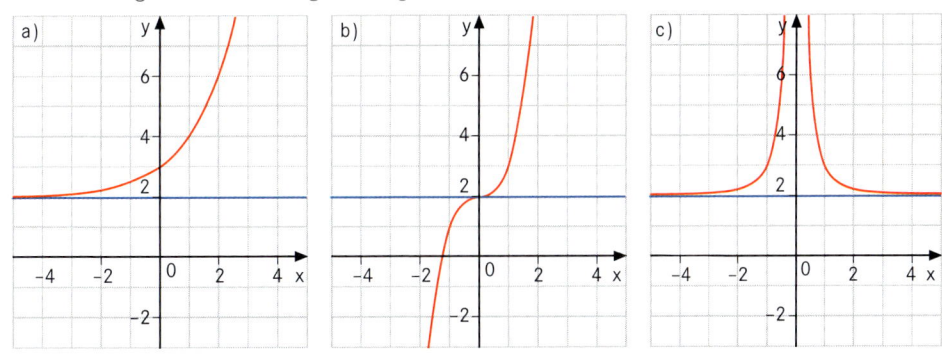

4. Berechne die Verzehnfachungszeit eines Kapitals, das jährlich mit 7% verzinst wird.

5. Beschreibe die Geldmenge nach n Jahren mit einem Term.
   a) Zu Beginn hat Anna 345 Euro. Sie bekommt jeden Monat 50 Euro dazu.
   b) Zu Beginn hat Bernhard 23 Euro. Jeden Monat wächst sein Guthaben um 1,2%.

Test B

1. Löse nach x auf.
   a) $a^x = b$
   b) $x^a = b$
   c) $\log_a x = b$
   d) $\log_x a = b$

2. Eine Bakterienkultur mit der Anfangsmasse von 30 g vermehrt sich alle drei Tage um den Faktor 6. Wann hat ihre Masse den Wert 600 g erreicht?

3. Beschreibe allgemein die Graphen zu $y = x^n$ und zu $y = b^x$.

4. Bilde die Umkehrfunktion.
   a) $f(x) = 3^x$
   b) $f(x) = 3^{x+1}$
   c) $y = 3^x + 1$
   d) $f(x) = x^3 - 1$

5. Eine giftige Linsenart bedeckt drei Tage nach Beobachtungsbeginn 30 m² eines Teiches und sechs Tage nach Beobachtungsbeginn 40 m². Wie groß ist die bedeckte Fläche zehn Tage nach Beobachtungsbeginn?

8.3 Stochastik

Test A

1. a) Gib fünf verschiedene Abzählprobleme an, die durch den Binomialkoeffizienten $\binom{6}{4}$ beschrieben werden können. Gib an, wie man den zugehörigen Wert direkt berechnen kann.
   b) Wie lautet die vierte Zeile im pascalschen Dreieck? Welche Bedeutung hat sie?

2. Gib eine klammerfreie Form des Terms an: a) $(a + 2b)^3$; b) $(2a - b)^4$.

3. a) Wie viele Möglichkeiten gibt es, aus zehn Teilnehmern eines Tischtennisturniers Spielpaare zu bilden?
   b) Wie viele Möglichkeiten gibt es, aus einer Urne mit 49 nummerierten Kugeln mit einem Griff drei Kugeln zu ziehen?

4. Bei einer Qualitätskontrolle rechnet man mit einem durchschnittlichen Ausschuss von 5 %. Wie groß ist die Wahrscheinlichkeit dafür, dass
   a) unter acht Artikeln kein Ausschuss ist?
   b) unter zehn Artikeln genau drei Ausschussteile sind?

5. Bei einem Multiple-Choice-Test werden neun Fragen mit jeweils drei Antworten, von denen genau eine richtig ist, gestellt. Kandidat A rät nur, Kandidat B kann im Durchschnitt drei von vier Fragen richtig beantworten.
   a) Der Test gilt als bestanden, wenn man sechs Fragen richtig beantwortet hat. Wie groß ist die Chance, dass Kandidat A bzw. Kandidat B den Test besteht?
   b) Beschreibe ohne weitere Rechnung, wie sich die Wahrscheinlichkeiten aus a) ändern, wenn man die „Trennstelle" von sechs auf sieben richtig beantwortete Fragen hoch setzt.

Test B

1. a) Beschreibe, welche Bedeutung die Binomialkoeffizienten für die binomischen Formeln haben. Gib ein geeignetes Beispiel an.
   b) Erläutere und begründe, wie man die fünfte Reihe im pascalschen Dreieck bestimmen kann.

2. Bestimme eine klammerfreie Darstellung des Terms: a) $(x - y)^3$; b) $(x + 3y)^4$.

3. Eine Urne enthält drei schwarze und sieben weiße Kugeln. Es wird mehrfach eine Kugel gezogen, die Farbe notiert und die Kugel sofort wieder zurückgelegt. Wie groß ist die Wahrscheinlichkeit
   a) bei zehn Versuchen genau dreimal eine schwarze Kugel zu ziehen?
   b) bei fünf Versuchen mindestens einmal eine weiße Kugel zu ziehen?

4. a) Wie viele Möglichkeiten gibt es, aus 20 Schülern jeweils zwei für eine Partnerarbeit zusammenzustellen?
   b) Ein Quizmaster kann bei einer Fernsehshow acht von zehn Fragen auswählen. Wie viele Auswahlmöglichkeiten hat er?

5. Bei einer Münze soll untersucht werden, ob sie fair ist.
   a) Beschreibe, wie ein Test dafür aufgebaut sein sollte.
   b) Man einigt sich, dass man sie als Laplace-Münze akzeptieren will, wenn sie bei zwölf Würfen zwischen vier- und achtmal Zahl zeigt. Übersetze diese Aussage, beschreibe damit mathematisch den Test und berechne die Wahrscheinlichkeit für den Ablehnungsbereich.

8.4 Inhaltsmessung

Test A

1. a) Berechne den Flächeninhalt und den Umfang eines Kreises mit dem Radius 5 cm.
   b) Berechne den Radius eines Kreises mit dem Flächeninhalt 50 cm².

2. Eine 15 cm hohe Pyramide hat ein regelmäßiges Sechseck als Grundfläche und ein Volumen von 1 000 cm³. Berechne die Grundfläche G und die Seitenlänge a des Sechsecks.

3. Bestimme das Volumen des Kegelstumpfes.

4. Ein Zylinder soll dasselbe Volumen und dieselbe Höhe haben wie ein Kegel. Mache möglichst genaue Aussagen über die beiden Körper.

5. a) Berechne das Volumen und die Oberfläche des abgebildeten Körpers.
   b) Bestimme die Abmessungen eines Körpers, der zu diesem ähnlich und dessen Volumen doppelt so groß ist.

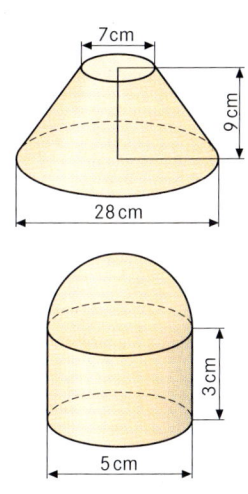

Test B

1. a) Berechne Volumen, Mantelfläche und Oberfläche eines 5 cm hohen Kegels mit dem Grundkreisradius 4 cm.
   b) Begründe die Formel $M = \pi \cdot r \cdot s$ für die Mantelfläche des Kegels.
   c) Bestimme Grundkreisradius und Höhe für einen Kegel mit dem Volumen 1.
   Gibt es mehrere Lösungen? Begründe deine Antwort.

2. Für das Volumen des abgebildeten „quadratischen" Pyramidenstumpfes wird die Formel $V = \frac{1}{3} h \cdot (a^2 + ab + b^2)$ angegeben. Begründe.

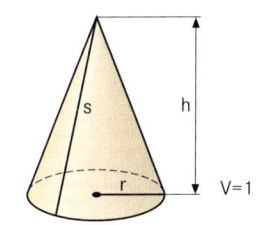

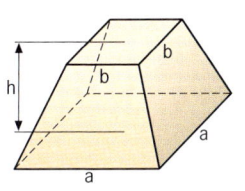

3. Zwei Kugeln aus Knetmasse mit dem Radius 1 cm werden zu einer einzigen Kugel zusammengeknetet. Bestimme den Radius der Gesamtkugel. Um wie viel Prozent hat sich bei der Umformung die Oberfläche verändert?

4. Berechne den Flächeninhalt der gelben Fläche. Erläutere deine Berechnungsmethode.

5. Wie kann man π auf fünf Stellen genau bestimmen? Skizziere ein Verfahren mit Bild und Text.

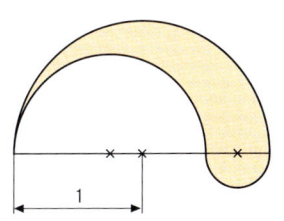

8.5 Trigonometrie

Test A

1. Eine Bergstraße hat laut Karte die Steigung 18% und (in der horizontalen Kartenprojektion) eine Länge von 6,2 km. Wie groß ist der Steigungswinkel, wie lang ist die Strecke wirklich und um wie viele Meter steigt sie an?

2. Bei Holzleitern sollte der Fuß beim Durchbrechen einer Sprosse noch die darunter liegende Sprosse (Abstand etwa 25 cm) treffen. Wie schräg sollte eine Leiter höchstens stehen?

3. Bestimme α in dem Achteck im linken Bild. Ist das Achteck regelmäßig?

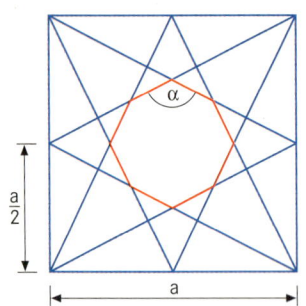

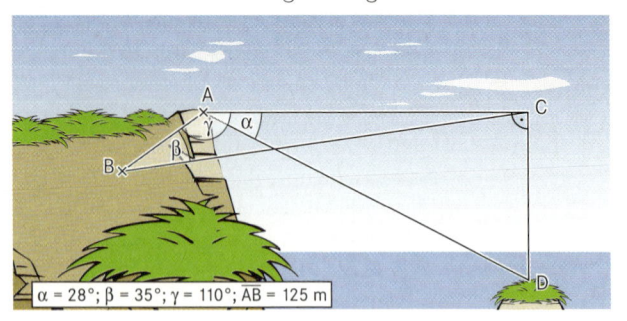

α = 28°; β = 35°; γ = 110°; $\overline{AB}$ = 125 m

4. Wie tief liegt die Spitze D der Insel im rechten Bild unter dem Festland?

5. Ein Heißluftballon fährt mit konstanter Höhe auf einen Ort A zu. In Fahrtrichtung liegt in einiger Entfernung Ort B. Wie können die Ballonfahrer ihre Höhe bestimmen, wenn A und B auf ihrer Karte eingezeichnet sin?

Test B

1. Der Kipptest prüft die Straßenlage eines Pkw. Bestimme den Neigungswinkel durch geeignete Schätzungen von Längen aus der Abbildung.

2. Berechne alle fehlenden Größen sowie den Flächeninhalt eines Dreiecks mit:
   a) a = 3,46 m;   β = 27,2°;   γ = 137,8°
   b) b = 27 cm;   c = 24 cm;   α = 40,6°

3. Begründe: $\tan(90 - \alpha) = \frac{1}{\tan \alpha}$

4. Um die Höhe eines Berges zu bestimmen, werden folgende Maße ermittelt: s = 975 m; α_1 = 21,1°; α_2 = 25,6°; β = 52,3°; γ = 80,5°. Führe die Höhenberechnung auf verschiedenen Wegen durch und vergleiche die Ergebnisse.

5. Auf der Freizeit wird die Wurst knapp. Sven rät: „Wir sollten die Scheiben nicht senkrecht, sondern im Winkel von 30° zur Wurst abschneiden. Wir haben genauso viele Scheiben wie vorher, aber sie sind erheblich größer!"
Was meinst du zu dem Vorschlag?

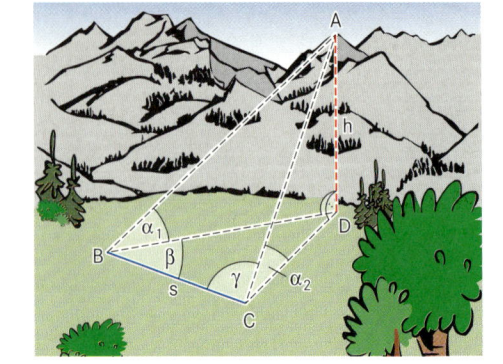

8.6 Wachstum und Rekursion

Test A

1 Die vier unvollständigen Datenreihen gehören zu zwei linearen und zwei exponentiellen Wachstumsprozessen.

0	1	2	3	4	5	6	7	8	9
		96	144		324			1093,5	
		96	144		240				
2			8						
2			8			32			

a) Vervollständige die Tabelle (zwei Nachkommastellen genügen).
b) Bestimme jeweils das hundertste Folgenglied.

2 Miriam beschließt zu sparen. Sie bekommt jeden Sonntag 25 Euro Taschengeld. Ihr Sparplan sieht vor, jeweils bis zum nächsten Sonntag nur 60% ihres Taschengeldes und der bis dahin angesparten Summe auszugeben. Sie beginnt ihr Vorhaben ganz ohne Ersparnisse.
a) Wie viel Geld besitzt sie jeweils am Taschengeldzahltag in den ersten vier Wochen?
b) Gibt es bei diesem Sparplan eine Obergrenze für ihr „Vermögen"?
c) Gib eine Rekursionsformel für die unter a) berechneten Werte an.

3 Die Ausbreitung von Infektionskrankheiten wird oft mithilfe eines logistischen Wachstumsmodells beschrieben. In einer konkreten Situation schätzt eine Expertenrunde, dass 5% der Einwohner einer Kleinstadt mit 120000 Einwohnern erkranken werden. Man geht zu Beginn von 2000 Infizierten und einer Wachstumsrate von 20% wöchentlich aus.
a) Gib eine Rekursionsformel für den erwarteten Infektionsverlauf an.
b) Berechne die ersten fünf Folgewerte.
c) Die Zahl der Neuinfizierten wächst zunächst. Wann beginnt sie wieder abzunehmen?

Test B

1 Jedermann weiß, dass auch die heißeste Suppe nicht so heiß gegessen wie gekocht wird – man wartet bis sie etwas abgekühlt ist. Eine ganz vernünftige „Faustregel" besagt, dass die Temperaturdifferenz zur Zimmertemperatur pro Minute immer um denselben Prozentsatz p abnimmt. Hier soll p = 10 % angenommen werden.
In einem Teller befindet sich 90° C heiße Suppe. In der Küche ist es 20° C warm.
a) Berechne und skizziere den Verlauf der Suppentemperatur bis zu der Minute, in der die Temperatur T = 50° C unterschritten wird.
b) Gib eine Rekursionsgleichung für den Verlauf der Suppentemperatur an. Dabei soll T(n) die Temperatur der Suppe nach n Minuten bedeuten.
c) Sarah isst ihre Suppe nicht. Ist sie nach sechs Stunden noch wenigstens ein Grad wärmer als die Zimmertemperatur?

2 Die Ausbreitung von Infektionskrankheiten wird oft durch das logistische Wachstumsmodell
$A(n + 1) = A(n) \cdot \left(1 + p \cdot \left(1 - \frac{A(n)}{G}\right)\right)$ beschrieben.
a) Erläutere die angegebene Rekursionsformel.
b) Zu Beginn zählt man 1200 Infizierte, eine Woche später schon 1800. In der betroffenen Region leben 500000 Menschen. Man geht davon aus, dass letztendlich jeder Fünfte erkranken wird. Entwickle ein Modell und sage damit die nächsten drei Werte vorher.
c) Gib für die Anzahl in einer Woche Neuerkrankter einen größtmöglichen Wert an.

8.7 Periodische Prozesse und Funktionen

Test A

1. Bestimme ohne Taschenrechner:
   a) $\sin 405°$ b) $\cos 240°$ c) $\tan(-120°)$ d) $\sin\left(\frac{-2\pi}{3}\right)$
   e) $\tan\left(-\frac{\pi}{6}\right)$ f) $\sin(315°) \cdot \cos(510°)$ g) $\tan\left(\frac{15 \cdot \pi}{4}\right) - \sin\left(\frac{7 \cdot \pi}{3}\right)$ h) $(\sin\frac{\pi}{7})^2 + (\cos\frac{\pi}{7})^2$

2. Bestimme – soweit sinnvoll – die Amplitude A, die Periode p und die Phase d ohne den Graphen zu zeichnen:
   a) $-3 \cdot \sin(x)$ b) $-5 \cdot \cos(3x)$ c) $\frac{3}{5} \cdot \sin\left(-\frac{2\pi}{5}x\right)$
   d) $3 \cdot \cos(2x - \pi)$ e) $-2 \cdot \sin\left(3x + \frac{\pi}{2}\right)$ f) $-\tan(2x + \pi)$

3. Welcher Graph könnte zu welcher Funktion passen?

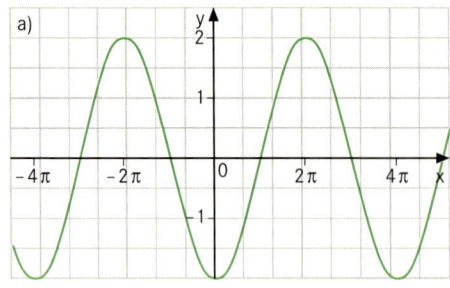

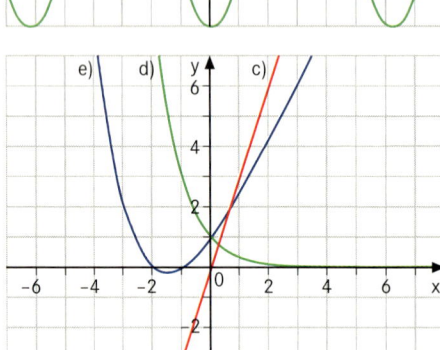

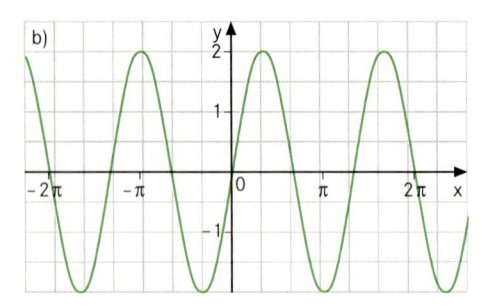

   (I) $-2 \cdot \cos\left(\frac{-1}{2}x\right)$ (II) $2x$
   (III) $3x$ (IV) $2x + 2^{-x}$
   (V) $2x - 2^x$ (VI) $2 \cdot \sin(0{,}5x)$
   (VII) 3^{-x}
   (VIII) $-2 \cdot \sin\left(\frac{3}{2}x + \pi\right) - 0{,}5$

Test B

1. Gegeben sind Amplitude, Periode und Phase einer trigonometrischen Funktion. Gib eine passende Funktionsgleichung an und skizziere den Graphen mit GTR-Unterstützung über mindestens eine volle Periode.

	Amplitude	Periode	Phase
a)	3	$\frac{\pi}{2}$	π
b)	2	1	0
c)	0,25	3π	1

2. Eine Feder wird um 5 cm aus der Ruhelage gelenkt und losgelassen. Sie benötigt für eine Schwingung 4 sec.
   a) Gib eine Gleichung für die Auslenkung x(t) an (Annahme: keine Reibung).
   b) Jetzt wird Reibung angenommen. Die maximale Auslenkung vermindert sich nach jeder vollen Schwingung um die Hälfte. Gib eine passende Gleichung für x(t) an und zeichne den entsprechenden Funktionsgraphen.

8.8 Lösungen zu den Lernkontrollen

zu 8.1

A 1 Der kürzeste Weg zwischen zwei Punkten verläuft auf dem kürzeren Bogen des Großkreises durch die beiden Punkte. Dieser entsteht als Schnittkreis in der Ebene, die von den beiden Punkten und dem Kugelmittelpunkt aufgespannt wird.

2 Erdteil: Südamerika; Hauptstadt: Santiago de Chile

3 $s = \frac{30°}{360°} \cdot 40000 \approx 3330$ km ≈ 1800 Seemeilen

4 $a = \sin 53{,}5° \cdot R \approx 0{,}804 \cdot 6370$ km ≈ 5120 km

5 $u = \cos 60° \cdot 40000$ km $= 20000$ km; $r = \cos 60° \cdot 6370$ km $= 3185$ km

6 $s = \frac{84{,}3°}{360°} \cdot 40000$ km $= 9367$ km

B 1 a) $\sin 30° = \frac{1}{2}$ b) $\cos 120° = -\frac{1}{2}$ c) $\cos 315° = \frac{\sqrt{2}}{2}$ d) $\sin 270° = -1$

2 Der Graph der Sinusfunktion ist in dem betrachteten Bereich rechts gekrümmt, also liegt die Kurve oberhalb der entsprechenden Sekante, auf der auch der Punkt (20° | 0,32) liegt, also $\sin 20° > 0{,}32$.

3 a) $\sin 60° = \frac{\sqrt{3}}{2} = \sin 120°$; $\cos 30° = \frac{\sqrt{3}}{2} = \cos 330°$

b) $\sin 45° = \cos 45° = \frac{\sqrt{2}}{2}$; $\sin 225° = \cos 225° = -\frac{\sqrt{2}}{2}$

4 60° N und 60° S

5 $a = c \cdot \sin \alpha = 3$ cm; mit dem Satz des Pythagoras folgt: $b = 4$ cm; $\beta = 90° - \alpha \approx 53{,}13°$.

6 In einem rechtwinkligen Dreieck mit einem Winkel α und der Hypotenuse 1 haben die Katheten die Längen $\sin \alpha$ und $\cos \alpha$. Die Formel ist dann nichts anderes als der Satz des Pythagoras für diese Situation.

zu 8.2

A 1 a) a^6 b) $a^6 \cdot b^9$ c) $108 \cdot x^7 y^{12}$ d) $a^2 \cdot b^3$

2 a) $x = \frac{\lg 12}{\lg 5} \approx 1{,}54$ b) $x \approx 2{,}26$ c) 1 d) $x \approx 0{,}614$

3 a) $y = 2 + 2^x$ b) $y = 2 + x^3$ c) $y = 2 + \frac{1}{x^2}$

4 $10 = 1{,}07^n$ hat die Lösung $n \approx 34$.

5 a) $345 + 50 \cdot 12 \cdot n$ b) $23 \cdot 1{,}012^{12n}$

B 1 a) $x = \log_a b = \frac{\lg b}{\lg a}$ b) $x = \sqrt[8]{b}$ c) $x = a^b$ d) $x^b = a$, also $x = \sqrt[b]{a}$

2 Die Masse nach x Tagen beträgt $m(x) = 30 \cdot 6^{\frac{x}{3}}$. Die Gleichung $600 = 30 \cdot 6^{\frac{t}{3}}$ hat die Lösung $t \approx 5$.

3 $y = x^n$: für n gerade und positiv: Symmetrie zur y-Achse, durch (0 | 0) und (1 | 1);
n ungerade und positiv: Symmetrie zu (0 | 0), durch (0 | 0) und (1 | 1); streng monoton steigend;
n gerade und negativ: Symmetrie zur y-Achse, durch (1 | 1), Koordinatenachsen sind Asymptoten;
n ungerade und negativ: Symmetrie zu (0 | 0), durch (1 | 1), Koordinatenachsen sind Asymptoten.
$y = b^x$: für $b > 1$: streng monoton steigend, durch (0 | 1), neg. x-Achse ist Asymptote;
$0 < b < 1$: streng monoton fallend, durch (0 | 1), pos. x-Achse ist Asymptote.

4 a) $y = \log_3 x$ b) $y = -1 + \log_3 x$ c) $y = \log_3 (x - 1)$ d) $y = \sqrt[3]{x + 1}$

5 A(t) sei die bedeckte Fläche t Tage nach Beobachtungsbeginn. Dann $A(3) = 30$ und $A(6) = 40$.
Ansatz: $A(t) = u \cdot v^t$ führt auf $v = \sqrt[3]{\frac{4}{3}}$ und $u = 22{,}5$, also $A(t) = 22{,}5 \cdot \left(\frac{4}{3}\right)^{\frac{t}{3}}$. Es ist $A(10) \approx 58{,}7$.

8.8 Lösungen zu den Lernkontrollen

zu 8.3

A 1 a) (1) 4 Kreuze in 6 Kästchen; (2) aus einer Urne mit 6 unterschiedlichen Kugeln 4 mit einem Griff ziehen; (3) aus 6 Personen einen Ausschuss von 2 oder von 4 wählen; (4) Dualzahlen der Länge 6 mit 4 Einsen; (5) in Quadratcity viermal nach rechts und zweimal nach oben zu laufen.
Berechnung: $\frac{6 \cdot 5 \cdot 4 \cdot 3}{1 \cdot 2 \cdot 3 \cdot 4} = 15$.
Die 4. Zeile im pascalschen Dreieck gehört zu der binomischen Formel $(a + b)^3$; sie gibt die Koeffizienten 1 – 3 – 3 – 1 für die einzelnen Summanden an.

2 a) $(a + 2b)^3 = a^3 + 6a^2b + 12ab^2 + 8b^3$ b) $(2a - b)^4 = 16a^4 - 32a^3b + 24a^2b^2 - 8ab^3 + b^4$

3 a) $\binom{10}{2} = 45$ b) $\binom{49}{3} = \frac{49 \cdot 48 \cdot 47}{1 \cdot 2 \cdot 3} = 18\,424$

4 a) p = 0,05; n = 8; k = 0: p (kein Ausschuss unter 8 Teilen) = 0,663
b) p = 0,05; n = 10; k = 3: p (3 Ausschussteile unter 10) = 0,010

5 n = 9 Fragen; p (A) = p (Antwort richtig raten) = $\frac{1}{3}$; p (B) = p (3 von 4 Fragen richtig) = 0,75
a) p (mindestens 6 richtige Antworten für A) = 0,043;
p (mindestens 6 richtige Antworten für B) = 0,834
b) Wenn der Schwellenwert erhöht wird, wird die Wahrscheinlichkeit den Test durch Raten zu bestehen, kleiner (0,008) und gleichzeitig wächst die Gefahr den Test trotz Vorbereitung nicht zu bestehen (0,601).

B 1 a) Die Binomialkoeffizienten geben die Koeffizienten der Summanden in den binomischen Formeln an.
$(a + b)^2 = \binom{2}{0} \cdot a^2 + \binom{2}{1} \cdot ab + \binom{2}{2} \cdot b^2 = 1 \cdot a^2 + 2 \cdot ab + 1 \cdot b^2$

b) Man kann die fünfte Reihe im pascalschen Dreieck bestimmen, indem man die darüber liegenden Werte der vierten Reihe addiert (Rekursionsformel). Aus 1 – 3 – 3 – 1 wird dann 1 – 4 (= 1 + 3) – 6 (= 3 + 3) – 4 (= 3 + 1) – 1.

2 a) $(x - y)^3 = x^3 - 3x^2y + 3xy^2 - y^3$ b) $(x + 3y)^4 = x^4 + 12x^3y + 54x^2y^2 + 108xy^3 + 81y^4$

3 p(schwarz) = 0,3; p(weiß) = 0,7; mehrfaches Ziehen mit Zurücklegen ist eine Bernoullikette
a) p(3 schwarze bei 10 Versuchen) = 0,267
b) p(mindestens 1 weiße bei 5 Versuchen) = 1 – p (keine weiße bei 5 Versuchen) = 0,998

4 a) $\binom{20}{2} = \frac{20 \cdot 19}{1 \cdot 2} = 190$ b) $\binom{10}{8} = \binom{10}{2} = \frac{10 \cdot 9}{1 \cdot 2} = 45$

5 a) Man legt die Hypothese H: p ≠ 0,5 und die Normalfallhypothese N: p = 0,5 fest. Man versucht dann durch den Test N zu widerlegen: Wenn „Zahl" ungewöhnlich oft oder selten auftritt, wird man N ablehnen. Dabei sollte man vor dem Test festlegen, was „ungewöhnlich" bedeuten soll.
b) Aus dem Text entnimmt man den Ablehnungsbereich: N wird abgelehnt, wenn höchstens drei- oder mindestens neunmal „Zahl" auftritt.
α = p(0; 1; 2; 3; 9; 10; 11; 12 mal „Zahl") ≈ 14,6%

zu 8.4

A 1 a) A = π · 25 cm² = 78,54 cm²; u = 2π · 5 cm = 31,42 cm   b) $r = \sqrt{\frac{50}{\pi}}$ cm = 3,99 cm

2 $G = \frac{3V}{h} = \frac{3000\,cm^3}{15\,cm} = 200\,cm^2$; $G = 6 \frac{a^2}{4} \cdot \sqrt{3} \Rightarrow a^2 = 2 \cdot 200\,cm^2 : (3\sqrt{3}) \Rightarrow a = 8{,}77\,cm$

3 $r_1 : r_2 = h_1 : h_2 = 4 : 1 \Rightarrow h_1 = 12\,cm, h_2 = 3\,cm$; $V = V_1 - V_2 = (\pi \cdot 28^2 \cdot 12\,cm^3 - \pi \cdot 7^2 \cdot 3\,cm^3) : 3 = 9698{,}1\,cm^3$

4 $\pi r_1^2 h = \frac{\pi r_2^2 h}{3} \Rightarrow 3r_1^2 = r_2^2 \Rightarrow r_2 : r_1 = \sqrt{3}$

5 a) $V = \pi \cdot 2{,}5^2 \cdot 3\,cm^3 + 4\pi \cdot 2{,}5^3 : 3\,cm^3 = 124{,}35\,cm^3$; $O = 2\pi \cdot 2{,}5 \cdot 3\,cm^2 + 3\pi \cdot 2{,}5^2\,cm^2 = 106{,}03\,cm^2$
b) $V' = 2V = k^3 \cdot V \Rightarrow$ Streckfaktor $k = \sqrt[3]{2}$; $r' = 2{,}5 \cdot \sqrt[3]{2}\,cm = 3{,}15\,cm$; $h' = 3\sqrt[3]{2}\,cm = 3{,}78\,cm$

B 1 a) $V = \pi \cdot 4^2 \cdot 5 : 3\,cm^3 = 83{,}78\,cm^3$; $s = \sqrt{16 + 25}\,cm = 6{,}40\,cm$; $M = \pi \cdot 4 \cdot \sqrt{41}\,cm^2 = 80{,}46\,cm^2$;
$O = M + \pi \cdot 4^2\,cm^2 = 130{,}73\,cm^2$

b) „Plättet" man den Mantel eines Kegels in der Ebene, so erhält man einen Ausschnitt aus einem Kreis mit dem Radius s. Die Bogenlänge b dieses Kreisausschnitts entspricht dem Umfang des Grundkreises des Kegels; also gilt b = 2πr. Für den Flächeninhalt des Kreisausschnitts folgt also $M = \frac{1}{2}bs = \frac{1}{2} \cdot 2\pi rs = \pi rs$.

c) Wähle z.B. r = 1 cm, h = 3 : π cm um V = 1 cm³ zu erhalten; aber auch r = 2 cm, h = 3 : (4π) cm ist eine Lösung. Wegen der Kegelformel ist jedes Wertepaar (r; h) mit r² · h = 3 : π geeignet.

2 Der „quadratische" Pyramidenstumpf lässt sich z.B. in einen Quader mit dem Volumen $V_1 = b^2 \cdot h$, vier Prismen mit einem Gesamtvolumen von $V_2 = 4 \cdot \frac{a-b}{4} \cdot b \cdot h = (a - b) \cdot b \cdot h$ und vier schiefe Pyramiden mit einem Gesamtvolumen von $V_3 = 4 \cdot \frac{1}{3} \cdot \frac{(a-b)^2}{4} \cdot h$ zerlegen. Also gilt $V = V_1 + V_2 + V_3 = h \cdot ((b^2 + ab - b^2) + \frac{1}{3} \cdot (a^2 - 2ab + b^2)) = \frac{1}{3} h \cdot (a^2 + ab + b^2)$.

Eine andere Lösung:
$\frac{h_1}{h_2} = \frac{a}{b}$; $h_1 - h_2 = h$, also $h_1 = \frac{a}{a-b} \cdot h$; $h_2 = \frac{b}{a-b} \cdot h$,
also $V = \frac{a^2 \cdot h_1}{3} - \frac{b^2 \cdot h_2}{3} = \frac{h}{3} \cdot \frac{a^3 - b^3}{a - b} = \frac{h}{3} \cdot (a^2 + ab + b^2)$.

8.8 Lösungen zu den Lernkontrollen

3. Man sieht an der Formel $V = \frac{4}{3}\pi r^3$, dass Multiplizieren des Radius r mit $k = \sqrt[3]{2}$ zum doppelten Volumen führt. Zum Ziel führt aber auch der Ansatz:
$\frac{4}{3}\pi r^3 = V = 2 \cdot V_1 = 2 \cdot \frac{4}{3}\pi \text{ cm}^3$, also $r = \sqrt[3]{\frac{3V}{4\pi}} = \sqrt[3]{\frac{8\pi}{4\pi}} = \sqrt[3]{2}$. Die neue Oberfläche ist $O = 4\pi \cdot (\sqrt[3]{2})^2$;
daher gilt $O : O_1 = 4\pi(\sqrt[3]{2})^2 : 4\pi = (\sqrt[3]{2})^2 \approx 1{,}587$, d.h. die Oberfläche hat sich um 58,7% vergrößert.

4. $A = \frac{1}{2}\pi \cdot 1^2 - \frac{1}{2}\pi \cdot \left(\frac{3}{4}\right)^2 + \frac{1}{2}\pi \cdot \left(\frac{1}{4}\right)^2 = \pi$ Zwei Halbkreise werden zusammengesetzt, ein dritter Halbkreis wird herausgenommen. Das ergibt die gelbe Fläche.

5. Man kann z.B. wie folgt vorgehen: (I) Man legt eine bestimmte Eckenzahl n als Startwert fest. (II) Man berechnet zu n die Flächeninhalte eines regelmäßigen umbeschriebenen bzw. einbeschriebenen Vielecks. (III) Stimmen die beiden Flächeninhalte in den ersten fünf Nachkommastellen überein, dann ist man fertig, andernfalls verdoppelt man die Eckenzahl n und wiederholt den zweiten Schritt. (Ein geeignetes Bild befindet sich in **4.1, 2**.)

---

zu 8.5

A 1 Steigungswinkel 10,2°; Streckenlänge 6,3 km; 1,1 km Anstieg

2. Annahme: höchstens 15 cm horizontaler Versatz; Steigungswinkel mindestens 53°

3. α ≈ 126,7°   Nein; dann müsste α = 135° sein.

4. ca. 66,5 m

5. Bezeichnet F den Ballon, L den Lotfußpunkt, α = ∢ LFA und β = ∢ LFB, so ist $h = \frac{AB}{\tan\beta - \tan\alpha}$

B 1 Kipphöhe ca. ein Fünftel der Wagenbreite; Kippwinkel ca. 10° - 12°.

2. a) b = 6,11 m; c = 8,98 m; α = 15°; A ≈ 7,1 m²   b) a = 17,92 cm; β = 78,74°; γ = 60,66°; A ≈ 210,9 cm²

3. $\tan(90° - \alpha) = \frac{\sin(90° - \alpha)}{\cos(90° - \alpha)} = \frac{\cos(90° - \alpha + 90°)}{\cos(\alpha - 90°)} = \frac{\cos\alpha}{\sin\alpha} = \frac{1}{\tan\alpha}$

4. Rechnung mit α_1 ergibt $h_1 \approx 506$ m; Rechnung mit α_2 ergibt $h_2 \approx 504$ m. Die Abweichung von 0,4% kann man im Rahmen der Messgenauigkeit vernachlässigen.

5. Bei gleicher Scheibenanzahl verdoppelt sich die Länge (sin 30° = $\frac{1}{2}$), aber die Dicke halbiert sich. Die Wurstmenge pro Scheibe bleibt gleich, aber die Scheiben sind dünner und bedecken mehr Brot. Also ist der Vorschlag sinnvoll.

---

zu 8.6

A 1 Es handelt sich um exponentielles, lineares, lineares und exponentielles Wachstum.

0	1	2	3	4	5	6	7	8	9
42,67	64	96	144	216	324	486	729	1093,5	1640,25
0	48	96	144	192	240	288	336	384	432
2	4	6	8	10	12	14	16	18	20
2	3,17	5,04	8	12,69	20,16	32	50,8	80,63	128

b) $1{,}7 \cdot 10^{19}$; 4800; 202; $2{,}3 \cdot 10^{20}$

2. a) 25 Euro; 35 Euro; 39 Euro; 40,6 Euro
   b) Ja, dann wenn sich „Zu- und Abfluss die Waage halten" (41,67 Euro)
   c) $K_{n+1} = 0{,}4 \cdot K_n + 25$; $K_0 = 0$

3. a) $I(n+1) = I(n) \cdot (1 + 0{,}2 \cdot (1 - \frac{I(n)}{6000}))$; $I(0) = 2000$
   b) 2267; 2549; 2842; 3141; 3440
   c) Schon die nächste Zuwachsrate ist kleiner, denn die Hälfte der „Sättigungsmenge" ist überschritten.

B 1 a) Es ergibt sich der Temperaturverlauf T = 90°C; 83°C; 76,7°C; 71,03°C; 65,93°C; 61,33°C; 57,20°C; 53,48°C; 50,13°C; 47,12°C; 44,41°C; 41,97°C; 39,77°C; 37,79°C; 36,01°C und 34,41°C.
Nach neun Minuten liegt die Temperatur also unter 50°C. Die Grafik zeigt den Verlauf.
b) z.B.: T(n) = (T(n - 1) - 20°C) · 0,9 + 20°C (oder in einer anders aufgelösten Form).
c) Nein, schon lange nicht mehr.

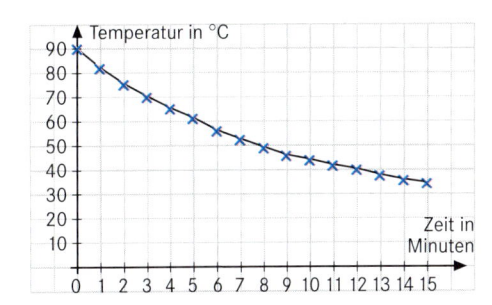

2. a) Man kann näherungsweise mit p = 50 % Anfangswachstum und einer Obergrenze von 100000 Infizierten rechnen. Bestimmt man p exakt, also über die Auflösung der Rekursionsgleichung für die zwei bekannten Werte, so erhält man p ≈ 50,75 %.
Mit dem exakten Wert für p ergeben sich die nächsten Folgezahlen insgesamt Infizierter zu 2694, 4021 und 5974.
b) 25000 Neuinfektionen (wenn bereits die Hälfte, also 50000 „ausgeschöpft" ist)

8.8 Lösungen zu den Lernkontrollen

zu 8.7

A 1 a) $\frac{-1}{\sqrt{2}}$ b) $-0{,}5$ c) $\sqrt{3}$ d) $-\frac{1}{2}$ e) $\frac{-1}{\sqrt{3}}$ f) $\sqrt{\frac{2}{4}}$ g) $-1 - \sqrt{\frac{3}{2}}$ h) 1

2 a) $A = 3$; $p = 2\pi$; $d = 0$ b) $A = 3$; $p = \frac{2\pi}{3}$; $d = 0$ c) $A = \frac{3}{5}$; $p = 5$; $d = 0$

d) $A = 3$; $p = \frac{3\pi}{2}$; $d = -\pi$ e) $A = 2$; $p = \frac{\pi}{2}$; $d = \frac{\pi}{2}$ f) A nicht sinnvoll; $p = \frac{\pi}{2}$; $d = \pi$

3 a) $\leftrightarrow$ (I)   b) $\leftrightarrow$ (VIII)   c) $\leftrightarrow$ (II)   d) $\leftrightarrow$ (VII)   e) $\leftrightarrow$ (IV)

B 1 a) z.B. $3 \cdot \sin(2x + \pi)$

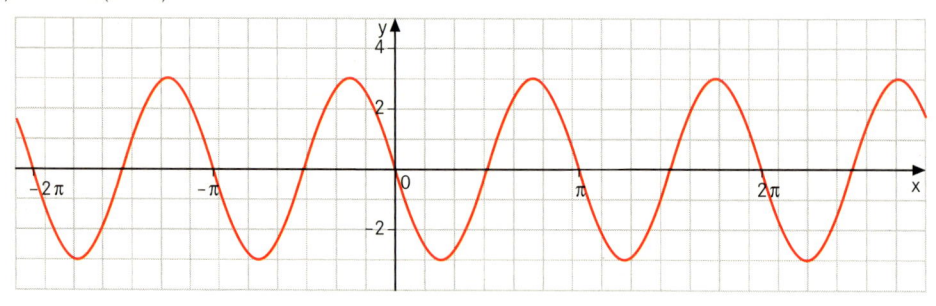

b) $2 \cdot \sin(2\pi x)$

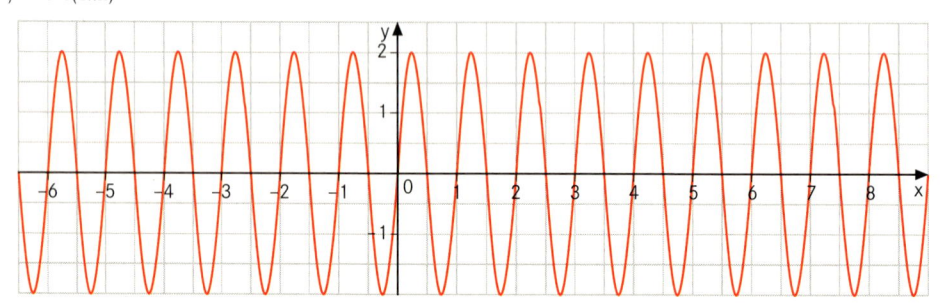

c) z.B. $-0{,}25 \cdot \cos\left(1 - \frac{2x}{3}\right)$

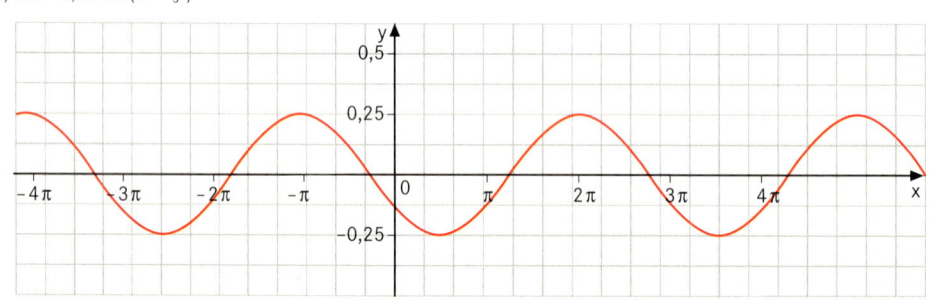

2 a) $x(t) = 5 \cdot \cos\left(\frac{2\pi t}{4}\right)$

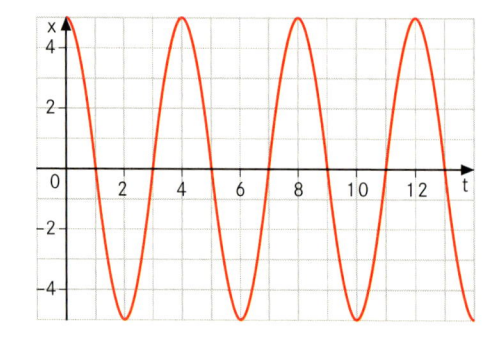

b) $x(t) = 2^{\frac{-1}{4}} \cdot 5 \cdot \cos\left(\frac{2\pi t}{4}\right)$

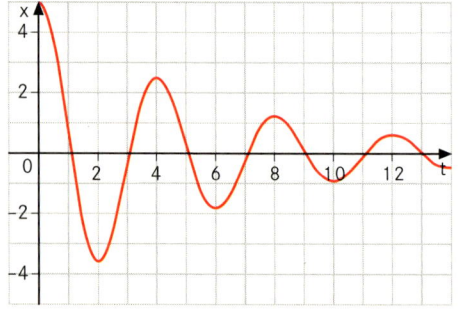

Lösungen zu vermischten Übungen

zu 1.4

1 Marseille: (43° N | 5° O); Wladiwostok: (43 N | 132° O)
Breitenkreisumfang: u = U · cos β = U · cos 43° ≈ 40 000 km · 0,732 ≈ 29 250 km.
Ost-West-Abstand d: δ = 127°, also d = $\frac{127}{360}$ · 29 250 km ≈ 10 320 km; euklidischer Abstand: e = 2 · sin$\left(\frac{\delta}{2}\right)$ · r, wobei r = cos β · 6370 km ≈ 4659 km, also e ≈ 8339 km und damit sin$\left(\frac{\varepsilon}{2}\right)$ = $\frac{e}{2 \cdot R}$ ≈ 0,65 und damit gilt: ε ≈ 81,8°; sphärischer Abstand: D = $\frac{81,8}{360}$ · 40 000 km ≈ 9085 km.

3 a) Neapel (40,75° N | 14° O); New York: (40,75° N | 73° W)
Breitenkreisumfang: u = U · cos β = U · cos 40,75° ≈ 40 000 km · 0,76 ≈ 30 303 km.
Ost-West-Abstand d: δ = 88°, also d = $\frac{88}{360}$ · 30 303 km ≈ 7407 km; euklidischer Abstand: e = 2 · sin$\left(\frac{\delta}{2}\right)$ · r, wobei r = cos β · 6370 km ≈ 4826 km, also e ≈ 6704 km und damit sin$\left(\frac{\varepsilon}{2}\right)$ = $\frac{e}{2 \cdot R}$ ≈ 0,526 und damit gilt: ε ≈ 63,5°; sphärischer Abstand: D = $\frac{63,5}{360}$ · 40 000 km ≈ 7056 km; Längenunterschied rund 350 km.

b) Unter allen Kreisbögen zwischen zwei festen Punkten ist der Halbkreis der längste, wenn man sich auf zugehörige Innenwinkel kleiner als 180° beschränkt. Der Halbkreis hat dann nämlich die größte Krümmung – beschreibt den größeren „Umweg". Man stelle sich die Achse (den Kugeldurchmesser) durch den Mittelpunkt der Verbindungsstrecke von A nach B vor und betrachte die Schar der Schnittkreise senkrecht zu dieser Achse. Darunter gibt es genau einen durch A und B. Für diesen ist $\overline{AB}$ ein Durchmesser.

4 a) q: Verhältnis von Breitenkreisbogenlänge und Großkreisbogenlänge (sphärischer Abstand); β: geographische Breite

β	0°	10° N	20° N	30° N	40° N	45° N	50° N	60° N	70° N	80° N
q	1	1,11	1,21	1,30	1,38	$\sqrt{2}$	1,45	1,5	1,54	1,56

b) Das Verhältnis q (der „Umweg") ist am Äquator am kleinsten und wird umso größer, je näher man zu den Polen kommt.

7 a) Durch Probieren oder Rückwärtsrechnen erhält man: δ ≈ 120°, R ≈ 60 300 km, U ≈ 379 000 km.
b) Saturn (R ≈ 60 270 km)

11 a) Startpunkt: Nordpol; Bär ist weiß (Eisbär).
b) Ja; man wähle einen Breitenkreis der Südhalbkugel mit einem Umfang von $\frac{1}{n}$ km (n ∈ ℕ) und einen Startpunkt, der 1 km nördlich davon liegt. Bei dem Weg in östlicher Richtung wird dann der Breitenkreis n-mal umrundet.
c) Nein, denn das ginge nur dann, wenn man den West-Ost-Weg auf einem Breitenkreis mit einer Länge wie in b) zurücklegt; Nord-Süd-Weg zum Nordpol ist von dort immer kürzer als 1 km.

14 Sinusfunktion von einem Minimum zu einem Maximum in sechs gleichgroßen Schritten: Differenzen prozentual bezogen auf Grundwert 2 („Tidenhub" der Sinusfunktion – gute Qualität der Seemannsregel)

α	−90°	−60°	−30°	0°	30°	60°	90°
sin α	−1	−0,866	0,5	0	0,5	0,866	1
Differenz	6,7%	18,3%	25%	25%	18,3%	6,7%	0
Seemann	8,3%	16,7%	25%	25%	16,7%	8,3%	0

15 Erstes Quadrat Seitenlänge 1; dann hat das zweite Quadrat den Verkleinerungsfaktor x als neue Seitenlänge.
Es gilt b = x · sin α; a = x · cos α.
Aus a + b = 1 folgt dann durch Einsetzen und Auflösen nach x: x = $\frac{1}{\sin \alpha + \cos \alpha}$ = 0,8632.

Das Quadrat wurde neunmal gedreht und verkleinert, also insgesamt um den Faktor $0,8632^9$ = 0,2661; also inneres Quadrat mit Seitenlänge 26,6 cm.

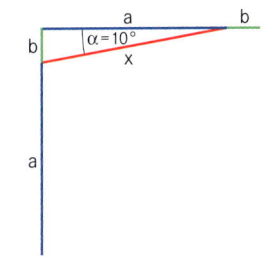

16 a) Mit dem Satz des Pythagoras ergibt sich: $a^2 = h^2 + (r - x)^2$ und $h^2 = r^2 - x^2$.
Durch Einsetzen in die linke Gleichung und Ausmultiplizieren ergibt sich: $a^2 = 2 \cdot r^2 - 2 \cdot r \cdot x$. Außerdem gilt: x = r · cos α; damit $a^2 = 2 \cdot r^2 - 2 \cdot r^2 \cdot \cos \alpha$.
b) Der Satz des Pythagoras wird verallgemeinert.
c) Mit r als Erdradius ist a der euklidische Abstand von A und B und α = ε der zugehörige sphärische Winkel. Man erhält: cos ε = 1 − $\frac{a^2}{2 \cdot R^2}$ und damit ε ≈ 56,3°, das entspricht dem sphärischen Abstand von 6255 km.

21 a)

Südpol	(0°	90° W)	(0°	180°)	(30° N	0°)	(45° S	0°)
(0 | 0 | −R)	(0 | −R | 0)	(−R | 0 | 0)	(R · cos 30° | 0 | R · sin 30°)	(R · cos 45° | 0 | −R · sin 45°)

b) Beispiel Hannover:
(52,4° N | 9,7° O) ↦ (cos (52,4°) · cos (9,7°) · R | cos (52,4°) · sin (9,7°) · R | sin (52,4°) · R) ≈ (0,6 · R | 0,1 · R | 0,79 · R)
c) Mit P beliebiger Punkt auf der Kugel mit geographischen Koordinaten (β | λ); Breitenkreis, auf dem P liegt, hat Radius R · cos β; in der x-y-Ebene (in der Äquatorebene) gilt für die x-y-Koordinaten von P: P(r · cos λ | r · sin λ) = P(R · cos β · cos λ | R · cos β · sin λ). In Parallelprojektion senkrecht zur Polarachse erkennt man: z = R · sin β. Insgesamt ergibt sich: (β | λ) ↦ (R · cos β · cos λ | R · cos β · sin λ | R · sin β).

Lösungen zu vermischten Übungen

zu 2.5

1. a) a^{-4} b) a^{-8} c) a^{-5} d) $\frac{1}{a}+1$ e) 1 f) a^{12}
   g) a^6 h) $2a^8 - 3a^3$ i) a^3 j) a k) 64 l) $a^4 + \frac{2}{a} + a^{-6}$

2. a) 5 b) $\frac{1}{2}$ c) 2 d) 20 e) 4 f) -3 g) 2 h) 20

3. a) $\pm\frac{2}{3}$ b) 6 c) ± 8 d) $-\frac{1}{2}$

4. a) $2000 \cdot 1{,}04^5 \approx 2433{,}31$ b) $2000 \cdot 1{,}04^n = 5000$ hat die ungefähre Lösung 23,4.

5. a) $x \approx 0{,}37$ b) $x \approx 0{,}1045$ c) $x \approx -0{,}408$ d) -1

6. n positiv und gerade: durch (0|0) und (1|1); symmetrisch zur y-Achse
   n positiv und ungerade: durch (0|0) und (1|1); symmetrisch zum Ursprung
   n negativ und gerade: durch (1|1); symmetrisch zur y-Achse; beide Achsen sind Asymptoten
   n negativ und ungerade: durch (1|1); symmetrisch zum Ursprung; beide Achsen sind Asymptoten

7. a) $y = 2x^3$ b) $y = 2 \cdot 3^x$

8. a) $y = 5 \cdot \left(\frac{1}{(x-4)^2} + 3\right)$ b) gar nicht c) $y = 5 \cdot \frac{1}{(x-4)^2} + 3$ $\left(y = 5 \cdot \left(\frac{1}{(x-4)^2} + 3\right)\right)$

10. Ist B(n) die Masse nach n Tagen, so gilt $B(n) = B(0) \cdot 5^{\frac{n}{23}}$.
    a) Die Gleichung $2 \cdot B(0) = B(0) \cdot 5^{\frac{n}{23}}$ hat die Lösung $n \approx 9{,}9$.
    b) Die Gleichung $3 \cdot B(0) = B(0) \cdot 5^{\frac{n}{23}}$ hat die Lösung $n \approx 15{,}7$.
    c) Die Gleichung $\frac{B(0)}{10} = B(0) \cdot 5^{\frac{n}{23}}$ hat die Lösung $n \approx -32{,}9$.

12. a) rot: $y = 2^x$ schwarz: $y = 2^{-x}$ grün: $y = 1{,}3^x$ b) schwarz: $y = 2^x$ blau: $y = 2^{-x}$ rot: $y = -2^x$ grün: $y = -2^{-x}$

14. Ist B(n) die Anzahl der Einwohner im Jahre 2000 + n, so gilt $B(n) = 45000 \cdot 1{,}02^n$.
    a) Es ist $B(10) = 45000 \cdot 1{,}02^{10} \approx 54850$.
    b) Die Gleichung $60000 = 45000 \cdot 1{,}02^n$ hat die ungefähre Lösung 14,5.

---

zu 3.4

1. „4 aus 10": $\binom{10}{4} = 210$ 2. „5 aus 7": $\binom{7}{5} = 21$ 3. „4 aus 10" oder „6 aus 10: $\binom{10}{4} = \binom{10}{6} = 210$

4. Ohne Vorsitzenden: $\binom{10}{2} = 45$; mit Vorsitzendem und Vertreter: $10 \cdot 9 = 90$

5. a) „6 aus 49": $\binom{49}{6} = 13\,983\,816$ b) Es gibt nur eine richtige Kombination, p(6 Richtige) = $\frac{1}{13\,983\,816}$

6. $\binom{4}{3} = 4$; $\binom{5}{3} = 10$; $\binom{6}{3} = 20$; $\binom{7}{3} = 35$; $\binom{10}{3} = 120$

8. $\binom{6}{3} = \frac{6 \cdot 5 \cdot 4}{1 \cdot 2 \cdot 3} = 20$; $\binom{5}{2} = \frac{5 \cdot 4}{1 \cdot 2} = 10$; $\binom{36}{3} = \frac{36 \cdot 35 \cdot 34}{1 \cdot 2 \cdot 3} = 7140$; $\binom{17}{2} = \frac{17 \cdot 16}{1 \cdot 2} = 136$; $\binom{10}{7} = \frac{10 \cdot 9 \cdot 8 \cdot 7 \cdot 6 \cdot 5 \cdot 4}{1 \cdot 2 \cdot 3 \cdot 4 \cdot 5 \cdot 6 \cdot 7} = 120$;

10. a) „3 aus 8": $\binom{8}{3} = 56$;
    b) erst ein Vorsitzender (10 Möglichkeiten), dann „2 aus 9": $10 \cdot \binom{9}{2} = 10 \cdot 36 = 360$

14. a) p(drei Kreuzkarten mit Zurücklegen) = $\frac{8}{32} \cdot \frac{8}{32} \cdot \frac{8}{32} = \frac{512}{32768}$
    p(drei Kreuzkarten ohne Zurücklegen) = $\frac{8}{32} \cdot \frac{7}{31} \cdot \frac{6}{30} = \frac{336}{29760}$
    b) p(keine Kreuzkarte mit Zurücklegen) = $\frac{24}{32} \cdot \frac{24}{32} \cdot \frac{24}{32} = \frac{13824}{32768}$
    p(keine Kreuzkarte ohne Zurücklegen) = $\frac{24}{32} \cdot \frac{23}{31} \cdot \frac{22}{30} = \frac{12144}{29760}$

16. a) p(k-mal Zahl bei 10 Würfen) = $\binom{10}{k} \cdot 0{,}7^k \cdot 0{,}3^{10-k}$

k	0	1	2	3	4	5	6	7	8	9	10
p(k-mal)	$5{,}9 \cdot 10^{-6}$	$1{,}4 \cdot 10^{-4}$	0,00145	0,009	0,03676	0,10292	0,20012	0,26683	0,23347	0,12106	0,02825

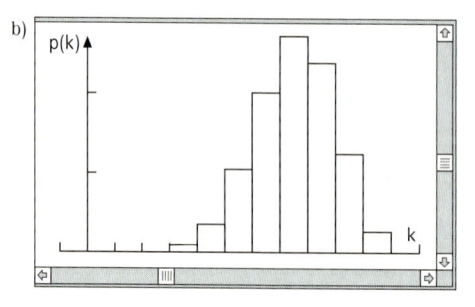

b) [Diagramm von p(k)]

c) p(mindestens einmal Zahl) = 1 − p(keinmal Zahl)
   = $1 - 5{,}9 \cdot 10^{-6} = 0{,}9999941$

Lösungen zu vermischten Übungen

zu 4.4

1. a) $A = \frac{1}{2}\pi r^2$; $u = 2\pi r$ b) $A = \frac{1}{4}\pi \cdot ab$; $u = \pi \cdot (a+b)$ c) $A = \pi \cdot \left(\frac{a+b}{2}\right)^2$; $u = \pi \cdot (2a+b)$

3. a) $r = \sqrt[3]{\frac{3}{4\pi}}$ m = 0,620 m; $O_{Kugel} = 4{,}836$ m²; $O_{Zylinder} = 2 + 2\pi \cdot \sqrt{\frac{1}{\pi}}$ m² = 5,545 m²; die Zylinderoberfläche übertrifft die Kugeloberfläche um 14,7 %.
   b) Kantenlänge des Würfels a = 1 m; $O_{Würfel} = 6$ m²; die Würfeloberfläche übertrifft die Zylinderoberfläche um 8,2 %.

7. Eine Tabelle der V-Werte mit $V = \frac{1}{3}\pi \cdot 16 \cdot \left(1 + \frac{30+h}{30} + \left(\frac{30+h}{30}\right)^2\right) \cdot h$ ergibt (in cm) 2,3; 4,3; 7,8; 10,7; 13,2 für die Volumenwerte 125; 250; 500; 750; 1000 (in ml).

11. Für alle Rechnungen Kantenlänge a = 1;
    a) n = 3: Oktaeder, $V = \sqrt{2} : 3$;
    n = 4: $V = V_1 - 8 \cdot V_2$; V_1 = achtseitiges Prisma;
    V_2 = dreiseitige schiefe Pyramide; $V_1 = G \cdot h$,
    $G = \sqrt{2}$, $h = \sqrt{\left(\frac{1}{2}\sqrt{3}\right)^2 - \left(\frac{1}{2} \cdot (\sqrt{2}-1)\right)^2}$;
    $V_2 = \frac{1}{3} \cdot \frac{1}{2} \cdot \frac{1}{2} \cdot (\sqrt{2}-1) \cdot h$;
    b) Prismen: n = 3; $V = Gh = \frac{1}{4}\sqrt{\frac{7}{3}}$; n = 4; $V = Gh = 1$;
    c) An den sechs Ecken des Oktaeders mit a = 1 werden vierseitige Pyramiden mit $V_{Pyr} = \frac{1}{3}Gh$ abgeschnitten, wobei $G = \left(\frac{1}{3}\right)^2$,
    $h = \sqrt{\left(\frac{1}{2}\right)^2 - \left(\frac{1}{4} \cdot \sqrt{2}\right)^2} \approx 0{,}3535$; $V = V_{Oktaeder} - 6 \cdot V_{Pyr} \approx 0{,}4190$;
    $O = 8 \cdot A_{6-Eck} + 6 \cdot \left(\frac{1}{3}\right)^2 = \frac{4}{3} \cdot \sqrt{3} + \frac{2}{3} \approx 2{,}9761$; 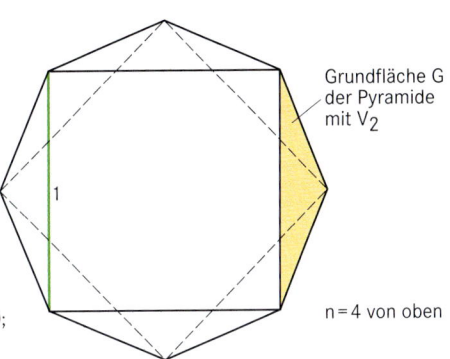
    d) An den acht Ecken eines Würfels mit a = 1 werden dreiseitige Pyramiden mit Kantenlängen $\sqrt{2}-1$ und $1-\frac{1}{2}\sqrt{2}$ abgeschnitten; $V = 1 - 8 \cdot \left(1 - \frac{1}{2} \cdot \sqrt{2}\right)^3 \approx 0{,}9665$; $O = 56 \cdot \left(1 - \frac{1}{2} \cdot \sqrt{2}\right)^2 \cdot \frac{\sqrt{3}}{2} \approx 4{,}160$
    e) Würfel 270°; Tetraeder 180°; Oktaeder 240°; Ikosaeder 300°; Dodekaeder 324°; Körper aus **11**d) 330°;
    f) Je größer die Summe S, desto geringer die „Krümmung" bei fester Kantenlänge; für alle archimedischen Körper mit Eckenzahl e gilt $e \cdot (360° - S) = 720°$. Diese „720er-Regel" lässt sich für platonische Körper aus dem eulerschen Polyedersatz herleiten.

14. a) Schneidet man den Torus an einer Stelle durch und biegt ihn zu einem Zylinder der Höhe $h = 2\pi R$ auseinander, dann gilt für das dabei unveränderte Volumen $V = Gh = (\pi r^2) \cdot (2\pi R) = 2\pi^2 r^2 R$.
    b) Zwei Meridiankreise: $A = 2\pi r^2 = 2\pi$ dm²; maximaler Kreisring: $A = \pi \cdot (R+r)^2 - \pi \cdot (R-r)^2 = 8\pi$ dm²;
    c) $d^2 = R^2 - r^2$; $r_v^2 = d^2 + R^2$, also $r_V = \sqrt{7}$ dm, u = 16,62 dm

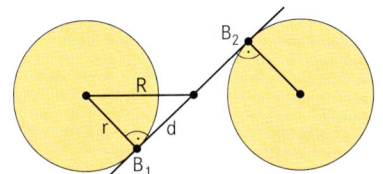

15. Mondkonstruktion: Strecke a zeichnen, Halbkreis darüber errichten, Strecke zum Quadrat ergänzen, Diagonalenschnittpunkt als Mittelpunkt eines Viertelkreisbogens benutzen; Mond und Dreieck haben den gleichen Flächeninhalt; um den Mond zu quadrieren, verwandelt man das Dreieck (z. B. durch Zerlegen in zwei Teile) noch in ein Quadrat.

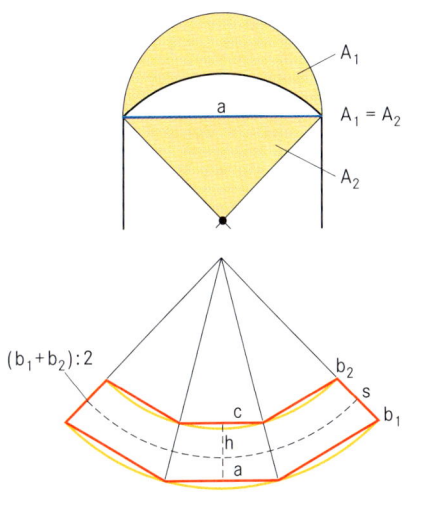

16. (I) Ein Kreisringausschnitt kann durch Summen von Trapezflächen (A = h(a+c) : 2) beliebig angenähert werden. Erhöht man die Anzahl der Trapeze, dann nähert sich die Höhe h der Trapeze der Mantellinie s und die Summen der Form (a+c) : 2 nähern sich an $(b_1 + b_1) : 2$.
    (II) Eine Kegelstumpfmantelfläche gibt beim Abwickeln einen Kreisringausschnitt. Daher
    $A = \frac{1}{2} \cdot (b_1 + b_2) \cdot s = \frac{1}{2} \cdot (2\pi r_1 + 2\pi r_2) \cdot s = \pi \cdot (r_1 + r_2) \cdot s$

18. a) $A = 5 + \sqrt{100-1} + \sqrt{100-4} + \sqrt{100-9} + \ldots + \sqrt{100-81}$; $\pi \approx 4A \approx 3{,}104$
    b) Trapezverfahren ist z.B. schneller als das Rechteckverfahren.
    c) Fläche von $\triangle AMD = A_1 - A_2 \approx \pi : 12 \Rightarrow \pi \approx 12 \cdot (A_1 - A_2) \approx 3{,}136\ldots$; das Ergebnis ist besser als in a), weil der Fehler durch Stutzen der Rechtecke im linken Teil des Viertelkreises geringer ausfällt.

Lösungen zu vermischten Übungen

zu 5.4

1 a) $a = 6{,}3$ cm; $c = 7{,}1$ cm; $\alpha = 61{,}5°$ b) $b = 6{,}7$ cm; $c = 9{,}6$ cm; $\alpha = 46{,}8°$
   c) $a = 4{,}8$ cm; $b = 2{,}2$ cm; $\beta = 24{,}8°$ d) $c = 6{,}56$ m; $\alpha = 69{,}7°$; $\beta = 20{,}3°$
   e) $a = 40{,}8$ cm; $\alpha = 40{,}4°$; $\beta = 49{,}6°$ f) $b = 117{,}6$ mm; $c = 125{,}4$ mm; $\beta = 69{,}7°$
   g) $b = 8{,}0$ cm; $c = 12{,}4$ cm; $\alpha = 50{,}0°$; $\beta = 40{,}0°$ h) $a = 2{,}2$ dm; $b = 4{,}7$ dm; $c = 5{,}2$ dm; $\alpha = 24{,}8°$
   i) $a = 39{,}9$ cm; $b = 35{,}6$ cm; $\alpha = 48{,}3°$; $\beta = 41{,}7°$. Die Wertepaare $(a;\alpha)$ und $(b;\beta)$ sind austauschbar.

2 a) $\alpha = 45{,}8°$; $\beta = 99{,}2°$; $\gamma = 35{,}0°$ b) $c = 17{,}8$ mm; $\alpha = 81{,}8°$; $\beta = 57{,}5°$
   c) $a = 3{,}3$ dm; $\alpha = 143{,}5°$; $\beta = 14{,}5°$ d) $b = 13{,}3$ cm; $c = 12{,}5$ cm; $\gamma = 67{,}1°$
   e) $b_1 = 4{,}7$ m; $\alpha_1 = 43{,}0°$; $\beta_1 = 111{,}2°$ oder $b_2 = 1{,}5$ m; $\alpha_2 = 137{,}0°$; $\beta_2 = 17{,}2°$
   f) $b = 6{,}5$ cm; $\alpha = 35{,}9°$; $\beta = 32{,}1°$ g) $b = 6{,}62$ cm; $c = 7{,}94$ cm; $\alpha = 37{,}1°$; $\beta = 56{,}3°$; $\gamma = 86{,}6°$
   h) $c = 9{,}0$ cm; $\alpha = 40{,}9°$; $\beta = 63{,}0°$; $\gamma = 76{,}1°$

3 a) 2,58 cm; 7,84 cm   b) 13,5 cm; 28,1°   c) 4,38 cm; 72,3°; 107,7°
   d) 1. Fall (Diagonale = Symmetrieachse): 4,38 dm; 26,8°; 275,2°; 31,2°.   2. Fall: 9,45 dm; 114,0°; 39,1°; 103,5°

4 63,4°; 26,6°

5 Schätzung der Figurenhöhen: Esel 180 cm; Hund 40 cm; Katze 35 cm; Hahn 45 cm. Annahmen: Abstand des Betrachters 4 m; Augen auf Höhe der Eselhufe. Um den gleichen Sehwinkel wie horizontal zu erreichen, müsste der Hahn um ca. 14% größer sein.

6 60°; Annahme: die Körperbreite wird vernachlässigt.

7 a) 5,14°; 6,84°
   b) Von einem Straßenpunkt A aus mit einer ans Auge gehaltenen Wasserwaage einen Straßenpunkt B bergauf horizontal anvisieren. Augenhöhe h und Abstand $d = \overline{AB}$ messen. Der Steigungswinkel α berechnet sich aus $\sin\alpha = \frac{h}{d}$.

8 a) $\alpha = 48{,}6°$; $s = 5{,}3$ cm   b) $\sin\alpha = \frac{\frac{s}{2}}{r}$

11 Turmhöhe 548,79 m; Horizontalabstand $\overline{B'T'} = 3317{,}91$ m

12 $N(5411{,}71 \mid 22715{,}51)$

---

zu 6.4

1 a) Nach einem Meter: 100 % · 0,75 = 75 %; nach zwei Metern: 75 % · 0,75 = 56,25 %;
   nach drei Metern: 56,25 % · 0,75 = 42,1875 %. So „hangelt" man sich schließlich zum Endergebnis $5{,}66 \cdot 10^{-5}$ %.
   Auf „direktem Weg" rechnet man: 100 % · $0{,}75^{50} = 5{,}66 \cdot 10^{-5}$ %.
   b) Löst man die Gleichung 100 % · $0{,}75^n = 0{,}000001$ durch Logarithmieren nach n auf, so erhält man $N = 48{,}02$. Durch schrittweises Rechnen wie bei a) findet man, dass die gesuchte Tiefe zwischen 48 m und 49 m liegt.

2 a) 82%   b) 35 Jahre (69 Jahre)

3 a) 7,02 mg   b) 20,02 mg; 10,82 mg   c) 23,82 mg; 12,87 mg; 25,87 mg; 13,98 mg
   d) Ab der vierten Einnahme wird die gewünschte Konzentration nicht mehr unterschritten.
   e) Er muß alle sechs Stunden drei Milligramm einnehmen.

4 a) Logistisches Wachstum
   b) 0,03 m; 0,044 m; 0,066 m; 0,097 m; 0,141 m; 0,204 m; 0,288 m; 0,398 m; 0,531 m; 0,679 m
   c) 14 Jahre   d) bei D = 60 cm

5 a) Nach 30 Tagen hat Müller noch 291 129 Haare und Schulze hat noch 297 000 Haare.
   b) Schulze wird Sieger, denn nach 2991 Tagen hat er nur noch 900 Haare auf dem Kopf, während Müller noch 15048 Haare auf dem Kopf hat.

6 a) 16,66 g und 3,33 g   b) 11,97 g und 8,02 g
   c) Linkes Glas: $A(n+1) = \frac{2}{3}A(n) + \frac{10}{3}$; rechtes Glas: $B(n+1) = \frac{2}{3}B(n) + \frac{10}{3}$; Startwerte: $A(0) = 20$ und $B(0) = 0$
   d) beschränktes Wachstum   e) acht Vorgänge

7 a) Abwechselnd quer und längs   b) Die nächste Lochzahl ist 21.
   c) Beispiel: a-mal querfalten und b-mal längsfalten und dann alle Ecken abreißen erzeugt $L = (2^a - 1) \cdot (2^b - 1)$ Löcher.

8 a) 5; 6; 7; 8 usw.   b) Man wählt $p = \frac{5}{6}$ und $G = 5$. Der nächste Wert ist 4,66.
   c) Bei quadratischem Wachstum ist die erste Differenzenfolge nicht konstant; hier ist sie es, folglich kann es sich nicht um ein Anfangsstück quadratischen Wachstums handeln. Bei beschränktem Wachstum kann es nicht zweimal denselben Zuwachs geben.

9 a) Am Ende des Jahres dürfte man 6,4 t abholzen, am Anfang nur 5,7 t (dann wären es am Jahresende wieder 40 t).
   b) Dann kann er 7,12 t jährlich abholzen. Die „verlorenen" 6,4 t hat er nach ca. neun Jahren aufgeholt.
   c) Der größte Zuwachs wird nach ca. acht Jahren bei der Bestandsgröße 100 t erreicht.

10 a) quadratisches Wachstum   b) 156 m; 224 m

Lösungen zu vermischten Übungen

zu 7

38 a) 0,5   b) 0,5   c) $\frac{1}{\sqrt{2}}$ d) 0   e) $\frac{1}{\sqrt{2}}$ f) 1   g) $\frac{1}{\sqrt{2}}$ h) -1   i) 1   j) -1

39 a) $\sin\left(\frac{\pi}{2}\right) = \cos(0) = \tan\left(\frac{\pi}{4}\right) = 1$ b) $\sin\left(\frac{3\pi}{2}\right) = \cos(\pi) = \tan\left(\frac{3\pi}{4}\right) = -1$

c) $\sin\left(\frac{\pi}{6}\right) = \cos\left(\frac{\pi}{3}\right) = 0{,}5$ d) $\sin\left(\frac{5\pi}{4}\right) = \cos\left(\frac{3\pi}{4}\right) = \frac{-1}{\sqrt{2}}$ e) $\tan\left(\frac{\pi}{3}\right) = \sqrt{3}$

f) $\sin\left(\frac{4\pi}{3}\right) = \cos\left(\frac{7\pi}{6}\right) = \frac{-\sqrt{3}}{2}$ g) $\cos\left(\frac{2\pi}{3}\right) = \sin\left(\frac{7\pi}{6}\right) = -0{,}5$

40 a) (I) A = 2; p = π, denn f(x + p) = -2 · cos(2· (x + π)) = -2 · cos(2x + 2π) = -2 · cos(2x) = f (x), denn cos hat die Periode 2π (setze x = 2x; möglich da ja die Gleichung für alle 2x gilt!).

    (II) A nicht sinnvoll; $p = \frac{\pi}{3}$, denn $f(x + p) = 5 \cdot \tan(3(x + \frac{\pi}{3})) = 5 \cdot \tan(3x + \pi) = 5 \cdot \tan(3x) = f(x)$

    (III) A = 2; $p = \frac{2\pi}{3}$, denn $f(x + p) = 2 \cdot \sin(-3(x + \frac{2\pi}{3})) = 2\sin(-3x - 2\pi) = 2\sin(-3x) = f(x)$, da $\sin(y - 2\pi) = \sin(y)$

    (IV) A nicht sinnvoll; p = 2π

    (V) A = $\frac{2}{3}$; p = $\frac{2\pi}{3}$; Phase = $-\frac{2}{3}$

    (VI) A nicht sinnvoll; p = $\frac{\pi}{4}$; Phase = $-\frac{3}{4}$

    (VII) A = $\frac{3}{4}$; p = 3π; Phase = $-\frac{3}{4}$

    (VIII) A nicht sinnvoll; p = $\frac{1}{2}$

    (IX) A = 7; p = $\frac{4}{3}$

    (X) A = 2; p = $\frac{2\pi}{3}$; Phase = $\frac{4}{3}$

    (XI) A = π; p = 1; Phase = $-\frac{1}{2}$

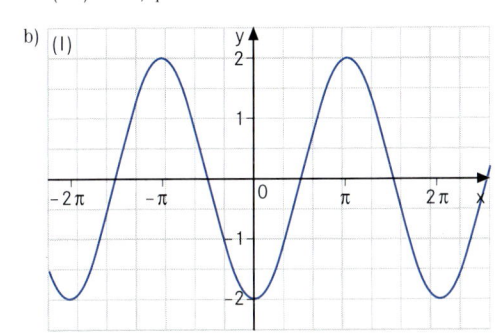

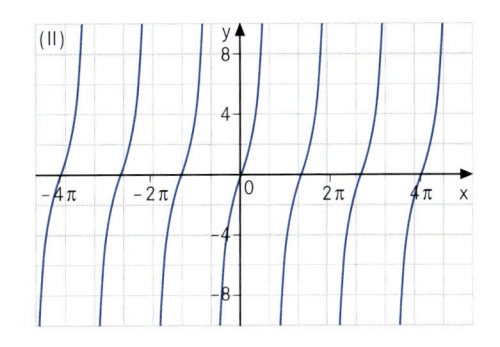

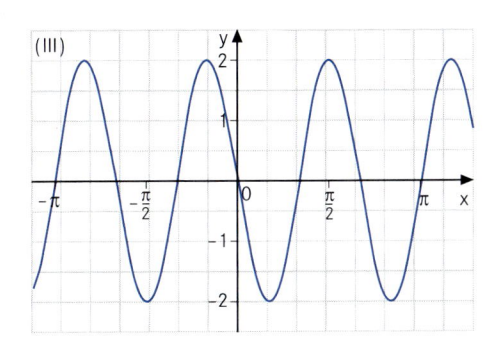

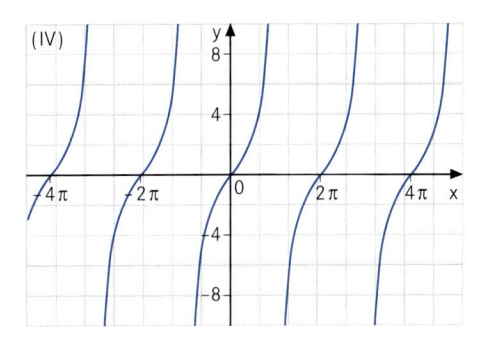

    (XII) A = 1; p = π

b)

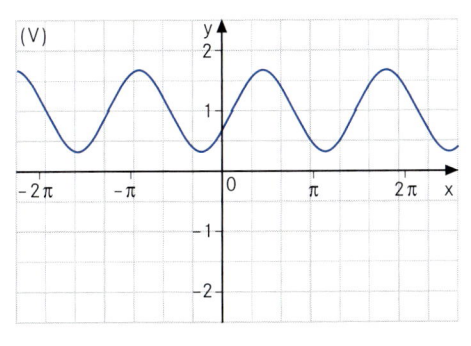

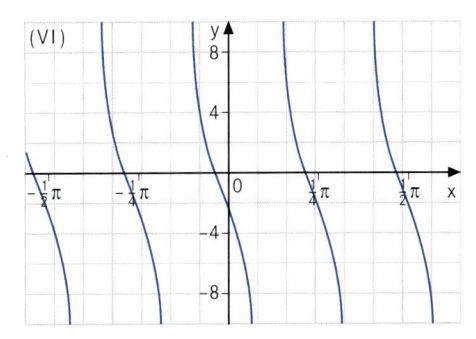

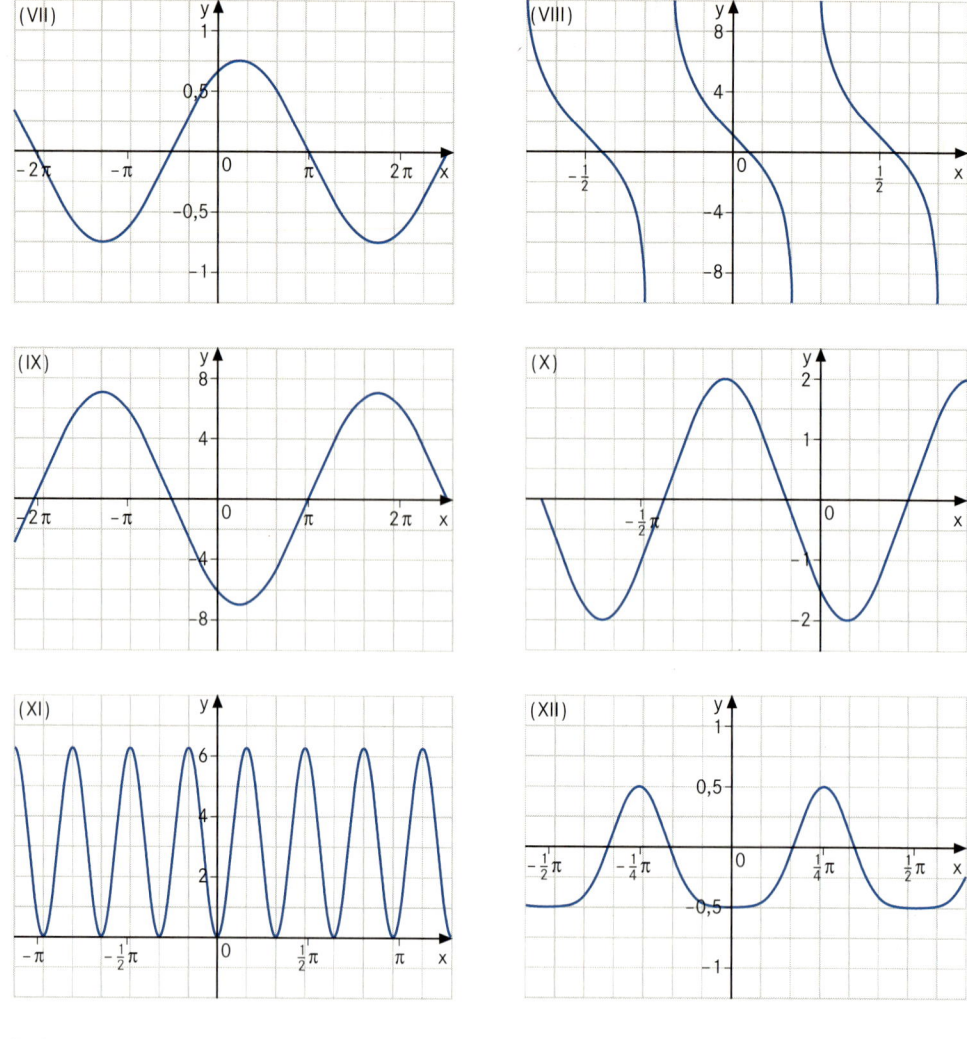

41 Funktionsterme für die roten Graphen:
a) $x^2 + \sin(x)$ b) $\cos(x) \cdot \frac{1}{x^2 - 1}$ c) $\frac{\cos(x)}{(2^x - 1)}$ d) rot: $(x + 1) \cdot (1 - 3^{-x})$

42 Da p die Periode von f ist, gilt $f(x + p) = f(x)$ für *alle* x aus der Definitionsmenge D_f von f. Also muss insbesondere *auch* für $x = x' + (m - 1) \cdot p$, $m \in \mathbb{N}$, gelten:
$f((x' + (m - 1) \cdot p) + p) = f(x' + m \cdot p) = f(x) = f(x' + (m - 1) \cdot p)$ für alle x' aus D_f. Also kann man für x' auch wieder x schreiben: $f(x + m \cdot p) = f(x + (m - 1) \cdot p)$ für alle x aus D_f und für *alle* m aus $\mathbb{N}$, also *auch* für m - 1; m - 2; ...; m -(m - 1).
Damit gilt *auch* $f(x + m \cdot p) = f(x + (m - 1) \cdot p) = f(x + (m - 2) \cdot p) = f(x + (m - 3) \cdot p) = ... = f(x + (m - (m - 1)) \cdot p) = f(x + p) = f(x)$. Ist m aus $\mathbb{Z}$ und negativ, so braucht man in den vorangegangenen Überlegungen nur m - 1 durch m + 1; m - 2 nur durch m + 2; usw. und m - (m - 1) nur durch m + (m - 1) zu ersetzen. Also gilt für *alle* m aus $\mathbb{Z}$ und für *alle* x aus D_f demnach auch $f(x + m \cdot p) = f(x)$. Deswegen sagt man manchmal auch, dass alle $m \cdot p$ Perioden von f sind (p ist dann hierunter die kleinste positive Periode).

a (k aus n) 84
Ablehnungsbereich 97
absolute Häufigkeit 19
absoluter Koeffizient 13
Abstand
- euklidischer 28
- sphärischer 28
- zweier Punkte 23
Achsenspiegelung 21
Achsenstreckung 22
Additionstheoreme 150
Additionsverfahren 11
ähnlich 22
Ähnlichkeitssatz WWW 22
Amplitude 196
Ankathete 33
Antiprisma 132
Anzahlfunktion 84
a-posteriori-Wahrscheinlichkeit 20
a-priori-Wahrscheinlichkeit 20
archimedischer Körper 132
Arcuskosinusfunktion 208
Arcussinusfunktion 208
Asymptote 61

Baumdiagramm 18
Bayes, Methode von 20
begleitende Raute 25
Bernoulli-Formel 92
Bernoullikette 92
Bernoulli-Versuch 92
beschränktes Wachstum 178
Binomialkoeffizient 85
binomische Formeln 8
biquadratische Gleichung 15
Bogenmaß 31, 111
Brennpunkt 24
Breite, geographische 37
Bruchgleichung 14
Bruchterm 10

Cavalieri, Satz von 123
Cluster-Packung 137
Container-Packung 137
cos 32, 142
cot 203

Definitionsmenge 10, 16
Dezimalzahl 7
- abbrechend 7
- periodisch 7
Differenzenfolge 168

Drehung 21
Drehwinkel 21
Drehzentrum 21
Dreiecksform 12

Einheitskreis 31
einseitiger Test 97
Einsetzungsverfahren 11
Entscheidungshilfe 18
Erdradius 28
Erdumfang 28
Ereignis 18
Ergänzung, quadratische 13
Ergebnismenge 18
euklidischer Abstand 28
explizit 168
Exponent
- gebrochener 48
- negativer 48
Exponentialfunktion 67
exponentielles Wachstum 169

fair 19
Fakultät 88
Fehler 1. Art 100
Fehler 2. Art 100
Fixgerade 21
Fixpunkt 21
Frequenz 199
Funktion 16
- lineare 9
- periodische 196
- quadratische 16
- trigonometrische 142, 196
funktionaler Zusammenhang 16
Funktionsgleichung 16
Funktionsterm 16
Funktionswert 16

Galtonbrett 89
gebrochener Exponent 48
Gegenereignis 19
Gegenkathete 33
geographische Breite 37
geographische Länge 37
geometrischer Ort 24
Geradengleichung 9
Gewinn, zu erwartender 19
gleich wahrscheinlich 18
Gleichsetzungsverfahren 11

Gleichungen
- biquadratische 15
- lineare 9
- quadratische 13
- trigonometrische 211
Gleichungssystem, lineares 11
gleichwertige Terme 8
Graph einer Funktion 16
Großkreis 28

Halbwertszeit 68
Häufigkeit
- absolute 19
- relative 19
Heron-Verfahren 8
Höhe eines Kegels 119
Höhenmessung, trigonometrische 157
Höhensatz 23
Hypotenuse 23
Hypotenusenabschnitt 23
Hypothese 96

Intervall 8
Intervallbreite 8
Intervallgrenze 8
Intervallschachtelung 8
Invariante 21
irrationale Zahl 7
Irrtumswahrscheinlichkeit 20, 100
Iterationsverfahren 8

Kathete 23
Kathetensatz 23
Kegel 119
Kegelvolumen 119
Kegelstumpf 119
Kleinkreis 28
Koeffizient 13
kongruent 21
Kongruenzabbildung 21
Kongruenzsätze 21
Körper, archimedischer 132
Kosinus 32, 142, 196
Kosinusfunktion 32, 196
- Graph der 33, 196
Kosinussatz 150
Kotangens 203
Kreis 24
- Flächeninhalt 110
- Umfang 111
Kreisabschnitt 113
Kreisausschnitt 111

Kreisbogen 31
Kreisfrequenz 196
Kubikwurzel 7
Kugel 28
- Koordinatensystem auf einer 37
- Oberfläche 126
- Volumen 126
Kugelabschnitt 130

Länge, geographische 37
Laplace-Experiment 18
Leitlinie 24
LGS 11
lineare Funktion 9
lineare Gleichung
- in einer Variablen 10
- in zwei Variablen 9
lineares Gleichungssystem 11
lineares Glied 13
lineares Wachstum 168
logarithmische Skala 55
Logarithmus 55
Logarithmusfunktion 69
logistisches Wachstum 184
Lösungsformel 13

Mantelfläche 119
Mantellinie 119
Methode von Bayes 20
Mittelpunktswinkelsatz 21
Mittelsenkrechte 24
monoton fallend 67
monoton steigend 67

negativer Exponent 48
Nivellement 157
Normalfallhypothese 96
Normalparabel 16
n-te Wurzel 7, 48
Nullstelle 16

Öffnung einer Parabel 17
orten 32
Ortslinie 24

Packung
- Cluster- 137
- Container- 137
- Wurst- 137
Parabel 16
Parabelgleichung 25
Parallaxe 165

pascalsches Dreieck 85
Periode 196
periodische
- Dezimalzahl 7
- Funktion 196
periodischer Prozess 196
Pfad 18
Pfadregel 18
Phase 196
Pi 110
Planfigur 21
polare Punkte 28
Potenzfunktion 61
Potenzgesetze 48
Produktregel 18
Prognose 18
Projektion, senkrechte 148
proportionale Zuordnung 9
Punktspiegelung 21
Pyramide 118
Pyramidenstumpf 121
Pyramidenvolumen 118
Pythagoras, Satz des 23

Quadrant 139
quadratische
- Ergänzung 13
- Funktion 16
- Gleichung 13
- Ungleichung 15
quadratisches Wachstum 168
Quadratwurzel 7

Ratensparen 174
rationale Zahl 7
Raute, begleitende 25
Rechengesetze 8
reelle Zahl 7
Rekursionsgleichung 85
rekursiv 168
relative Häufigkeit 19
Rückwärtseinschneiden 157

Satz des Pythagoras 23
Satz des Thales 21
Satz von Cavalieri 123
Satz von Vieta 13
Satzgruppe des Pythagoras 23
Scheitelpunkt 16, 25
Scheitelpunktsform 17
senkrechte Projektion 148
Sierpinski-Dreieck 89

Simulation 19
sin 32, 142
Sinus 32, 142, 196
Sinusfunktion 32, 196
- Graph der 33, 196
Sinussatz 149
Skala, logarithmische 55
sphärischer Abstand 28
Spiegelachse 21
Spinnwebgrafik 173
Standardmethode zum Lösen linearer
Gleichungen 10
Steigung 9, 141
Steigungsdreieck 9
stetig 169
Strahlensätze 22
Strahlensatzfigur 22
Streckung 197
- zentrische 22
Streckzentrum 22
streng monoton fallend 67
streng monoton steigend 67
Substitution 15
Summenregel 18
Symmetrie zur y-Achse 16
Symmetrieachse 25, 28

tan 140
Tangens 140
Tangensfunktion 141
Terme, gleichwertige 8
Termumformung 8
Test
- einseitiger 97
- zweiseitiger 97
Thales, Satz des 21
Torus 133
Triangulation 156
trigonometrische
- Funktionen 142, 196
- Gleichungen 211
- Höhenmessung 157
Trilateration 156

Umfangswinkel 21
Umformungsregeln
- für Gleichungen 10
- für Ungleichungen 15
Umkehrfunktion 69
Ungleichung 15
Ursprungsgerade 9

Verdoppelungszeit 68
Verschiebung 21, 196
Verschiebungspfeil 21
Vier-Felder-Tafel 20
Vieta, Satz von 13
Volumen
– eines Kegels 119
– einer Kugel 126
– einer Pyramide 118
– eines Zylinders 111
Vorwärtseinschneiden 156
Vorzeichentest 103

Wachstum
– beschränktes 178
– exponentielles 169
– lineares 169
– logistisches 184
– quadratisches 168
Wachstumsfaktor 169
Wachstumsrate 169
Wahrscheinlichkeit 18
Wertemenge 16
Wertetabelle 16
Winkelhalbierende 24

Wurst-Packung 137
Wurzel 7
– n-te 48
– funktion 17
– gleichung 14
– term 10

y-Achsenabschnitt 9

Zahlen
– irrationale 7
– rationale 7
– reelle 7
zentrische Streckung 22
Zentrum 21
zu erwartender Gewinn 19
Zufallsexperiment 18
Zufallszahl 19
Zuordnung, proportionale 9
Zuordnungsvorschrift 16
Zusammenhang, funktionaler 16
zweiseitiger Test 97
Zylinder 111
Zylindervolumen 111

Bildquellennachweis:

AKG, Archiv für Kunst und Geschichte, Berlin: 139.2; 145.2 · Astrofoto Bernd Koch, Sörth: 46.1 – 3; 165; 191.1; 207
Atelier C. Bellin, Hamburg: 27.1 · Attenberger GmbH, Waldinger: 155.1 · Arnulf Betzold GmbH, Ellwangen: 89
Bibliothèque publique et universitaire, Genève: 54.1 · Bongarts Sportfotografie GmbH, Hamburg: 101
Deutsche Luftbild, Hamburg: 46.4 · dpa, Frankfurt a. M.: 144.1 (Thomas Köhler); 145.3 (Scholz) · dpa, Hamburg: 218
Egmont Ehapa Verlag GmbH, Berlin: 128; 171 · Forschungszentrum Jülich: 66
© frechverlag 1991, TOPP, Nr. 1419 – Seifenblasen als Familienspaß: 127 (Ralf Davids)
aus: Heinz Fuhrer: „Feldmessen und Kartographie" - Höhenmessung mit Nivelliergerät; ISBN: 484840, Klett-Perthes Verlag, Gotha: 157.1
Helmuth Gericke, Mathematik im Abendland, fourier Verlag, Wiesbaden; © Springer-Verlag, Berlin/Heidelberg 1984 u. 1990: 145.1
Getty Images Deutschland GmbH – Bavaria, München: 46.5; 174 (Gary Randall): 191.2
Getty Images Deutschland GmbH – PhotoDisc, München: 146.2 · GPS GmbH, Gräfelfing: 45.3
IFA Bilderteam, Taufkirchen bei München: 173 · Keystone Pressedienst GmbH, Hamburg: 157.2
Landesamt für Landesvermessung und Datenverarbeitung, Halle (Saale): 146.1
Mauritius Bildagentur, Mittenwald: 71; 117; 140; 161; 198; 206 · Möller Ideenscout GmbH, Hamburg: 27.2
nach: NASA Human Spaceflight, Houston, Texas: 213
© 2000 by the National Council of Teachers of Mathematics, Inc., Reston, USA; aus: Principles and Standards for School Mathematics: 212
Joseph Needham, Science and Civilisation in China, Vol. 3 Mathematics and the sciences of the heavens and the earth, 1959, Cambridge Univerity Press, UK: 158
Niedersächsische Staats- und Universitätsbibliothek, Göttingen; Abteilung für Handschriften und seltene Drucke: 155.3
Okapia Bildarchiv, Frankfurt: 103 (Richard Novitz)
Phaidon Press Ltd., London; aus: Geometry Civilized, History, Culture and Technique, J. L. Heilbron: 139.1
Photostudio Druwe & Polastri, Weddel: 19; 26.3; 29; 47; 56.1; 77; 90; 99; 107; 108.2; 114; 122; 130; 137; 138.1; 144.2; 152; 159; 190
Thomas Reuschel, Wuppertal: 108.1; 187 · Reuters AG, Berlin: 148
Dieter Rixe, Braunschweig: 52 · Folkert Schlichting, Uslar: 156
Schwaneberger Verlag GmbH, München: 155.2 (Michel-Nr. 2215) · Siemens Pressebild, München: 91.1
Silvestris Fotoservice, Kastl: 56.2 · Sportimage Fotoagentur, Hamburg: 81 · Dr. Horst Szambien, Garbsen: 116
Turner Publishing, Atlanta: 26.2 · Universität Jena: 54.2
nach: Vierstellige Logarithmen-Tafeln, Schülke 1917; Leipzig, Teubner: 35 · Winmau Dartboard Company, Suffolk, England: 138.2
Werbefotografie Weiss GmbH, Gersthofen: 91.2 · Westermann, Graphisches Atlier, Braunschweig: 45.1
Reiner Will, Bremen: 28; 133; 154 · Zentrale Farbbild Agentur, Düsseldorf:147 (Madison)

Satz: O & S Satz GmbH, Hildesheim · Einbandgestaltung: Edgar Rüttger, Langlingen · Alle Illustrationen: Markus Humbach, Osnabrück · alle techn. Zeichnungen: Techn.-Graf. Abteilung Westermann, Braunschweig, und DTP-Service Lars Decker, Vechelde